"나는 이 책을 읽으면서 영혼이 고요해지고 맑아지는 것을 경험했다. 또한 깊은 영성의 세계로 빠져드는 것을 경험했다. 이 책은 탁월한 영성가들과의 만남을 통해 우리를 깊고, 높고, 넓은 영성의 풍성한 세계로 이끌어 준다. 무엇보다 하나님을 갈망하도록 도와준다. 보배와 같은 이 책을 깊은 영성을 추구하는 분들에게 추천하고 싶다. 부디 천천히 읽도록 하라. 묵상하며 읽고 맛을 음미하며 읽도록 하라."

_강준민, 레노바레 공동대표·「뿌리 깊은 영성」 저자

"이 책은 현대판 히브리서 11장이다. 사실 믿음 장에 등장하는 영웅들의 여정은 끝난 것이 아니다. 리처드 포스터가 또 한 번 큰 섬김의 족적을 남겼다. 기독교의 참 영성에 도달하고자 하는 모든 믿음의 사람들은 이 책을 읽어야 한다. 리처드 포스터가 쥐어 주는 이 나침반을 들고 영성의 선배들의 여정을 따르다 보면 어느새 우리는 영성의 놀라운 진보를 경험하게 될 것이다."

_이동원, 레노바레 공동대표·지구촌교회 담임 목사

"「영성을 살다」는 우리 앞서 하나님의 영을 들이쉬고 내쉬며 살았던 분들의 숨결을 느껴 보라는 초대다. 먼저 영성의 길을 걸어간 이들의 숨결을 가까이서 느껴 보는 것보다 지금 우리의 거칠어진 숨결을 골라 주는 것이 또 있을까? 일독 후 우리의 숨이 깊어졌다면, 이는 그분들의 '말'이 아니라 그 '숨'이 우리에게 와 닿았기 때문이리라."

_이종태, 번역가·GTU 기독교영성학 박사과정

"우리 선조들이 파놓은 깊은 생수의 우물에는 소비주의 영성이 낳은 종교적인 파편과 쓰레기가 가득 차 있다. 블레셋인들이 메운 아버지의 우물을 다시 팠던 이삭처럼, 저자들은 우리를 위해 기독교적 양육과 영성 형성을 돕는 깊은 수원을 깨끗이 청소했다. 그러자 사방에서 우물이 드러났다. 이 책을 당신의 두레박으로 사용하라."

_유진 피터슨

"「영성을 살다」를 읽는 것은, 마치 낯선 방으로 걸어 들어가, 그리스도의 길을 따르는 생기 넘치고 훌륭한 형제자매들을 발견하는 것과 같다. 그들은 여러 세대에 걸쳐 개인적으로 다양한 특징과 환경으로부터 우리에게 이르렀다. 우리는 한 걸음 물러나서 지금의 우리 자신과 우리가 서 있는 곳에서 하나님 나라에서의 충만한 삶을 알기 위해 그들의 도움을 받아야 한다. 오늘날 그리스도인들 사이에 편만한 영적 궁핍은 대부분 '그의 몸, 만물 안에서 만물을 충만하게 하시는 이의 충만함인 교회'와 연결되어 있지 않기 때문이다. 저자들은 '측량할 수 없는 그리스도의 풍성함'을 향한 문을 열어 준다. 그 문으로 함께 들어가자."

_달라스 윌라드, 「하나님의 모략」 저자

"이 놀라운 책은 우리를 하나님께로 향한 순례의 여정으로 초대한다. 이는 우리 신앙의 아버지 어머니들의 옛 믿음으로 우리를 깊이 그리고 천천히 데려다 준다. 이 책은 그 여정이 쉬운 것이 아니라는 사실, 그리고 우리가 그 길을 처음 가는 이들이 아니라는 사실을 아주 유용하고 세세하게 기억하게 해줄 것이다. 이 책은 현재의 바쁜 삶에서 벗어나게 해주는 옛 습관들에 대한 묵상으로, 모든 빠른 해결책과 피상적인 방식을 넘어서는 거룩함으로 새로워지고 변화되기 위해서는 꼭 필요한 것이다."

_월터 브루그만, 「구약 개론」 저자

"이 책은 '정신'과 '영혼'을 위한 향연이다. 기독교적인 사고와 영혼 형성에 있어 최고이자 가장 풍부한 자료를 담고 있으며, 누구든지 그에 손쉽게 다가갈 수 있다. 이 책을 읽고 '마음'이 자라나지 않기는 매우 어려울 것이다."

_존 오트버그, 저자이자 멘로파크 장로교회 목사

"오늘날과 같은 분주한 세계 속에서, 특히 교회를 인도하는 사람으로서 나는 과거 성인들의 지혜가 필요하다. 하나님의 말씀 앞에서 있는 모습 그대로 살아가려 했던 그들의 모습은, 단순한 성공, 인정 혹은 지식으로 자신을 감싸려는 우리의 경향과 분명히 구별된다. 포스터와 비비는 그것을 '벗겨내게 하는' 한 자원을 우리에게 준다. 그것은 우리 마음을 기경하고, 우리의 우선순위를 돌아보고, 우리 영혼을 갈아엎는 성령을 초대하도록 해주는 것이다. 그러한 준비된 토양에 내리는 그분의 비는 우리 인생 혹은 우리의 리더십을 지속적으로 풍요롭게 하는 열쇠다."

_잭 헤이포드, LA King's Seminary 총장

영성을 살다

기독교 영성 회복의 일곱 가지 길

리처드 포스터·게일 비비 지음
김명희·양혜원 옮김

Ivp

IVP(InterVarsity Press)는
캠퍼스와 세상 속의 하나님 나라 운동을 지향하는
IVF(InterVarsity Christian Fellowship)의 출판부로서
생각하는 그리스도인을 위한 문서 운동을 실천합니다.

Copyright © 2009 Gayle D. Beebe
Originally published in English under the title
Longing for God by InterVarsity Press
Translated and used by the permission of InterVarsity Press,
P.O. Box 1400, Downers Grove, IL 60515, U.S.A
All rights reserved.

Korean Edition © 2009 by Korea InterVarsity Press
156-10 Dongkyo-Ro, Mapo-Gu, Seoul 121-838 Korea

Longing for God

Richard J. Foster · Gayle D. Beebe

전통 안에 서 있다는 것, 그것은
지식 얻을 자유를 제한하는 것이 아니라
오히려 가능하게 한다.

한스 게오르그 가다머(Hans Georg Gadamer)
「진리와 방법」(*Truth and Method*)

차례

감사의 말 11
들어가기 전에 13
들어가는 말: 기독교 영성에 이르는 일곱 가지 길을 다시 찾으며 17

첫 번째 길: 하나님을 향한 사랑의 질서 세우기 25

알렉산드리아의 오리게네스: 하나님과의 영원한 사귐을 추구함 31
히포의 아우구스티누스: 몸·정신·마음으로 하나님 사랑하기 41
클레르보의 베르나르: 하나님에 대한 욕망과 순전한 사랑으로의 상승 55
블레즈 파스칼: 몸·정신·마음의 바른 질서 67

두 번째 길: 여정으로서의 영성 생활 83

폰티쿠스의 에바그리우스: 악한 생각에서 경건의 덕으로 89
조지 허버트: 의미 있는 전체가 되도록 삶을 엮어 가기 107
존 번연: 하나님께로 가는 순례자의 길 123
토머스 머튼: 하나님과 함께하는 본향을 찾아서 133

세 번째 길: 타락으로 잃어버린 하나님에 대한 지식의 회복 143

토마스 아퀴나스: 하나님을 온전히 사랑하고 아는 법 배우기 151
마르틴 루터: 하나님 사랑의 자유 안에서 자라가기 167
장 칼뱅: 하나님을 알고 우리 자신을 알기 187

네 번째 길: 예수 그리스도와의 친밀한 관계 201
아시시의 프란체스코: 세상을 수도원으로 삼기 207
성 보나벤투라: 그리스도 안에 거하는 충만한 삶 219
토마스 아 켐피스: 그리스도를 본받아 233
로욜라의 이그나티우스: 그리스도의 신비로운 인도를 받음 245

다섯 번째 길: 하나님을 체험하는 바른 질서 259

노리치의 줄리언: 하나님의 선하심 안에 잠기기 269
조지 폭스: 내면에 계신 그리스도의 빛을 따르는 법 배우기 289
존 웨슬리: 하나님을 아는 일에서 종교적 체험의 역할 303
프리드리히 슐라이어마허: 하나님에 대한 체험 이해하기 321

여섯 번째 길: 행동 그리고 관상 333
존 카시안: 행동의 삶과 관상의 삶 사이의 균형 잡기 337
누르시아의 베네딕트: 규칙에 따라 사는 법 배우기 357
그레고리우스 대제: 관상하며 행동의 삶 살기 371

일곱 번째 길: 영적 상승 389

위(僞)디오니시우스: 세 겹의 방식을 통해 하나님 사랑하기 393

무지의 구름: 갈망하는 사랑의 날카로운 창 409

아빌라의 테레사: 그리스도의 저택으로 들어가다 427

십자가의 요한: 어두운 밤을 밝히다 447

나오는 말 459

부록 1: 하나님과 함께하는 삶에 기독교 이전의 영성이 미친 영향 465

부록 2: 여성 그리스도인과 영성 483

부록 3: 동방 정교회의 기여 513

주 539

색인 561

감사의 말

모든 책은 공동 노력의 산물입니다. 우선 이 책의 내용을 가장 먼저 접했던 지난 시절의 우리 학생들에게 특별히 감사를 드리고 싶습니다. 핵심 인물과 사상을 놓고 그들과 함께 논의한 것이 우리 자신의 생각을 명쾌하게 하는 데 도움이 되었습니다.

또한 원고를 준비하는 데 도움을 준 많은 사람에게도 우리는 빚을 졌습니다. 브래드 시도우(Brad Sydow)는 두 개의 서로 다른 기관에서 게일의 보조로 12년간 일했는데 이 작업 전체에 중요한 역할을 했습니다. 그는 이 책의 원고를 여러 번 읽어 주었고, 여러 가지 도움이 되는 제안과 통찰들을 주었습니다. 그는 또한 부록들인 "여성 그리스도인과 영성" 그리고 "동방 정교회의 기여"를 준비하는 데 핵심적인 역할을 했습니다. 그는 기독교 신앙이 걸어온

궤도 가운데 특별히 그 부분을 몇 년 동안 연구한 사람입니다.

앤드류 윙클스(Andrew Winckles)와 제러미 노우드(Jeremy Norwood)는 연구 보조로 두 차례에 걸쳐 도움을 주었는데, 출처가 분명하지 않은 논문들을 추적하고 핵심 문서들을 찾아 주었습니다. 제러미는 현재 교수이고 앤드류는 교수가 되기 위해 준비를 하고 있습니다. 두 분, 고맙습니다.

스프링 아버 대학(Spring Arbor University)의 데이먼 시콧(Damon Seacott) 그리고 웨스트몬트 대학(Westmont College)의 낸시 타운(Nancy Town)은 이 작업이 진행되는 내내 훌륭한 보조 역할을 해주었습니다. 캐롤린 포스터(Carolynn Poster)의 끊임없는 격려는 정말로 큰 힘이 되었습니다. 전체 원고를 읽고 소중한 논평을 해준 크리스 심슨(Chris Simpson)에게 특별한 감사를 드립니다. 미국 IVP의 시니어 편집자 신디 번치(Cindy Bunch)는 계속해서 이 작업을 지지해 주었습니다. 그녀에게 감사를 드립니다.

마지막으로, 게일의 아내 팸만큼 지지가 되는 비평을 해준 사람은 없을 겁니다. 영성 훈련의 실천, 특히 기도의 삶에 대해 팸은 오래 전부터 관심을 가져 왔고 우리가 매 장을 끝낼 때마다 읽어 주었습니다. 교육받은 평신도인 팸은 "내가 왜 이 사람들에게 관심을 가져야 하는지, 나부터 설득해 주세요. 나도 그 책이 읽고 싶도록 만들어 주세요"라는 말로 우리를 밀어붙였습니다. 그러한 그녀의 역할 덕분에 여러분의 독서 습관에, 그리고 인생에 열매가 맺히리라 믿습니다.

들어가기 전에

이 책은 각 개인과 공동체가 어떻게 하나님을 민감하게 의식하게 되었는지를 다룬다. 보통 이런 영적 각성은 하나님의 지속적인 임재에 대한 내적 갈망을 일으키는데, 내게는 30년 전에 그런 각성이 일어났다.

당시 나는 오리건 주 뉴버그에 있는 조지 폭스 대학의 신입생이었다. 리처드 포스터는 그 대학에서 가르치면서 프렌즈 교회라는 지역 교회의 목회자로 있었고, 「영적 훈련과 성장」(*Celebration of Discipline*, 생명의말씀사 역간)을 집필 중이었다. 내가 그 책의 초고 복사본을 처음으로 읽은 때가 바로 포스터의 강의 시간이었다. 나는 태어나면서부터 줄곧 기독교 문화 가운데 있었지만, 하나님과 함께하는 삶을 어떻게 이해할 수 있는지, 어떻게 하나님과의 관계를 더 깊게 할 수 있는지 그렇게 완벽하게 정리해 놓은 글을 읽어 본 적이 없었고, 그런 경험을 해 본 적도 없었다. 짐작하겠지만, 정말 전율을 느낀 순간이었다. 그 이후 지금까지도 이 결정적인 시기 동안 발견한 것들이 삶의 지침이 되고 있다.

대학을 졸업한 후 프린스턴 신학교로 진학했는데, 그곳에서는 디오게네스 앨런(Diogenes Allen) 박사의 영향을 많이 받았다. 당시 앨런 박사는 스튜어트 철학 교수직을 충실히 감당하고 있었다. 1980년대 초반 내가 프린스턴 신학교에 들어갔을 때, 앨런 박사는 철학과 신학과 교회사를 아주 매력적으로 통합해 내고 있었다. 그때까지 내가 접한 강의 가운데 최고였다. 그것은 기독교가 지적으로 신뢰할 만하다는 가장 견고한 증거를 제시하며, 하나님과 함께 하는 삶의 깊이를 질서정연한 형태로 밝혀낸 것이었다.

그 두 사람은 모두 나의 영적 여정에 없어서는 안 될 역할을 해 주었다. 지금 내가 하나님과 함께하는 삶에 대해 알고 있는 모든 것은, 두 사람의 인격적·지적인 영향으로 시작된 것이다. 우리가 영성 생활의 진보를 이루려 할 때 두 사람의 앞선 통찰을 따르는 것이 중요한 것은, 그들이 철저히 교회의 위대한 성인들로부터 물을 길어 올리기 때문이다.

수년 전 영적 여정을 시작할 때, 나는 매일 성경을 읽고 기초적인 영성 훈련을 하며 영성 생활에 대해 알아 가고 이해하기 시작했다. 그러나 곧 기독교 신앙을 갖지 않은 친구들에게 도전을 받았다. 그 친구들의 전형적인 무관심과 간간이 표현하는 적대감으로 인해 나는 결국 기독교의 지적인 정합성을 확인하기로 했고,

5년 간의 탐구를 시작했다. 기독교 신앙이 세상의 여러 사상들 가운데 당당히 설 수 있을지 혼자 힘으로 알아내고 싶었다. 그때까지도 이런 질문들이 나를 따라다녔다. 기독교 신앙이 정말 진리일까? 하나님과 함께하는 삶은 외형만 살아 있는 행위인가, 아니면 우주의 근원이자 실체인가?

기쁘게도 나는 답을 얻었다. 하나님과 함께하는 삶이 의미 있을 뿐 아니라 진실임을 알았기에 내 깊은 갈망은 채워졌다. 또한 리처드 포스터와 디오게네스 앨런이 소개해 준 책을 계속 읽으면서 그리스도인의 삶에 대한 내 확신은 더욱 견고해졌다. 신학교에서 내가 깨달은 것은, 모든 정직한 추구자들을 괴롭히는 위대한 질문들을 계속해서 하는 것이 그리스도인의 삶의 본질이라는 것이다. 그 질문들은 이런 것들이다. 삶의 의미는 무엇인가? 사랑의 하나님이 어떻게 고통을 허락하실 수 있는가? 선하신 하나님이 이토록 많은 악을 허용하시는 이유는 무엇인가? 하나님의 존재에 대한 증거가 있는가? 예수가 하나님께 이르는 유일한 길인가? 그렇다면 다른 종교들의 역할은 무엇인가?

1992년 포스터와 나는 다시 만났고 남캘리포니아에 있는 한 대학에서 함께 강의를 시작했다. 그 때 우리는 '기독교 영성의 역사와 훈련'이라는 강좌를 개설했다. 이 강좌를 위해 생각을 나누고 함께 수업을 하며 나눈 대화가 바로 이 책의 근간이 되었다.

2005년 성탄절이 막 지났을 무렵, 가족들을 태우고 차를 몰고 가고 있을 때 포스터가 내게 전화를 했다. 그는 수술 이후 회복 중에 (하필이면) 미식축구 경기를 보고 있었다. 이야기를 나누다 결국 우리의 대화는 이 책의 주제로 흘러갔고, 우리는 이에 대해 더 생각하고 기도해 보기로 했다. 바로 다음날 아침 포스터는 다시 전화를 걸어 우리가 그 일을 해야 할 것 같다고 말했고, 그 즉시 시작했다.

우리가 과업을 완수하는 데는 3년이 걸렸다. 이 책에서 우리는 독자들이 각자의 영적 여정에서 핵심 텍스트들을 잘 활용하도록 상호작용할 수 있는 방식으로 핵심 텍스트의 이해를 담아내려고 노력했다. 여러모로 검토하는 가운데 나는 포스터의 "반추하고 반응하기" 부분이 특별히 의미 있음을 발견했다. 무엇보다도 우리는 독자들이 하나님의 마음에 좀더 가까이 다가가는 데 이 책이 도움이 되기를 바란다.

2008년 강림절에
게일 비비

들어가는 말

기독교 영성에 이르는 일곱 가지 길을 다시 찾으며

모든 시대와 역사에 걸쳐 하나님의 사랑은 수없이 많은 사람을 어루만졌다. 그런 만짐은 종종 우리 안에 있는 영적 갈망을 일깨우고, 우리는 그 사랑을 더 온전히 추구하며 그 사랑이 우리 삶 가운데 늘 머물러 있기를 바란다. 어떤 접근법이나 방식이든 상관없다. 짧은 순간 하나님의 임재를 체험한 우리는 지속적인 하나님의 임재를 갈망하게 된다. 그러나 역사가 보여 주듯, 그 사랑에 대한 우리의 욕구는 거의 채워지지 않는다.

그렇다면 오늘날 이런 갈망이 보이지 않는 듯한 이유는 무엇인가? 한마디로 말해 혼란 상황이다. 아우구스티누스는 「고백록」*

---

* 아우구스티누스 연구가에 의한 탁월한 번역본으로, 대한기독교서회에서 나온 선한용 번역판이 있다.

(Confessions)에서 "우리 마음은 당신 안에서 안식할 때까지 안식하지 못합니다"라고 말한다. 당신도 알다시피, 우리는 하나님이 필요함에도 불구하고 처음에는 그분을 원하지 않는다. 우리는 온갖 종류의 다른 것들, 곧 삶에 확실히 필요하면서도 우선 매력적으로 보이는 것들을 원한다. 하나님이 그분의 사랑으로 우리를 어루만지실 때에만 우리는 삶의 본질을 새롭고 심원한 방식으로 이해하게 된다.

많은 것들이 그렇듯, 하나님의 사랑을 받아들이고 그 사랑에 반응하는 우리의 능력도 계발되어야 한다. 예를 들어, 읽고 쓸 수 있는 잠재력이 있어도, 읽고 쓰는 능력을 계발하려면 엄청난 노력과 도움이 있어야 한다. 배울 기회가 없어서 읽고 쓰는 것을 익히지 못한 사람들도 있다. 마찬가지로 하나님의 사랑을 받아들이고 그 사랑에 반응할 잠재력은 있지만 그렇게 할 적절한 기회를 얻지 못한 사람이 셀 수 없이 많다.

오늘날 우리가 직면한 한 가지 중대한 문제는 서구 문명의 문화적 분위기가 기독교 신앙에 점점 더 적대적이 되어 간다는 것이다. 대학과 연구 기관들은, 종교를 낡아빠지고 부적절한 세계관으로 여기고 한쪽으로 제쳐 놓는다. 사람들이 하나님에 대한 갈망을 경험할 때도, 문화적 분위기는 그 갈망을 승화시키기는 커녕 하나님에 대해 고려하는 일조차 장려하지 않는다.

가치의 중심을 찾아서

새 천 년이 진행됨에 따라, 앞으로 어떤 일이 일어날지 상당히 많은 추측이 있다. 마음, 뇌, 인격이 어떻게 연관되어 있는지 발견할지도 모른다. 혹 생명의 기원에 대해 과학적으로 설명하게 될지도 모른다. 아니면 우리가 가장 바라는 대로, 우리 인류가 삶을 다 바쳐야 할 궁극적인 목표를 발견하고 그에 동의하게 될지도 모른다.

이 모든 추측에는, 우리가 그토록 열렬히 갈망하는 의미, 목적, 방향을 제공해 줄 가치의 중심을 재발견할 수 있으리라는 희망이 담겨 있다. 실제로 가치의 중심을 향한 탐구는, 서구 문명에, 아니 세계 전체에 절망이 팽배함을 보여 준다.

중요한 저작들에 드러나 있듯이, 오늘날에는 우리가 의미와 가치의 중심을 파괴시켰다는 자각이 커져 가고 있다. 그러한 파괴는, 우리 공동의 삶을 진작시키고 지탱하기 위한 자원이 거의 남아 있지 않을 정도에까지 이르렀다.[1] 동시에 주요한 저자들은 너나없이 풍요한 영적 자원들을 회복시키려 하고 있다. 그것들은 바로 한때 도덕적으로 우리를 이끌었고, 영적으로 우리를 지탱해 주었으며, 하나님에 대한 우리의 깊은 갈망을 만족시켜 주었던 것들이다.[2] 이 모든 작업의 중심에는 영성 형성 과정에 대한 관심이 있다.

기독교 영성 형성이란, 우리가 그리스도의 성품과 그 존재 자체를 지니도록 우리의 전 인격을 세워 가시는, 하나님이 정하신 과정이다. 우리가 이 과정에 마음을 열고 반응한다면, 이 내적 형성은 외적 삶으로 표현될 것이다. 영성 형성은 모든 인간의 삶에 존재하는 숨겨진 영역과 관련되어 있다. 그곳은 우리가 되고자 하는 인간이 되도록 하나님이 주신 공간이다.

우리는 이 숨겨진 공간에서, 우리가 가진 지식, 감정, 의지의 자원들을 이용해 선택을 한다. 우리가 하나님 앞에서 우리의 양심을 작동시키고 이웃과의 관계를 시작하는 곳이 바로 이곳이다. 우리가 형성되고, 우리의 성품이 갖추어지는 곳이 바로 이 숨겨진 공간이다. 하나님이 우리를 만나시고 우리가 그분을 따르기로 결단하는 곳이 바로 이곳이다.

그런 일은 어떻게 일어날 수 있을까? 어떻게 우리 삶이 그리스도의 영이 드러나는 데까지 형성될 수 있을까? 우리는 그저 하나님과 함께하는 삶으로, 우리 삶을 성령의 영향을 향해 열어 놓는 상관적이고 구속적인 관계 속으로 들어간다. 그러면 성령은 우리 안에 거주하시면서, 우리가 그리스도의 형상에 이르기까지 결코 끝나지 않을 과정 속으로 우리를 인도하신다.

많은 영성 훈련들이 이 과정을 가능하게 한다. 공동 예배와 개인적인 예배, 연구, 기도, 성경 읽기와 암송, 자연과 역사 가운데서 이루어진 하나님의 활동에 대한 묵상, 다른 사람들에 대한 섬김 등이 그것이다. 고독, 침묵, 금식 등과 같은 훈련 역시 영성 형성을 더 잘 이루어지게 한다. 그러나 이런 활동조차도 우리가 추구하는, 바로 그 삶으로 가는 길을 막아 귀찮은 것으로 만들고 그 삶을 사라지게 할 수도 있다. 모든 영성 훈련은 그것들을 통해 성숙과 진보가 이루어지도록 주의를 기울여야 한다.

적절하게 사용하기만 한다면, 이런 영성 훈련들은 영적 성숙의 더 높은 단계에 이르는 데 도움이 된다. 이를 통해 우리는 그리스도의 마음을 갖고 우리 삶의 상황들에 반응하게 될 것이다. 우리 모두는 우리 각자에게 가장 잘 맞는 방식으로 이런 영성 형성을 이루어야 한다. 그러나 다른 사람들이 개척해 놓은 길에서 지혜를 얻을 때 더 큰 진보를 이룰 수 있다.

이 책은 왜 필요한가?

이 책의 주요한 목적은 두 가지다. 첫째는 기독교 역사 전체를 거쳐 발전해 온, 하나님께 이르는 일곱 가지 주요한 길을 설명하는 것이다. 요약하면 다음과 같다.

- 하나님을 향한 질서* 있는 사랑으로서의 영성 생활
- 여정으로서의 영성 생활
- 타락으로 인해 잃어버린 하나님에 대한 지식 회복으로서의 영성 생활
- 예수 그리스도와의 친밀한 관계로서의 영성 생활
- 질서 있는 하나님 체험으로의 영성 생활
- 행동과 관상으로서의 영성 생활
- 영적 상승으로서의 영성 생활

우리는, 그리스도를 나타냄으로 오랜 시간을 거치며 여러 세대 동안 사람들을 인도한 저자들을 선택했다. 그들이 제시하는 길은 이어지는 장들에서 자세히 묘사될 것이다.

둘째 목적은 훨씬 더 개인적인 것이다. 우리는 하나님에 대한

---

* 질서(order)는 아우구스티누스가 말한 "질서 있는 사랑"(*dilectio ordinata*, orderly love) 개념을 통해 서구 영성 신학의 중요 어휘로 자리잡은 말이다.

당신의 지식과 이해와 헌신이 자극을 받아 자라 가고, 이 책에 나오는 영성 저자들이 제시하는 깊이 그리고 풍요와 씨름하기를 원한다. 영성에 대한 요즘의 책들은 두 가지 극단 중 하나로 치우치는 경향이 있다. 즉 영성 생활을 분석적이고 객관적인 방식으로 제시하거나, 아니면 다시 반복될 수 없는 독특한 감정적인 체험으로 그 범위를 좁혀 설명한다. 그러나 두 극단 모두 그 삶의 원천에 닿지 못한다. 이에 우리의 목표는, 당신이 하나님과 함께하는 삶의 고갈되지 않는 원천을 찾아 거기에 들어가도록 돕는 것이다.

우리는 일곱 가지 다른 길을 제시함으로써, 폭넓고 다양한 영성 저술들을 지나치게 단순화하고 한 가지만 바라보도록 만드는 경향, 곧 기독교 신앙에 상처를 입힌 현대의 경향에 맞서고자 한다. 우리는 오히려 하나님과 함께하는 삶에 이르는 데는 적어도 일곱 가지 주요한 길이 있음을, 그리고 그것은 다 예수 그리스도의 인격과 사역으로 말미암는다는 사실을 강조할 것이다. 다른 길들을 배제한 어떤 유일한 길이 기독교적인 길인 것은 아니다.

어떤 한 지점에서는 한 가지 길이 우리에게 특별히 유용할지도 모른다. 하지만 시간이 지남에 따라 우리는 그 모든 길을 경험하게 되는 것 같다. 그렇게 되도록 되어 있다. 우리는 다양한 방식으로 하나님과 함께하는 삶에 들어가도록 창조되었다. 여정이 계속될수록 우리는 그리스도의 모양과 형상을 닮아 가는 존재로 형성되어 간다.

각 장에는 고전 영성 작가들이 구체화한 특정한 길이 묘사되어 있다. 그들은 그리스도인의 삶에 대한 우리의 이해를 분명하게 해

준다. 어떤 한 가지 접근법이 모든 사람을 충족시킬 수는 없는데, 그것은 우리가 욕구, 경험, 문제, 기질, 삶의 정황이 모두 다르기 때문이다. 또 보통 우리는 인생 여정 동안 한 가지 이상의 접근법을 이용하게 된다. 예를 들어, 기독교의 지적 신뢰성을 고려할 때는 하나님을 향한 사랑에 질서를 세우는 것과 타락으로 인해 잃어버린 하나님에 대한 지식의 회복을 추구하는 것이 가장 중요하다. 그러나 하나님과의 강력한 만남을 가질 때와 같은 경우, 우리는 질서 있는 하나님 체험이란 무엇인가 하는 문제를 고려해야 한다. 우리가 다른 길들보다 어떤 한 길을 선호한다 할지라도, 우리 인생 전체를 볼 때는 일곱 가지 길 모두 유용하고 적절할 것이다.

「하나님에 대한 갈망」(Longing for God, 이 책의 원제임-편집자 주)이라는 책 제목에는 아우구스티누스의 유명한 가르침이 암시되어 있다. 우리는 하나님 안에서 삶의 충만을 발견하도록 만들어졌기 때문에, 우리의 모든 활동은, 심지어 죄된 것이라 할지라도 하나님을 향한 갈망에서 비롯된 것이라는 가르침 말이다. 이 책에 제시된 길들은 우리가 하나님을 향하도록 도와주며, 우리가 적절하지 못하거나 그릇된 원천들로 인해 좌절하는 대신 이 억누를 수 없는 갈망을 충족하도록 해준다.

구름같이 허다한 위대한 증인들

우리들 대부분은 우리 삶의 패턴을 보지 못하거나, 개인적인 경험들 이면에 있는 목적을 이해하지 못한다. 우리는 자신이 어떤 존재인지 거의 이해하지 못한 채 어둠 속에서 삶을 영위해 간다.

간혹 하나님의 원대한 설계를 언뜻 볼 때조차도 그렇다. 그러나 우리는 이전 시대 사람들이 누리지 못했던 많은 특권을 갖고 있다. 예수님의 이야기를 포함해서 구약과 신약에 나오는 다채로운 인물들의 이야기가 우리에게 있다. 우리는 이천 년 기독교 역사 가운데 살았던 위대한 성인들의 이야기를 알고 있다. "우리에게 구름같이 둘러싼 허다한 증인들이 있으니"(히 12:1). 여기, 이스라엘 백성이 광야길을 지날 때 하나님의 임재를 나타내던 그 구름이 암시되어 있다.

우리는 이렇게 하나님의 백성으로서 삶 가운데서 전진해 갈 수 있다. 항상 어떤 사건의 이유를 아는 것도 아니고, 인도하시고 돌보시는 하나님의 손길을 늘 감지하는 것도 아니지만, 미래에 이루실 약속을 의지해 살아갈 수 있음을 믿기 때문이다. 하나님의 자녀인 우리는 위대한 성경 인물들을 공부함으로써 하나님과 함께하는 우리 자신의 삶에 대해 동일한 확신을 키워 간다.

모든 세대의 위대한 기독교 성인들은, 성경 말씀, 다른 사람들의 신학적인 성찰, 인간 이성의 능력, 당시의 문화적 자산들, 영성 훈련들을 사용해 하나님과 함께하는 삶을 발전시켜 나갔다. 위대한 성인들은 성찰을 통해 성령의 역사를 증언하고, 우리가 그들의 성찰을 공부할 때 우리의 영성 생활 또한 이끌어 준다.

무엇보다도 우리는 이 책이 새로운 세대 신자들의 마음과 생각을 사로잡기를 소망한다. 그리하여 이 세대가 "참된 생명"(the life which is life indeed, 딤전 6:19)을 구하고 찾을 수 있으리라 믿는다.

첫 번째 길

하나님을 향한 사랑의 질서 세우기

"능히…지식에 넘치는 그리스도의 사랑을 알고…깨달아."
_엡 3:18-19

오늘날에는 사랑의 질서를 바로잡아야 할 긴급한 필요가 있다. 인간은 본성상 사랑하고 사랑을 구한다. 하지만 에로스라는 낭만적인 사랑이 우리 삶을 장악해서 균형과 만족을 찾을 수 없게 만들었다. 그 사랑의 고삐 풀린 욕망, 무분별한 탐욕, 무자비한 권력 추구가 사랑을 주고받는 우리의 능력을 파괴하고 있다. 그 결과 사랑의 법, 즉 야고보가 "최고의 법"이라 불렀던 사랑의 법은 눈에 띄게 사라졌고, 그 필요가 절실하다.

그래서 하나님은 거듭해서 우리를 그분의 사랑으로 부르신다. 성경은 사랑에 대한 갖가지 가르침들로 가득하다. "네 이웃 사랑하기를 네 자신과 같이 사랑하라"(레 19:18), "너는 마음을 다하고 뜻을 다하고 힘을 다하여 네 하나님 여호와를 사랑하라"(신 6:5), "선하시도다. 그의 자비하심(love)이 영원히 있도다"(대하 5:13). 이는 하나님의 사랑에 대한 무수한 본문들 중 일부일 뿐이다.

하나님은 우리의 이해를 깊게 하기 위해 우리로 거듭해서 예수님을 바라게 하신다. 예수님은 하나님의 사랑을 가장 영화롭게 구현해 내신 분이다. 예수님이 세상에 계신 동안 주신 다음의 가르침들을 살펴보라. "또 네 이웃을 사랑하고 네 원수를 미워하라 하였다는 것을 너희가 들었으나, 나는 너희에게 이르노니 너희 원수를 사랑하며 너희를 박해하는 자를 위하여 기도하라. 이같이 한즉 하늘에 계신 너희 아버지의 아들이 되리니"(마 5:43-45). "어떤 사람이 주께 와서 이르되, 선생님이여, 내가 무슨 선한 일을 하여야 영생을 얻으리이까? 예수께서 이르시되…네 이웃을 네 자신과 같이 사랑하라 하신 것이니라"(마 19:16-17, 19). 다른 곳에서 예수님은 하나님과 함께하는 삶을 다음과 같은 말씀으로 요약하셨다. "네 마음을 다하고 목숨을 다하고 뜻을 다하여 주 너의 하나님을 사랑하라 하셨으니, 이것이 크고 첫째 되는 계명이요, 둘째도 그와 같으니 네 이웃을 네 자신같이 사랑하라"(마 22:37-39).

사랑의 특성

바울은 사랑을 다룬 최고의 장이요, 가장 유명한 장인 고린도전서 13장에서, 예수님의 가르침을 자세히 해설한다. 이곳과 또 다른 곳에서 그는 성경 전체에서 수백 번 이상 사용된 단어인 '아가페' 사랑의 특성을 강조한다. 이렇게 강조하게 된 것은, 바울과 초대 그리스도인들이 하나님에게서 기원한 자기 희생적인 사랑과, 에로스로 대표되는 자기 보존적인 사랑을 대조하고자 했기 때문이다.

사랑은 오래 참고, 사랑은 온유하며, 시기하지 아니하며, 사랑은 자랑하지 아니하며, 교만하지 아니하며, 무례히 행하지 아니하며, 자기의 유익을 구하지 아니하며, 성내지 아니하며, 악한 것을 생각하지 아니하며, 불의를 기뻐하지 아니하며, 진리와 함께 기뻐하고, 모든 것을 참으며, 모든 것을 믿으며, 모든 것을 바라며, 모든 것을 견디느니라. 사랑은 언제까지나 떨어지지 아니하되(고전 13:4-8).

여기 바울의 가르침의 핵심을 이해하기 위해 우리는 '사랑' 대신에 '자기 중심적인 사람'이라는 어구를 넣고 반대되는 행동을 대입해 볼 수 있다. 이렇게 읽어 보는 것이다. "자기 중심적인 사람은 오래 참지 아니하고, 자기 중심적인 사람은 온유하지 않으며, 자기 중심적인 사람은 시기하며, 자랑하며, 교만하며, 무례히 행하며, 자기 중심적인 사람은 자기의 유익을 구하며, 불의를 기뻐하며, 진리를 기뻐하지 아니하고, 자기 중심적인 사람은 어느 것도 믿지 않으며, 어느 것도 바라지 않으며, 어느 것도 견디지 않느니라. 자기 중심적인 사람은 언제나 폐할 것이니."

얼마나 극명한 대조인가! 하지만 이런 작업은 하나님의 아가페 사랑이 우리 인간의 능력을 훨씬 넘어서는 일임을 분명하게 보여 줄 뿐이다. 우리로서는 하나님에게서만 기원하는 그런 완벽한 사랑을 해낼 수가 없다.

그렇다면 우리는 어떻게 하나님이 주시는 사랑의 특성과 목적들을 이해할 수 있을까? 신학은 바로 이런 질문들에 답하려 애쓰는 가운데 세워졌다. 하나님의 본성은 순전한 사랑을 통해 가장 잘 알려진다고 그분 자신이 우리에게 말씀하신다. 하나님은 아가페 사랑이시고 아가페 사랑은 하나님이시다(요일 4:16). 이 신적인 사랑을 체험하는 것보다 하나님을 이해할 수 있는 더 나은 방법이나 빠른 방법은 없다.

사랑하고 사랑을 구하는 것이 인간 본성의 근본이기에, 하나님과 함께하는 삶의 주요 목적은, 자연적이든 초자연적이든 우리 마음의 갈망들이 모두 충족되는 방식으로 사랑하는 법을 배우는 것이다. 하나님을 올바로 사랑하면 인간사에 존재하는 다른 모든 사랑들이 제자리를 찾는다. 이제 우리의 하나님 사랑에 질서를 잡는 일을 도와줄 사람들에게로 가 보자.

알렉산드리아의 오리게네스

하나님과의 영원한 사귐을 추구함

> 성경을 연구하다 보면…이스라엘 자손이 애굽을 떠나올 때
> 그들 앞에 42노정이 있었음을 알게 된다.
> 우리 주님이 이 땅에 오실 때도 42세대를 거치셨다.
> _「아가서 주석」(Commentary of the Song of Songs)

하나님을 향한 사랑에 있어야 할 질서에 대해 자세히 해설한 초기 인물 중 하나가 알렉산드리아의 오리게네스(Origen of Alexandria, 185-254)다. 오리게네스는 이미 어린 시절부터 덕을 갖춘 사람으로 널리 알려졌고, 제일원리에서부터 해석학, 하나님에 대한 신앙에 이르기까지 모든 주제에 대해 집필한 중요한 신학자로 성숙해 갔다.[1] 그가 성경 연구와 성경 해석학에서 이룬 진보는 독창적이고 전설적이었다. 필로의 철학과 힐렐의 랍비식 주해를 자신의 기독교 신앙과 결합시킨 오리게네스는, 성경 주해 면에서 알렉산드리아 학파의 새로운 발전을 주도했다.[2]

오리게네스는 모든 질문에 답을 한, 기독교 신앙에 대한 지칠 줄 모르는 변증가였다. 그는 두 편의 신학 연구 논문을 쓰고 교회

지도자들과 사이가 틀어지는 등 수많은 도전에 직면했지만, 기독교 영성에 가장 독창적이고 창의적인 기여를 하며 그 도전들을 견뎌냈다.

오리게네스는 특히 모든 실재를 다스리는 원리를 밝혀내는 일에 집중했다. 그런 탐구 가운데 그는 인생의 궁극적인 목표를 하나님과의 친밀하고 지속적인 사귐이라 규정지었다. 삶을 주도해 가는 것은 단순한 우리 뜻이 아니라, 이 땅에서 하나님의 뜻을 행함으로 하나님의 뜻에 참여하는 우리 뜻이어야 한다.

42단계

오리게네스는 여러 작품들을 통해서, 그리스도인에게는 상승의 과정을 시작하려는 분명하고 저항할 수 없는 욕구가 있다고 말한다. 그는 영성 생활을 단계의 상승으로 보았다. 이는 그의 작품 전체에서 분명하게 나타나는 관점이지만, 특히 중요한 세 작품, 「기도에 관하여」(On Prayer), 「아가서 주석」(Commentary on the Song of Songs), 「민수기 설교 27」(Homily 27 on Numbers)에서 두드러지게 나타난다.

그는 한 인상적인 성경 해석에서, 이스라엘 자손이 광야 생활 동안 세운 42개의 진(陣, 민 33장)과, 우리가 하나님과 친밀해져 갈 때 경험하는 42단계를 비교한다.[3] 이스라엘 자손이 고군분투하며 약속의 땅을 향해 갔듯이, 우리도 영성 생활에서 진보를 이루고 우리의 영원한 운명이 펼쳐지는 것을 보고자 한다면, 하나님을 알기 위해 애써야 한다. 민수기 33:1은 "애굽을 떠난 이스라엘 자손들의 노정은 이러하니라"로 시작한다. 오리게네스는 마태복음 1:1-18에서 우리 주님이요 구세주께서 오실 때 42세대를 거치셨음을 주목하면서, 민수기의 역사적 사건을 기독론적 의미와 결합시킨다.[4]

오리게네스에 따르면, 이 노정 즉 단계들은 또한 이 땅에서 하늘로 가는 영혼의 여정을 나타낸다. 한 단계에서 다음 단계로 옮겨 갈 때마다 우리는 여정의 나머지 기간 동안 우리를 강하게 해 줄 새로운 덕*을 알아 가고 계발한다. 각각의 단계에는 또한 유혹들이 있다. 이런 유혹들에 굴복하면 방향을 잃지만, 유혹을 이기면 하나님께 조금 더 가까이 다가갈 수 있다.[5]

오리게네스는 우리가 각 단계에서 무엇을 배우는지 강조한다. 예를 들어, 하나님과 함께하는 삶이 애굽 광야 단계일 경우에는, 하나님의 율법, 견고한 신앙, 하나님을 기쁘시게 하는 삶의 열매를 알아야 한다. 교만, 정욕, 무분별한 욕망, 어리석음을 없앰으로써 계발되는 덕이 필요하다. 바로 그 덕이 우리를 애굽에서 나오게 해줄 것이다.[6]

덕이란 모름지기 훈련과 고된 수고를 통해 얻기 마련이다.[7] 그리고 이 덕들이 결국 우리를 엘림으로 인도해 준다. 샘물 열둘과 종려나무 칠십 그루로 회복을 선사할 그곳으로(민 33:9-11). 유혹을 견디고 그러한 덕을 키워 간다면 즐거움이 넘치는 곳으로 들어가게 된다는 것이 오리게네스의 요점이다. 그러나 이 기쁨에 이르는

---

* 덕(virtues)은 아리스토텔레스 철학의 영향을 받은, 고대와 중세 신학의 중요 어휘로서, 악덕(vice)의 반대다.

것이 여정의 끝도 아니고 만물의 완성도 아니다. 영혼이 엘림에 이른다는 것은, 다양한 영들을 분별할 수 있는 영적 성숙의 한 단계에 이르렀다는 의미다.[8] 이 지점까지, 영혼은 탐욕, 교만, 분노, 자랑, 두려움, 변덕, 소심함을 극복하고, 매일의 삶이 다양한 영적 상태를 나타내는 한 단계일 뿐임을 인식한다.[9]

마침내 목표에 이르렀을 때, 그제야 우리는 돌아서서 우리 뒤에 오는 이들을 격려할 수 있다. 플라톤이 동굴의 비유에서 주장했던 것처럼 말이다.[10] 여정을 마치고 모든 유혹을 성공적으로 극복했을 때 비로소 우리는 이 땅에서 하늘에 이르는 마지막 단계에 들어갈 준비가 된 것이다. 그 때 우리는 하나님의 강에 다가가고 그분의 지혜의 시내로 들어간다.

결국 42단계는 시작하는 법, 진보를 이루는 법, 하나님과 함께하는 삶을 완성하는 법을 나타낸다. 그것은 우리에게 영성 생활이 어떠해야 하는지를 가르쳐 준다.

세 가지 단계

어떤 한 개인이 생각한 바를 완벽하게 정리해 주는 개요 같은 것은 없겠지만, 일반적인 유형으로 정리해 보면 이해가 쉬워질 것이다. 오리게네스는 하나님께로 가는 길을 완성하면서, 하나님과 함께하는 삶의 모든 측면이 어떻게 관련되어 있는지를 보여 주기 위해 세 가지 단계라는 신플라톤주의의 구조를 이용한다.[11] 이렇게 그는 하나님을 알기 위한 우리 사랑의 바른 질서를 다음과 같은 초기 형태로 제시했다.

표 1.1 오리게네스의 질서

단계	질서	성경	판단 원리	목표	삶의 모습
III	영	아가	아파테이아	연합	관상하는
II	혼	전도서	자연 과학*	조명	행동하고 관상하는
I	몸	잠언	윤리학	정화	행동하는

가장 낮은 단계에서 우리는 오감을 통해 하나님을 발견한다. 여기서 초점은 몸이고, 우리에게 방향을 제시하는 성경의 책은 잠언이다. 이 단계에서는 성경을 문자적·역사적으로 읽는다. 그리고 하나님과 함께하는 삶에 더 깊이 헌신한다면 윤리적인 이해로 이어질 도덕적인 지식을 얻는다.[12]

두 번째 단계에서는 성경을 통해 하나님을 발견한다. 여기서 우리가 얻는 지식은 조명을 받아 깨달은 지식으로, 이 지식을 붙잡는 인간 기관은 혼(soul)이다. 우리의 기억, 지성, 의지도 이 영역에 포함된다. 이 단계에서 성경의 핵심적인 책은 전도서다. 우리의 성경 읽기는 문법적인 해석에 따르지만 우리의 이해는 자연 과학에 기초한다. 자연 과정들을 연구할 때 우리는 하나님의 길들에 대한 통찰을 얻는다. 그로 인해 나타나는 삶은, 행동하는 사랑과 관상적인 성찰이 연합된 (조명 받은) 깨달음의 모습을 띤다.[13]

가장 높은 단계에서는 하나님과의 영속적인 사귐을 통해 하나님을 발견한다. 여기서 우리가 얻는 지식은 '천상의 지식'으로 우

---

* 고대에서 physics는 물리학이 아니라 자연 과학을 통칭하는 말이었다.

리는 영(spirit)을 통해 여기에 도달한다. 영적인 차원에서 읽을 때 아가서는 가장 중요하고, 이때 우리는 철학을 활용하여 배우게 된다. 우리의 영적인 목표는 '아파테이아'(*apatheia*), 즉 삼위일체에 완전히 흡수되어 더 이상 욕망의 지배를 받지 않는, 정념(passions)* 이 없는 상태에 도달하는 것이다. 이 단계에서 목표는 관상을 통해 하나님과의 연합에 들어가는 것이다. 그로 인해 나타나는 삶은 순수한 사랑과 행동하는 자비의 삶이다.

우리가 삶의 질서를 바로잡을 때에야 영혼이 하나님에 대한 사랑을 제대로 발전시킨다고 오리게네스는 말한다. 그것은 물리적 우주라는, 눈에 보이는 실재에서 눈에 보이지 않는 영적인 영역으로 옮겨 가는 것이다. 우리가 직면한 최고의 도전은 믿음에 대한 지식의 부족이 아니라 자아 중심적인 욕망들의 엄청난 무게다. 이 욕망들의 무게는 인간 본성에 결코 피할 수 없는 영향력을 행사한다. 이를 피하는 유일한 방법은, 하나님께로 향하는 것, 그리스도를 본받기 시작하는 것, 가장 낮은 단계에서 영속적인 하나님과의 사귐이라는 궁극적인 상태로 진보하는 것이다.

오리게네스가 가장 크게 영향력을 끼친 면은, 우리 운명이 욕망의 힘에 매여 있음을 설명해 준 것이다. 그는 헬라 철학의 영향을 받은 다른 후기 기독교 사상가들과는 달리, 신앙 생활을 하나님의 신비에 대한 엄격한 관상으로 보지 않는다. 오리게네스에 따

---

* 이 시대에 passion은 '열정/정열'과는 다른 의미로서, 정념의 상태란 영혼이 육신적 욕망과 충동에 수동적으로 종속되는 상태를 뜻했다.

르면, 기독교 신앙은 예수님을 본받는 것과 그 결과로 일어나는 하나님에 대한 관상으로 시작하고 끝이 난다. 우리는 그리스도를 본받음으로써, 일시적인 욕망을 만족시키려 하기보다 더 높은 단계로 상승한다. 하지만 일시적인 욕망은 아주 매혹적이다. 우리가 이 욕망의 무게에서 벗어나지 못할 때, 우리를 다스려야 하는 하나님의 사랑은 질서를 잃고 우리는 하나님을 영화롭게 하지 못하는 방식으로 그 사랑을 얻으려 한다.

오리게네스는 또한 한 가지 잊혀진 진리, 곧 우리가 서로를 필요로 한다는 사실을 강조한다. 신앙 공동체는 우리 삶의 신념들을 강화해 주고 그것들을 유지하도록 해준다. 신비에 대한 탐구는 항상 교회의 삶과 가르침에 뿌리를 박고 있어야 한다고 오리게네스는 가르친다. 교회는 신자를 붙잡아 두는 밧줄이 아니라, 세상 문화와 역동적인 관계를 맺으며 살아가는 그리스도의 몸이요, 그리스도의 신부다.

이는 현대의 영성을 거스르는 것이다. 21세기의 지배적인 경향은 개인주의이기 때문이다. 하지만 오리게네스는, 신앙은 언제나 우리 안에서 시작되지만 그것은 더 넓은 공동체와의 상호작용을 통해 자라나고 발전한다고 주장한다. '공동체 없는' 그리스도인은 없다. 우리의 공동체가 두세 명의 모임이든지 혹은 수백만 명으로 이루어진 전 세계적 사역체든지 우리에게는 우리를 성장시켜 주고 서 있게 해주는 공동체가 필요하다.

반추하고 반응하기

오리게네스는 끊임없이 나를 매혹시킨다. 그의 학문은 실로 독창적이라 할 수 있는데, 조직신학의 효시가 된 것이 바로 그의 「원리론」(De Principiis)이다. 그의 저서는 엄청났다. 많은 작품들이 현재는 남아 있지 않지만, 남아 있는 것만으로도 그가 집필의 대가였음을 충분히 알 수 있다. 교사와 설교자로서의 명성 또한 전설적이었다. 알렉산더 세베루스 황제의 어머니 마마에아는 그를 안디옥으로 불러 스승으로 삼았다. 물론 더 많은 예가 있다.

우리는 영성 생활을 결코 끝낼 수 없다는 것, 이것이 오리게네스 하면 떠오르는 그의 요점이다. 하나님과 함께하는 삶은 언제나 성장하고, 언제나 깊어지며, 언제나 강화된다. 현대의 세태는 얼마나 위태로운가! 오늘날에는 약간의 예외를 제외하면 영적 성장에 대한 진지한 신학이 없다. 많은 사람들이 죽음 이후에 만나는 천국에 강박적으로 초점을 맞추고 있으며, 대다수가 그리스도의 형상을 닮아 가는 일을 포기했다. 그러나 여기 우리에게 더 깊은 것이 있다고, 더 깊은 사랑, 더 깊은 능력, 더 깊은 통찰, 더 깊은 기쁨, 더 깊은 평안이 있다고 계속해서 말하는 사람이 있다. 우리는 성장할 수 있다. 배울 수 있다. 앞으로 나아갈 수 있다. 한마디로 오리게네스는 하나님의 광대한, 그리고 계속 커져 가는 사랑을 계속해서, 숨죽이며 경험하라고 우리를 초청한다.

나는 또한 그가 하나님과의 친밀하고 지속적인 사귐을 강조한 사실에 주목한다—이는 오리게네스에 대해 내가 제일 좋아하는 면이다. 여기 내게, 인생의 궁극적인 목적은 거듭해서 예수님과 사랑에 빠지는 것이라고 말하는 3세기의 인물이 있다. 더 중요한 것은 없다. 더 핵심적인 것은 없다. 더 결정적인 것은 없다.

물론 무엇보다도 핵심적인 질문은 '어떻게'이다. 우리는 어떻게 성장하는가? 어떻게 하나님과의 친밀하고 지속적인 사귐에 들어가는가? 대답은 간단하다. 바로 연습을 통해서다. 우리는 하나님과 함께하는 법을 배우는 일상생활의 실험을 시작한다. 우리가 일상에서 만나는 모든 것이 이런 실험을 할 수 있는 재료들이다. 하나님과 함께하는 삶은 특정한 시간을 필요로 하는 것이 아니라 우리의 시간 전체를 차지하는 것이다. 일하러 갈 때 우리는 하나님과 함께 간다. 일을 할 때 우리는, 우리를 저주하는 자를 축복하는 법, 우는 자와 함께 울고 기뻐하는 자와 함께 기뻐하는 법, 우리의 존재 자체가 다른 사람들에게 기쁨이 될 수 있는 법을 배운다. 이런 실험은 셀 수 없이 많고 다양하다. "주님, 오늘 제가 만나는 모든 사람을 축복하는 법을 가르쳐 주소서. 각 사람의 귀중함을 내게 보여 주소서. 창의적이고 새로운 생각들로 채우시고, 힘겨운 진퇴양난의 상황에서 빠져나올 수 있는 법을 보여 주소서." 집에서 가족들과 함께 있을 때, 이웃과 친구들과 함께 있을 때도 마찬가지다. 당신이 잘 적용할 수 있으리라 확신한다.

사랑의 주님, 다가오는 날들 동안 우리 사랑의 바른 질서를 오리게네스에게 배우도록 도와주소서. 우리는 대부분의 시간을 몸의 질서를 따르며 살아갑니다. 이는 꼭 인간의 성욕이 심히 뒤틀려 있다는 말은 아닙니다. 그런 게 아닙니다. 이는, 우리는 상대를 진정으로 보지 못하고 그저 피상적으로 보기가 너무 쉽다는 말입니다. 오, 우리는 우리가 사람을 대하는 방식에 대해 얼마나 마음을 쓰고 있는지요. 주님, 우리가 최상의 상태일 때는 오리게네스가 말한 셋째 단계, 즉 영의 단계에서 더 온전히 살아가기를 진실로 원하는 마음이 있습니다.

오늘…그리고 매일 하나님의 사랑이 우리에게 더 생생해지게 해주소서. 하나님의 사랑을 더 체험하고 싶은 마음을 주소서. 하나님의 사랑을 더 추구하는 마음을 주소서. 당신을 더 사랑하는 마음을 주소서. 주님, 우리의 '마음'을 변화시켜 주시기를 간절히 구합니다. 당신과 사랑에 빠질 뿐 아니라 당신과의 사랑이 자라가기를 원합니다. 그 길을 가르쳐 주소서. 아멘.

히포의 아우구스티누스

몸·정신·마음으로 하나님 사랑하기

> 하나님은 우리를 만드신 분이고,
> 인간은 몸과 영혼을 둘 다 가진 존재다.
> 우리는 하나님이 아니고,
> 우리에게 감각을 주시고 기능하게 하시는 분이
> 하나님임을 인식할 뿐이다.
> 우리가 우리를 만드신 하나님을 향해 나아가는 것, 그것은
> 우리의 선천적인 감각과 지각의 능력을 넘어서는 일이다.
> _「고백록」(Confessions)

교회사를 통틀어 볼 때, 아우구스티누스(Augustine of Hippo, 354-430)보다 기독교에 더 깊은 영향을 미친 인물은 없다. 그의 저술 전반에 나타나는 주제와 연구 내용들은 우리 사고와 삶의 중심이 되는 것들이다. 하나님과 함께하는 삶에 대한 아우구스티누스의 이해는 복잡해서, 그를 제대로 이해하려면 몇몇 작품들을 검토해 보아야 한다.

자신보다 앞선 오리게네스처럼 아우구스티누스도 몸·정신·마음이라는 세 단계에 초점을 맞추고, 이 세 단계가 하나님을 향한 질서 있는 사랑을 하는 일에 어떤 영향을 미치는지를 다룬다. 예를 들어 그의 「고백록」을 보면, 제자리를 잃은 욕망이 지닌, 무질서에 빠뜨리는 위력에 대해 알 수 있다. 그의 후기 신학 논문들

만 읽어 보면, 그가 많은 관심을 가지고 발전시킨 인간 조건이란 것에 대해 이해할 수 없다. 아우구스티누스의 세 단계는 다른 지향을 나타낸다. 여기서 지향이란, 우리가 가장 중요하다고 지각하고 의존하는 것을 말한다. 아우구스티누스는 이 세 단계를 철저히 연구함으로, 그것들이 하나님과 함께하는 삶에 기여하는지 아니면 우리를 혼란스럽게 하는지 알 수 있도록 돕는다.

아우구스티누스에 따르면, 인간은 몸과 영혼(기억, 지성, 의지를 포함하는)으로 구성되어 있다. 창조 세계 위, 그리고 바깥에 계시는 하나님은 이 세상의 모든 것이 제자리에 있도록 질서를 잡으신다. 이 하나님과 바른 관계를 맺고 살 때, 그분은 우리 몸과 영혼의 질서를 잡으셔서 우리 몸과 영혼의 욕구를 충족시키신다. 아우구스티누스는 몸의 욕구를 거부하지 않는다. 축소하기는 하지만, 부인하지는 않는다. 하지만 우리가 하나님의 은혜와 구속을 온전히 경험하고자 한다면, 몸의 욕구는 이성의 다스림을 받아야 한다.

이성을 포함하고 있는 영혼은 우리의 타고난 본성의 한 부분이다. 역사를 보면, 인간의 힘으로 하나님께 올라가기 위해 인간의 능력을 주창하며 질서를 어지럽힌 문명과 개인들이 무수히 많다. 이는 이성의 왜곡으로 말미암은 것이다. 이성을 올바르게 사용하면, 하나님을 향한 욕구를 인식할 수 있다. 그러나 이성만으로는 하나님과의 연합을 이룰 수 없다. 이성은 하나님이 임재하지 않으심을 알게 해주고, 하나님을 향한 우리 욕구의 깊이를 인식하도록 도와줄 수 있을 뿐이다.

어떻게 하나님을 알 수 있을까?

아우구스티누스에 따르면, 하나님은 모든 인간 존재 위에 계신다. 우리는 성경과, 창조 세계와, 내면의 교사이신 예수 그리스도를 통해 그분을 알 수 있다.[14] 하지만 우리가 먼저 하나님을 아는 것은 아니기 때문에, 인생을 이해하려는 우리의 노력은 무계획적이고 무익하다. 우리는 하나님을 갈망하기는 하지만 처음에는 그것을 인식하지 못한다. 우리가 할 수 있는 일이라고는, 이 땅에서의 삶의 한 요소인 우리의 의지의 방향을 제대로 잡아서 그분을 향한 준비를 하는 것뿐이다. 하나님과 그분이 하시는 일을 알고자 한다면, 계속 그분을 찾는 습관을 계발해야 한다. 이성을 통해 하나님을 찾는 법을 배우고, 도덕적 삶의 도움을 받아 우리의 영적 추구가 흐트러지지 않을 때, 우리는 하나님의 임재를 기대할 수 있다.

우리는 이성을 사용하는 능력으로 나머지 창조 세계와 구분된다. 이성이 있기 때문에 기독교 진리를 성찰할 수 있고, 이런 성찰이 우리의 욕망과 행동에 영향을 미치게 할 수 있다. 이성을 올바로 사용하는 목적은 실재를 이해하기 위함이다.

실재에 대한 아우구스티누스의 해석은, 인간이 하나님으로부터 멀어져 있다는 것이다. 우리 힘으로는 그분께로 돌아갈 수 없다. 우리의 부족함을 보시고 우리 힘으로는 결코 그 부족함을 충족시킬 수 없음을 아시는 하나님이 그리스도를 보내셨다. 하지만 권력에 대한 사랑, 넘쳐나는 욕망, 만족을 모르는 욕심이라는 세 가지 유혹 때문에, 우리의 부족함을 인지하기가 심히 어려운 상황이다. 이러한 유혹들은 우리를 불안하게 하고, 계속 혼란에 빠뜨리며, 삶의 모든 것에 몰두하지만 영속적인 만족을 찾지는 못하게 만든다. 이런 상황은 결국 우리를 완전히 지배하기에 이른다. 그것은 일상적인 인간의 삶을 붕괴시킨다. 결국 그 상황은 우리를 우리의 진정한 토대―곧 하나님에 대한 사랑, 이는 이웃을 사랑하는 것으로 나타난다―와 직접적인 갈등 관계에 놓이게 한다.

우리 의지가 하나님께 향해 있다면, 우리 판단과 동기는 사랑에 기초를 두고 있다. 우리의 관심은, 지혜를 얻는 것, 온전히 거룩해지는 것, 하나님을 사랑하고 이웃을 사랑하는 것을 통해 행복을 깨닫는 것에 있다. 사랑의 정신으로 살 때 우리의 욕망은 자연스럽게 억제된다. 그 욕망들은 이전과 같은 방식으로 혹은 같은 힘으로 드러나지 않는다. 사랑은 우리 삶을 인도하는 동기로서, 실재를 정확하게 이해하게 해주는 이성과 협력한다. 아우구스티누스에 따르면 이것이 이해의 창을 열어 주어, 우리는 하나님을 향한 우리의 욕구를 이해하고, 하나님이 그리스도를 통해 어떻게 그 욕구를 채우실 준비를 하셨는지, 이 하나님의 드라마가 역사 가운데서 어떻게 드러났는지를 알게 된다. 모든 역사는, 우리가 자신을 사랑하는지, 하나님을 사랑하는지 둘 중 하나를 보여 준다고 아우구스티누스는 주장한다. 우리 의지를 그분의 의지에 맞추든, 자기 의지에 사로잡히든 둘 중 하나다.

아우구스티누스는 이성을 하나님과 우리의 감각을 연결시켜 주는 연결 고리로 묘사하는데, 이는 그가 지성의 능력을 중요시했음을 보여 준다. 이성은 우리에게 우리가 하나님의 형상으로 지어졌음을 상기시킨다. 하지만 이성은 우리를 나쁜 길로 이끌 수 있다. 이성은 이해를 가져다 주는 능력을 갖고 있지만 지속적인 행복을 줄 수는 없다. 이기심이 이성을 주도하면, 우리는 대부분의 시간을 몸의 욕구와 욕망을 만족시키는 데 사용하게 된다. 하지만 하나님을 사랑하는 방향으로 우리를 이끄는 것 또한 이성이다. 그리고 이 하나님을 향한 사랑이 모든 인간 능력에 질서를 부여할 것이다.

믿음의 본질

아우구스티누스는 수백 페이지를 할애해 역사 속에서 이루어지는 하나님의 섭리를 보여 준다. 그는 또한 하나님이 우리 각 개인의 삶에 관심을 가지시며 관여하심을 인식하도록 도와준다.[15] 좀더 명확히 말하자면, 그는 우리와의 접촉을 시도하신 분이 하나님이며 우리를 하나님께로 이끈 것은 우리 자신의 행동이 아니라는 사실을 우리가 깨닫기를 바란다. 그렇다면, 우리는 하나님에 대한 갈망을 어떻게 알 수 있을까? 하나님의 은혜와 구속을 경험할 때 그 갈망은 어디쯤 있는지 어떻게 알 수 있을까? 결국 아우구스티누스는, 우리는 하나님의 주도권을 좌지우지할 수 없고, 다만 우리 의지를 그분께로 향하게 함으로써 은혜와 구속을 경험할 준비를 할 수 있을 뿐이라고 결론짓는다.

아우구스티누스는 또한 올바른 교리가 중요함을 강조한다. 이는 오늘날에는 흔히 접할 수 있는 강조점이 아니지만, 기독교 역사 대부분의 시기에 교회는 교리를 하나님과 함께하는 삶을 이해하는 데 필요한 지적인 틀로 인식했다.[16] 우리는 하나님에 대한 체험을 넘어 그분에 대한 체계적인 이해로 옮겨 가야 한다고 아우구스티누스는 가르친다.[17]

현대의 신학 지형을 대충 훑어보아도 그 이유를 알 수 있다. 오늘날 대부분의 가르침은 하나님에 대한 사랑을 강조함으로써 그리스도인의 삶이 지녀야 할 생명력을 회복하려 한다. 하지만 하나님에 대한 지식이 필요함에 대해서는 그 만큼까지는 강조하지 않는다. 이러한 경향은 초기의 운동들과 아주 흡사한데, 이는 핵심적인 기독교 신조들을 무시하고 경시하는 현상으로 귀결되었다. 예나 지금이나 마찬가지지만, 하나님에 대한 지식이 없을 때 그것은 결국 하나님에 대한 사랑이 없는 모습으로 이어지기 마련이다.

아우구스티누스는 제대로 된 교리는 믿음이 삶이 되게 한다고 가르친다. 지식을 얻을 때 우리의 믿음은 깊어지고, 삶을 좀더 근본적인 수준에서 이해하게 된다. 성경은 "확실한 이해의 모든 풍성함"(골 2:2)에 이르라고 우리를 초청한다. 이는 시간이 지나면서, 그리고 연구를 통해서 우리가 그리스도인의 삶의 진리를 확신하게 된다는 의미다. 아우구스티누스는 「편람서」(The Enchiridion)와 「제일 교리문답」(The First Catechism)에서, 기독교 역사상 가장 통렬하고 도발적인 가르침들로 이 원리를 묘사한다.[18]

아우구스티누스는 우리가 기독교 신앙을 살아 내야만 그것이 진리임을 깨닫게 된다고 믿는다. 그는 「참된 종교」(The True Religion)에서 자신이 기독교를 참된 신앙이라고 믿는 세 가지 이유를 다음과 같이 말한다. (1) 기독교는 인간 본성을 가장 잘 이해하고 있다.

(2) 기독교는 하나님과 분리되고 끊어진 상태에 있는 인간의 곤경을 가장 잘 묘사해 준다. (3) 기독교는 우리의 곤경에 대해 하나님이 예수 그리스도 안에서 준비하신 가장 현실적인 해결책을 제시한다.

결론적으로 말해서, 하나님이 그리스도 안에서 준비하신 것을 제대로 알려면, 우리가 스스로를 구속하기 위해 할 수 있는 일이 하나도 없음을 배워야 한다. 우리가 자기애를 넘어설 수 없다면, 지속적인 행복을 찾기 위해 온갖 종류의 것들을 조작할 것이다. 그러나 결국 하나님에게서만 오는 행복과 기쁨을 줄 수 있는 것이 이생에는 없음을 깨닫게 된다. 어려운 것은, 우리가 계속해서 하나님을 사랑할 때에만 그 단계의 지식에 이를 수 있다는 것이다.

이는 우리가 궁극적으로 발견해야 할 사실로 우리를 인도한다. 그것은 지속적인 행복을 향한 우리의 유일한 희망은 하나님의 영원한 평안을 발견하는 데 있다는 사실이다. 이는 우리 심령의 끊이지 않는 불안을 재조정하고 방향을 다시 잡아 줄 것이다. 자신의 사랑과 의지를 하나님의 사랑과 의지에 맞추는 이들은, 그것이 인간 역사에 미친 결정적인 영향은 물론, 우리 자신의 삶에 미치는 영향을 인지한다. '아우구스티누스가 가르치는 질서'라는 표는, 하나님을 향한 사랑의 질서에 대해 아우구스티누스가 어떻게 이해하고 있는지 요약한 것이다.

표 1.2 아우구스티누스가 가르치는 질서

단계	질서	기능	성경 사용	하나님을 아는 방식	훈련과 준비	목표	방향 상실
III	마음 (heart)	영혼, 초자연적 지식	성경 자체와 대화	내면의 교사이신 예수님	지혜 얻기, 거룩 추구	하나님을 사랑하며 행복 누리기	무질서한 사랑
II	정신 (Mind)	선천적인 인지, 기억, 지성, 의지	권위로를 고려하는 성경해석	이성이 이해를 도움	그리스도인의 증거와 교리에 대한 성찰	이웃을 사랑함으로 하나님 사랑하기	무질서한 사고
I	몸 (Body)	감각	성경을 문자적으로 읽기	창조 질서가 하나님을 드러냄	올바른 기독교 훈련에 참여	이웃을 사랑하기	권태에 대한 사랑, 흘러넘치는 욕망, 만족할 수 없음

반추하고 반응하기

무질서한 사랑의 파괴적인 특성을 잘 이해한 사람이 있다면 그가 바로 아우구스티누스였다. 그는 젊은 시절에 책 한 권을 그 이야기로 족히 채울 만큼의 '욕망의 가마솥'을 경험했다. 회고록 장르의 개척자라 할 수 있는 그의 유명한 「고백록」에 그 경험담이 담겨 있다. 난잡한 성생활이라는 '저속한 (외적) 미'에 빠져 들어갔을 때 그는 이렇게 썼다. "적이 내 의지를 붙잡고 사슬을 만들어 그것으로 나를 묶었다. 괴팍해진 의지는 욕망으로 변했고, 욕망에 예속되는 일은 습관이 되어 버렸다. 그리고 그 습관에 계속 굴복하면서 그것은 없어서는 안 될 일이 되었다."[19] 아우구스티누스는 진정한 사랑을 필사적으로 갈망하면서도 이렇게 고백해야만 했다. "나는 불결한 욕망으로 우정을 오염시켰다.…어두운 지옥의 부정한 욕망으로 그 순수함을 더럽혔다."[20]

밀라노 정원에서 그 유명한 아우구스티누스의 회심이 일어날 수 있었던 것은, 자신을 가두고 있던 '악의 소용돌이'에서 자유롭게 해줄 능력을 가진 분은 그리스도뿐임을 깨달았기 때문이었다. 그리고 그리스도는 그를 자유롭게 하셨다. 어쩌면 지나치게 많이! 아우구스티누스는 이탈리아에서 그의 삶을 지배했던 난잡한 성생활과 직업으로 인한 교만을 청산하고자, 자기 아들을 낳은 하녀도 내버려 둔 채 밀라노에서 가르치던 일을 그만두고 고향인 아프리카 타가스테로 돌아갔다. 이때부터 아우구스티누스 수도회를 세우고 히포의 주교로 알려지게 된다.

솔직히 나는 아우구스티누스가 다른 길을 갔으면 하는 마음이 있다. 그 하녀를 버리지 않고 결혼했다면 그는 아마도 인간 사랑의 거룩함에 대한 새로운 모델을 이 세상에 제시했을 것이다. 내게는 그가 인간의 사랑을 지나치게 축소한 것으로 보인다. 내가 나의 현대적 감성을 고대 저자에게 투영하고 있는 것인지도 모르겠다. 사실 정서적으로나 심리적으로나 그는 그렇게 할 수 없었을 것이다. 그리고 역사적으로도 그런 생각을 하는 것은 거의 불가능하다. 당시 거룩함이란 수도원 생활과 밀접하게 연결되어 있었기 때문이다. 그럼에도 불구하고 나는 그가 하녀와 결혼을 해서 우리에게 더 탁월한 방식으로 사랑—적어도 인간적인 수준에서의 사랑—의 질서를 보여 줄 수 있었더라면 하는 마음이 든다.

그래도 우리는 아우구스티누스의 삶과 가르침에서 많은 귀중한 교훈을 얻는다. 나는 여기서 세 가지를 언급할 것이다. 첫째는, 이성의 중요성과 그 한계 둘 다에 대한 그의 예리한 이해다. 이는 우리 시대에 얼마나 중요한 가르침인가! 오늘날에는 보통 양극단, 곧 이성을 전적으로 받아들이거나 그것을 전적으로 거부하는 모습을 보인다. 그러나 아우구스티누스는 그러지 않았다. 그는 이성을 올바로 사용하면 하나님을 향한 우리의 욕구를 이해할 수 있음을 알았다. 또한 이성은 하나님과 함께하는 삶을 체계화하는 지적인 틀을 형성할 수 있을 올바른 믿음으로 우리를 이끈다는 것을 알았다. 하지만 동시에 그 이성이 하나님의 사랑을 향해 있지 않으면, 심각하게 왜곡될 수도 있음도 알았다. 이는 오늘날 우리가 배워야 할 놀라운 균형이다.

둘째로, 나는 영성 생활에서 나타나는 의지의 역할에 대한 그의 예리한 이해를 말하고자 한다. 그는 우리의 의지가 하나님을 향해 있는 것이 중요함을 인식했다. 그것은 하나님이 우리를 찾아오시도록 준비하는 것이다. 하지만 그는 '자유 의지'라는 개념은 거부했다. 주도권을 쥐시고 우리를 신앙으로 이끄시는 분은 하나님이심을 알았기 때문이다. 그는 인간 의지의 중요성과 복잡성 모두를 그 이전이나 이후의 어느 누구보다도 더 잘 이해한 것 같다.

마지막으로 아우구스티누스가 그리스도를 내면의 교사로 이해한 것은 매우 흥미롭다. 밀라노 정원에서의 회심 경험이 이에 어떤 기여를 하지 않았나 싶다. 그는 결정적인 순간에 "들고 읽으라. 들고 읽으라"는 아이들의 노랫소리가 반복되는 것을 들었다. 아무리 생각해 봐도 그런 말을 사용하는 아이들 놀이는 없었기에, 결국 "그 말은 성경을 펼쳐서 눈에 보이는 첫 번째 단락을 읽으라는 하나님의 명령으로 해석해야 한다고 확신하게 되었다."[21] 이렇게 극적인 방식으로 그리스도는 아우구스티누스에게 예언자, 곧 자기 백성에게 자신을 가르치는 예언자가 되셨다. 그리스도를 영원히 살아 계신 내면의 교사로 보는 개념은, 우리의 일상생활과 관련해 함의하는 바가 많다. 그리고 아우구스티누스는 이 개념을 실체가 되게 한 첫 번째 인물이었다.

그렇다면 이 모든 사실이 우리 삶에 의미하는 바는 무엇인가? 대답을 찾기는 어렵지 않다. 우리는 살아 계신 교사이신 그리스도께 오늘 우리의 행동을 인도해 달라고 구하는 것으로 단순하게 하루를 시작한다. 내일도, 그리고 그 다음 날도 마찬가지다. 우리는 그분이 항상 맨 앞에서 우리를 지도하고 인도하시는 분임을 알기 때문에, 우리의 의지가 그분의 의지를 향하게 하고자 한다. 우리는 매일의 과업에 이성을 통한 상식의 도움을 얻는다. 하나님이 그런 식으로 우리를 인도하심을 알기 때문이다.

그러고 나면 우리는 우리가 듣고 알고 있는 것을 행한다. 그리스도께서는 절대로 우리가 감당할 능력이 없는 일을 떠맡기시지는 않을 것이다. 그리고 종종 하나님의 인도는 아주 단순하다. 그러나 아주 심오하다. "오늘은 ○○에게 신경을 써 줘라. 그는 너의 격려가 필요하다", "잠잠히 있으라, 안식하라, 평안을 누리라", "오늘 모임을 두려워하지 말라. 내가 너를 인도할 것이다", "업무에서의 불의에 도전하라. 내가 네 곁에 있을 것이다." 당신의 내면의 교사이신 예수님이 당신의 힘이요, 인도자가 되어 주실 것이다. 매일, 여기에서, 지금.

사랑의 주님, 우리는 아우구스티누스에게서 사랑의 바른 질서를 배우고 싶습니다. 솔직히 아우구스티누스는 엄청난 지적 능력, 강력한 영향력 등으로 우리를 압도하기에 그것이 조금 어렵습니다.…그 모든 것을 우리가 살고 있는 곳으로 가지고 내려오는 법을 알기는 어렵습니다. 하지만 우리는 노력하고자 합니다. 당신이 우리에게 그 길을 보여 주시면 좋겠습니다.

아우구스티누스는 자신의 젊은 시절을 "사악한 사랑의 프라이팬"으로 묘사합니다. 이것이 우리의 상황입니다. 우리는 자주 사랑을 왜곡하려는 유혹을 받습니다. 외적으로 그렇지 않다면 내적으로 그러합니다. 우리는 실로 올바로 사랑하는 법을 모릅니다. 어떤 한 순간에는 "선하고, 진실되고, 아름다운 것"을 갈망하다가 아우구스티누스처럼 그 다음 순간에는 "저속한 (외적) 미의 심연으로 가라앉았습니다."

우리에게는 밀라노 정원에서의 경험 같은 것이 필요한 것 같습니다. 하지만 우리에게 그런 일이 일어난다면 죽을까 두렵기도 합니다. 게다가 당신은 가끔 시내산의 불꽃으로 오시는 경우도 있습니다. 작고 조용한 목소리로 오시는 경우가 더 많지만요. 어떤 방법으로 오시든, "주 예수여 오시옵소서." 당신의 시간에, 당신의 방법으로. 아멘.

클레르보의 베르나르

하나님에 대한 욕망과 순전한 사랑으로의 상승

> 나는 하나님을 사랑하는 것에 대해 하나님이
> 내게 말하도록 허락하시는 것만 말하기로 약속한다.
> 이것은 다른 어떤 주제보다 유익하다.
> _「하나님을 사랑함에 대하여」(On Loving God)

아우구스티누스의 죽음과 십자군 발흥 사이의 기간에, 서구 문명의 역사에는 아주 중요한 몇몇 변화들이 일어났다. 갓 태어난 기독 교회는 주요한 사회적 활동 영역들에서 새로운 반대에 직면했다. 7세기에 무함마드는 이슬람교 출현에 결정적인 역할을 한 종교 개혁을 주도했다. 그 후 얼마 지나지 않아 632년에 그는 죽었지만, 그의 사후 80년 동안 주요한 기독교 중심지들이 이 새로운 신앙의 지배 아래로 들어갔다. 다마스쿠스는 634년에 바로 넘어갔고, 예루살렘은 그 직후인 638년에 넘어갔다. 7세기 말에 이르러 카르타고는 이슬람교가 되었으며, 8세기가 시작되었을 때는 지브롤터 해협과 지중해 입구 양쪽의 넓은 땅 역시 이슬람교의 영향 아래로 들어갔다.

이 새로운 종교적·정치적 운동과 동시에 일어난 일이 극적인 도시 역전 현상이다. 400년과 800년 사이에 엄청난 수의 사람들이 도시를 떠나 농촌 지역으로 돌아갔다. 이와 동시에 신학적으로는 그리스도의 본성, 고해성사의 역할과 중요성, 미사 형식에 대한 관심이 발전되고 있었다. 고해성사와 미사 형식의 발전은 결국 예배 때 자국어 사용을 금하는 것으로 이어졌다. 이제 로마로 중앙집권화된 교회가 라틴어를 표준 언어로 제정한 것이다.

이러한 사회적·정치적·문화적 분위기는 영적 성장의 신경을 끊어 버렸고, 결국 중세 시대 영성 작가들의 기근 현상을 초래했다. 하지만 이런 퇴보에도 불구하고 하나님은 남은 자를 두셨다. 결국 소수의 성인들이 신자들을 불러모으고 예수 그리스도를 증거하기 위해 일어났다. 그들 중 하나가 바로 기독교 신앙에 대한 전설적인 연사요, 아우구스티누스와 아퀴나스 사이의 위대한 기독교 성인이었던 클레르보의 베르나르(Bernard of Clairvaux, 1090-1153)다.

베르나르의 영향력은 엄청났다. 그는 성경 연구와 신학으로부터 문학과 정치 사상에 이르기까지 폭넓은 관심을 갖고 있었다.[22] 그보다 앞선 아우구스티누스처럼 베르나르도, 우리가 항상 사랑을 하지만 언제나 제대로 사랑하는 것은 아니라고 믿었다. 사랑이 욕망을 다스리므로, 올바로 사랑하면 그것은 우리의 근본적인 갈망을 만족시키는 방법에 영향을 미친다. 그러므로 우리가 무엇을 알고자 하는지가 무엇을 사랑하게 될지를 결정하고, 무엇을 사랑하는지가 무엇을 알게 될지에 영향을 미친다.

베르나르는 소실되었거나 사라진 수많은 논문을 썼다고 전해진다. 하지만 영성에 대한 핵심적인 저술은 그대로 보존되어 있다. 그는 서구 유럽의 위대한 문화적 르네상스 시기에 살았다. 서정 시인이 생기고 궁정식 사랑이 출현한 것이 12세기였다. 이러한 상황과 베르나르 개인의 성향이 결합되어 기독교 역사상 견줄 만한 것이 없는 사랑-신비주의 신학이 나왔다.[23] 하나님을 향한 사랑의 바른 질서에 대한 그의 헌신은 두 권의 독특한 작품, 「겸손과 교만의 계단」(The Steps of Humility and Pride)과 「하나님을 사랑함에 대하여」(On Loving God)에 잘 나타나 있다.

「겸손과 교만의 계단」에서 베르나르는 영적으로 퇴보하는 12단계와 영적으로 진보하는 12단계를 제시한다.

이러한 퇴보와 진보의 계단에는 인간 상황에 대한 통찰들이 가득 담겨 있다. 퇴보의 계단은 이웃을 경멸하는 것에서부터 시작한다. 이는 하나님이 우리 위에 두신 사람들에 대한 경멸로 이어지다가, 하나님에 대한 철저한 경멸 그리고 우리 영혼과의 완전한 단절로 끝이 난다. 반대로 진보의 계단은 이웃을 사랑하는 것에서 시작해, 하나님이 우리 위에 두신 권위자들에 대한 존경으로 이어지다가, 하나님과 함께하는 삶에 대한 온전한 이해로 귀결된다. 이런 통찰이 오늘날 이토록 중요한 이유는, 너무나 많은 사람들이 하나님이 주신 질서와 인생에 대한 계획을 알 수가 없어서 삶을 제한하는 방향으로 나아가기 때문이다.

퇴보의 계단

베르나르에 따르면, 우리 영혼은 세 가지 종류의 경멸을 통해 타락할 때 퇴보하기 시작한다.[24] 첫째, 이웃을 경멸하는 마음을 가질 때 영혼은 타락한다. 베르나르는 이 과정을, 다른 사람의 일에 대한 호기심, 경솔한 마음가짐, 어리석은 환락, 자랑, 다르게 되려 하기, 거만 등의 여섯 계단으로 나눈다. 이러한 각각의 태도는 이웃에 대한 사랑이 없음을 예증한다.[25]

베르나르가 말하는 영적 퇴보의 12계단

이웃에 대한 사랑의 상실

  1. 호기심

  2. 경솔한 마음가짐

  3. 어리석은 환락

  4. 자랑

  5. 다르게 되려 하기

  6. 거만

윗사람에 대한 경멸

  7. 무례

  8. 자기 정당화

  9. 거짓 고백

  10. 반역

하나님에 대한 경멸

  11. 거리낌없이 죄짓고 습관적으로 죄짓기

  12. 십계명을 완전히 경시하는 태도

이런 특성들에 대해 좀더 자세히 생각해 보기 위해, 호기심부터 살펴보자. 다른 사람의 일에 대한 **호기심**은 뒷말을 하게 한다. 다시 말해 우리는 사람들을 돕고자 하는 마음으로 그들에게 관심을 갖는 것이 아니다. 단지 다른 사람들과 나눌 정보를 원하는 것이다. 그 다음 단계인 **경솔한 마음가짐**은 중요한 문제와 사소한 일을 분별하지 못하는 것을 말한다. **어리석은 환락**은 오로지 삶에서 벗어나고자 하는 목적으로 쾌락을 추구하는 것이다. **자랑**은 우리 자신과 다른 사람을 비교하는 데만 많은 시간을 들이고 사람들을 사랑하는 법을 배우는 데는 충분한 시간을 들이지 않은 결과다. **다르게 되려 하기**와 **거만**은 우리 자신에 대한 과도한 관심을 보여 준다.

그 다음 단계로, 영혼은 윗사람들을 경멸함으로써 타락한다. **무례**, **자기 정당화**, **거짓 고백**, **반역**은 이 땅의 권위자들에게 복종하지 못하게 한다. 이 땅의 권위자들에게 복종하지 않으려는 마음으로는 하나님께도 복종하지 못한다.

이런 자극적인 가르침은, 하나님과 함께하는 삶을 사는 우리가 직면하게 되는 가장 큰 도전의 핵심으로 나아간다. 우리는 실제로 다른 사람들의 인도를 받아들이기 어려워한다. 우리는 그들의 정보를 거부할 만큼 충분히 아는 체한다. 다른 사람들의 잘못된 행동은 비난하면서, 우리 자신의 잘못된 행동에 대해서는 잘 설명해 자신을 정당화한다. 결국 우리의 영성 생활은 우리 자신이 아닌 외부의 권세자들과 권위자들에게 복종하는 능력에 달려 있다. 이 능력을 얼마나 연마하는지가 하나님께 얼마나 복종하는지에 영향을 미친다.

영적 퇴보의 마지막 계단에서는, 하나님에 대한 경멸을 보인다. **거리낌없이 죄짓기, 십계명을 완전히 경시하는 태도, 가책 없이 습관적인 죄를 반복하기** 등은 하나님의 율법을 경멸하는 것이다. 이렇게 하나님에 대한 경외가 없을 때 인간 영혼은 황폐에 이른다.

베르나르가 가장 관심을 가졌던 것은, 이웃 사랑에 실패하면 결국 하나님 사랑에도 실패한다는 사실을 알도록 우리를 깨우치는 것이었다. 여기에는 예외가 없다. 하나님에 대한 순전한 사랑을 표현하면서 이웃 사랑을 무시할 수는 없다. 그것은 불가능한 일이다.

진보의 계단

반대로 영적 진보의 12계단, 즉 겸손에 이르는 계단은 하나님에 대한 사랑에서 시작해 이웃 사랑으로 끝이 난다.

베르나르가 말하는 영적 진보의 12계단

1. 하나님 사랑
2. 죄에 대한 경계
3. 윗사람들에 대한 복종
4. 비난 참기
5. 정직하게 죄 고백하기
6. 자기 힘으로 죄를 없애려 하지 않기
7. 다른 사람들을 겸손히 대하기
8. 특권 주장하지 않기

9. 요구받지 않을 때는 말하지 않기
10. 절제된 웃음
11. 절제된 말
12. 기대의 제한

영속적인 겸손의 상태에 이르는 길은, 죄를 지속적으로 경계하며 1, 2단계에서 시작한다. 도덕적으로 절제하는 연습을 할 때 영적 진보가 시작된다. 3단계에서 7단계까지는 비난 참기, 정직하게 죄 고백하기, 자기 힘으로 죄를 없애려 하지 않기 등을 통해 윗사람에게 복종하는 모습을 보여 준다. 이 단계에서 우리는 우리의 영성 생활을 인도하는 권위자들에 대한 존경을 나타낸다.

이 계단의 마지막 단계는 우리를 이웃에 대한 온전한 사랑으로 인도한다. 이 단계에서 우리는 다른 사람들을 대할 때 겸손하고, 어떤 특권도 주장하지 않고, 요구받지 않을 때는 말하지 않으며, 웃음과 말을 절제하며 기대를 제한하는 법을 연습한다. 확실히 영적 진보는 영적 퇴보의 계단이 역전된 모습을 보인다.

이 목록들을 보면 일찍이 스토아 철학이 기독교에 미친 영향이 보인다. 베르나르는 어떤 개인적인 욕망이나 야망의 흔적도 보이지 말라고 우리에게 도전하고 있다. 우리는 이런 개인적인 욕망들을 다른 쪽으로 되돌려야 할 뿐 아니라 궁극적으로는 그것들을 근절해야 한다. 중요한 단 한 가지 욕망은 하나님에 대한 사랑에서 흘러 나오는 것이다.

이런 진보와 퇴보의 계단은 하나님 안에 거하는 방법과 그분에게서 돌아서는 방법을 설명해 준다. 우리의 모든 동기의 정점은 사랑이다. 베르나르는 이 요점을 좀더 자세히 설명하기 위해, 하나님의 사랑의 능력과 우리가 그분을 사랑할 때 갖게 되는 놀라운 토대를 강조한다.

표 1.3. 베르나르의 질서

단계	사랑	기능	행동	영적 활동	성경의 예
III	영적	지혜	관상	연합	마리아
II	이성적	지성	행동하는 사랑, 헌신	조명	나사로
I	육적	육적 욕망	고백	정화	마르다

제대로 사랑하는 법 배우기

베르나르는 기념비적인 저서, 「하나님을 사랑함에 대하여」에서 하나님에 대한 완벽한 사랑에 이르는 사중적인 상승의 길을 개략적으로 설명한다.[26] 세 단계의 지식에 대응하는 세 등급의 사랑이 있고, 우리가 거의 인식하지 못하지만 하늘에서 누릴 영원하고 자존하는 사랑을 조금 맛보게 해주는 넷째 단계가 있다.

첫째, 베르나르는 자기 사랑으로 시작한다. 타락 이래로 인간 본성의 한 면에는 우리 자신을 사랑하는, 사라지지 않는 능력이 있었다. 베르나르가 주목하고 현대 심리학이 확언하듯이 이 그칠 줄 모르는 자기 중심성은 도덕적 진보와 영적 성장을 가로막는다. 그러나 결국 우리는 우리가 죽을 수밖에 없는 존재임을 자각하게 되고, 바로 이러한 자각이 마침내 자기 중심성의 힘을 파괴하기 시작한다.

그렇다고 이런 자각이 자기 중심성을 완전히 없애는 것은 아니다. 둘째 단계는 우리 자신을 위해 하나님 사랑하는 법을 배우는 때다. 이때 우리는 우리가 죽으리라는 것을 자각하고 하나님을 통해 영원한 생명을 추구한다. 일차적인 동기는 하나님에 대한 사랑이 아니라 자기 보존이지만, 우리의 궁극적인 운명을 깨달을 때 이 중요한 단계를 밟게 된다.

그리고 나서 하나님이 우리를 사랑하시는 만큼 다른 사람들을 사랑하신다는 사실을 깨닫기 시작한다. 이는 우리를 셋째 단계로 이끄는데, 이것은 큰 발전이다. 여기서 우리는 하나님을 위해 하나님을 사랑하는 법을 배운다. 하나님의 존재와 하나님이 하신 일에 대한 감사가 자기 보존 욕구를 대체한다. 자기 중심성의 힘이 파괴되고, 결과적으로 세상을 있는 그대로 보게 된다. 다른 사람들과 사물과 일들을 더 이상 우리의 욕망을 만족시키는 정도에 따라 평가하지 않는다. 이제 하나님이 우리 자신과 구별되는 우주의 중심이시므로, 다른 사람들도 우리 자신과 구별되는 가치의 중심으로 보인다.[27]

생을 마감할 때에만 깨달을 수 있을 것 같은 네 번째이자 마지막 단계는, 하나님의 사랑을 받는 우리 자신을 사랑하게 되는 단계다. 넷째 단계의 정신은 둘째 단계의 동기와 쉽게 혼동되기 때문에 구별하기가 쉽지 않다. 하나님이 우리를 사랑하시는 것처럼 우리 자신을 사랑하는 것은, 단순히 자기 보존을 위해 하나님을 사랑하는 것과는 전혀 다르다. 둘째 단계는 자기 보존과 관련이 있지만, 넷째 단계는 편재하는 사랑과 관련이 있다.[28]

■ ■ ■

반추하고 반응하기

자라면서 나는 늘 베르나르를 아주 좋아했다. 그가 작사했다는 "구주를 생각만 해도"라는 찬송가 때문이다. 특히 3, 4절이 무척 좋았다.

참 회개하는 자에게 소망이 되시고,
구하고 찾는 자에게 기쁨이 되신다.
예수의 넓은 사랑을 어찌 다 말하랴?
주 사랑 받은 사람만 그 사랑 알도다.

나는 이 찬송가에 하나님의 사랑에 대한 모든 주제가 담겨 있다고 생각했다. 그 후 교육을 좀더 받게 되면서 나는 베르나르가 1149년 2차 십자군 원정의 위대한 전사였다는 사실을 배웠다. 내 어린 마음으로는 그 두 가지, 곧 이 위대한 찬송가와 십자군 전쟁의 야만성을 연결지을 수 없었다. 12세기의 역사적·문화적·정치적 상황에 대해 더 배우게 되었지만 여전히 나는 그 두 가지를 연결지을 수 없었다. 확실히 우리 모두는 도덕적 삶에 나타나는 깊은 모순을 다루게 된다.

나는 언제나 베르나르의 모토가 좋았다. "예수와 십자가에 못 박히신 예수를 아는 것." 내가 보기에 이것은 가톨릭과 개신교와 동방정교의 분리를 뛰어넘는 듯한 모토였다. 나는 여전히 그렇게 생각한다. 그의 신비적인 기도는 잘 정리된, 명확한, 하나님에 대한 사랑에만 근거한 것으로 느껴졌다. 그것은 또한 오로지 실제적인 신비주의였다. 그것은 그의 「겸손과 교만의 계단」에 나오는 상식적인 조언에 잘 드러난다. 우리가 먼저 하나님 사랑하는 법을 배워 겸손 가운데 성장하고, 이것이 결국 이웃 사랑으로 이끈다는 내용은 참 지혜로운 것 같았다. 우리가 이웃을 우리 자신보다 더 나은 존재로 볼 때, 우리는 진실로 마음의 겸손에 들어간다. 그리고 정확히 그 반대 방향일 때 교만으로 추락한다. 처음에는 이웃을 멸시하는 것으로 시작해서 이것이 결국 하나님을 무시하는 데로 나아간다. 이런 일은 우리 자신을 우주의 주인으로 생각하기 때문에 일어난다. 그렇기 때문에 그의 실제성은 매력적이다.

그러나 베르나르의 위대한 작품, 「하나님을 사랑함에 대하여」는 다른 이야기다. 나는 그것이 심리학적으로 건전하고 신학적으로도 심원함을 알지만, '거기에 이르기'는 늘 힘들었다. 아마도 내 문제는, 실제로 비슷한 경험을 하더라도 결코 넷째 단계의 사랑(하나님을 위해 나 자신을 사랑하는 단계)에 이를 수 없다는 사실 때문일 것이다. 지적으로는 그것을 이해할 수 있지만 실제 삶에서는 먼 지평선 같다. 하나님이 나를 사랑하는 것 같이 나 자신을 사랑하기란! 유감스럽지만 그건 나와는 거리가 먼 일이다. 셋째 단계의 사랑(하나님을 위해 하나님 사랑하기)조차 이따금씩 다가오는 것 같을 뿐이다. 하지만 오해하지 마시라. 나는 하나님을 사랑하는 경험을 했다. 하지만 늘 동기가 복잡한 것 같다. 하나님이 하나님이시라는 이유로만 그분을 사랑하는 것, 글쎄 그런 경험은 실제로 드문 것 같다. 확실히 이 모든 것이 의미하는 바는, 사랑의 바른 질서에 대한 이 문제 앞에 우리의 갈 길은 여전히 멀다는 것이다.

주님, 우리는 당신을 사랑하려 할 때 동기가 뒤섞여 있습니다. 그리고 사랑하려 할 때 그만둡니다. 적어도 우리가 감당할 수 있을 만큼 우리 사랑의 흐름을 정결하게 해주소서. 감사합니다. 아멘.

블레즈 파스칼

몸·정신·마음의 바른 질서

> 몸에서 정신에 이르는 무한한 거리는 정신에서 사랑에 이르는
> 무한히 더 무한한 거리를 상징한다. 사랑은 초자연적이기 때문이다.…
> 이것들은 각기 종류가 다른 세 가지 질서다.…
> [그래서] 마음에는 이성이 알 수 없는 나름의 이유가 있다.
> _「팡세」(Pensées)

하나님을 향한 사랑의 바른 질서를 가장 완벽히 잘 구현한 인물이 바로 블레즈 파스칼(Blaise Pascal, 1623-1662)이다. 그는 아우구스티누스의 사상을 자신의 시대에 적용한 명석한 철학자요, 과학자요, 사회 비평가였다. 파스칼의 주요한 관심사는 우리 의지의 방향이 삶의 결과를 결정한다는 사실을 증명해 보이는 것이었다. 30년전쟁(1618-1648) 이후 비참한 종교적 쇠퇴기에 파스칼은 기독교 신앙이 이성에 반하지 않으며 존경과 경의를 받을 가치가 있음을 주장했다.

이러한 생각이 오늘날과는 어울리지 않는다고 생각할 수도 있겠지만, 확실히 17세기 중반 유럽에도 어울리지 않았다. 당시 유럽 대륙 전체는 그리스도인들 사이의 당파 싸움으로 야기된 잔인함, 혼란, 테러를 목격한 상태였다. 기독교가 존경과 경의를 받을 만하다는 것은 차치하고도 이치에 맞기는 한가? 왜 기독교가 유럽의 재건에 어떤 역할을 하리라 생각해야 하는가? 현재 기독교 때문에 이렇게 비참해졌는데, 미래에 무슨 일을 이룰 수 있겠는가?(이상하게도 어디서 많이 들어 본 말 아닌가?)

이런 질문들에 자극을 받은 파스칼은 먼저 자신의 중심 저서인 「팡세」를 통해 진리의 본질을 설명한다.[29] 기독교 신앙은 우리의 존재 이유, 존재 방식, 우리의 상황을 치료하기 위해 할 수 있는 일 등 인간 본성에 대한 최고의 이해를 제공하기에 충분한 진리라고 그는 주장했다. 기독교 신앙은 우리의 강점을 미화하지도 않고, 약점을 무시하지도 않는다. 둘 다 인간 본성의 한 면임을 인정한다. 하지만 그런 다음 예수 그리스도를 통해서만 우리 본성을 다스릴 능력을 찾을 수 있음을 보여 준다. 파스칼은, 우리가 곤경에서 벗어나기 위해서는 인간 상황 너머로 나아가야 한다고 말한다.

이성의 올바른 사용

파스칼은 「팡세」에서 인간 상황을 권태, 불안정, 불안이라는 세 단어를 사용해 규정한다. 이런 상태를 인식하지 못하면 기독교 진리가 대답하는 질문들은 의미가 없다. 기독교가 진리이긴 하지만, 그 진리는 우리의 진정한 상황을 다룰 때에만 적절하다.[30]

파스칼은 또한 우리 마음의 생각이 어떻게 우리의 실재를 정확하게 보지 못하게 하는지에 대해 묘사한다. 서구 사회는 이성이 최고라고 믿기 때문에, 이성의 한계와 이성이 얼마나 쉽게 실제에서 멀어질 수 있는지 보기가 어렵다.[31] 파스칼은 데카르트의 "나는 생각한다, 고로 나는 존재한다"는 명제에 강력한 도전장을 던진다. 이 유명한 문구보다 하나님의 계시에 도전하는 말은 없다. 이는 인간 이성에, 특히 17세기를 대표하는 새로운 과학적 방법에 신뢰를 둔다는 의미다. 파스칼은 우리가 오로지 이성의 지배를 받는 피조물이 아니라, 실제로는 대개 아주 비이성적인 본능과 습관의 영향을 동등하게 받는 존재임을 보도록 돕는다.[32]

오늘날도 그렇지만, 파스칼 당시에는 회의주의자가 되는 것이 지적으로 유행이었다. 하지만 파스칼은 「팡세」 전체에서 회의주의자로 남는 사람은 하나님에 대한 신앙의 증거를 모두 검토한 것이 아님을 보여 준다. 회의주의의 문제는, 절대로 결정을 하지 않는다는 것이다. 하지만 인생은 결정을 필요로 한다. 우리는 어떻게 살지, 무엇을 할지 결정해야만 한다. 우리 삶을 어디에 헌신해야 할지에 대한 질문에 답해야만 한다. 늘 회의만 하다 보면 판단을 내려야 할 때를 인식할 수 없다.

아마도 파스칼은 기독교 신앙을 내기하는 것에 비유한 '도박' 논증으로 가장 유명한 듯하다. 이 논증에 따르면, 하나님의 존재를 증명할 수 없다 하더라도, 그분이 존재하지 않는다는 데 걸었다가 나중에 틀렸음을 확인하는 것보다는 그분을 믿는 쪽이 더 낫다. 파스칼이 이렇게 쓴 것은, 회의주의의 영향을 받은 사람들이 적어도 하나님의 실존 가능성을 고려는 해 보도록 하기 위함이었다.[33] 그는 우리가 하나님이라는 실재를 체험하고 알 수 있다고 믿었다. 하지만 그것은 중세 시대에 정교하게 만든 '신의 존재 증

블레즈 파스칼 69

명'을 따르는 것이 아니다. 이 증명은 진리에 대한 종교 고유의 질문을 다룬 것이 아니라, 우리가 하나님을 필요로 하는 이유와, 하나님을 발견하지 못한다면 우리 삶이 어떻게 될지를 다룰 뿐이다.

파스칼에 따르면, 진리에 대한 종교 고유의 질문은, 다음과 같은 여섯 가지 핵심 질문으로 말할 수 있다고 한다. 그는 이렇게 묻는다. "어떤 종교가 우리의 진정한 선함에 대해, 우리의 의무에 대해, 우리를 타락으로 이끄는 약함에 대해, 이 약함의 원인에 대해, 그것을 고칠 수 있는 치료법에 대해, 그 치료법을 얻을 수 있는 방법에 대해 가르쳐 줄 것인가?"[34] 이 여섯 가지 질문은 함께 진실한 체계를 평가하는 강력한 도구를 이룬다. 이것들을 통해 우리는 모든 적절한 종교적 탐구들에 대한 답변에 이를 수 있다.

위대하면서 비참한

파스칼은 인간이 "위대하면서 비참한" 존재라는 역설에 대해 매력적인 연구를 했다. 이는 종교 사상과 관련해서 파스칼이 가장 결정적인 기여를 한 부분이다. 역사를 통틀어 다양한 저자들이 인간 본성을 고양시키기도 하고 그 가치를 떨어뜨리기도 했다. 예를 들어, 플라톤과 프로이트의 대조적인 개념을 보라. 플라톤은 인간 본성의 최고 형태는 이성이며, 이 이성은 우리의 진정한 존재 목적에 이르기 위해 열정을 부차적인 것으로 여긴다고 주장한다. 이와는 대조적으로 프로이트는 이성이 최고가 아니며 정념의 하녀일 뿐이라고 주장한다. 사실, 사회적으로 용납될 표현을 하도록 이성이 정념을 지도하지 못한다면, 정념은 우리 삶을 망치고 문명을 해체시킬 수밖에 없을 것이다.

이러한 대조가 정확히 파스칼의 요점이다. 기독교 신앙 외에 어디에서, 인류에 대해 우리 본성의 양면을 포함하는 서술을 하고, 의미와 목적을 찾기 위해서는 우리 본성 너머로 나아가야 함을 가르치는 곳을 찾을 수 있겠는가? 파스칼에 따르면, 이것이야말로 기독교 사상의 정수다. 우리는 우리의 위대함이나 비참함에 대해 둘 중 하나를 배제한 채 하나만을 강조할 수 없고, 우리가 치료가 필요한 존재임을 무시할 수도 없다. 이에 더해, 그렇기 때문에 누구에게나 예수님이 필요하다고 말하는 것은 너무 진부한 표현일 것이다. 예수님의 치료법을 받아들이기 전에 먼저 예수님이 마련하신 치료가 필요하다는 사실을 증명해야 한다.[35]

인간 본성에 대한 가장 예리한 비판 중 하나를 제시한 「팡세」의 한 부분에서, 파스칼은 우리가 어떻게 진실과의 대면을 피하기 위해 일부러 '거짓된 즐거움'*을 추구하는지를 다룬다. 파스칼은 동기의 심리에 대해, 하나님에 대해 생각하지 않으려고 꾸며 내는 이유들에 대해, 우리의 탈선 배후의 원인들에 대해 탐구한다. 그의 통찰은, 결국 모든 죄는 하나님에 대한 욕구를 하나님 아닌 다른 것으로 채우려는 시도라는 아우구스티누스의 생각을 훌륭하게 확장시킨 것이다.[36] 결국 파스칼은 인류가 하나님의 본성과 실재에 대한 사고를 피하려고 선택한 극단들과 대면한다.

---

*위락(僞樂, diversion)은 파스칼 사상의 중요 어휘로서, 진실/하나님과의 대면을 피해 일부러 거짓된 쾌락을 추구하는 것을 두고 하는 말이다.

위락의 예들은 우리 사회에 아주 많다. 부, 권력, 명예에 대한 제어할 수 없는 욕망들을 끝없이 볼 수 있기 때문이다. '풍족한 생활'을 추구하느라 소비한 엄청난 에너지 때문에 우리는 삶이 완전히 고갈됨을 느낀다. 우리 문화는 인간을 쇠약하게 하고 파괴하는 중독들에 굴복한 비극적인 사람들로 인해 혼란스러운 상황이다. 비디오 게임에서부터 성적 충동, 마약 등에 이르기까지 우리는 인간 상황에 정직하게 대면할 수 없는 무력함으로 인한 희생자들을 본다.

이에 대한 아름답지만 고통스런 예가 존 스타인벡(John Steinbeck)의 소설 「통조림공장 골목」(Cannery Row, 문학동네 역간)에 잘 포착되어 있다. 소설은 샌프란시스코 남쪽 북 캘리포니아 연안을 배경으로 한다. 주인공 닥은 생물학자로서, 자기 기량을 살려 해양 생물을 잡아 다양한 기업체들에 판매하는 사업을 하는 인물이다. 이 책 자체는 우리 사회가 종종 주변부로 몰아넣는 사람들의 인간애를 잘 그려내고 있다.

어떤 한 장면에서 닥은 인생의 본질에 대해 숙고하며 이렇게 말한다. "세상을 다 얻은 다음, 위궤양과 전립선 비대와 다초점렌즈를 가지고 집으로 돌아가는 인간에게 무엇이 유익한가?"[37] 이 얼마나 신랄한 인간 운명에 대한 고찰인가! 우리는 과연 영혼을 향상시키지는 않으면서 건강을 망치는 소유만을 추구하는가, 아니면 더 깊은 영의 삶을 붙잡는 영속적인 가치 위에 세우는 인생을 추구하는가? 정확히 파스칼이 우리로 하여금 대면하게 하는 것은, 바로 하나님이라는 실재, 우리 인생의 본질, 하나님만이 주실 수 있는 치료법이 필요한 상태 등을 생각하지 않으려고 우리가 계발한 고통스러운 위락이다.

세 가지 질서: 몸·정신·마음

파스칼은 이런 사전 초석을 마련한 다음, 영성 생활에 대한 그의 주요한 가르침, 즉 하나님을 향한 사랑의 바른 질서에 대해 다룬다. 얀센주의 운동과 그 운동이 아우구스티누스의 가르침을 되살리는 데 깊은 영향을 받은 파스칼은, 실재의 세 가지 질서(몸·정신·마음)를 통해 하나님의 변함없는 임재 가운데서 겸손과 거룩의 삶을 찾는 길로 올라가는 법을 개관한다.[38] 그는 이렇게 쓴다.

> 몸에서 정신에 이르는 무한한 거리는, 정신에서 사랑에 이르는 무한히 더 무한한 거리를 상징한다. 사랑은 초자연적이기 때문이다. 지상의 위대함에서 나오는 모든 찬란함도 정신을 탐구하는 사람들에게는 아무 광채도 없다. 지적인 사람들의 위대함은 왕이나, 부자나, 장군이나, 육적인 의미에서 위대한 모든 이들에게는 보이지 않는다. 하나님의 지혜가 아니고서는 아무 의미도 없는 지혜의 위대함은, 육적인 사람에게도 지적인 사람에게도 보이지 않는다. 이것들은 각기 종류가 다른 세 질서다.[39]

표 1.4. 파스칼의 질서

단계	질서	기능	판단 원리	중요한 목적	삶의 종류
III	마음	의지	사랑	거룩, 지혜	겸손
II	정신	지능	이해	지식	교만
I	몸	감각	욕구	권력, 소비	제어할 수 없는 욕망

가장 낮은 단계의 질서인 몸은 욕망의 지배를 받는다고 파스칼은 말한다. 이 욕망들은 욕망과 행동을 제어하지 못하는 삶으로 이끈다. 과시적인 소비와 권력 획득과 소비를 유지하기 위한 자원들 외에 이 삶을 유지시키는 다른 원리는 없다.

이런 삶의 예를 찾기는 어렵지 않다. 성경에 나오는 탕자의 비유를 생각해 보라. 이 이야기에서 문제가 생기는 지점은 아들이 환락을 위해 책임과 의미가 있는 삶을 포기하려 하는 순간이다. 그의 삶에서 중요한 것은, 어떻게 해서든 늘 자기 욕망을 만족시키려는 것이었다. 그의 욕구에는 한계가 없다. 다행히도 그는 결국 돈을 다 써 버리고 자기 상황에 대해 다시 생각하지 않을 수 없게 된다. 그의 생각은 자기 집, 사랑하는 아버지와 함께한 이전 삶으로 향하고 그는 집으로 돌아온다. 이 이야기는 인간 영혼의 진정한 본향 되시는 아버지께로 돌아갈 때 우리가 받게 될 환영을 아름답게 보여 준다.

아니면 외모에 시간과 돈을 바치는 요즘 사람들을 생각해 보라. 그들은 아름답게 보이기 위해 할 수 있는 것은 다 하려고 수많은 돈과 시간을 소비한다. 하지만 간단한 질병이나 갑작스런 사고가 순식간에 그 아름다움을 모두 앗아갈 수 있다. 그러면 무엇이 남는가? 아무것도 없다. 그들의 인생은 금방 사라지고 마는 터 위에 세워진 것이다. 그들이 가꾸어 온 외적인 용모가 사라지거나 빼앗기게 되면 그들의 인생은 더 이상 의미가 없다.

이처럼 몸의 질서에만 의존한 삶은 공허함으로 끝날 것이다. 삶의 척도가 끊임없는 경험뿐일 때 우리는 의미를 유지할 수 없다. 몸의 질서는 불가피하게 그 자체의 무게로 인해 무너진다.

파스칼이 말하는 실재의 그 다음 질서는 정신(mind)이다. 이는 몸보다는 위위에 있지만 여전히 자연 세계에 속해 있고 우리를 하나님과 직접적으로 만나게 할 수 없다. 하지만 정신은 하나님과의 만남을 준비시킨다. 우리는 이성을 올바르게 사용해 거짓 신앙 체계를 식별하고, 그것이 우리가 추구하는 의미, 목적, 온전함을 가져다 주지 못한다는 것을 알아챈다. 파스칼은 정신의 질서가 하나님의 존재를 증명할 수 없고 하나님의 계시를 내보일 수도 없지만, 하나님을 향한 우리의 욕구, 예수 그리스도 안에서 그분이 준비해 놓으신 것 그리고 우리가 갈망하고 추구하는 삶을 발견하려면 이렇게 준비해 놓으신 데로 나아갈 수밖에 없음을 알게 해준다고 말한다.

사회 비평가들은 종종 오늘날의 사회를 '지식 사회'라고 부른다. 이 말은 정보에 중요한 가치를 부여한다는 의미다. 하지만 이는 성가신 딜레마를 낳는다. 지성의 질서를 따르는 삶의 문제는, 그것을 초월하지 못하면 우리가 지닌 지식과 노하우에 대한 거만함이 생겨난다는 것이다.

우리는 놀라울 정도로 명석한, 그리고 본인도 그것을 아는 사람들을 만난다. 그들은 자신의 뛰어난 지성을 드러내 보이기를 즐기고, 집중받는 기회를 좋아한다. 그러나 파스칼의 주장에 따르면, 지성의 질서를 따라 살면서 이성을 제대로 사용하는 법을 배우지 못한 사람은 불가피하게 자신들이 잘 모르거나 지식이 부족한 영역에 대해서는 눈감아 버리는 교만을 키우게 된다. 거기에는 자신에게 하나님이 필요하다는 사실도 포함된다. 이러한 무분별은 겸손으로만 깨뜨릴 수 있다. 그것은 더 상위의 질서인 마음의 질서로 올라갈 때 가능하다. 거기서는 하나님이 우리의 욕망이나 지성이 아니라 우리 의지의 헌신을 통해 우리에게 다가오신다.

마음의 질서에서는 우리 의지가 하나님의 의지를 향해 있다. 이는 지성의 지적인 관심사들의 질서를 잡아 주고, 몸의 육체적 욕구를 적절하게 만족시킨다. 다시 말해 하나님께로 향하게 한다는 것은, 각각의 질서, 즉 우리의 몸·정신·마음이 적절한 표현을 찾도록 해준다는 것이다. 몸이나 지성을 마음 위로 올리는 것은 우리 삶을 해체시키는 것이다. 우리는 지성을 사용해야 하고 몸의 욕구를 만족시켜야 하지만, 그것들을 완성시키는 마음의 영향을 받지 않고는 결코 하나님과 함께하는 삶을 시작할 수 없다.

파스칼 체계의 각 요소들이 보여 주는 것은, 하나님이 실재한다고 생각하지 않는 사람들로 하여금 진리의 문제를 다시 검토하도록 하는 데 그가 엄청난 관심을 갖고 있었다는 것이다. 그의 접근은 기독교 신앙의 적절성과 진리성을 숙고해 보라는 요청이다. 이것이 인간 삶의 궁극적 운명이다.

파스칼이 포스트모더니즘을 예기했다는 사실은 다시금 그에 대해 집중하게 한다. 그는 절대적인 것들과 타협하게 되는 때를 내다보았다. 파스칼은 과학이 우리의 친구가 아니라 적이 되는 때를 인지했다. 그는 17세기에도 사람들이 하나님의 실재에 대한 확신과 포괄적인 진리의 필요성을 저버리는 것을 볼 수 있었다. 그는 사람들이 교활한 철학들로 인해 타락하는 것을 보았다. 파스칼이 영성 작가로서 훌륭한 점은, 우리로 하여금 우리의 딜레마를 생각해 보도록 하고 하나님께 닻을 내린 의미 있는 삶으로 우리를 안내하는 데서 흔들리지 않는다는 것이다. 우리에게 생각하는 법에 대해 알려 줄 때 그는 설교조가 아니다. 오히려 진리를 향한 모든 추구의 토대에서 질문들에 대해 숙고해 보라고 요청하면서, 하나님을 향한 우리의 갈망이 살아나게 해준다.

하나님을 사랑하는 바른 질서에 대해 말한 깊이 있는 사상가들은, 모든 세대의 그리스도인을 인도했고 오늘도 계속해서 우리를 인도한다. 우리는 하나님을 사랑하는 바른 질서를 숙고함으로써, 우리의 사랑과 욕망들이 우리가 추구하는 하나님과 함께하는 삶을 발견하도록 돕는다는 것을 더 잘 이해하게 된다.

■ ■ ■

반추하고 반응하기

1654년 11월 23일 저녁 10:30부터 12:30까지 블레즈 파스칼은 하나님의 변혁적인 사랑을 체험했다. 그리고 이 체험이 그의 삶의 방향을 완전히 바꾸어 놓았다. 그는 예수님이 십자가에 달리시기 전에 하신 기도가 담겨 있는 요한복음 17장을 읽고 있었다. 그때 갑자기 완전한 사랑이신 그리스도의 불꽃 같은 임재가 방을 가득 채웠다. 성경책에 기록된 말씀이 성자 속에서 임재하신 말씀으로 인해 확증되었다.

파스칼은 그때 일어난 일을 재빨리 간결하게 양피지에 기록했다. 맨 위에는 빛으로 둘러싸인 십자가를 새겨 넣었다. 그리고 그 양피지를 코트 안쪽에 꿰매 놓았다. 그가 죽은 후에야 그것이 발견되었다. 거기에는 뭐라고 써 있었을까?

불
철학자의 하나님이나 학자의 하나님이 아닌,
아브라함의 하나님, 이삭의 하나님, 야곱의 하나님.
확신. 확신. 느낌. 기쁨. 평안. 예수 그리스도의 하나님.
하나님 외에 세상과 다른 모든 것의 망각.
기쁨, 기쁨, 기쁨, 기쁨의 눈물.

예수 그리스도
나는 그분을 떠나고, 그분에게서 도망치고, 그분을 부인하고, 십자가에 못박았다.
이제는 절대로 그분을 떠나지 않으리라.
복음서에서 가르치는 방법으로만 우리는 그분을 붙든다.
전적인 포기이지만, 달콤한 포기.

예수 그리스도 나의 인도자에 대한 전적인 순종.

지상에서 하루를 정진하는 동안 누리는 영원한 기쁨.

아멘.[40]

파스칼이 자신의 '두 번째 회심'이라 부른 이 체험 이후 그는 거의 모든 것을 포기했다. 마차와 말들, 멋진 가구와 은그릇을 팔아 그 돈을 가난한 이들에게 주었다. 다시는 자기 글에 서명을 하지 않았고, 자신의 이름이 칭송되는 것을 허락하지 않았다. 그는 '은자'로서 기독교 갱신 그룹인 얀세니스트들과 더불어 살기 위해 파리를 떠났다. 드라마틱한 일이라고 말할지 모르겠다. 그렇다. 드라마틱한 일이었다.… 지금도 그렇다.

인간이 어떻게 계속해서 일부러 거짓된 즐거움을 추구함으로 하나님을 피하는지에 대한 파스칼의 분석은 너무나 훌륭하다. 어느 순간 그는, 우리의 문제는 방에서 홀로 앉아 있는 법을 배울 때 해결될 수 있음을 발견했다. 우리의 주의를 끄는 온갖 도구들과 함께 있는 포스트모던한 우리에게 얼마나 도전이 되는 말인가! "어떻게 그렇게 할 수 있는가?" 하고 우리는 묻는다. 글쎄, "그냥 하면 된다." 그게 전부다.

나는 또한 인간은 영광스럽지만 비참하기도 하다는 파스칼의 통찰에 매료되었다. 우리는 하나님의 형상으로 창조되었으므로 영광스럽다. 하지만 은혜를 떠나 타락했기에 비참하다. 오늘날의 사람들은 전적으로 영광스럽거나 완전히 비참하거나 어느 한 방향으로만 기울고 싶어한다. 하지만 우리는 영광스럽기도 하고 비참하기도 하다. 이 통찰은 사람들을 대할 때 큰 도움이 된다. 어떤 사람이 아주 영광스러워 보이는 것 같을 때도 우리는 속지 않는다. 누구나 한쪽 구석에는 비참함이 있다. 반대로 우리 눈에 비참함만 보일 때도 영광스러움이 있음을 안다. 하나님의 선한 형상이 가려져 있을지는 모르지만 완전히 없어진 것은 아니다. 그리고 그것은 드러내도록 우리에게 주어졌다.

결국 39세에 파스칼의 생명을 앗아간 두통은 너무 심각해서 그는 어떤 정신적인 활동도 계속할 수 없었다. 그가 마지막에 쓴 글들 중 하나는, 자신의 질병을 선한 목적을 위해 사용해 달라는 기도문이었다.

> 그 마음이 너무나 선하시고 온유하신 주님,…제가 당신의 뜻을 나의 뜻인 것처럼 따르게 해주소서. 지금 저는 병에 걸려 있지만 이 고통 가운데서 당신을 영화롭게 하게 해주소서.…저의 뜻이 당신의 뜻과 하나가 되게 하시고, 저의 고통이 당신의 고통과 하나가 되게 해주소서. 저의 것이 당신의 것이 되게 해주소서. 제가 당신과 하나가 되게 해주소서.…그래서 제가 당신의 고통의 일부분이라도 지닐 수 있다면, 그 고통으로 인해 영광을 얻으신, 성부와 성자와 함께 영원히 거하시는 그 영광을 얻으신, 당신으로 온전히 채워질 수 있을 것입니다. 아멘.[41]

오, 주님. 파스칼의 기도는 너무나 지경이 넓어서 숨이 막힐 정도입니다. 우리는 좀 천천히 시작하는 게 나을 것 같습니다. 이번 주 동안 사람들을 좀더 사랑하는 법을 가르쳐 주시기를 구합니다. 보통 우리는 '사랑한다'고 말하곤 하지만 그 단어로 우리 자신을 너무 자주 속입니다. "물론 나는 사람들을 사랑해"라고 우리는 스스로에게 말합니다. 그러니 사람들을 좀더 '좋아하는' 법을 배우는 것이 좋은 출발점일 것 같습니다.

함께 일하는 사람 중에 우리가 싫어하는 사람이 있습니까? 주님, 우리를 도우셔서 그들을 좀더 좋아하게 해주소서. 그러면 어느 날 놀랍게도 우리가 그들을 진짜로 사랑하는 것을 깨닫게 될 것입니다. 우리는 그들을 사랑하는 법을 배움으로써 당신을 좀더 사랑하게 될 것입니다. 예수님의 이름으로 기도드립니다. 아멘.

두 번째 길

여정으로서의 영성 생활

여호와께서 아브람에게 이르시되 너는 너의 고향과 친척과 아버지의 집을 떠나
내가 네게 보여 줄 땅으로 가라. 네가 너로 큰 민족을 이루고 네게 복을 주어
네 이름을 창대하게 하리니.… 이에 아브람이 여호와의 말씀을 따라갔고.
_창세기 12:1-4

내가 지나온 영적 여정의 여러 측면들을 정리해 보면서, 나는 이번 장에 나오는 인물들에게 먼저 매료되었다. 모든 정직한 추구자들에게 다가오는 질문과 도전들은 내게도 찾아왔고, 나는 도움이 필요했다. 그 대답들을 찾아가는 동안 완전히 새로운 이해의 지평이 내 앞에 펼쳐졌다.

나는 우리가 모두 인생이라는 여정 가운데 있음을 알게 되었다. 다행히도 그것은 하나님의 마음을 향한 여정이다. 영혼의 지하 공간을 향한 여정, 미지의 영적인 것을 향한 여정이다. 우리는 모두 길을 가다 가끔씩 비틀거리고 넘어진다. 하지만 다시 일어날 수 있다. 그리고 아마 상처가 나 있겠지만 그 체험으로 인해 더 지혜로워져서 그 길을 계속 갈 수 있다. 이 여정에서 가장 중요한 것은, 우리가 하나님을 향해 가고 있음을 아는 것이다.

영성 생활을 여정으로 본다는 것은 무슨 의미인가? 그것은 우리 인생에서 하나님이 어떤 역할을 하시는지 보려면, 인생의 모든 발걸음을 성찰하고 분별해야 함을 인식하는 것이다. 이 여정을 생각해 보면, 그것은 경사진 산길을 가는 것처럼 느껴진다. 때때로 우리는 숨이 차서 멈춰 서야 하지만, 혹은 발을 헛디뎌서 다시 일어서야 하지만, 그때 문득 우리가 전에는 알지 못했던, 전적으로 새로운 수준의 지식을 발견한다.

우리들 대부분은 이 길에서 직면하는 무거운 도전들 때문에 이 여정에 매료된다. 내 인생은 평탄할 것인가, 아니면 비참할 것인가? 악과 고통이 다가올 때 나는 그것을 견뎌 낼 꿋꿋함이 있는가? 나는 어떻게 의미 있고 오래 지속되는 관계를 맺는 사람이 될 수 있을 것인가? 내 인생과 일에 분명한 목적이 있는가? 하나님을 추구하며 내 인생의 중요한 목적들을 정할 때, 내가 추구하는 바로 그 삶에서 탈선하지 않도록 해주는 영적 자원들이 있는가?

이 모두가 대답이 필요한 질문들이다. 우리는 그 대답들을 추구하는 과정에서, 하나님과 함께하는 삶을 다루는 일은 예외 없이 영적 여정의 요소를 포함하고 있음을 깨닫게 된다. 우리가 정한 전제들에서 그것을 알 수 있다. 우리는 이 영적 여정이 우리를 악에서 선으로, 거짓에서 진리로, 자기 중심성에서 종됨으로 인도해야 한다고 전제하는 것이다. 대답을 추구해 갈 때 다양한 표현들이 우리를 인도할 것이다.

하나님의 위대한 이야기에서 우리의 삶 찾기

하나님을 찾는 법을 배우려면 훈련과 통찰이 필요하다. 우리의 개인적인 경험은 하나님과의 관계의 맥락 안에서만 의미가 있다. 하나님이 우리 삶에 적극적으로 개입하신다는 더 넓은 관점에서 우리 삶을 볼 때, 우리는 거대한 성경의 이야기 속으로 들어가게 된다.

우리는 모두 세상을 이해할 의미의 틀이 필요하다. 이는 종종 '타당성 구조'(plausbility structure)*로 여겨지는 것으로, 원래는 개개의 과학적 사실들이 의미 있는 전체에 들어맞는다는 것을 설명하기 위해 만든 용어다.[1] 성경의 목표는 우리 삶을 하나님의 위대한 이야기에 맞추는 법을 알도록 가르치는 것이다. 그것은 우리 삶을 하나님의 관점으로 보는 것이다.

창세기 서두에 나오는 아담과 하와의 시대로부터 요한계시록 22장의 새 하늘과 새 땅의 극적인 창조에 이르기까지, 성경은 하나님의 사랑의 계시가 어떻게 펼쳐지는지, 하나님이 자기 백성과 어떻게 상호작용하시는지에 대한 내용으로 가득 차 있다. 성경 전체를 훑어보면, 성경은 성공적인 인생에 대한 다양한 이해에는 엄청나게 상충되는 면이 있음을 우리에게 가르친다.[2]

우리 사회의 시각에서는 성공이나 실패가 부, 권력, 명예, 개인적인 성취에 따라 정해진다. 그러나 영성 생활에서의 성공은, 우리의 영적 상태는 물론 다른 사람들의 영적 필요들을 이해하고 다루는 능력으로 정해진다. 하지만 현대 문화에서 우리를 이런 방식으로 이끄는 것은 거의 없다.

사회의 전통적인 평가로는 성공했다 해도 늘 불행할 수도 있다. 우리가 주도하는 인생이 균형을 잡고 있지 못하고 의미 있는 인생의 토대가 되는 우선순위와 관계에 헌신할 수 없을 때 우리는

---

* 타당성 구조란 사회학자 피터 버거(Peter Berger)가 만들어 쓴 용어로, 한 사회에서 어떤 신념의 타당성 여부를 결정하는 조건을 생성하는 사상과 실천의 사회적 구조를 말한다.

두 번째 길: 여정으로서의 영성 생활

불행하다. 그래서 잘못된 우선순위와 피상적인 관계에 헌신하게 된다. 돈을 좀더 벌거나 좀더 존경을 받으면 우리가 갈구하고 찾는 내적 평안을 얻을 수 있을 거라고 믿기 때문이다.

균형잡힌 삶을 발견하는 것은, 우리 행복의 진정한 원천을 하나님 안에서 찾는 것과 같다. 그것은 우리 존재에 궁극적인 의미를 가져다 주는 활동을 하려면 우리 삶이 하나님과 연결되어 있어야 함을 아는 것이다. 그것은 시간이 걸리고, 우리 인생 전체를 통해 성숙하는 과정에 헌신하는 것이다. 이는 수도원 운동 초기에 처음 받아들였던 과정이다.

수도원 운동이라는 놀라운 대안

성경의 기록 그리고 초기 교회 첫 3세기 동안의 주요한 발전에 뒤이어 4세기에 일어난 영적 각성은, 서구 문명 역사 가운데 가장 치열한 종교적·군사적 갈등과 함께 시작되었다. 로마 제국 내에서 그리고 제국을 대항해서 일어난 전쟁들, 사회 기반 시설들이 무너지고 도덕적 부패가 만연해진 이 모든 현상이, 콘스탄티누스가 로마 제국을 정복할 길을 열어 주었다. 그의 제국 정복과 함께 기독교는 그 나라의 공식 종교가 되었고, 그리스도인의 헌신을 드러내는 최고의 이상이었던 순교는 그 세기 말에 이르러 자취를 감추었다. 이런 상황에서 그 다음 900년 동안 기독교 영성을 지배할 수도원 운동이 일어났다.

폰티쿠스의 에바그리우스

악한 생각에서 경건의 덕으로

> 당신이 신학자라면, 당신은 진정으로 기도할 것이다.
> 당신이 진정으로 기도한다면, 당신은 신학자다.
> _「기도에 관하여」(Chapters on Prayer)

에바그리우스(Evagrius of Ponticus, 345-399)는 당대의 전설이었다. 그는 하나님에 대한 사랑과 헌신을 드러내는 최고의 표현으로 수도원 운동을 촉진시켰다.³⁾ 콘스탄티노플 부근에 살면서 갑바도기아 교부들(바실리우스, 나지안주스의 그레고리우스, 닛사의 그레고리우스)에게 멘토링을 받은 그는 교회의 높은 직책을 맡을 운명이었던 것 같다. 하지만 유혹이 그를 덮쳤다. 자세한 사항은 알 수 없지만, 하나님을 섬기는 동안 유부녀와 열정적인 사랑에 빠졌다는 사실은 잘 알려져 있다. 그 관계가 끝까지 갔는지에 대해서는 논란이 많았지만, 에바그리우스는 예루살렘으로 도망가서 결국 이집트 사막에 자리를 잡고 다시는 콘스탄티노플로 돌아가지 않았다.

많은 주요 사상가들의 견해에 따르면, 에바그리우스는 바로 이 사막에서 기독교 영성의 성장하는 특성을 가장 초기에 최고의 모습으로 발전시켰다고 한다. 경솔한 행동으로 찬란한 경력을 망쳐 버린 에바그리우스는, 그 이후 오늘날까지도 지속되는 인간 영혼에 대한 탐구를 시작했다. 오리게네스의 영향을 많이 받은 그는 영성 생활의 심리적 측면에 대해 지금까지 쓰여진 글들 가운데 가장 예리한 통찰을 선보인다. 인간의 생각과 감정을 체계화하는 능력을 넘어 더 뛰어난 공헌을 한 면은, 인간의 본성을 예민하게 의식한 것이다. 이는 특히 우리의 정신을 어지럽히고 우리 삶을 망치는 여덟 가지 악한 생각을 밝힌 데서 드러난다.

하나님과 함께하는 삶에서 만나는 도전들

에바그리우스의 가장 중요한 작품, 「수도원 생활」(*Monichikos*)에는 영성 생활의 구조에 대한 개관이 나와 있으며, 우리가 하나님과 함께하는 삶을 발전시킬 때 맞닥뜨리게 되는 다양한 도전들이 정리되어 있다. 후에 그의 여덟 가지 악한 생각은 그레고리우스 대제(Gregory the Great, 540-604) 이래 일곱 가지 치명적 죄들로 압축되었다. 우리가 오늘날도 여전히 이 고대 문서에 매료되는 것은, 에바그리우스가 인간의 동기에 대한 아주 깊은 이해를 보여 주기 때문이다. 그의 복잡한 사고의 개념적 틀은 다음과 같다.

표 2.1. 에바그리우스가 말하는 영적 삶의 질서

단계	「수도원 생활」 세 권의 책	인간의 행동	판단 기능	영적 행동 유형	목표
상	「케팔리아 그노스티카」 (Kephalia Gnostica)	하나님에 대한 관상—신학 (Theologike)	누스 (Nous, 하나님의 형상)	하나님에 대한 순전한 관상	하나님을 아는 것
중간단계: 자연 관상에서 이성적(로고스적/로고스를 따라 사는) 존재(logikoi)로. 우리가 여덟 가지 악한 생각으로 인해 탈선한다면, 하나님에 대한 순전한 관상이라는 최고의 단계로 올라갈 수 없다. 에바그리우스는 이 단계에서 마귀가 하나님에 대한 순전한 관상의 단계로 오르지 못하도록 우리 정신을 공격한다고 믿는다.					
중	「그노스티코스」 (Gnostikos)	묵상—자연학 (physike)	프시케 (Psyche, 영혼)	행동과 관상	세속적인 것들의 특성을 아는 것
중간단계: 자연 관상의 단계로 올라가기 위해 육체적인 욕망에 대한 '아파테이아'로 발전. 에바그리우스는 바로 이 단계에서 여덟 가지 악한 생각을 소개한다. 우리 몸(soma)을 제어하지 못하고 그럼으로써 하나님과 함께하는 삶의 다음 단계로 나아가지 못하고 있다면, 우리가 처음으로 여덟 가지 악한 생각을 다스려야 할 필요성을 느끼는 것도 이 단계다.					
하	「프락티코스」 (Praktikos)	금욕적 삶—윤리학 (praktike)	소마 (Soma, 육체)	행동	인간 행동의 덕들을 아는 것

하나님을 향한 영혼의 귀환

세 권으로 이루어진 「수도원 생활」은 하나님을 향한 영혼의 귀환이 어떻게 이루어지는지 그 구조를 개관하고, 지상에서의 우리 존재라는 최하의 단계에서 하나님과 함께하는 삶의 위대한 최상의 단계로 올라가는 길을 안내한다. 때로 에바그리우스는 지나치게 플라톤적이라는 비난을 받는다. 이는 거의 모든 초기 그리스도인들이 받을 수 있는 비난이다(부록 1을 보라). 그러나 하나님을 향한 마음의 귀환에 대한 그의 이해는 전적으로 기독교 신학과 성경의 틀 안에 있다. '누스'[4]는 하나님의 형상(imago Dei)으로 지어진 우리가 소유한 기능이라고 그가 믿기 때문이다.

첫 번째 책, 「프라티코스」는 금욕적인 삶과 훈련을 다루는 백 개의 장으로 이루어져 있다. 이는 하나님을 향한 삶을 제대로 살 수 있도록 육체를 제어하는 과정을 다룬다. 여기서 우리는 선을 향해 우리 감정과 정념의 방향을 재조정하는 덕을 계발한다. 우리는 하나님을 등지고 살았던 삶을 회개하고, 우리 자신을 하나님의 사랑의 목적 안에 있는 피조물로 보는 법을 배운다.

바로 이 단계에서 에바그리우스는, 영성 생활을 여정으로 보는 개념과 관련한 가장 독창적인 기여를 한다. 그것은 바로 여덟 가지 악한 생각과 여덟 가지 경건의 덕이다. 이 둘은 함께 우리의 영적 운명을 결정한다. 이 악한 생각들 중 하나에 혹은 전부에 굴복하는 것은 하나님에 대한 순전한 관상을 불가능하게 하는 장애물을 만들어 낸다. 하지만 여덟 가지 경건의 덕을 계발함으로써 이 악한 생각들을 이겨 낸다면, 세 번째 책, 「케팔리아 그노스티카」

(*Kephalia Gnostica*)에 묘사된 최고의 단계로 옮겨 갈 수 있다. 거기에서 우리는 기도를 통해 하나님에 대한 순전한 지식을 누린다.

두 번째 책, 「그노스티코스」(*Gnostikos*)는 쉰 개의 장으로 이루어져 있다. 이 책은 창조 질서 가운데서 하나님을 찾는 법, 인간사에서 하나님을 추구하는 것을 통해 지상에 속한 것들에 대한 사랑을 계발하는 법을 가르쳐 준다. 여기서 우리는 하나님에 대한 순전한 사랑으로 올라가기 위해 이웃에 대한 사랑을 더 정결하게 한다. 우주의 더 깊은 본질에 대한 통찰을 얻는 것도 바로 이 단계다. 이웃을 사랑하는 법을 배울 때 우리는 또한 하나님을 사랑하는 법을 배운다. 우리는 인간적인 한계 때문에, 이웃을 사랑하는 법을 배우기 전에는 절대로 하나님을 사랑하는 법을 배우지 못한다.

세 번째이자 최상의 단계에서는 하나님에 대한 순전한 관상을 즐긴다. 우리는 생기 넘치는 신의 '정신'(nous), 하나님 마음의 생기와 활력 속으로 들어간다. 하나님을 아는 우리의 능력은 우리 각자에게 심겨진 하나님의 형상으로 인한 것임을 이해하게 된다.

악한 생각과 경건의 덕

에바그리우스의 영성 신학의 핵심 개념은, 하나님을 알고 사랑하는 우리의 능력이 경건의 덕을 계발하는 능력과 직접적으로 연결되어 있다는 것이다. 덕의 계발은 단계적으로 이루어진다. 갑작스럽게 죽지 않는 한 우리는 여덟 가지 악한 생각의 공격을 받을 것이라고 에바그리우스는 믿는다. 그렇다면 문제는 이 악한 생각들의 중력이 다가올 때 어떻게 대처할 것인가 하는 것이다. 여덟 가지 악한 생각은 다음과 같다.

- 탐식(*gastrimargia*)
- 분노(*orge*)
- 욕심, 탐욕(*philargyia*)
- 질투, 허영(*xenodoxia*)
- 교만(*hyperphania*)
- 욕망, 음란(*porneia*)
- 무관심, 조급한 낙담(*akedia* 혹은 *acedia*—게으름)
- 침울, 우울(*lype*)[5]

에바그리우스가 가장 관심을 가진 측면은 이 악한 생각들이 방향감각을 상실하게 만든다는 것이다. 이 생각들은 우리를 그 길에서 벗어나게 하고, 하나님과 함께하는 삶을 궁극적인 운명으로 여기고 나아가지 못하도록 그 삶의 추구를 방해한다. 우리는 결국 한 가지 악한 생각을 성공적으로 해결하면 그 뒤에 따라오는 생각들도 처리할 수 있는 추진력이 생김을 배운다. 각각의 악한 생각들은 영적 여정 중 어떤 특별한 순간에 다가오지만, 그것은 영적인 면에서 일생 동안 영향을 미칠 수 있다. 결국 각각의 악한 생각들은 상호 의존적이다. 우리는 악한 생각들을 따로따로 대면하지만, 해결하지 않고 내버려 두면 그 힘은 계속 누적된다.

여덟 가지 악한 생각이 야기하는 방향감각 상실은 여덟 가지 경건의 덕으로 방향을 바로잡을 때에만 극복할 수 있다. 이 여덟 가지 덕은 여덟 가지 악한 생각 각각에 대응된다.

- 절제(탐식을 극복)
- 온화함(분노를 극복)
- 관대함(욕심과 탐욕을 극복)
- 행복(질투를 극복)
- 겸손(교만을 극복)
- 순결(욕망과 음란을 극복)
- 근면(무관심과 조급한 낙담을 극복)
- 지혜(침울과 우울을 극복)

다른 사람들과의 관계에서나 사회 체제로부터 야기되는 악한 생각들을 이겨낼 때 이런 덕들이 계발된다. 악한 생각들처럼 이런 덕들도 누적되는 성향이 있다. 한 단계에서의 분명한 해결은 다음 단계에서의 분명한 해결로 이어진다. 악한 생각들이 방향감각 상실을 가져오듯 이 덕들은 우리가 영적 여정에서 진보할 수 있도록 바른 방향감각을 가져다 준다.

탐식은 절제로 극복한다. 탐식은 무언가를 섭취하려는, 소비하려는, 먹는 것을 통해 욕망을 채우려는, 만족할 줄 모르는 욕구다. 고대 사회에서 수도사들은 종종 음식이 바닥날까봐 염려하곤 했다. 에바그리우스는 이렇게 시작한다. "탐식에 대한 생각은 바로 금욕적인 노력을 포기하도록 수도사들을 유혹한다. 탐식은 위, 비장, 간에 대한 염려를 일으킨다. 그는 수치스러운 결말을 맞은 다

른 형제들을 떠올린다."⁶

　탐식은 주로 음식과 관련되지만, 하나님의 예비하심을 확신하지 못하는 다른 활동들로 확장될 수 있다. 예를 들어 직장을 잃을까 염려하면, 탐식이라는 악한 생각은 강박적인 과도한 노동으로 자리잡을 수 있다.

　절제라는 덕은, 항상 더 채워질 것이며 하나님이 공급하실 것임을 안다. 그것은 지금은 존재하지 않는 미래에 대한 신뢰와 소망에 기초한다. 하나님을 의지하고 신뢰하면, 미래의 필요가 채워질 것임을 믿을 수 있다. 하나님을 따르는 한, 지금 축적해 둘 필요가 없다.

　분노는 온화함으로 극복한다. 그리스도인들은 분노를 어떻게 다루어야 할지 정확히 잘 모른다. 분노는 무언가 깨졌을 때, 자아가 깨지고, 계약이 깨지고, 원칙이 깨졌을 때 생겨난다. 그것은 또한 사회적 지위의 위협을 느낄 때나 다른 사람들의 삶을 지배하고자 하는 욕망이 있을 때 생겨난다. 에바그리우스는 이렇게 쓴다. "가장 격정적인 감정은 분노다. 사실 그것은 우리에게 상처를 입히는 누군가에 대해 화가 끓어오르는 것이다. 그러면 화가 난 그 대상에게 집착하게 되고, 육체적·정신적 건강이 망가진다."⁷

　반면 온화함은 자제하는 능력이다. 어떤 원칙이 깨질 때나, 우리 자신이나 상황에 대해 깊은 좌절을 느낄 때나, 우리는 하나님을 신뢰하기 때문에 온화함을 보일 수 있다. 우리 삶이 하나님께 집중되어 있을 때는 세상의 갈채를 얻고자 하는 욕구가 사라진다. 더 이상 승진의 사다리를 오르려고, 주목받으려고 버둥거리지 않는다. 가치 있는 존재가 되고 인정받고 싶어하는 우리의 욕구를 하나님이 완전히 채우실 것임을 우리는 안다.

욕심은 관대함으로 극복한다. 욕심은 원래 끝이 없다. 재물욕이나, 명예욕이나, 다른 사람의 마음을 우리 자신으로 가득 채우려는 욕구는 한이 없다. 욕심은 다른 사람들의 욕구를 존중하지 않는 지경으로 우리를 이끈다. 우리 자신의 욕구가 모든 일상적인 경계와 한계를 넘어섰기 때문이다. 에바그리우스는 그것을 이런 식으로 본다. "탐욕은 긴 노년기, 조만간 노동을 할 수 없고, 분명 결핍이 닥쳐올 노년기를 떠올리게 한다. 우리를 찾아올 질병, 가난의 위기, 다른 사람에게서 생필품을 얻어 써야 하는 엄청난 수치심을 내다보게 한다."[8]

관대함이라는 경건의 덕은, 최고의 선은 공동체에 속한 다른 사람들과 나누는 데 있음을 인식함으로써 욕심을 극복한다. 관대함은 다른 사람들의 기여를 기뻐한다. 우리는 우리 자신이 기여한 것으로 인해 만족하기 때문이다. 우리는 더 이상 명예와 돈을 향한 끝없는 욕망을 갖지 않는다. 하나님의 공급하심이 충분함을 알기 때문이다.

질투와 허영은 행복으로 극복한다. 우리의 은사와 능력이 불충분하다고 느낄 때, 다른 사람들의 은사와 능력에 대해 화가 나기 시작할 때, 질투가 깨어난다. 그것은 우리의 지위를 잃을지도 모른다는 두려움에 기인한다. 다른 누군가가 나보다 은사가 더 많으면 어쩌지? 그래도 여전히 내 꿈과 야망을 이룰 수 있을까? 결국 우리는 질투를 통해 우리의 은사를 보지 못하고, 우리가 존재 의미를 찾는 사회 체제와 구조 안에서 우리가 한 역할들에 대해 기뻐하지 못한다.

에바그리우스가 보여 주듯이, 질투는 특히 독특하게 왜곡된 모습을 보인다. 그는 다른 모든 악한 생각들 가운데서 질투가 "가장 미묘하다"고 본다. "그것은 덕을 추구하는 사람들의 영혼 안에서도 쉽게 자라난다. 덕을 향한 욕망도 사람들의 칭송을 얻으려는 욕망에서 나올 수 있기 때문이다."[9]

반면에 행복은 우리가 함께 기여한 것, 우리와는 다른 은사와 능력을 가진 사람들의 기여를 축하하는 데서 나온다. 행복은 우리의 능력을 인식하고 다른 사람들의 기술과 능력을 축하할 때 생겨난다. 진정한 행복은 자기 중심주의를 제어하고 타인 중심적으로 생각하는 능력이 온전히 계발될 때에야 가능하다.

교만은 겸손으로 극복한다. 교만은 우리의 중요성에 대해 지나친 믿음을 나타내며, 우리가 기여한 것에 대해 너무 과하게 생각한 결과다. 질투와 마찬가지로 교만도 다른 사람들의 기여를 인식하지 못한다. 그러한 인식 자체가 우리 자신에 대한 시각을 위협하기 때문이다. 에바그리우스가 묘사한 바에 따르면, "교만은 영혼을 가장 해롭게 하는 요인이다. 수도자는 이로 인해 하나님이 그의 도움이심을 부인하고, 그 자신이 자발적으로 덕스러운 행동을 했다고 생각한다."[10]

반면 겸손은 우리 자신을 제대로 본 결과다. 이는 우리의 은사와 능력을 더 계발해야 함을 인식한다. 이는 다른 사람들 역시 은사와 재능을 갖고 있음을 안다. 겸손은 다른 사람들이 성취한 것으로 인해 위협을 받지 않으면서, 하나님이 계획하신 더 위대한 목적 안에서 우리의 역할을 보도록 한다.

욕망이나 음란은 순결로 극복한다. 욕망은 인생을 망친다. 이는 육체의 정욕을 품게 하고, 순결을 지키려 하는 사람들을 공격한다.[1] 욕망은 자기 중심주의에서 나오며, 우리가 정욕을 느끼는 대상은 오로지 우리의 거침없는 욕망을 만족시키기 위해 존재한다는 믿음의 결과다. 에바그리우스는 욕망이 방향감각 상실을 가져온다는 사실을 정확히 알고 있었다. 아마 자신의 죄 때문일 것이다. 어떤 상황이든 욕망은 한 인간을 압도할 수 있고 자의식을 잃게 할 수 있음을 그는 알았다.

반면 순결은 사랑하고 사랑받는 능력의 적절한 균형을 유지하게 한다. 순결은 우리가 사랑하기로 선택한 사람을 존중하고 귀하게 여긴다. 이는 사랑의 표현을 참기로 한 약속에 신실함을 나타내 보인다.

무관심은 근면으로 극복한다. 무관심과 조급한 낙담은 매일의 일상사가 중요하지 않다는 믿음의 결과다. 그것은 현재 우리가 하는 일이 존경받을 만한 결과물을 낳지 못한다고 믿는 것이다. 우리 삶이 중요하다는 확신을 잃을 때 우리는 이에 굴복하고 만다.

반대로 근면이라는 경건의 덕에는 힘겨운 시간들을 견뎌 내도록 돕는 끈기가 담겨 있다. 그것은 우리 인생의 궁극적인 목적이 하나님의 손에 있음을 믿는 것이다. 그것은 하나님이 결국 우리 운명을 뒤집으실 것을 믿기 때문에 인생의 여러 문제들에 계속해서 관심을 쏟는 것이다. 또한 하나님의 섭리에 대한 확신을 증명할 만한 즉각적인 증거가 없을 때에도 그 확신을 계속 유지하는 것이다.

우울은 지혜로 극복한다. 침울과 우울은 우리의 존재 자체가 중요하지 않다는 믿음에서 나온다. 이 악한 생각은 세상의 선함과 그 안에서의 우리 자리에 대한 확신을 완전히 잃은 상태를 가리킨다. 그것은 삶의 우선순위로 생각했던 것들이 우리가 죽고 나면 더 이상 아무 영향력이 없을 것이라고 결론짓는다. 에바그리우스는 이렇게 말한다. "그것은 때로 우리의 욕구가 없어지기 때문에 나타나기도 한다. 또 다른 경우 분노를 수반하기도 한다. 우리가 가장 갈망하는 것을 빼앗길 때 생겨나기 때문이다."[12]

반면 지혜는 더 큰 세상 안에서 우리 삶의 역할을 인식하는 능력이다. 지혜는 우리의 개인적인 기여에 만족하고, 우리가 우선순위를 두고 행한 일들이 다음 세대와 그 이후 세대에게 영향을 미칠 것임을 인식한다. 지혜는 우리가 특별히 관여하는 일에 대해 지나치게 신경을 쓰지 않으면서 과거를 경축하고 미래를 기대한다. 지혜는 우리가 죽기 전에 깨끗하게 정돈해야 한다고 느끼지 않으면서 우리의 유산을 즐긴다.

악한 생각들이 만들어 내는 긴장은 그에 상응하는 경건의 덕들을 계발하는 것으로 해결해야 한다고 에바그리우스는 믿는다. 이러한 덕의 계발은 하나님께 초점을 맞추며 인생의 각 단계를 지나는 우리의 영적 여정을 돕는다. 경건의 덕들을 계발하지 못하면 결코 인생의 목적과 의미를 찾지 못할 것이다. 인생의 목적은 '하나님에 대해 아는 것'이 아니라 '하나님을 아는 것'이라고 에바그리우스는 가르친다. 그 지식은 하나님의 형상으로 만들어진 우리의 일부분, 즉 우리의 '누스'가 기도를 통해 하나님의 마음과 합해 질 때에야 얻을 수 있다.

결국 에바그리우스의 작업은, 계속되는 우리의 질문에 대한 대답이다. "왜 하나님과 함께하는 삶에서 더 높이 올라가야 하는가? 영성 생활의 전체적인 목표가 의미, 행복, 만족을 찾도록 돕는 것이라면 그것은 왜 그렇게 고된 작업이어야 하는가?" 이 책의 다른 저자들과 더불어 에바그리우스도, 그칠 줄 모르는 우리의 갈망은 하나님을 아는 지식의 최고 단계에서만 영속적인 채움을 받을 것임을 알게 해준다.[13]

궁극적인 목적

에바그리우스는 우리의 궁극적인 목적을 '아파테이아', 즉 모든 생각, 욕망, 행동이 제대로 질서를 잡는 상태에 이르는 것이라고 정의한다. 이 상태에서 우리 영혼의 정념(질투, 교만, 우울, 탐욕, 분노)은 하나님과 이웃에 대한 사랑으로 극복되고, 육체의 정념(탐식, 욕망, 무관심)은 절제로 극복된다. 우리는 그리스도의 자비로 아파테이아로 들어간다.[14] 에바그리우스는 이렇게 쓴다. "정신이 자신의 빛을 보기 시작할 때, 꿈에서 마주치는 형상들 앞에서도 평정 상태에 머물러 있을 때, 일상의 일들을 바라볼 때도 차분함을 유지할 때, 그것은 아파테이아에 이르렀다는 증거다." 아파테이아는 본질적으로 육체적·정신적·영적 자극을 분별하고 그에 적절하게 대처할 수 있다.[15]

다른 데서 에바그리우스는 다음의 사실에 주목한다. "아파테이아에 이르는 것은 하나님의 신적인 사랑의 직접적인 영향력 아래서 정서적인 삶과 영적인 삶을 온전하고 조화롭게 통합해 내는 것이다. 그 상태는 하나님의 계명에 순종하고 덕을 훈련하는 것에 기초한 깊은 평정의 상태를 창조한다."[16] 다시 말해 아파테이아의 상태는 하나님에 대한 순전한 관상을 체험하는 유일한 길이다.

■ ■ ■

반추하고 반응하기

우리가 폰티쿠스의 에바그리우스에게 받은 은혜는 실로 엄청나다. 그는 하나님과 함께하는 삶의 성장하는 특성을 온전히 이해하게 해주었다. 수세기 후의 우리로서는 에바그리우스가 남긴 것이 얼마나 놀라운 진보였는지를 인식하기가 쉽지만은 않다. 우리는 일곱 가지 치명적 죄들(seven deathly sines)―에바그리우스가 말한 "여덟 가지 악한 생각"(eight deathly thoughts)이 최종 발전된 형태―이 지탄받던 시대와는 정반대 시대에 살고 있다. 오늘날 우리는 덕의 윤리에서의 이러한 진보를 단지 어두운 시대에 존재했던 고대의 유산으로 여기며 그냥 무시한다. 그러면서도 도덕적 암흑기는 그들의 시대가 아니라 우리의 시대임을 인식하지 못한다.

에바그리우스는 개인적으로 쓰라린 경험을 통해 그 악한 생각들이 얼마나 비참한 결과를 초래하는지를 깨달았다. 그러한 생각들을 제어하지 않고 교정하지 않으면 아주 쉽게 인생을 망칠 수 있다. 그래서 그는 그것들을 '악한(치명적인, deadly) 생각들'이라 부른다. 우리는 이러한 통찰, 탐식과 분노와 탐욕과 질투와 교만과 욕망과 무관심과 우울은 실로 삶을 파멸시킨다는 통찰을 피해 갈 수 없다.

바로 여기서 우리는 에바그리우스의 비범함을 본다. 그는 마음이 작동하는 방식에 익숙했다. 그는 악한 생각들을 극복할 수 있음을 알았고, 그것은 생각들을 없애는 것이 아니라 경건의 덕들로 대체하는 것임을 알았다. 악한 마음을 비우는 일은 반드시 선한 것으로 채우는 일을 포함해야 한다. 그러므로 우리는 절제와 온화함과 관대함과 행복과 겸손과 순결과 근면과 지혜의 덕들을 키우는 법을 배운다.

흥미로운 것은 악한 생각들과 경건의 덕들은 각각 매우 독특하지만 도덕 생활 전반에 걸쳐 서로 연결되어 영향을 미친다는 사실이다. 예를 들어, 욕망이라는 악한 생각은 대부분 제어할 수 없는 성적 열정에 좀더 분명하게 초점 맞추어져 있지만, 다른 욕망들에서도 찾아볼 수 있다. 반대로 보통 성적 관계에서의 신실함과 존중에 분명한 초점이 맞추어져 있는 순결은, 넓은 의미에서는 하나님의 은혜를 힘입어 모든 열정을 사랑으로 다스리는 것을 의미한다. 따라서 삶의 한 영역에서 도덕적인 승리를 하면 다른 영역에도 부차적인 효과가 나타난다. 이와 마찬가지로 한 번의 실패는 도덕적인 삶 전체에 영향을 미친다. 도덕적인 삶은 서로 연결되어 있고, 관련되어 있다. 언제나 그렇다.

에바그리우스가 잘 이해한 또 다른 것이 있다. 마음 앞에 놓인 것은 선한 것이든지 악한 것이든지 즉시 사라지지 않는다는 것이다. 여기서 우리는 인격의 변화에 대한 핵심 논점에 다가간다. 악은 우리가 이제 알고 있듯이, 마음에서 좀처럼 사라지지 않으며 그 자취는 의식, 아니 무의식의 대기까지도 오염시킨다. 악이 마음에서 시작되는 이유가 이 때문이다. 그렇기 때문에 그것은 그토록 치명적이다.

경건의 덕들 역시 이와 아주 비슷한 효과를 낸다. 하지만 사실 아주 똑같지는 않다. 말하자면, 악한 생각의 오염은 아주 강하고, 아주 떠들썩하고, 아주 시끄러운 듯하다. 반면 경건의 덕은 아주 약하고, 아주 잔잔하고, 아주 조용한 것 같다. 악한 생각의 소용돌이 속으로 들어간 사람, 악한 생각이 낳은 악한 행동에 빨려 들어간 사람들 가까이에서 일해 본 사람은 누구나 그 파괴적인 힘을 안다. 내 큰아들, 조엘은 미 항공국에서 심리학자로 일한다. 조엘은 종종 치명적인 상처를 입은 사람들, 현대전의 대량 학살 현장에서 돌아온 사람들과 함께 일한다. 악이 공포의 정의(definition)를 다시 내리게 하는 듯한 곳들이 있다. 그런 곳에서의 악의 파괴성은 때로 압도적이다.

이에 비해 경건의 덕들은 그저 유순해 보일 뿐이다. 하지만 그것은 그 경건의 덕들이 우리 눈에 보이지 않는 힘을 갖고 있어서 그런 것이리라. 분명 그 덕들은 하나님으로부터 오는, 결코 사라지지 않는 생명을 갖고 있다. 아마도 경건의 덕들은 실제로 더 강할 것이다. 나는 조지 폭스가 어둠과 죽음의 대양을 보았지만 생명과 빛의 대양이 그것을 덮었다고 묘사한 것을 기억한다. 하지만 이제 그것은 대부분 소망과 믿음의 표현으로 남아 있음을 나는 안다. 그러나 하나님의 빛의 능력은 강한 것이 사실이지 않은가? 선으로 악을 이긴다고 해도 좋을 만큼 강한 것이 사실 아닌가? 이것이 내 소망이요, 이것이 내 믿음이다. 그리고 마음은 도덕적인 삶에서 첫 번째이자, 여러 면에서 가장 중요한 접전지다.

마지막으로 한 가지만 더 생각해 보자. 에바그리우스의 목록에서 우리는 진보하는 성향을 분명히 본다. 탐식은 가장 기초적인 정념이고, 절제는 가장 기초적인 덕이다. 사실, 절제는 기본 덕의 하나로 거론된다. 그렇다면 우리가 침울이나 우울에 이를 때 그리고 그에 상응하는 덕인 지혜에 가까이 갈 때 우리는 분명 더 높은 곳에 가 있는 것이다. 도덕적인 삶에는 무엇보다도 진보하는 성향이 있다. 가끔씩 조깅만 하는 사람을 마라톤 경주에 내보지 않듯이 영성 생활에서도 그렇게 하지 않는다. 우리는 한 걸음씩 성장하는 법을 배운다. 이것이 바로 에바그리우스가 잘 알고 있던 사실이다.

사랑의 주님, 이 악한 생각들은 너무…예, 너무 악한 것 같습니다. 분노가 특히 그렇습니다. 주님 오늘날 너무나 많은 사람들이 격렬한 분노를 품고 있는 것 같습니다. 오, 우리는 그것을 농담이라는 외양 아래로 감추고 있지만, 그래도 그것은 거기 있습니다.

언젠가 우리의 분노가 화산 폭발처럼 표면으로 떠오르면 어떤 일이 일어날까요? 그 분노를 분출해야 할까요, 아니면 상담을 받아야 할까요, 아니면 다른 무엇을 해야 할까요? 하나님이 치유하시도록 기다리는 것이 가장 좋을 것 같습니다. 하지만 그것은 다른 어떤 반응보다 회피처럼 느껴집니다. 그렇다면 어떻게 해야 할까요? 지혜로우신 예수님, 우리가 갈 길을 지도해 주시기를 구합니다. 우리가 가야 할 길을 보여 주소서. 아멘.

조지 허버트

의미 있는 전체가 되도록 삶을 엮어 가기

> 꽃은 피었다 지지만,
> 당신은 제게,
> 심한 추위에 제 싹이 사라지기 전에
> 좋은 것을 주십니다.
> _「성전」(The Temple)

16세기는 기독교계 내부의 전쟁과 함께 끝이 났다. 그리고 그 전쟁은 새로이 출현한 단일 민족 국가들 사이의 정치적 갈등으로 번졌다. 16세기의 상처가 드러났다 사라지기를 반복하면서 서유럽에서는 급진적인 변화의 씨앗이 확실히 뿌리내렸다. 반종교개혁의 여러 요소들, 곧 개신교 점령지에서 일어난 가톨릭 지역의 분열 그리고 개신교도들 사이에서 일어난 부패한 싸움 등은, 16세기가 막을 내리면서 일어날 듯하던 잠재된 위기가 겉으로 드러난 것이었다. 17세기가 밝아 오면서 불만과 소동이 유럽 전역을 뒤엎었다. 영국과 유럽은 내전에 휘말렸고 이는 이후 30년전쟁으로 점차 확대된다.

정치적 소요와 함께 사회적·철학적·종교적 반란도 이어졌다.

이런 분쟁들은 기독교에 대한 문화적·영적 확신의 토대를 침식한 새로운 과학과 결탁했다. 정치적 동맹국이 적이 되고 수세기 간 누렸던 안정된 삶이 민간 폭동으로 인해 산산이 부서지면서, 기독교에 대한 유럽 대륙의 확신 역시 붕괴되었다. 성직자의 타락, 명목상 왕의 종교로 남은 기독교, 새로운 제국을 향한 추구, 이 모든 것이 산사태와도 같은 불신앙을 낳았다.

이렇게 새로이 등장한 시대에 가장 중요한 것은, 프톨레마이오스-아리스토텔레스의 세계관이 궁극적으로 완전하게 붕괴되었다는 것이다. 코페르니쿠스와 갈릴레오의 연구로 인해 과학은 태양이 우주의 중심임을 확인했다. 물론 다른 세력들도 있었다. 하지만 사회 문제의 원인은 무지이며 모든 사회악의 해결책은 과학이라는 전제들은, 역사가 "현대 정신"[17]이라 명한 그 정신을 형성하는 데 기여했다.

이러한 논쟁과 갈등의 시기로 발을 들여 놓은 인물이 바로 영국의 명석한 시인이자 목회자, 조지 허버트(George Herbert, 1593-1633)였다. 그의 고전적인 시집, 「성전」에는 영성 생활에 대한 시적·감정적 이해가 담겨 있다. 허버트는 이 대작에서, 우리가 어떻게 교회 밖에서 불신앙으로 시작해서 처음 믿음에 이르고, 이 믿음 가운데 성숙해져서 결국 하나님과의 온전한 친밀함을 깨닫게 되는지를 보여 준다. 허버트의 비범함은 우리 삶의 전혀 다른 측면들을 취해 의미 있는 전체로 엮어 내는 놀라운 능력에 있다.

영성 생활의 흐름

허버트를 읽으면, 시가 하나님과 함께하는 삶을 여정으로 이해하는 데 얼마나 도움이 될 수 있는지를 알게 된다. 우리는 대개의 경우 우리가 읽는 책들이 핵심 내용을 명확하게 표현해 내고 분명하게 이어지기를 기대한다. 그러나 허버트의 작품은 다르다. 그의 작품은 분명한 것과 미묘한 것 사이에서 움직인다. 이는 우리 삶의 모습이 그대로 반영된 결과다. 허버트는 특이한 시적 스타일로 영성 생활의 흥망성쇠, 심장이 멎을 듯한 진보와 참담한 패배의 모습을 그려 낸다.

들어갈 준비. 「성전」은 하나님과 함께하는 삶을 이해하고자 한 허버트 자신의 분투의 기록이다. 이는 '교회 현관'을 이루는 두 개의 시로 시작한다. 허버트는, 하나님이 자신의 길과 뜻을 알려 주실 때의 모습을, 자신이 이해한 대로 그 시들의 시어와 구조에 담았다. 교회 현관은 하나님과 함께하는 삶으로 들어갈 준비를 하는 곳이다. 우리는 현관에서, 하나님께로 인도하는 삶으로 들어갈지, 아니면 절망으로 끝날 삶을 추구할지 두 가지 분명한 선택의 기회에 직면한다.

허버트는 덕이 지닌, 우리를 고양시키는 힘을 추구하는 한편, 악의 무게를 인식하는 엄한 도덕적인 어조를 확립한다. 교회 현관에서 도덕적 갱신을 하고 덕을 계발한다면, 그 덕스러운 삶이 우리를 자유롭게 하여 '성전'으로 들어가게 할 것이다. 우리는 그곳에서 하나님과 함께하는 삶을 택한 이들을 위해 그분이 예비하신 부가적인 복들을 발견하게 된다.[18]

여정에서의 단계. 「성전」에 나오는 165편의 시들은 각각, 그리스도와 함께하는 삶에 약속된 의미와 목적으로 더 가까이 데려다 주는 영적 여정의 단계들을 강조한다. 그 시들은 우리 삶을 하나님께 산 제사로 드리고자 하는 갈망의 표현으로 시작한다. 영국 국교회의 고대 제단 모양을 형상화한 서론격의 시, "제단"(The Altar)이 말하는 바에 주의를 기울여 보라.

심장으로 만들고, 눈물로 굳혀서,
주여, 부서진 제단, 당신의 종이 세우나이다.
심장의 조각들은 당신의 손이 빚으신 대로,
어느 장인의 연장도 건드리지 않았나이다.
심장이야말로
당신의 힘으로만
벨 수 있는
그러한 돌.
그러기에 내 단단한
심장의 각 조각은
이 뼈대에서 만나
당신의 이름을 찬미하나이다.
혹시 제가 침묵할지라도
이 돌들이 당신을 찬미하기를 그치지 않도록,
오, 당신의 축복받은 희생이 제 것이 되게 하소서.
그리고 이 제단 신성케 하여 당신의 것 되게 하소서.

이 시는 그리스도인의 전체 순례 여정의 출발점을 묘사한다. 영성 생활은 그리스도의 희생이 우리 삶에 실재하며 현존하도록 하겠다는 결단으로 시작된다. 그리고 「성전」은 사랑이신 예수님이 우리 영혼을 채울 때 우리는 안식을 찾는다는 낙관주의로 끝난다.[19] 그 사이에는 즐거운 순간들이 오랜 우울, 절망과 함께 엮이면서 인생의 파란만장함이 우리를 파괴한다.

고통의 역할. 허버트는 인간 고통의 문제에 특별히 주의를 기울인다. 고통은 하나님께로 향한 문을 열어 주거나 아니면 오히려 하나님에게서 고개를 돌려 버리게 한다. 허버트는 고통과 상처의 경험이 우리를 하나님께로 더 가까이 이끌도록 하라고 권한다. 고통을 통해서만 영적 진리의 전혀 다른 측면을 알게 됨을 인지하고 있었기 때문이다. 고통을 통해, 그리고 이 땅의 어떤 것도 그 고통을 경감시켜 줄 수 없다는 깨달음을 통해 우리는 하나님께로 방향을 돌린다. 불안한 듯하지만 희망으로 가득 찬 허버트의 "고통" [Affliction(III)]에 주의를 기울여 보라.

오, 하나님, 내 마음 탄성을 내며 나아왔습니다.
당신도 큰 슬픔 가운데 계신 것을 알기에.
막대기로 홀을 만들어
    그 슬픔 다스리며 통치하시니 다행입니다.
    당신이 아무 관계도 없었다면,
몰아치는 탄식으로 내 마음 부서졌을 것입니다.

그러나 당신의 숨 내게 생명과 형체를 주셨고,
당신이 나의 이력을 아십니다.
탄식이 될 이렇게 많은 숨을 주신 것은 언제이며,
그리고 남은 것은 무엇입니까?
    탄식과 함께한 날들이 사라지는 거라면…
    그러면 탄식만이
나를 천국에 더 빨리 데려다 줄 강풍입니다.

지상에서의 당신의 삶은 큰 슬픔이었고,
당신은 아직도 그 슬픔 가운데 계십니다.
당신의 명예를 생각하니 지금 나는 슬프고,
    나의 몸이 병들어 고통스럽습니다.
    십자가에서 당신을 애도하던 그들이
매일 죽는 당신, 죽으신 당신을 찬양합니다.[20]

아름다움은 하나님께로 가게 하는 길

허버트는 또한 일시적인 것과 영원한 것을 연결해 주는 길을 잘 알고 있었다. 그는 자세한 묘사보다는 미묘하고 간접적인 비유를 낳는 창조 세계의 아름다움에서 그 길을 발견했다. 이 세계와 하늘을 연결해 주어야 하는 목회자의 역할, 허버트가 아주 귀중히 여기는 그 역할조차, 설교자가 우리의 관심을 일시적인 것에서 영원한 것의 수준으로 올릴 때에만 가치가 있다. 두드러진 예가 "교회 음악"(Church Music)이라는, 우리를 고양시키는 시에 나와 있다.

허버트는 음악이 영혼에 기쁨을 가져다 주고 우리 슬픔을 잊도록 도와준다는 것을 보여 주기 위해 이 시를 사용한다.[21]

또 다른 곳에서 허버트는 시란 하나님의 언어이며, 기도가 직접적이라면 시는 비밀스런 소통 형식임을 암시한다. 이는 그가 교회의 사명을 묘사할 때 특히 잘 드러난다. "영국 교회"(The British Church)에서 허버트는 이렇게 쓴다.

> 사랑하는 어머니, 당신의 완벽한 모습,
> 감미롭고 환한 모습을 볼 때,
> 　　내가 기쁩니다.
>
> 편지를 쓸 때 당신의 아름다움은 제자리를 잡고
> 　　당신의 얼굴에서 그 편지가 시작됩니다.
>
> 잘 정돈된 아름다움은
> 너무 천하지도 않고 너무 화려하지도 않은,
> 　　최고의 모습을 보여 줍니다.[22]

허버트는 교회 내의 갖가지 모습, 각각의 고유한 아름다움을 묘사해 가면서, 하나님과 함께하는 삶에서 심미적 감각의 역할을 포착해 낸다. 그의 작품은 "아름다움이란 우리가 타고난 본성으로 사랑하는 유일한 영적 본질이다"라고 말했던 플라톤을 연상시킨다. 허버트는 성경 다음으로 아름다움이 우리를 하나님께로 들어

올려 준다고 믿었다.

기독교 신앙의 네 가지 기둥

허버트는 교회의 사람이었다. 교회에 대한 그의 견고한 확신은 "교회 없는 그리스도인"은 없다는 그의 믿음에 기초해 있다. 하나님과 함께하는 삶이 성장하고 자라나려면 누구나 신앙 공동체가 필요하다. 하나님과 함께하는 삶의 기초가 되는 네 기둥을 강건하게 하는 것이 교회다. 네 기둥이란 바로 성경, 기도, 성례전, 교회력을 따르는 삶이다.

허버트가 창조 세계라는 일반 계시보다 하나님의 말씀인 특별 계시를 선호한 데서 알 수 있듯이 성경이 첫 번째다. 그는 특히 성경의 통일성과 다양성을 탐구하는 데 흥미를 느꼈고, 하나님과 함께하는 삶을 위해 특별한 의미와 일반적인 의미를 전달하기 위해 정경이 어떻게 모아졌는지에 관심을 가졌다. "성경"[The Holy Scriptures(II)]에서 주목할 만한 예를 보자.

오, 당신의 빛들이 어떻게 화합되었는지,
그 영광이 배열된 모습을 내가 보았습니다.
각 구절들이 빛을 발할 뿐 아니라
이야기의 모든 요소들이 화려함을 드러냅니다.

이 구절이 저 구절을 담고 있고,
두 구절은 또 다른 구절을 알려 줍니다.

열 개의 잎이 떨어져, 흩어진 풀들이 묘약을 기다릴 때
이 세 가지가 몇몇 그리스도인들의 운명을 결정합니다.

그것이 나의 삶을 평탄케 하는 당신의 비결이며,
그것이 당신에 대해 알려 줍니다.
무슨 일에서나 당신의 말씀은 나를 찾아내고,
병행되는 구절을 보여 주며, 나를 이해시킵니다.

별들은 간혹 무언가 놓치는, 보잘것없는 책이지만,
별들에 대한 이 책은 영원한 기쁨을 밝혀 줍니다.[23]

성경, 기도, 성례전, 교회력을 따르는 삶은 모두 하나님과 함께 하는 삶의 배경이 된다. 허버트는 삶을 성례전적으로 보는 시각에 대한 한없는 열정을 어디에서나 드러냈다. 그것은 매일의 일상사에서 하나님을 찾도록 인도하면서, 시간 안에서 영원의 흔적을 보는 시각이다.

「성전」이 탄력이 붙으면서 "찬양"[Praise(III)]에는 강력한 낙관론이 드러난다. 이 시는 우리가 하나님의 선하심을 확신함으로써 우리 삶이 안정되는 그 지점에 이르러야 한다고 주장한다. 하지만 이렇게 성장하기 위해서는 꼭 필요한 성장과 가지치기 과정을 견디어야 한다. "파라다이스"(Paradise)라는 시는 시어와 구조로 그 과정에 대해 말한다.

주님, 제가 당신의 나무들 가운데서
성장하고 있기에 당신을 축복합니다.
줄지어 선 나무의 열매와 질서,
당신의 은혜입니다.

당신의 팔로 감싸안고 계시니,
눈에 보이는 세력이나 숨겨진 마력이
내 열매를 망가뜨리고 나를 해롭게 할 수 있겠습니까?

내게 험난하고 매서운 출발이 될까 두려우니
나를 계속 감싸 안아 주십시오.
당신의 손과 기술을 원합니다.

당신의 심판이 아직 오지 않을 때
당신의 칼로 가지를 잘라내고 깎아 주소서.
열매 많은 나무들 더 풍성해질 수 있도록.

그 예리함이 오히려 상냥한 친구요,
그 잘라냄은 파멸이 아니라 치료입니다.
그러한 시작이 그들로 끝에 이르게 할 것입니다.[24]

이 시는 하나님과 함께하는 여정의 목표는 우리가 바라는 목표로 데려다 주는 것임을 깨닫게 한다. "순례 여행"(The Pilgrimage)은 우리의 최종적인 운명으로 가는 길에 직면하는 장애물들을 알려 줌으로써 특히 이 주제를 확대한다. 순례자는 길을 가면서 온갖 종류의 시련과 시험을 겪는다. 이런 시험과 시련에 저항하다 마침내 죽음에 이르고, 그것은 그를 천국으로 인도한다.[25]

허버트는 인생의 주기에 특히 주의를 기울인다. 그는 교회력과 교회 역사가 개인의 삶뿐 아니라 공동체가 함께하는 삶을 위해 일회적·순환적 형식을 세워 놓은 것을 기뻐했다. 그것 역시 여정으로서의 영성 생활의 한 면이다.

하나님과 함께하는 여정의 이중 운동

'이중 운동'(double motion)이라는 허버트의 주제는 그의 멋진 시, "골로새서 3:3"에 아주 극적으로 그려져 있다. 여기서 핵심적인 전제는, 영성 형성은 우리가 태어날 때 온전히 형성되어 있지 않아서가 아니라 시간이 지나면서 발전해야 하기에 꼭 필요하다는 것이다. 이 시는 허버트가 하나님과 함께하는 삶에 대해 다룬 가장 중요한 작품이며, 그의 다른 많은 시가 그렇듯이 시어들과 구조 둘 다로 의미를 전달한다. 하나님과 함께하는 삶의 이중적인 특성은 가시적인 것과 비가시적인 것, 일시적인 것과 영원한 것, 성스러운 것과 속된 것 둘 다를 수반한다.

내 말에, 내 사고에 담긴 생각은,
인생은 이중 운동이라는 것.
하나는 직접적이고 낮의 친구요,

다른 하나는 숨겨져 있고 고개를 숙이고 있다.

한 인생은 육체를 입은 채 땅을 바라보고,

다른 인생은 그분을 향해 있다.

내게 행복한 인생을 가르치시고 그렇게 살라고 하신 그분.

여전히 눈 하나는 높은 곳을 조준하여 돌진하는 삶,

기쁘게 매일의 노동을 끝마치고,

추수 때 영원한 보물을 얻게 되기를.[26]

허버트는 이 시에서 그리스도인의 삶은 두 가지 차원에서 사는 삶이라는 개념을 소개한다. 그는 자신이 택한 시어들과 구성한 형식을 통해, 시간이 흐르면서 우리 삶이 그리스도의 형상으로 변화하는 모습을 설명한다. 수평적인 차원에서는 우리 삶이 다양한 경험들로 표현된다. 하지만 숨겨져 있는 수직적인 차원에서는, 우리의 영성 생활이 시간이 흐르면서 그리스도의 형상으로 변화해 간다. 허버트 시의 언어에 숨겨진 것은 골로새서 3:3 말씀, "너희 생명이 그리스도와 함께 하나님 안에 감추어졌음이라"이다. 이것이 그리스도인의 삶의 이중 운동이다.

수평적인 차원에서는 우리 매일의 삶이 항상 의미를 갖는 것 같지는 않다. 하지만 허버트는 그 행동들이 바로 하나님과 만나는 행동들이라고 주장한다. 우리는 항상 의미를 찾을 수도 없고, 우리 감정을 통제할 수도 없고, 하나님을 일관되게 이해할 수조차 없다. 그럼에도 불구하고 허버트는 이 땅에서 사는 날 동안 하나님의 성령이 우리 심령을 인도하심을 우리가 알 수 있도록 돕는다. 숨겨진 수직적인 차원에서는, 결정들이 이루어지고, 선택이 실행되고, 충성이 표현되고, 동기가 평가된다. 바로 이 차원에서 우리는 그리스도처럼 되어 가고 그분의 형상으로 변화된다.

「성전」이 중요한 것은 허버트가 은유를 사용해서 그리스도인의 삶의 범위와 영역을 탐구해 주었기 때문이다. 그는 기독교 교리를 간접적으로 가르친다. 그리고 그것이 어떻게 하나님께로 이끌어 주는 질서와 구조를 드러낼 수 있는지를 보여 준다. 교리만으로는 우리를 하나님께로 이끌어 줄 수 없다 하더라도, 교리는 그리스도인의 여정의 성격과 운명을 이해하도록 도와줄 수 있다.

■ ■ ■

반추하고 반응하기

나는 조지 허버트가 놀랍다. 우선 그는 놀라울 정도로 지혜롭고 깊이 있는 산문 작품, 「시골 목사」(The Country Parson)를 집필했다. 지역 교회라는 상황에서 영성 형성을 어떻게 해야 하는지와 그 안에서 '목사'의 위치와 역할을 이해하고자 한다면, 이 책보다 더 나은 것은 없다. 솔직히 「시골 목사」는 같은 주제를 다룬 20세기와 21세기의 작품 전체에서 최고다. 허버트는 목사의 영성 형성 과업을 잘 이해하고 있었다. 그가 완벽하게 그렇게 살았을 뿐 아니라, 평신도들에게 하나님의 지혜를 가르쳐 주고자 하는 평범한 목사들에게 그것을 어떻게 설명해야 하는지 알았기 때문이다.

물론 그 이상이 있다. 허버트는 교구 생활 중에 일어나는 모든 일상사—탄생과 죽음, 깨어진 결혼과 괴로워하는 부모들, 여러 차례의 심방과 셀 수 없이 마신 차—한가운데서 가장 눈부신 시를 쓰고 있었다. 매일의 교구 생활을 통해 우리를 더 폭넓은 여정으로 안내하는 그의 시는 그의 사후에 출판되었다. 이 때문에 나는 그의 교구에 속한 교인들 중 얼마나 많은 이들이, 말로 표현할 수 없을 정도로 멋지고 아름다운 그의 시를 알았을까 의심스럽다. 설교 중에 시가 튀어나왔을까? 가정에서 소그룹으로 모일 때 시를 읽었을까? 그랬을지도 모른다. 하지만 내 생각에 허버트가 매일 만났던 교인들은 그들 가운데 있던 보물 같은 시들을 몰랐을 것 같다.

허버트의 시는 내게 두 가지를 말해 준다. 첫째, 하나님은 아름다움을 사랑하신다고 말한다. 오늘날 우리는 많은 고대 문명을 이끌었던 선, 진리, 아름다움과 같은 위대한 초월적인 것들을 잊은 채 살아가는 경향이 있다. 하지만 특히 아름다움은 우리 시대에 꽤 많이 사용할 수 있다. 훌륭한 시, 진실한 시는 아름다움이 언어로 성육신한 것이다. 내가 시와 더불어 분투하고 있음을 이해해 주기 바란다. 시를 쓰는 것은 말할 것도 없고, 읽기조차 어렵다. 사려 깊게 여러 번 읽어야 한다. 시간과 인내가 있어야만 이해에 이르지만, 이해에 이를 때…정말, 놀랍다.

허버트의 시가 일러 주는 두 번째 내용은, 단어 선택이 정말로 중요하다는 것이다. 우리는 단어들이 선전용으로 악용되는 저속한 문장의 시대에 살고 있다. 휴대 전화의 문자 메시지가 언어 환경을 지배하고 있다. 우리는 단음절로 의사 소통하는 꾸준한 흐름을 따라가면서도 "그저 쓰던 말을 쓰면 된다"라고 생각한다. 하지만 그렇지 않다. 그저 쓰던 말로는 되지 않는다. 마크 트웨인은 언젠가, 정확한 단어와 거의 정확한 단어의 차이는 번개와 반딧불의 차이와 비슷하다고 말했다. 중요한 것은, 우리의 단어 선택이 무미건조하고 생기 없고 흑백 같은 상태에서 벗어나, 사랑과 공포와 연민과 아픔과 경이와 우리 삶을 위험하게도 하고 위대하게도 하고 참을 수 있게도 하는 다른 모든 영광스러운 정서들과 함께 생기를 찾는 것이다. "단어들을 잃으면, 갑자기 튀어나오는 소리, 꿀꿀거리는 소리, 딸꾹질, 이 세상의 재미에 대한 바보 같은 웃음만 남는다"고 위대한 웨일스의 시인, 딜런 토머스가 말했다. 허버트의 시는 바로 이런 사실을 일깨워 준다.

나는 또한 인생의 경험들은 모두 '이중 운동'이라는 허버트의 생각에 아주 많이 끌린다. 외적으로 우리는 마루를 닦고, 고객과 이야기를 나누고, 컴퓨터로 매일의 과업들을 수행한다. 하지만 내적으로 더 깊은 곳에서 우리 삶은 하나님 안에 그리스도와 함께 감추어져 있다. 그리고 영혼의 가장 깊은 성소인 이곳에서 진실되고 중요한 영성 형성이 진행된다. 눈에는 보이지 않지만 영적으로 가장 민감한 이 내면의 실재를 귀하게 여기기가 얼마나 어려운가. 외적인 세계는 항상 외쳐대고 요구한다. 내면의 세계는 조용하고 절대로 주의를 끌지 않는다. 외적인 세계를 만족시키면 갈채를 얻는 반면, 내면의 세계를 만족시키면 아무것도 얻지 못한다. 아니, 외적으로는 아무것도 얻지 못한다. 하지만 내적으로는 성령 안에서 의와 평화와 기쁨의 삶을 경험한다. 그러나 우리는 그것이 '이중' 운동임을 기억해야 한다. 외적인 세계는 나쁘고 내면의 세계는 좋은 것이 아니다. 그렇지 않다! 내면은 중심이고 외면은 내면에서 흘러나온다. 중심이 되는 것에 주의를 기울일 때, 인생의 외적인 과업은 마음에서 먼저 시작된 것의 반사 행동처럼 될 것이다. 이중 운동.

마지막으로 나는 허버트가 말하는 인생의 네 기둥, 곧 성경, 기도, 성례전, 교회력을 따르는 삶에 매료된다. 각각이 귀하고 각각이 중요하지만, 또한 함께 모여 현대 생활의 혼란에 맞선 보호막을 세워 준다. 이는 영성 생활의 질서를 잡는 한 방법이며, 유용한 방법이다. 하지만 심정적으로는 너무 무미건조하게 느껴진다. 나는 그렇게 확고한 삶, 그렇게 안정된 삶을 본 적이 없다. 그 이상이 필요한 것 같다. 혹시 우리를 인도하시고 힘 주시는 성령일까? 아마도 다른 무언가가 있는지 확실히는 모르겠다. 적어도 허버트는 우리에게 숙고할 만한 가치가 있는 것…그리고 살아 낼 가치가 있는 것을 주었다.

오, 이스라엘의 거룩한 분이시여, 당신은 옛 선지자들의 시적인 드라마를 통해 너무나도 아름답게 말씀하셨습니다. 시편 기자들 역시 그러했습니다. 감사드립니다. 오늘날의 삶은 대부분 단조롭고 무미건조합니다. 때때로 우리는 활기를 주는 자극적인 은유를 갈망합니다.

주님, 세상의 가수들과 예술가들과 시인들을 인해 감사드립니다. 확실히 그들은 우리가 천국을 맞이할 수 있도록 준비시켜 줍니다. 그곳에서는 천체의 음악이 인간이 상상할 수 없을 정도로 넘쳐흐를 것입니다. 우리로 다채롭게 표현되는 아름다움을 사랑하게 해주소서. 완전한 아름다움과 선이신 그분의 이름으로 기도드립니다. 아멘.

존 번연

하나님께로 가는 순례자의 길

> 그 길에 대해 쓰고 있던 나는 갑자기 그들의 여정과 영광에 이르는 길에 대한 비유 이야기에 빠져들었다. 처음 생각했던 것보다 20가지도 넘는 이야기들이 더해졌다.
> _「천로역정」(The Pilgrim's Progress) 서언

존 번연의 생애는 역사적으로 격동의 시기에 걸쳐 있다. 그는 1628년 영국에서 태어났고, 1688년 그가 죽었을 때는 프랑스의 명예혁명이 진행 중이었다. 번연은 12년 가까이 감옥에서 보내는 등 극심한 박해와 고초를 겪었다. 그 고독의 시기에 그의 마음은 하나님과 함께하는 삶으로 향했고, 그는 영적 여정에서 어떻게 하면 진보할 수 있을지 성찰하기 시작했다. 이런 성찰 가운데서 영성의 위대한 대작 가운데 하나인 「천로역정」을 집필했다. 시대를 초월하는 이 책의 매력은, 모든 인간의 마음에 존재하는 하나님을 향한 영원한 갈망에 대한 묘사에 있다. 이 책에는 또한 예수님과 함께하는 여정을 시작할 때 예수를 따르는 모든 이를 괴롭히는 무시무시한 시험과 시련들이 가장 잘 묘사되어 있다.

번연의 생애는 조지 허버트의 생애와 잠시 겹친다. 하지만 그는 종교적인 면에서 볼 때 17세기 하반기 동안 영국을 장악한 국교 반대파 그리고 분리파와 연결되어 있었다. 그는 영국을 휩쓴 종교 혁명들에 깊은 감동을 받았고, 그런 혁명들에 뒤따랐던(혹은, 그런 혁명들의 와중에 생겨났던) 불의한 일들로 인해 개인적으로 고통을 겪기도 했다. 국교 반대파의 회원이었던 번연은 종종 여당과는 다른 노선을 취하곤 했다. 그래서 몇 년 동안 감옥에 갇혔고, 「천로역정」은 바로 그 옥중에서 쓴 책이다.

그리스도인의 '삶'으로 들어감

번연의 위대한 작품은 주인공 크리스천이 자신을 몹시 괴롭히던 짐들을 벗어 버리려고 길을 떠나는 것에서부터 시작한다. 그 짐들은 앞으로 다가올 죽음과 심판에 대한 두려움으로 인한 것이다. 번연은 이야기의 초반부에서, 그것을 이해하기 위해서는 그리스도인의 삶으로 들어가야 한다고 강조한다. 그는 여러 가지 고통과 우회로에 둘러싸여 있는 우리가 그러한 삶을 시작하기란 얼마나 어려운지를 특별히 언급한다. 하지만 준비 과정을 통과하면 여정이 눈에 들어오기 시작한다.

크리스천의 걸음걸음은 영성 생활의 더 깊은 측면을 밝혀 준다. 번연은 우리가 구속의 필요성을 인식하는 것을 시작으로, 시간이 지나면서 진리를 알아 가고 하나님의 방법들을 이해해 간다는 사실을 보여 준다. 순례 여정의 각 단계를 성공적으로 통과해야 온전한 신앙에 더 가까이 다가간다.

「천로역정」의 요점은, 우리가 여정 동안 만나게 될 구불구불한 길들을 전부 알지는 못하리라는 것이다. 여정 중에 우리는 바로 그 길 위에서 우리를 도와줄 안내자를 찾게 된다. 그리고 종종 순종의 반응을 할 수 있도록 정확한 때에 필요한 지식을 얻는다. 또 우리는 앞으로 나아가면서, 계속해서 새로운 유혹들에 직면한다. 이전의 유혹들이 그랬듯이 이 유혹들도 우리로 길을 잃게 만들려 한다. 그런 과정을 통해 우리는 인도와 공급하심을 바라며 하나님을 의뢰하게 된다. 결국 그분의 자비와 섭리로만, 딜레마에 부딪힌 바로 그때에 적합한 해결책을 찾게 된다.

이와 같이 그리스도의 삶의 방식에서 기쁨과 의미를 찾고자 한다면 그리스도인은 다양한 유혹들을 이겨 내야 한다. 크리스천처럼 우리도 스스로를 의지하려는 경향을 버리고 하나님께 배워야 한다. 처음부터 우리는 우리의 구원을 성취해 내려는 유혹을 받는다. 또 인생에서 예기치 못한 후퇴나 극심한 고통을 만날 때도 유혹이 다가온다. 그때마다 종종 우리는, 하나님에 대한 믿음을 잃지는 않지만, 그리스도인의 삶이 진리라는 확신을 잃어버리곤 한다.

다채로운 유혹들에 직면함

하나님과 함께하는 여정 동안 우리가 맞닥뜨리는 수많은 유혹들에 대한 번연의 설명은 어디에도 비할 데가 없다. 우리는 하나님의 사랑을 추구하는 일을 그만두려는 유혹을 받는다. 도덕적인 종교로 안주하려는 유혹도 받는다. 자기 기만과 위선의 유혹도 받는다. 다른 사람을 경멸하고 비판하려는 유혹도 받는다. 하나님의 용서의 한계를 넘어서는 극악한 악을 저질렀다고 믿으려는 유혹까지 받는다.

번연은 우리가 각각의 유혹이 지닌 힘을 이해하기를 바란다. 그래야 그 유혹에 저항하는 힘을 다스리시는 하나님을 의지할 수 있다. 유혹을 극복하는 과정에서, 우리는 자기를 의존하려는 경향을 버릴 수 있다. 역경이 우리를 하나님과 함께하는 삶에서 이탈하게 할 때도 역시 그것을 극복한다. 그리고 마침내 도덕적인 종교에 삶의 의미를 두려는 유혹도 이겨 낸다.

영적 여정에서 앞으로 나아감에 따라 크리스천이 받는 유혹은 점점 더 미묘하고 파괴적인 것이 된다. 한 유혹자는 신학에 대해 이야기하기를 좋아하지만 크리스천의 삶은 전혀 나아지지 않는다. 두 번째 유혹자는 삶의 어려움들에 대해 끝없는 대화를 하지만 그 어려움들을 해결하지는 않는다. 세 번째 유혹자는 크리스천에게 여정 중에 배운 것이 정말 사실임을 증명해 보라고 도전한다. 이런 이야기를 하자니 에덴 동산에서 아담과 하와가 직면했던 최초의 유혹이 떠오른다. 그때 뱀은 하나님이 그들을 가르치신다는 사실을 잊어버리게 했다. 이와 마찬가지로 우리도 그리스도인으로서의 여정 가운데 축적한 지혜와 경험에서 나온 시각을 끝내 잃어버릴 수 있다.

번연은 생애 대부분 동안 겪었던 소동과 불안 때문인지 계속해서 개신교 정통 신앙의 시금석으로 주의를 돌린다. 그것은 바로 성경의 우위성, 영적 체험에 근거한 개인적인 권위 주장에 대한 의심, 우리가 하나님의 택함받은 백성으로 선택되었다는 사실을 확인하는 것이다. 그는 또한 하나님의 섭리의 더 큰 목적의 일부로 일어난 역사상의 대학살을 다룬 폭스(Foxe)의 「순교자 열전」(*Book of Martyrs*)을 비중 있게 다루었다.[27]

결국 「천로역정」은 우리의 인생이 하나의 큰 여정임을 보여 준다. 이 책은 우리가 결코 선한 싸움을 싸우는 일을 끝내지 못함을 알고 있고, 또 우리가 혈과 육에 대항해 싸울 뿐 아니라 정사와 권세들에 대항해서도 싸우고 있음을 알고 있다. 더 나아가 그 여정 중에서 유혹에 어떻게 반응하느냐에 따라 하나님과 함께하는 삶의 모양이 결정됨도 밝혀 준다. 결론적으로 크리스천은 우리가 내리는 결정, 우리가 채택한 대안, 우리가 이겨낸 도전, 우리가 대면한 기회, 이 모든 것이 어떻게 하나님과 함께하는 삶에서 의미를 발견하는 데 기여하는지를 이해하게 해주는 모델이다.

■ ■ ■

반추하고 반응하기

나는 존 번연과 그의 우화적인 대작, 「천로역정」에 특별한 빚을 졌다. 신학교를 갓 졸업하고 첫 번째 회중의 목사로 섬길 때였다. 내가 목회 스타일과 설교할 때의 목소리 톤을 찾아가는 과정에서 사람들은 잘 참아 주었고 친절했다.

짐작하겠지만, 작은 회중의 목사로 사역하다 보니 나는 거의 모든 것, 곧 주보를 인쇄하는 것부터 쓰레기를 비우고 환자를 심방하는 일 등 거의 모든 일에 준비가 되어 있어야 했다. 그렇게 내게 주어진 과제 중 또 하나가 매주일 아이들이 어린이 예배에 가기 직전에 아이들을 위한 설교를 하는 것이었다. 정말 즐거운 과제였다. 아이들도 나도 재미있었고, 또 내가 아이들을 잘 끌어가는지 보기 위해 함께 온 어른들에게도 설교할 수 있어서 정말 좋았다.

지금으로서는 어떻게 그렇게 하게 되었는지 정확하게 기억나지 않지만, 어쨌든 나는 「천로역정」의 이야기들을 시리즈 형태로 전하기 시작했다. 거기에는 가장 어린 사람부터 가장 나이가 많은 사람들, 머뭇거리는 신자부터 가장 성숙한 그리스도인들에 이르기까지 그 모든 사람들을 위한 무언가가 있었다. 어린아이들에게 크리스천과 그가 여정 중에 만났던 많은 사람들, 믿음, 고집쟁이, 온순, 세속 현자 씨, 수다쟁이, 소신, 비겁과 다른 많은 이들에 대해 이야기하는 게 얼마나 즐겁던지…. 크리스천이 수많은 모험을 했던 곳, 허영의 시장, 곁길 초장, 의심의 성, 기쁨의 산 등에 대해 언급하는 것도 잊지 않았다.

이야기를 하는 요령은, 매주 크리스천이 위기일발의 상황에 처할 때 이야기를 끝내고, 아이들이 다음 주에 그에게 어떤 일이 일어나는지 궁금해서 들으러 오도록 하는 것이었다. 존 번연에게 진심으로 사과하면서, 내가 최고의 긴장감을 위해 이야기들을 조금 각색했다는 것을 밝힌다. 하지만 그건 아주 미미한 수준이었다. 번연이야말로 극적인 구성에 대한 대단한 능력을 지닌 사람이었기 때문이다.

나는 아이들이 그것이 아주 재미있고 멋진 모험이었음을 알았을 거라고 생각한다. 하지만 내가 미처 예상하지 못했던 것은 어른들의 관심과 기대였다. 종종 어떤 엄마들은 전화를 걸어서, 또 어떤 아빠들은 사무실에 잠깐 들러서, 자신들이 다음 주에는 지방에 가야 하니 그 다음 이야기가 어떻게 되는지 알려 줄 수 있느냐고 했다. 단지 이야기를 놓치지 않기 위해서 말이다.

글쎄, 내가 아주 열심히 준비해서 전달한 수준 있는 설교보다 아이들을 위한 그 간단한 설교가 우리 회중에게 더 지속적인 영향을 주지 않았나 생각한다. 이것이 바로 「천로역정」의 힘이다.

영성 형성과 관련해, 좀더 구체적으로는 영성 생활을 여정으로 보는 개념과 관련해 몇 가지 핵심적인 주제에 집중해 보자. 첫째, 회심의 중요성이다. 이 결정적인 방향 전환 없이는 여정은 의미가 없다. 크리스천은 멸망의 도시를 떠나 그리스도께로 가기로, 좁은 문을 지나기로, 그리고 등에 지고 있던 죄의 짐을 벗어버리는 경험을 하기로 분명한 결단을 해야 했다. 거기에 어중간한 것은 없다. 천성을 향한 진정한 방향 전환과 진정한 여정만이 있을 뿐이다. 우리도 마찬가지다.

그 다음으로 나는, 번연이 영적 여정에서 분투하는 것(struggle)을 강조한다는 점에 감동을 받는다. 그는 일생 동안 하나님의 은혜를 많이 체험했지만[어느 시점엔가 그는 「죄인의 괴수에게 넘치는 은혜」(*Grace Abounding to the Chief of Sinners*)라는 책을 썼다], 은혜를 분투와 반대되는 개념으로 보지는 않는다. 오히려 은혜는 벌어들이는 것의 반대 개념이다. 크리스천은 절망의 늪을 통과하기 위해 분투했고, 좁은 문으로 들어가려고 분투했고, 곤고 산에 오르려 분투했고, 아볼루

온을 이기려고 분투했다. 때로는 걸려 넘어지기도 했지만 방해물들을 극복하기 위해 분투했다.

이 진정한 분투의 이야기는 구약 성경에 나오는 야곱의 이야기와 비슷하다. 브니엘에서 천사와 씨름하고 새로운 이름, 이스라엘 — "하나님과 겨루어(struggle) 이김"(창 32장) — 을 얻은 야곱 말이다. 선하게 창조되었지만 타락한 이 세상이기에 우리가 여기서 분투하는 것은 당연하고 옳은 일이다. 야곱도 그랬고, 번연도 그랬다. 그리고 우리 역시 마찬가지다.

마지막으로 번연은 이러한 영적 여정이 우리 생이 다하기까지는 절대 끝나지 않음을 알았다. 크리스천과 소망이 천성 코앞에 이른 순간까지도 그들은 아첨쟁이와 무신론자에게 거의 넘어갔다. 그들이 통과한 길과 배운 것들을 생각할 때 어떻게 그럴 수 있을까 싶지만, 사실이다. 아첨쟁이와 무신론자의 덫을 피하고 나서야 비로소 그들은 이생을 지나 더 큰 생명을 향해 그 강을 건너가게 된다. 크리스천은 강을 건너기가 너무 어려웠고, 그를 도와준 소망이 없었다면 여정을 끝마치지 못할 것 같았다.

하지만 그들은 마침내 강을 건넜고, 크리스천과 소망이 천성문으로 들어갔을 때 거기서 여정 도중 가끔씩 그들과 함께했던 무지를 만났다. 무지는 쉽게 천성문까지 나아왔지만 거절당하고 말았다. 그는 손과 발이 묶여서 공중으로 던져지고 산허리의 동굴 안에 처박힌다. 이에 대한 번연의 결론은 이것이다. "나는 멸망의 도시뿐 아니라 이곳 하늘문에서도 지옥으로 가는 길이 있다는 사실을 알았다."[28] 실로 우리의 순례 여정은 생이 다하기까지는 결코 끝나지 않는다.

주님, 우리 역시 순례 여정 중에 있습니다. 오늘은 그 여정이 은혜와 자비로 가득함을 느낍니다. 그 여정에는 어려운 날들 역시 있을 것임을 압니다. 하지만 오늘은 당신의 빛과 생명으로 가득함을 인해 감사드립니다. 우리를 사랑하고 인도하시니 감사드립니다. 우리 아이들과 함께할 때 인내를 주시니 감사드립니다. 용기와 긍휼로 인생의 도전들에 직면할 힘을 주시니 감사드립니다. 감사드립니다. 아멘.

토머스 머튼

하나님과 함께하는 본향을 찾아서

> 당신의 삶을 살펴보라.
> 결국 생명책은 삶을 살아 낸 이들이 담긴 책일 것이다.
> 삶을 살지 않았다면 그 이름은 생명책에 없을 것이다.
> _「머튼의 삶」(The Intimate Merton)

토머스 머튼이 하나님과 함께하는 삶을 다룬 저서 가운데 가장 중요한 책은, 최초의 작품, 「칠층산」(The Seven Storey Mountain, 바오로딸 역간)[29]과 그가 가장 좋아했던, 여러 권으로 된 작품인 「영적 일기」(The Journals, 바오로딸 역간)다. 이 작품들에서 우리는 무수한 사람들과 사건들과 경험들 여기저기에 산재해 있는 그의 지성, 위트, 매력을 본다. 「칠층산」은 하나님을 향한 우리의 갈망을 아름답게, 또한 고통스럽게 바라본다. 머튼의 깊은 통찰은, 실제로 가족을 잃은 슬픔에 대한 묘사와 어우러져 있다. 그것은 우리가 처음 만나는 가장 중요한 공동체인 가족을 완전히 잃은 일에 대한 연대기적 기록이다.

그러나 머튼의 이야기는 또한 그리스도 안에 있는 우리의 삶,

즉 우리를 하나님의 위대한 공동체인 교회에 참여하도록 이끄는 삶에 대한 영광스러운 묘사다. 머튼은 여기서 사랑, 위로, 양육, 지지를 얻는다. 그에게 가장 중요한 창조적 에너지는 여기서 솟아나온다. 결국 머튼은 세상에 대한 하나님의 집요한 사랑에 매료된다. 그 메시지는 부드럽지만 효과는 강력해서, 머튼으로 하여금 전 세대가 매료된 섬김과 희생의 삶을 살게 했다.

머튼은 행동과 관상의 전통에 선 전통적인 사상가로 쉽게 분류할 수 있다. 그는 행동에서 관상으로, 행동하는 관상으로 나아가는 진행 과정을 다루는 데 많은 시간을 보냈기 때문이다. 하지만 머튼을 어떤 한 가지 유형으로 분류하는 것은 그의 갑작스런 죽음 때까지 평생에 걸쳐 지속되었던 그 역동적 움직임을 놓치고 마는 것이다.[30]

머튼은 1915년 뉴질랜드인 아버지와 미국인 어머니 사이에서 태어났다. 어린 시절과 청년 시절은 미국, 유럽, 이전의 대영제국 식민지 여기저기를 왔다갔다 하면서 보냈다. 그가 가장 하고 싶었던 일은, 모든 인간을 괴롭히는 죄와 고난을 이기며 살아갈 수 있는 방법을 찾는 것이었다. 그는 「칠층산」에서 우리 모두가 씨름해야 하는 삶, 죽음, 시간, 사랑, 슬픔, 두려움, 지혜, 고통, 영원이라는 아홉 가지 주제를 정한다. 그 다음 연옥에서 통과해야 하는 다양한 단계들을 다룬 단테의 이미지를 사용한다. 이는 하나님과의 순전한 관계를 발견하려면 필연적으로 극복해야 하는 것이다.

그 책 전체는, 하나님을 향한 한 사람의 여정을 다룬 매력적인 이야기다. 하지만 그 책이 시대를 초월해 사람의 마음을 끄는 것은, 우리 각자가 하나님을 알고 사랑하는 더 깊은 열망을 발전시키기를 바라는 머튼의 간절한 열망 때문이다. 우리는 길을 가면서 머튼이 여정 중에 만났던 동료들을 만난다. 그 가운데는 그와 가까운 인간 친구들도 있고, 다양한 학문적인 관심, 그리고 특히 그의 영성 형성에 지속적인 영향을 끼친 책들도 있다.

머튼은, 자신이 일기쓰기에 관심을 둔 것은 자기의 인생 전체를 담은 책을 쓰고 싶은 열망 때문이었다고 기술한다. 그가 친구들을 민감하게 대하는 모습에서 우리는 우리의 우정에 대해 생각해 보게 된다. 그의 방대한 여정은 세계 전역의 이색적인 항구들로 우리를 데려가 준다. 그가 방문한 장소와 그곳에 사는 사람들의 이미지는 영원히 그에게 새겨져 있다. 그의 글들에는 우리를 하나님과 연결시키는 '일련의 체험'을 찾고자 하는 그의 계속되는 추구가 담겨 있다. 그러나 무엇보다도 그의 삶은 그 자체로 하나님과의 가장 견고한 사귐 중 하나의 예로 남아 있다.

일곱 가지 길에 대한 머튼의 표현

영성 생활에 대한 머튼의 접근은 기독교 영성에 이르는 일곱 가지 길 모두를 아우른다. 과거의 성적 범죄에 대한 그의 우울한 반성은 아우구스티누스를 생각나게 한다. 그는 우리 삶에 질서를 주시는 하나님의 사랑의 힘을 잘 알고 있었다. 그것은 자신의 제어할 수 없는 욕망이 가진 무질서의 힘을 잘 알고 있었기 때문이다. 머튼은 사랑의 본성에 대해 성찰하면서 이렇게 자신의 생각을 표현한다. "우리에게 생명을 주는 것은 사랑뿐이며, 우리는 하나님의 사랑 없이는 존재하지 못할 것이다."[31] 다른 곳에서 그는 우리가 하나님께 모든 것을 드리는 것이 얼마나 중요한지를 강조한다. "삶의 목적은 한 가지, 하나님을 사랑하는 것뿐이다. 유일하게 불행한 한 가지는 하나님을 사랑하지 않는 것이다."[32] 결국 그는 인간적인 친밀함을 경험할 수 없었기 때문에 하나님 안에서 궁극적인 친밀함을 찾고자 하는 욕구를 갖게 된다.[33] 짧은 생애의 말미를 향해 가면서 그는 친밀함을 향한 인간의 갈망과 하나님의 지혜를 이해하고자 하는 우리의 욕구 사이의 연결점을 바라보며, 자신의 사랑을 잘 정돈하기 시작한다.[34]

머튼 저술의 전체적인 배경은, 영성 생활을 여정으로 보는 것이다. 한 가지 두드러진 부분은, 영성 생활을 시작하고 나서 직면하는 딜레마에 대한 답을 찾지 못했을 때 무엇을 해야 하는지에 대한 기록이다. 여기 그의 답이 있다. "우리는 종종 대답할 수 없는 질문들에 부딪힌다. 그 질문들의 답을 찾을 때가 아직 오지 않았기 때문이다."[35] 머튼은 우리가 영성 생활에 들어간 순간과 하나님의 궁극적인 대답이 주어지는 여정의 끝, 그 양극단 사이에서 경험하는 침묵을 인식하고 있다.

다른 곳에서 머튼은 초기 저술들의 통찰과, 후에 생각을 바꾼 사실들에 대해 변호한다. 「칠층산」 같은 작품들에서 그가 초기에 품었던 몇 가지 입장의 타당성에 대해 도전을 받았을 때, 그는 단순히 이렇게 말한다. "내가 곧잘 말했던 것들은 그렇게 말할 필요가 있는 것들이었다. 나는 그 입장을 고수한다."[36] 그의 인생 경험은 이해하지 못할 때조차도 믿어야 한다는 사실을 깨닫게 했다.

머튼에게 가장 영향을 끼친 이들은 그의 인간 친구들과 글로 된 친구들이었다. 글로 된 친구들은 너무 많아서 셀 수가 없다. 그 가운데는 아우구스티누스, 십자가의 성 요한, 마이스터 에크하르트, 영국의 신비가들, 에티엔느 질송, 올더스 헉슬리 외에도 여러 명이 있다. 프랑스에서의 어린 시절로부터 콜롬비아와 쿠바에서의 학창 시절, 극동 지역으로의 마지막 여정에 이르기까지 우리는 인생에 대해 만족할 줄 모르는 욕구를 지녔던 한 사람을 본다. 모든 만남은 인생에 대한 더 깊은 경험으로 가는 문이었고, 인생에 대한 모든 진정한 경험은 하나님과의 더 깊은 만남이었다. 그 여정들은 그를 바꾼 중추적인 경험들을 있게 한 동인이었다.

비폭력에 대한 머튼의 관심이 계속 커진 것은 이 세상에 개입한 결과다. 그는 동양을 접한 이후, 세상을 등진 로마 가톨릭의 배타성에서 돌아섰다. 인생의 위대한 질문들은 우리를 인생의 의미와 목적에 대한 더 높은 수준의 이해로 이끌어 준다는 사실을 그는 인식했다. 그의 지적인 호기심 그리고 임의적인 경험들 가운데서 의미의 패턴을 찾으려는 지칠 줄 모르는 욕구가 그의 모든 만남과 대화를 이끌었다.

머튼이 영성 생활을 여정으로 보았다는 것을 가장 잘 보여 주는 것은, 그의 마지막 작품들 가운데 하나인 "순례 여행에서 십자군까지"(From Pilgrimage to Crusade)[37]라는 에세이다. 이 작품은 아름답고도 마음 아픈 역사를 다룬 글이지만, 또한 역사를 넘어 우리 각자의 개인적인 여정을 성찰하도록 초대한다. 켈트의 혁신들과 아일랜드 뉘앙스는 여정으로서의 영성 생활에 대한 더 깊은 내적 탐구를 보여 주며, 또한 우리의 외적 경험들이 하나님과의 더 깊은 삶과 연결된다는 사실을 깨닫게 한다.

머튼의 작품들은 엄청난 양의 영적 저술들을 일별하지만, 또한 매력적인 만큼 독특하게 그것들을 정교한 솜씨로 종합해 낸다. 그는 종교적 체험의 역할과 중요성에 대해 말한다. 또한 타락으로 인해 잃어버린 하나님에 대한 지식을 회복하기 위해 두루두루 조사하며 자료를 찾는다. 또한 그리스도를 본받는 것에 대해서는 책 한 권 전체를 할애한다. 동방으로의 여행은 영적 상승에 대한 완전히 새로운 영역의 깨달음을 주었다. 관상이라는 초자연적 주제도 그는 매일의 일을 강조함으로써 잘 조절해 낸다.

머튼은 동방 종교와 기독교 신앙의 유사점과 차이점을 연구하다 생을 마감했다. 그는 특별히 행동과 관상의 대조되는 모습과 상호작용에 관심이 있었다. 여기 한 예가 있다. "영성 생활은, 일상적인 삶을 사는 사람들이 근접하지 못하도록 조용히 물러나 인위적인 금욕적 관행을 하며 온실 속에서 성장하는 삶이 아니다. 일상적인 삶의 의무와 노동 속에서만 하나님과의 영적인 연합이 발전할 수 있고, 발전해야 한다."[38]

영속적인 추구

우리는 문학에 대한 머튼의 사랑, 위대한 저술가이자 영성의 대가들에 대한 그의 관심 그리고 단테에게 입은 은혜까지도 알고 있어야, 여정으로서의 영성 생활에 대한 그의 위대한 헌신을 이해할 수 있다. 우리는 예전과 똑같지 않다. 항상 움직이고 있다. 머튼 자신의 영적·지적 여정은 그렇게 움직이는 영혼의 모습을 잘 보여 준다. 그에게 활력을 준 문학 작품과 지식 탐구에는, 구체적인 방향이 나타나 있다. 그의 모든 활동에는 목적과 의도가 있었다. 우리의 활동도 마찬가지다. 그리고 우리가 하나님과 함께하는 영원을 체험할 때 이 여정의 궁극적인 결과를 보게 될 것이다.

머튼은 모두 35권의 책을 썼다. 각각의 책은 우리를 하나님과 함께하는 삶의 더 깊은 곳으로 이끄는 새로운 자료나 향상된 관점을 소개하려는 것이었다. 이에 더해서 그의 생애와 사상에 대해 쓰여진 책은 수백 권에 이른다. 결국 머튼은 여정으로서의 영성 생활을 구체화한 20세기 최고의 인물 가운데 하나로 우뚝 서 있다. 그의 삶은 상처받고 어그러진 영혼을 그분의 영원한 나라로 회복시키시는 하나님의 사랑과 은혜의 능력에 대한 증거다.

■ ■ ■

반추하고 반응하기

1941년 12월 10일, 26세의 토머스 머튼은 켄터키의 겟세마니 수도원 문밖에 서서 들어가기를 청하고 있었다. 그로부터 27년 후인 1968년 12월 10일, 그는 태국에서 비극적으로 죽었다. 당시 머튼은 수도사들과 신학자들에게 강연을 하기 위해 방콕에 머무르던 중이었고, '삶의 회심'(*conversation morum*, conversion of life)이라는 수도서원(修道誓願)에 대해 이야기했다. 그것은 가장 핵심적이고 가장 신비적인 서원이라고 그는 말했다. 그것은 내면의 전적인 변화에 대한 헌신, 완전히 새로운 사람이 되겠다는 헌신, 죽고 새 생명을 얻는 패턴이 계속되는 것을 의미한다.

그런 말들은 강연을 듣던 이들에게 예언자적 울림이 되었다. 머튼이 샤워를 하기 위해 방으로 들어갔다가, 고장난 선풍기 때문에 갑작스런 감전사를 당했기 때문이다. 강의실을 나오기 직전에 머튼은 사람들을 꼭 그리스도께로 회심시켜야 하는지에 대한 질문을 받았었다. 이에 대한 머튼의 답변이 그의 마지막 말이 되었다. "현재 우리가 해야 하는 일은 그리스도에 대해 말하는 것이 아니라 그분이 우리 안에 거하시도록 하는 것입니다. 그분이 우리 안에 거하시는 것을 사람들이 느낌으로써 그분을 발견할 수 있도록 말입니다."[39]

머튼의 최초의 책이자 가장 유명한 책인「칠층산」은 문학적으로도, 영적으로도 대작이다. 이 책은 아우구스티누스의「고백록」의 전통을 따른 자서전이다. 사실 내 생각에 이는「고백록」과 가장 비슷한 작품이다. 어떤 구절은 유명한 히포의 주교가 남긴 구절에 필적할 만하다. 예를 들어, 머튼이 프랑스 남부의 생 안토닌이라는 중세풍의 도시에 대한 10세 때의 인상을 묘사한 것을 살펴보라. 그곳은 교회의 첨탑이 모든 것을 지배하도록 미로 같은 좁은 길들이 모두 교회로 향하게 되어 있었다.

> 여기…여러 장소들, 집들과 거리들, 자연 자체와 빙글빙글 돌아가는 언덕길, 절벽들과 나무들 모두, 교회—와 교회에 속한 것—라는 한 가지 중요한 중심으로 주의를 집중시킨다. 여기, 내가 가는 곳 어디나,

나를 둘러싼 모든 것이 실제로 항상 교회를 의식하지 않을 수 없게 한다.…교회와 하늘을 향해 있는 첨탑에 의해 하나가 되는 모든 풍경은 이렇게 말하는 것 같다. "이것이 모든 창조물의 의미다. 우리는 다른 목적으로 지어진 것이 아니다. 우리는 사람들이 하나님께로 올라가는데, 하나님의 영광을 선포하는 데 우리를 사용하도록 만들어졌다."… 오, 놀라워라. 당신도 모르는 사이에 진정한 관상가가 되도록 세워진 그런 곳에서 살다니![40]

물론 머튼 자신이 '진정한 관상가'에서 행동하는 관상가로 변할 때까지, 흥미롭지만 일그러진 여정은 무한히 계속되었다. 당신이 직접 그 이야기를 읽지 않았다면 내가 미리 이야기를 해서 흥미를 떨어뜨려서는 안 될 것이다. 머튼은 「칠층산」이라는—아마도 20세기의 최고라 할 수 있는—참으로 매력적인 영적 자서전을 우리에게 주었다고 말하는 것으로 충분할 것이다. 그는 *Sit finis libri, not finis quaerendi*라는 라틴어로 책을 끝낸다. 대략 번역하자면 이렇다. "이것으로 이 책은 끝날지 모르지만, 탐구가 끝난 것은 아니다."

확실히 탐구는 머튼 생애의 분명한 특징이다. 방콕에서의 비극이 일어났을 당시 이미 그는 20세기에 영성 생활에 대해 가장 명확하고 사려 깊게 쓴 저자 가운데 하나가 되어 있었다. 탐구, 그는 항상 탐구하고 있었다. 그는 "종교에서 기도의 역할은, 과학에서 독창적인 탐구의 역할과 같다"[41]는 포사이스(P. T. Forsythe)의 통찰력 있는 말을 감사하며 인용한다. 머튼은 기도와 저술 모두에서 확실히 '독창적인 연구'를 했다. 실로 그의 저술은 기도의 연장이었다. 그는 책과 기사와 시를 썼다. 그는 묵상에 대해, 문학에 대해, 전쟁과 평화에 대해 썼다. 기도와 저술. 에스터 드 왈(Esther de Waal)은 이렇게 쓴다. "[머튼은] 기도를 통해 하나님을 가장 온전히 알 수 있었기에 그에게 기도는 필수적이었다. 그는 저술을 통해 자신을 가장 온전히 표현할 수 있었기에 그는 저술가가 되었다."[42]

사랑하는 주 예수 그리스도여, 우리도 머튼처럼 기도하려고 애쓰고 있습니다. 확실히 그처럼 글을 쓸 수는 없을 것 같습니다. 하지만 우리가 여기 있습니다.……우리의 모습 그대로 있습니다. 그리고 오늘 당신께서 우리의 모습 그대로 우리를 받으신다고 감히 믿습니다. 오, 주님, 기도하기 위해 더듬거리며 노력하는 우리를 받아 주십시오. 말도 빨리 나오지 않고 쉽지 않습니다. 당신께서 우리의 말보다는 우리의 마음을 보시니 너무 기쁩니다. 우리 마음이 당신을 기쁘게 하기를 진정으로 원합니다. 오, 우리의 반석이요, 구원자이신 주님, 우리 마음속 무언의 말들이 당신께 열납되기를 원합니다. 아멘.

세 번째 길

타락으로 잃어버린 하나님에 대한 지식의 회복

뱀이 여자에게 이르되
"너희가 결코 죽지 아니하리라. 너희가 그것을 먹는 날에는
너희 눈이 밝아져 하나님과 같이 되어 선악을 알 줄 하나님이 아심이니라."…
여자가…자기와 함께 있는 남편에게도 주매 그도 먹은지라.
이에 그들의 눈이 밝아져 자기들이 벗은 줄을 알고.
_창세기 3:4-7

우리 모두에게는 지식에 대한 갈망이 있다. 옳고 그름에 대해 알고 싶고, 우리 인생의 궁극적인 운명을 알고 싶고, 어떻게 하면 우리의 은사와 능력으로 의미 있는 기여를 할 수 있는지 알고 싶다. 우리가 어디서 태어났는지, 어떻게 자랐는지, 미래에 무엇이 될지 알고 싶다. 또한 우리는 우리 자신보다 더 큰 어떤 존재의 일부임을 알고 싶어한다. 결국 우리가 하나님께 속해 있음을 알고 싶어하는 것이다. 이러한 지식은 결코 빨리 혹은 완전하게 주어지지는 않는다. 하나님과 함께하는 삶에 대한 이해가 깊어지면서 점진적으로 발전시켜야 하는 것이다.

그리스도인의 삶에 있어 이 영역을 이해하기 위해서는 영성 생활을, 타락으로 인해 잃어버린 하나님에 대한 지식을 회복하는 것으로 보아야 한다. 이는 우리 지성을 가장 잘 확장시키는 길이다. 우리의 생각을 명확하게 하기 위해 토마스 아퀴나스, 마르틴 루터, 장 칼뱅, 이 세 명의 전설적인 인물이 우리를 안내할 것이다.

신실한 그리스도인들이 있었음에도 불구하고, 13세기에 이르기까지 200년 동안 교회는 계속해서 타락했고 일반 사회의 경멸은 점점 심해졌다. 이러한 긴장은 하나님과 함께하는 삶에 대한 고정된 인식에 균열을 일으키기 시작했다. 그리스도인들은 거의 900년 가까이 수도원 운동이야말로 하나님에 대한 사랑과 헌신의 최고 수준을 보여 준다고 믿었다. 하지만 이러한 인식에 변화가 일어나기 시작했다.

13세기가 시작되면서 하나님과 함께하는 삶을 이해하는 새롭고 활기찬 접근법이 나타났다. 수도원 은둔 생활에서 벗어나라는 계속되는 압력 가운데서 아시시의 프란체스코가 나타나 세상에서 자유롭고 폭넓게 사역할 권리를 주창했다. 극적인 결과들을 알리는 뉴스가 연달아 나오면서 그의 접근법은 추진력을 얻었다. 이즈음 다른 몇몇 중요한 운동들 역시 태동하기 시작했는데, 그 가운데에서도 특히 다섯 가지가 주목할 만하다.

다섯 가지 중요한 발전

첫 번째 발전은, 성경에 대한 지식이 증가한 것이다. 13세기 신자들은 수도사들이 내용을 추가해서 편집한 것이 아닌, 성경 자체를 읽고 이해하는 데 점차 관심을 갖게 되었다. 중세 시대 수사들은 '대가' 스승의 말씀을 듣고 성경 본문 여백에 '주석'(glosses)을 적어 넣는 데 하루 중 대부분을 보내곤 했다. 그런 다음 수사들은 이런 주석들을 텍스트로 해서 회중에게 설교하고 그들을 인도했다.

시간이 지나 그 주석들의 범위는 점차 좁혀지고 대신 당시 철학 운동의 영향을 많이 받게 되었다. 예를 들어, 둔스 스코투스(Duns Scotus)와 오캄의 윌리엄(William of Occam)은 성령과 성경의 적극적인 활동을 축소한 유명론(nominalism)이라는 이성적인 접근을 강조했다. 이에 대해 사람들은 이런 흐름을 비롯한 다른 흐름들에 대한 반작용으로, 성경의 확고한 역할과 목적을 찾기 시작했다. 그러자 이는 초기 사상가들에 대한 관심으로 이어졌다. 그들은 성경의 문자적·풍유적 의미를 둘 다 강조하는 한편, 성경 본문에서 벗어나 자신들만의 체계를 세운 철학자들의 영향을 축소한 사람들이었다.

둘째로, 이 시기에는 영성 신학이 발흥하기도 했다. 학문적 신학이 점점 고립되고 특화되면서, 일반 교회는 반감을 가졌고, 하나님에 대한 더 깊은 사랑을 나타내지 못하는 신앙 체계의 유효성을 의심하기 시작했다. 이러한 현상은 토마스 아퀴나스가 주도한 학문적 신학과 보나벤투라가 주도한 영성 신학 사이의 긴장에서 가장 잘 표현되었다. 그들은 같은 시대에 살았고 같은 대학에서 일했으며, 교회 역사상 가장 특출한 사상가들이었다. 하지만 하나님과 함께하는 삶에 대한 그들의 접근법과 최종적인 결론은 확연히 달랐다.

세 번째이자 흥미로운 발전은, 하나님과 함께하는 삶을 옹호하는 교회 교사로 여성이 출현한 것이다. 전면에 등장해 기독교 영성에 크고 인상적인 영향을 끼친 여러 여성들 중 두 명만 뽑자면, 12세기 빙엔의 힐데가르트(Hildegaard of Bingen)와 13세기 마그데부르크의 메히트힐트(Mechthild of Magdeburg)가 있다. 그들의 말에 분명한 능력이 있었고 그들의 삶에 성령의 명백한 역사가 있었기에, 교회는 그리스도인의 삶에 대한 그들의 새롭고 흥미로운 통찰들을 교회에서 가르치도록 허용했다.

또 다른 중요한 발전은, 영성 형성의 목표가 수정된 것이다. 초기에는 하나님에 대한 영속적인 관상을 계발하는 데 초점이 있었다. 이는 축소된 형태로 수세기 동안 지속된다. 13세기에는 하나님과의 인격적인 사귐에 초점을 둔 초기의 경향을 회복한 두 가지 방식이 더해졌다. 영성에 대한 이러한 접근은, 14세기 토마스 아 켐피스(Thomas à Kempis)가 주창한 운동인 '공동생활형제회'(Brethren of the Common Life)에서 찾아볼 수 있다. 이 주제를 다룬 책이 바로 「그리스도를 본받아」(*The Imitation of Christ*)이다.[1]

다섯 번째이자 마지막 변화는, 교육과 훈련에 대한 일반 대중의 관심이 고조된 것이다. 사람들이 성경의 더 깊은 의미를 배우는 일에 전념하면서 이 움직임은 새로이 중요성을 갖게 되었다. 하지만 이에는 더 폭넓게 함축된 의미가 있다. 대중이 지식을 갖게 됨에 따라 그들은 세상을 변화시킬 수단으로 성경의 변혁적인 능력을 이용했다. 대중들은 자치(self-governance)에도 점점 더 관심을 갖게 되었다. 이들은 야외 집회, 대중의 부흥, 누구나 글을 읽는 것을 지지했다. 이 모든 진보는 유럽 전역에 피어난 갱신과 변화의 씨가 싹 트는 데 기여했다.

이 다섯 가지 진보는 함께 교회를 변화시킨 대규모의 방향 전환을 초래했다. 점점 더 많은 개인들이 하나님에 대한 이해를 발전시킴에 따라 교회의 권위는 제도에서 개인에게로 방향 전환을 하기 시작했다. 이러한 움직임은 개신교 종교개혁에서 절정에 이른다. 바로 이와 같은 배경에서 13세기 토마스 아퀴나스가 출현했다. 그는 지금까지 쓰여진 가장 위대한 신학 작품 중 하나인 「신학대전」(*Summa Theologica*)을 집필했는데, 이는 수백만 그리스도인의 신학적 관점에 계속해서 영향을 미치고 있는 작품이다.

토마스 아퀴나스

하나님을 온전히 사랑하고 아는 법 배우기

> 하나님이 일반적인 방식으로 또 다소 혼란스러운 방식으로
> 우리 안에 거하심을 알게 되는 것은
> 본래부터 우리 안에 심겨진 지식 때문이다.
> _「신학 대전」(Summa Theologica)

토마스 아퀴나스(Thomas Aquinas, 1225-1274)는 아우구스티누스와 아리스토텔레스의 작품에 매료되었다. 실제로 그의 「신학 대전」의 많은 부분은 이 두 사람의 사상과 아퀴나스의 놀라운 통찰이 잘 통합된 것이다. 아리스토텔레스는 아퀴나스의 전체 체계를 세우는 데 필요한 기본 구조를 제공해 주었고, 아우구스티누스는 그를 정통 기독교와 연결시켜 주었다.

아퀴나스에 따르면, 삶의 모든 부분은 실제 상태(actual state)로 나아가고 있는 잠재 상태(potential state)라고 한다. 말하자면 우리 모두에게는 그러한 역동을 향한 목표가 있고 그렇게 될 운명에 처해 있다는 것이다. 그러나 오직 한 가지 길만이 우리를 우리의 실제 상태로 이끌어 줄 것이다. 따라서 옳은 길을 찾는 것이 무엇보다도 중요하다. 하지만 어떻게 우리의 운명을 발견하게 될까? 무엇이 그 길을 가는 우리를 안내해 줄 것인가?

궁극적인 목표

아퀴나스의 체계가 그 해답을 준다. 아퀴나스에 따르면, 우리의 궁극적인 운명은 하나님에 대한 영속적인 관상을 통해 얻는 행복의 상태라고 한다. 이 상태에 이르기 위해 우리 본성의 모든 잠재적인 부분은 그 실제적인 목표에 이르러야 한다. 그는 우리의 궁극적인 운명에 이르기 위해 필요한 단계들을 정확하고도 상세하게 설명한다. 자연적인 것은 초자연적 것을 향해 나아가고, 일시적인 것은 영원한 것을 향해 나아가며, 자연은 은혜로 완성되기 때문에, 아퀴나스는 자연적인 수준에서 우리가 알고 바라는 것에서부터 시작한다. 우리의 자연적인 욕망과 야망은 영원히 하나님과 함께하는 삶에 대해 무엇을 가르쳐 주는가?

실제로 아퀴나스의 체계는, 복합 건물의 건축 과정을 설계하는 건축가의 종합 설계 계획과 비슷하다. 종합 설계 계획은 필요한 모든 구조의 위치와 기능을 정한다. 그 다음 건축가의 전체 목표에 따라 사려 깊게 주의를 기울여 각 건물의 디자인을 결정한다.

우리는 불완전하게 태어났으므로, 이와 같이 마음과 정신이 형성되는 과정을 거쳐야 한다. 그러나 이 형성 과정을 거치기 위해서는 먼저 인생의 궁극적인 목적을 알아야 하고 그 다음에는 어떻게 그 목표에 이를지 결정해야 한다. 20세기 초 철학자들은 그것을 '의식의 지향성'(intentionality of consciousness)이라 불렀다. 이것은 우리 삶의 에너지, 즉 우리의 생각, 감정, 욕구를 어떻게 쓰느냐에 따라 드러나는 것이다. 이 선택에 따라 인간인 우리가 어떻게 성장하고 발전할지가 결정된다.[2] 그리고 아퀴나스는 이것이 우리가 원래 창조된 목적을 성취할 수 있는 길이라고 말한다.

타락의 결과들

타락 전 아담과 하와는 하나님과 완벽한 친교를 누리며 살았다고 아퀴나스는 주장한다. 그들의 사랑과 그분과의 의사소통을 방해하는 것은 아무것도 없었다. 하지만 타락 이후, 그들은 그들에게 필연적인 행복을 주었던 하나님과의 관계를 잃어버렸다. 바로 여기에서 도저히 피할 수 없는 갈망이 생겨났다. 하지만 우리는 어떻게 그 갈망을 만족시킬 수 있는지, 어떻게 하나님 안에서 온전히 채워지는 모습을 찾을 수 있는지 분명히 알지 못한다.

그 결과 행복을 향한 우리의 끝없는 갈망은 간접적으로 하나님과 함께하는 삶을 시작하게 했다. 우리의 영적 지식의 모든 면이 본성적 지식에서 나오는 것이므로, 우리가 본성적으로 원하는 모든 것은 궁극적으로 영적인 목적을 가진다. 이는 우리로 본성적 이성이 믿음에 반하는 것이 아니라, 오히려 그 이성이 믿음을 완성시키는 것임을 깨닫게 해준다.

"하나님이 일반적인 방식으로, 또 다소 혼란스러운 방식으로 우리 안에 거하심을 알게 되는 것은, 본래부터 우리 안에 심겨진 지식 때문이다." 아퀴나스는 이렇게 시작한다.[3] 하나님을 발견하고 그분을 아는 지식에서 자라고자 하는 마음을 낳는 의지와 함께

작동하는 것이 이성이라고 그는 말한다. 불행히도 죄가 우리 이성을 왜곡시켰지만, 우리는 행복을 향한 갈망을 통해 하나님에 대한 감각을 계속 유지한다. 그렇다면 우리를 하나님께로 이끌어 주는 것은, 행복을 갈망하는 우리의 의지와 행복에 대한 여러 대안들을 자세히 살펴보는 우리의 이성이다. 이 여정 중에는 종종 우리 감정이 이성을 뛰어넘어 판단을 왜곡함으로 실족하는 경우도 있다.

이 문제는 타락 이후 계속 우리를 괴롭히고 있다. 아담과 하와의 감정이 그들의 이성을 넘어섰을 때 그들은 멈출 수 없는 연쇄적인 사건들을 일으켰다. 하나님과 우리의 최초의 관계는 우리 의지가 하나님의 의지 아래 있는 것을 전제한다. 하지만 아담과 하와가 이 질서를 깨뜨렸고, 인간의 본래 운명을 방해했다.[4] 그리고 우리의 본래 운명이 혼란에 빠짐으로써 우리는 하나님에 대한 감각을 잃어버렸다. 그 결과 우리는 더 이상 그분을 찾을 수 없다.

이런 혼란에도 불구하고 우리는 우리를 나머지 창조 세계와 구별시켜 주는 인간 고유의 능력들, 특히 이성을 유지하고 있다. 이성이 우리를 인도할 때, 우리는 이성적인 발견이 진정한 행복으로 이끌어 주리라 믿으며 최상의 인생을 찾기 시작한다. 그 과정에서 우리는 우리 의지가 본래부터 진리를 찾고자 하는 마음을 갖고 있음을 발견한다. 의지란 욕망과 행동을 일으키는 추진력이기에, 이 의지를, 우리가 하나님과 함께하는 관상적인 삶과 진리를 발견하는 데 사용하는 것이 중요하다. 그러면 이 하나님과 함께하는 삶이 전개되는 과정에서 우리가 바라던 행복과 안정을 얻게 될 것이다.

자연적인 지식과 영적인 지식

의지가 우리에게 행복을 알고자 하는 마음을 주고, 이성이 우리를 진리로 이끌 때, 우리는 하나님과 함께하는 삶의 기본 원리를 발견하게 된다. 궁극적으로 이는 세상적인 것에 대한 지식에서 영원한 것에 대한 지식으로 우리를 이끈다.[5] 우리의 지식은 항상 감각을 통해 얻는 경험적인 지식에서 시작하므로, 우리는 세상에서 하나님의 자취를 봄으로써 그분에 대한 막연한 지식에 이르게 된다고 아퀴나스는 주장한다. 우리는 바로 이러한 인식에 근거해, 이웃을 사랑하는 것이 하나님 사랑하기를 배우는 출발점임을 알 수 있다.

하지만 자연적인 지식만으로는 충분하지 않다.[6] 이성을 통해 얻은 지식은 모두 결국, 믿음으로 얻는 하나님에 대한 지식으로 완성되어야 한다. 따라서 하나님을 향한 여정은 우리 의지가 안정과 평안의 유일한 근원이신 그분을 추구하는 이성과 결합할 때 시작된다.[7] 이성을 통해 얻은, 하나님에 대한 자연적인 지식이, 믿음을 통해 얻은, 하나님에 대한 계시된 지식으로 완성된다면, 우리는 우리를 행복으로 이끌어 줄 완전한 지식을 소유하게 된다. 자연이 은혜를 파괴하는 것이 아니라 자연을 통해 은혜가 완성된다는 의미다.[8]

이러한 인식을 마음에 둔다면, 우리는 우리 안에 있는 잠재된 지식으로부터, 실재화된 지식으로 나아갈 수 있는데, 이것은 일부의 사람만이 도달하는 지식이다. 이는 함정과 실수로 뒤범벅된, 길고도 험난한 과정이다. 하지만 타락으로 잃어버린 하나님에 대한 지식을 회복하고자 애쓰는 사람들에게 그 보상은 엄청나다.

우리는 이 과정에서 기본 덕(분별력, 정의, 꿋꿋함, 절제)과 신학적 덕(믿음, 소망, 사랑)을 계발함으로써 강건해진다. 우리는 바른 시기에, 바른 이유에서, 바른 방법으로, 바른 결과를 낳도록 각각의 덕을 훈련하는 능력을 얻는다. 또한 기본 덕과 신학적 덕이 우리의 자연적이고 합당한 욕망들을 만족시키는 바른 길을 보여 줌으로써 우리의 자연적 삶과 초자연적 삶의 모든 부분을 관리한다.

일차적인 행동과 이차적인 결과

영성 형성은 우리의 성장에 매우 중요하다. 아퀴나스는 그 과정이 정의(justice)에서 시작된다고 보았다. 정의라는 덕은 정확히 우리가 받을 자격이 있는 것을 받는 능력을 갖게 한다. 그리고 정의라는 덕 아래서는 이성과 의지가 가장 신중하게 작동한다. 아퀴나스는 정의 다음으로 신앙이라는 이차적인 덕을 정한다. 아퀴나스의 체계에서 신앙이란 최고의 도덕적 덕으로서, 기본 덕과 신학적 덕 사이의 중간 자리를 차지하고 있다. 신앙과 신앙을 위한 훈련들은 인격의 모든 측면을 서로 연결시키는 다리 역할을 한다. 우리의 일상 생활과 영성 생활 사이의 연결점이 되면서, 신앙의 내적 행동과 외적 행동이 만나는 곳이 바로 이곳이다.

신앙의 내적 행동은 헌신과 기도다. 이 행동들은 우리가 신앙의 외적인 행동을 할 때 그것이 올바른 효과를 내도록, 우리로 올바른 동기를 갖도록 해준다. 헌신은 우리 의지의 방향 및 지향과 관련되며, 기도는 의지를 다스리는 이성의 바르고 적절한 사용을 다룬다. 아퀴나스는 헌신에 대해 고려할 때 다음의 다섯 가지 질문으로 시작한다.

- 헌신이란 무엇인가?
- 헌신은 어떤 덕에 속하는가?
- 왜 헌신해야 하는가?
- 헌신을 일으키는 요인은 무엇인가?
- 헌신의 효과는 무엇인가?[99]

그는 이 질문들에 대답하면서, 헌신은 하나님을 예배하고 섬기게 하는 의지적 활동이라고 말한다. 신앙의 첫 번째이자 가장 주요한 행동인 헌신은 신앙의 모든 행동에서 나타나야 한다고 아퀴나스는 강조한다. 그렇지 못하다면 그 행동은 진정한 신앙의 행동이 아니라 빈 조개껍데기이며 쓸모없는 표현일 뿐이다.

아퀴나스의 체계에서 보면 헌신을 일으키는 데는 외부 요인과 내부 요인이 있다. 외부 요인은 바로 하나님이다. 내부 요인은 관상인데, 이는 하나님을 찾고자 하는 갈망과 그분을 찾으려는 훈련에서 나오는 것이다. 헌신의 효과는 아주 많지만, 주로 무한한 만족과 기쁨으로 표현된다.

「신학 대전」의 다른 부분처럼 관상 역시 호기심을 불러일으키는 질문과 구조화된 대답의 형식으로 소개된다. 질문 153번에서 아퀴나스는 관상적 삶의 특성에 대한 여덟 가지 질문을 제기한다.

- 관상적 삶은 지성과만 관련되는가?
- 도덕적인 덕들이 관상적 삶과 관련되는가?
- 관상적 삶은 한 가지 행동으로 이루어져 있는가? 아니면 몇 가지 행동으로 이루어져 있는가?
- 진리에 대한 성찰은 어떤 것이든 관상적 삶과 관련되는가?
- 자연적 상태에 있는 사람의 관상적 삶이 그를 지복직관(beautiful vision)에 이르게 해줄 수 있는가?
- 디오니시오스(Dionysius)가 주창한 관상 운동(movements of contemplation)이란 무엇인가?
- 관상 생활에서 어떤 기쁨이 생기는가?
- 관상은 얼마나 오래 해야 하는가?[10]

아퀴나스는 각각의 질문에 대답하면서 우리가 가진 확신이 온당한 것임을 알도록 돕는다. 우리의 관상적 삶은 우리의 지성과 감정 둘 다를 포함해야 한다. 도덕적 덕들은 관상적 삶과 관련이 있을 뿐 아니라 관상적 삶을 가능하게 하는 토대를 놓는다. 관상적 삶은 하나님에 대한 추구가 제대로 진행되도록 해준다. 아퀴나스는 그것이 어떻게 가능한지 구체적인 지시 사항을 알려 준 후에, 모든 진리가 관상과 관련이 있다는 것, 하나님은 우리에게 더 높은 수준의 신적 지식을 주시기 위해 인간 이성을 완성시키신다는 것, 그리고 관상 자체의 즐거움과 지속성을 이해하도록 도와준 디오니시우스(일곱 번째 길을 보라)의 중요성에 대해 이야기한다.

궁극적으로 아퀴나스는 우리의 최고 선은 하나님에 대한 영원한 관상이라고 정의한다. 이것이 완벽한 사랑을 낳는다. 관상할 수 있는 우리의 능력은 창조 질서의 다른 모든 부분과 우리를 구별시키는 가장 놀라운 것이다. 관상을 하기 위해서는, 건강한 육체, 도덕적 덕들과 분별력으로 이룬 감정의 정돈, 무너지는 정부와 부패하는 문명 같은 외적인 혼란에서 벗어난 상태가 필요하다. 우리의 안정에 영향을 미치는 이 물리적인 실재들이 존재하지 않는다면, 하나님을 관상하고자 하는 욕망과 그 기회 역시 존재하지 않을 것이다.

관상은 우리 각자에게 예배 가운데 우리 자신을 하나님께 드려야 한다는 확신을 갖게 한다. 그 결과 우리는 하나님의 선하심을 인식한다. 관상은 또한 우리가 얼마나 부적격자인지 알게 해주고 그렇기 때문에 우리에게 하나님이 필요하다는 예민한 감각을 일깨운다. 관상은 예수 그리스도의 인격과 사역을 올바로 이해하도록 돕는다. 우리는 그분의 모범을 통해 그분의 삶을 본받고자 하는 마음을 갖는다.

마지막으로 관상은 긍정적인 효과와 부정적인 효과 둘 다를 낳는다. 원리상 긍정적인 효과는 진정한 기쁨이다. 원리상 부정적인 효과는, 하나님을 거역한 행위들이 기억날 때마다 밀려오는 영적인 슬픔이나 후회다. 아퀴나스는 하나님에 대한 지식에는 다양한 수준이 있음을 강조하며 결론을 맺는다. 우리는 우리 지식의 수준에 성실할 책임이 있다. 또한 타락으로 잃어버린 하나님에 대한 지식을 회복하는 일을 쉼 없이 해야 할 책임이 있다.

헌신이 우리 의지를 하나님께로 향하게 한다면, 기도는 하나님을 사랑하고 섬기는 우리 전 존재의 헌신을 완성시킨다. 기도는 이성의 활동이므로, 그것은 의지의 영향권 아래 있다. 의지가 다른 모든 인간의 기능을 움직이기 때문이다.[17] 지성으로 하여금 하나님을 예배하게 하는 것이 의지인 것처럼, 우리로 기도하도록 하는 것이 의지다.

아퀴나스는 기도에 대해 다루면서 「신학 대전」 전체에서 가장 긴 질문을 하는데, 그것은 17개의 항목에 걸쳐 있다. 기도가 정의라는 덕의 한 부분이고, 정의는 일의 질서를 바로잡고 사람들에게 합당한 권리를 주는 일과 관련된 것이므로, 기도는 우리 이성이 정의를 보장하는 법들을 발전시키게 한다. 아퀴나스는 자신의 사상적 균형을 위해, 우리는 예배를 통해 우리 몸을 하나님께 드리고, 기도를 통해 우리 마음을 하나님께 드리며, 헌신을 통해 우리 의지를 하나님께 드린다는 사실을 강조한다.

기도를 좌절시키는 오해들

아퀴나스는 사람들이 기도할 때 가질 수 있는 세 가지 일반적인 오해에 대해 이야기한다. 첫째는, 세상이 하나님과 관계없이 작동된다고 믿는 것이다. 이렇게 믿으면 하나님에 대해 무관심해지고, 심하게는 그분의 섭리를 부정하게 된다.

두 번째 잘못은, 모든 것이 고정되어 있다고 믿는 것이다. 이렇게 믿으면, 모든 것이 미리 결정되어 있으므로 기도를 해야 할지 말아야 할지 의심하게 된다. 이러한 오해는 적극적으로는 하나님의 뜻을 구하는 신경을 잘라 버리고, 우리의 확신에 대한 더 온전한 지식을 얻지 못하도록 우리를 방해한다.

세 번째 오해는, 하나님이 자신의 마음을 바꾸신다고 믿는 것이다. 이러한 믿음은 어떤 구절을 제대로 해석하고 싶지 않은 마음에서 생겨난다. 혹은 우리 행동이 우리 삶에 가져올 결과들을 하나님이 완화시켜 주시리라는 자기 중심적 소망에서 생겨난다. 아퀴나스는 하나님의 뜻은 궁극적인 목적을 갖고 있음을 받아들여야 한다고 가르친다. 이 문제를 해결하고 나면, 기도란 하나님이 그분의 목적을 성취하시는 데 참여하도록 우리를 초대하시는 이차적인 요인임을 깨닫게 된다.

우리는 기도를 통해 하나님의 원래 목적에 대한 이차적인 대리자로서 우리 역할이 무엇인지 분별한다. 기도란 단지 하나님께 우리 생각을 아뢰는 것도 아니고, 일용할 양식을 주신 것에 대해 감사하는 활동도 아니다. 그것은 하나님이 하고 계신 일을 이해하고자 하는, 우리가 어떻게 그분의 일에 참여할 수 있을지 알고자 하는 우리의 적극적이고, 의지적인 노력이다. 그러므로 우리는 기도를 통해 하나님과 공동 참여자가 된다. 모든 것은 하나님의 뜻에 따라 움직인다. 우리의 의지는 헌신과 기도의 인도를 받아 우리로 그분의 목적에 참여하게 한다. 기도와 헌신은 둘 다 우리의 내적 존재를 형성한다. 신앙의 이 두 가지 내적 행동은 우리 의지와 지성을 하나님께 드리는 길이다.[12]

반추하고 반응하기

어린 시절, '미련한 황소'(dumb ox)라는 별명을 가졌던 토마스 아퀴나스는 신학, 철학, 법률, 윤리학 분야의 뼈대가 될 만한 작품들을 남겼다. 실제로 40여 권이나 된다. 그는 아마도 아리스토텔레스 철학과 성경 신학을 가장 완전하게 통합한 인물일 것이다. 가장 유명한 작품인 「신학 대전」은 그의 시대, 중세 대학들에서 논의되던 신학, 철학, 윤리학의 모든 주제를 다룬 체계적인 개론서다. 또한 자연법, 덕의 윤리, 신 존재 증명에 대한 고전적인 설명을 담고 있다.

하지만 이제 나는 「신학 대전」에 대한 나의 이해가 매우 단편적이라는 사실을 털어놓아야겠다. 아퀴나스 연구에 관한 한 나는 그의 글에 대한 강좌를 한 번도 들어 본 적이 없는 문외한이다. 젊었을 때 혼자서 「신학 대전」을 이해해 보려고 몇 번 시도한 적이 있지만 완전히 실패였다. 하지만 그때도 아퀴나스가 도덕적 삶에서 '습관'의 역할에 대해 175면이나 다루었다는 사실에 깊은 감동을 받았다. 습관에 대해, 그것이 무엇인지, 왜 그것이 중요한지, 습관이 어떻게 발전하고 기능하는지에 대해 그만큼 지속적인 관심을 갖는 사람을 본 적이 없다. 나는 그것이 아주 흥미로웠다. 습관은 덕의 계발에 핵심적인 역할을 하기 때문이다. 실로 우리는 덕을, 우리 삶이 제대로 기능하도록 하기 위해 의존하는, 깊이 박힌 습관으로 생각할 수 있다. (반대로 악덕은 우리 삶이 역기능적일 때 의존하게 되는 나쁜 습관을 수반한다.)

  물론 이는 진정한 유익이 따르는 거대한 주제이며, 내 사역을 지금의 방향으로 시작하게 한 것도 바로 아퀴나스와 그의 「신학 대전」이었다. 「신학 대전」을 다 이해하지 못했음에도 불구하고 나는 그것의 도움을 받았다. 그 젊은 시절부터 게일 비비의 강의와 저술들이 내게 아퀴나스에 대해 가르쳐 주었기에 감사한다. 확실히 내가 이해하지 못한 부분이 아직 많지만 말이다.

  우리는 아퀴나스가 영성 생활에서 바른 이성에게 상당히 큰 자리를 내준 것에 대해 항상 감사한다. 그는 의지와 지성을 구별함으로써—죄는 지성이 아니라 의지가 원래의 목적에서 방향을 돌리는 것이다—타락에도 불구하고 인간 이성이 여전히 작동함을 알 수 있었다. 그리고 핵심은, 아퀴나스가 오늘날 흔히 하는 것처럼 신앙을 이성에 반대되는 것으로 보지 않았다는 것이다. 실제로 이성과 신앙은 함께 일하며, 앎의 두 가지 방식이며, 둘 다 타당하고 둘 다 필요하다. 이성이 신앙에게 기초를 제공해 줄 때 신앙은 이성을 완성한다. 이성은 선한 삶에 대한 모든 대안을 자세히 살펴보는 일을 돕고, 믿음은 우리 자신을 그 삶에 헌신할 수 있게 한다.

  당신도 나처럼 아퀴나스가 기도를 강조한 것에 마음이 끌리는가? 우리는 여기서 기도의 삶에 완전히 잠긴 한 대단한 지성을 목격한다. 목회적이고 실용적인 수준에서 볼 때, 나는 그가 기도에 대한 주요한 오해, 기도 생활을 좌절시키는 오해에 대해 다룬 것에 감사한다. 모든 것이 고정되어 있다는, 우리가 닫힌 우주 속에서 살고 있다는 생각말이다. 당신이 선생님이나 직장 상사에게 어떤 문제에 대해 이야기하러 간다고 하자. 그들은 당신에게 앉으라고 한 후 관심을 갖고 경청하는 듯이 당신의 이야기를 듣는다. 그러나 나중에서야 당신은 당신이 그 방에 들어가기도 전에 이미 결정이 되어 있었음을 알게 된다. 어떤 느낌인지 알 것이다. 많은 사람들이 기도에 대해서도 비슷한 느낌을 갖고 있다. 모든 것이 정해져 있다면 기도는 왜 하는가? 좋은 질문이다.

하지만 우리의 우주는 닫힌 우주가 아니라 열린 우주다. 하나님은 땅에서 그분의 뜻이 이루어지는 과정에 우리를 참여시키기로 주권적으로 선택하셨다. 신학자 존 골딩게이(John Goldingay)는 이렇게 썼다. "하나님이 이 세상에서 결정 내리시는 일을 우리와 같이 하시기로 하셨다는 것은, 하나님이 자신을 낮추셨음을 독특하게 보여 준다. 그리고 우리는 중보 기도를 통해 그 일에 참여한다.[13] 생각해 보라. 사도 바울이 표현했듯이 우리는 하나님의 동역자다. 우리는 일의 결과를 결정하는 일을 하나님과 함께한다.

아퀴나스는 기도하며 인생을 마감했다. 1273년 12월 6일, 성 니콜라스 축제 기간 동안 그는 천국과 하나님의 놀라운 영광에 대한 아주 신비적인 체험을 했다. 그 체험 이후 그는 이렇게 선언했다. "지금까지 내가 쓴 모든 것은 지금 내게 계시된 것과 비교하면 지푸라기 같다." 그는 그로부터 세 달 후에 죽었다. 물론 우리는 「신학대전」이 지푸라기보다 훨씬 뛰어나다는 것을 안다. 하지만 이성의 유효성과 중요성에 대해 아퀴나스가 세심하게 잘 구성한 논증을 한 후에, 이성을 넘어설 정도로 그를 압도한 신비적인 체험을 했다는 사실은, 은혜 안에서 성장하는 우리에게 시사하는 바가 있다.

토마스 아퀴나스는 임종시에 이렇게 말했다. "나를 구속하기 위해 희생하신 당신을 받아들이나이다. 나는 당신의 사랑을 인해 관찰하고, 공부하고, 노력했습니다. 나는 당신에 대해 설교하고, 당신에 대해 가르쳤습니다. 당신을 반대하는 말은 한 적이 없습니다. 제대로 말하지 못한 것이 있다면 그것은 다 나의 무지 때문입니다."[14]

사랑의 주님, 토마스 아퀴나스가 우리 그리스도인 팀에 있다는 사실이 너무 기쁩니다. 그는 실로 '천사 같은 박사'였습니다. 우리는 확실히 그의 지적인 능력에 필적할 수 없지만, 그에 대해 감사할 수 있습니다. 주님, 아퀴나스의 사고와 추론과 논증이 모두 당신을 위해 사용된 것을 인해 감사드립니다. 성부, 성자, 성령의 이름으로 기도드립니다. 아멘.

마르틴 루터

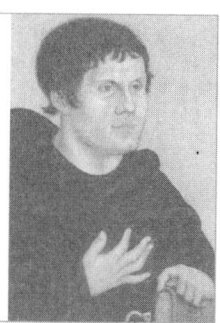

하나님 사랑의 자유 안에서 자라가기

> 사탄의 방해와 시험은 아직도 너무 많으므로,
> 그리스도 안에 있는 우리의 새로운 삶은
> 끊임없이 발전하고 진보해야 한다.
> _「대요리 문답」(The Larger Catechism)

우리가 구원의 확신을 얻고 싶다고 말할 때 그 말은 무슨 의미인가? 우리가 너무 자기 중심적이어서 다른 사람은 신경 쓰지 않는다는 것인가? 아니면 우리는 하나님의 사랑을 받는 자임을 알고자 하는 내면의 욕구가 있다는 의미일까? 마르틴 루터의 생각과 에너지를 잡아끈 것이 바로 이 질문이었다.

후에 위대한 종교개혁이 된 이 급류는 일련의 작은 시내들과 강들로 시작되었다. 이런 작은 운동과 혁신이 추진력을 얻으면서 몇몇 강력한 그리스도인 인물을 합류시켰다. 이런 맹위를 떨치는 세력의 한가운데 우뚝 선 인물이 바로 마르틴 루터(Martin Luther, 1483-1546)라는 전설적인 인물이다.

마르틴 루터는 그보다 앞선 아퀴나스처럼 아담과 하와의 타락

이 우리를 근본적으로 변화시켰다고 믿었다. 하지만 이 변화에 대한 그의 반응은 아퀴나스와는 완전히 달랐다. 아퀴나스의 자서전은 그의 글을 이해하는 데 소용이 없지만, 루터 생애의 거의 모든 면은 그의 작품을 이해하는 데, 또한 하나님에 대한 그의 사랑과 체험을 이해하는 데 필수적이다.

마르틴 루터처럼 파란만장한 삶을 살았던 인물은 역사 속에 거의 없다. 1483년 11월 10일, 현대 독일 바이에른의 작은 도시에서 태어난 루터는 엄격하고 금욕적인 종교 환경 가운데서 자라났다. 아버지의 무뚝뚝함에다 어머니의 종교적인 엄격성은 어린 시절부터 루터의 인생관에 영향을 미쳤다.

루터는 처음에 법률가로 훈련받았고, 부모님은 그가 정부나 사회 복지 시설에서 일하게 되기를 바랐다. 하지만 다른 운명이 그를 기다리고 있었다. 이 시기의 루터는 불만으로 부글부글 끓고 있었다고밖에 묘사할 수 없다. 그러나 그 불만이 하나님의 사역의 위엄과 그 매력적인 영향들에 눈뜨게 해주었고, 그를 성직자의 길로 이끌었다. 그의 결정에 아버지는 화가 났지만, 루터는 자신의 새로운 삶에 만족하면서 역사상 가장 탁월할 영적 통찰로 귀결될 탐구를 시작했다.

복음의 핵심

루터 저술의 주요한 관심사는 신자들이 가톨릭 스콜라주의의 억압적인 영향권에서 벗어나는 것이었다. 그에 따르면, 하나님과 함께하는 삶에 대한 스콜라주의적 접근은 이교도 철학의 엄격성과 형식성을 강요하는 것이며, 천국으로 가는 계단을 세우려는 쓸모없는 시도였다. 아담과 하와의 타락으로 잃어버린 것은 사랑의 하나님께 자연스럽게 반응하는 능력이라는 것이 루터의 견해다.

인간 사랑의 수준을 하나님에 대한 순전한 사랑으로 끌어올림으로써 구원을 얻는 것이 아니라, 하나님이 우리를 회복시키시고 인도하시기 위해 내려오셨다는 것이 루터의 시각이다. 하나님에 대한 우리의 사랑은 점진적으로 회복되는 것이 아니다. 우리는 예수 그리스도의 희생을 통해 하나님의 사랑을 온전히 체험한다. 그리고 하나님의 사랑에 대한 즉각적이고 명백한 결과는 다른 사람들을 사랑할 수 있게 되는 것이다. 하나님 사랑과 이웃 사랑은 우리의 구속으로 인해 체험하는 양측면이다. 하나 없이 다른 하나를 경험할 수는 없다.

경건한 수사로 있을 당시 개인적인 구원에 대해 자포자기한 상태였던 루터는, 우연히 복음의 핵심 메시지를 만나면서 마침내 갈망의 채움을 받았다. 그는 인간의 모든 노력을 넘어 하나님이 값없이 주시는 은혜를 알고 나서, '불멸의 묘약'을 즐기는 자유를 얻었다.

루터는 이전의 기독교 사상가 디오니시우스와 베르나르는 인간의 주도성을 지나치게 강조했다고 생각하면서, 하나님과의 만남에서 가장 중요한 것은 성경에 계시되어 있다고 말했다. 그는 '창조 세계라는 책'과 '경험이라는 책'을 통한 자연 계시라는 개념을 비판했다. 초기의 신학자들과 신비가들은 자신들의 매개된 경험을 통해 하나님을 찾을 수 있다고 강조했다. 하지만 루터는 그러한 조건은 하나님에 대한 지식을 얻는 두 가지 가장 신뢰할 만한 원천인 성경과 성례전에서 벗어난 것이라고 본다.

결과적으로 루터는 우리를 구속하시는 그리스도의 사역과 우리를 성화시키시는 성령의 사역 두 가지에 강조점을 둔다. 다른 이들이 주창하는 방식으로는 하나님께로 올라갈 수 없다. 우리는 성령의 인도와 조언에 반응할 수 있을 뿐이다. 그리스도인의 삶의 전체적인 성격과 특성은 하나님의 성령에 대한 우리 심령의 반응이라고 루터는 말한다.

루터의 믿음의 본질

궁극적으로 하나님은 숨겨져 있다고 루터는 말한다. 그 결과 우리는 오직 믿음을 통해서만 그분을 알 수 있다. 하지만 믿음은 창조 세계에 대한 개인적인 경험에 기초하는 것이 아니라, 성경에 계시되고 성례전을 통해 확인된 하나님의 뜻에 대한 전적인 확신에 기초한다. 루터 신앙의 핵심은 '안페히퉁'(anfechtung), 즉 절망과 무력의 상태다. 이 상태에 들어가야만 하나님을 전적으로 신뢰할 수 있고, 그런 다음 적절한 믿음의 행위로 그분에게 반응할 수 있다.

믿음에 대한 이런 반응은 하나님의 구원 계획을 활성화시킨다. 믿음은 경건을 낳고 죄를 쫓아낸다. 믿음은 힘을 낳고, 영적인 무지를 해결한다. 믿음은 도덕적인 타락을 경계하고, 신자로 하여금 이웃을 사랑하라는 하나님의 명령을 성취하며 선행을 하도록 힘을 준다. 하나님의 명령은 분명하다. 그리고 우리가 믿음으로 반응할 때 그 명령들은 부담스러운 책임이 아니라 자비와 은혜를 드러내는 도구가 된다.

믿음은 영성 형성의 목적을 드러낸다. 믿음은 또한 그리스도인인 우리 내면의 삶을 형성시키고 우리를 그리스도의 형상으로 빚어 간다. 이러한 내면의 형성은 우리를 변화로 이끌고, 세상 속에서 적극적인 섬김과 증인의 삶으로 반응하게 한다. 우리는 구원을 얻기 위해서가 아니라, 삶 가운데서 하나님의 살아 있는 증인으로 반응하기 위해 사랑과 섬김의 수고를 한다.

루터는 영성 생활을 반대하고 성화 과정을 평가 절하한다는 비난을 받곤 하지만, 그것은 사실 무근이다. 루터는 하나님과의 관계를 확립시켜 주는 믿음의 능력에 대한 견고한 확신을 보여 준다. 그것은 죄로 끌리는 우리의 성향을 넘어서도록 우리를 인도하는 것이다. 믿음 없이 경건해지고자 한다면 하나님은 그것을 허용하지 않으실 것이다. 우리가 순전한 믿음 가운데 행한다면 하나님이 그리스도의 사역을 통해, 우리 양심을 압박하는 죄의 짐을 덜어 주실 것이다. 우리가 믿음 가운데 하나님께 우리 자신을 드리지 못한다면, 그것은 우리에게 죄의 생활을 지속하고자 하는 끝없는 욕망이 있기 때문이다.

루터 자신의 성장에 중요한 영향을 미친 사건은 그의 '다메섹 도상' 체험이었다. 때는 1514년, 루터가 심각한 낙담의 시기를 보낸 후였다. 하나님 보시기에 완벽한 존재가 되려는 모든 노력이 수포로 돌아갔음을 깨달은 그는, 불현듯 '하나님의 의'를 향해 의식적인 방향 전환을 함으로써 그 상황을 극복했다. 루터는 그 놀라운 체험에 대한 반응으로 글을 쓰기 시작했다. 바로 그 글이 세상을 변화시켰다. 그로 인해 종교 당국자들과 행정 당국자들은 그를 비텐베르그 성 탑에 감금시켰다.

하지만 그러한 투옥이 그의 기운을 꺾거나 그를 단념시키는 못했다. 오히려 그것이 하나님의 길과 목적을 이해하는 데 자극제가 되었다. 루터는 어느 날 밤, '의인은 믿음으로 말미암아 살리라'는 구절을 별안간 깨달음으로 그 시기를 극적으로 이겨냈다. 의인은 그의 행위가 아니라, 세상을 섬기도록 하나님이 그들을 해방시킴으로써 구원의 확신을 얻게 된다.

말씀과 성령이라는 두 가지 매개체

탑에서의 체험은 영원히 루터의 마음에 새겨졌고, 그의 새로운 신학에 강력한 구성 요소가 되었다. 토마스 아퀴나스는 삼위일체의 첫 번째 위격과 성부 하나님의 능력에 초점을 맞춘 반면, 루터는 그리스도의 희생과 성령의 사역에 초점을 맞추었다. "모든 그리스도인은 성령의 위로와 도움이 필요하다"[19]고 루터는 말한다. 성령에 대한 이러한 체험은 인간 이성으로 분별하거나 발견할 수 있는 것이 아니다. '십자가 신학'을 제대로 이해할 때 하늘로부터 초자연적으로 계시되는 것이다.

성령의 사역. 성령은 활동의 무대를 만드신다. 성화시키는 이로서 성령의 사역은, 우리를 의롭게 하신 그리스도의 모든 사역을 신자의 삶에 실현시키는 것이다. 우리는 온전하게 형성된 상태로 태어난 것이 아니라 성장해야 하는 존재이기에, 성령께서는 우리 삶이 하나님께 닻을 내릴 수 있도록 우리를 인도하신다. "구속의 목적은 신자들이 죄에 대해서는 죽고 의를 위해 살도록 그들을 변화시키는 것이다. 옛 사람, 옛 아담은 예수 그리스도 안에서 새 사람으로 대체되었다"[16]고 루터는 말한다. 결국 루터가 보기에 그리스도인의 삶의 본질은 순전한 마음과 선한 양심과 신실한 믿음에서 나오는 사랑이다.

루터 자신이 직접 성령의 인도하심을 깊이 체험했기 때문에, 모든 그리스도인의 삶을 이끄는 핵심적인 힘은 성령의 활동적인 역사라고 가르쳤다. 물론 성령의 역사만은 아니다. 루터는 율법을 따로 제쳐두는 이들에게 경계가 되도록, 성령의 사역은 성경 읽기를 통해 가장 깊이 있게 이루어진다는 사실에 강조점을 두었다. 그는 창조적인 균형을 주장한다. 성령의 활동은 성경과의 소통을 통해서만 가장 잘 이해된다.

하나님의 성소가 되어 감. 말씀과 성령이라는 두 가지 매개체는 루터 영성의 표지가 되었다. "성경을 효과적으로 잘 연구하기 위해서는 믿음의 눈으로 성경을 읽어야 한다"[17]고 루터는 쓴다. 루터에 따르면, 성령의 도움과 인도하심 없이 성경을 이해한다는 것은 불가능한 일이었다. "내 말을 믿어도 좋다. 이에 대해서는 내가 체험한 바가 있다"고 루터는 계속해서 쓴다.

결국 루터가 보기에 "영적인 사람은 그리스도의 영을 소유한 그리스도인이었다."[18] 루터의 영성은, 하나님의 성령이 우리 인간 영혼에 자연스러운 성취와 성장을 가져오는 방식에 관심이 있었다. 하나님은 우리가 성도와의 교통 가운데 그분과 영원한 사귐을 갖게 하기 위해 우리를 창조하셨다. 그러므로 천국은 자신의 삶을 예수 그리스도께 온전히 드리고, 모든 영역에서 그 삶의 의미를 깨닫는 데 헌신한 이들로 가득하다. 우리 인간의 심령을 일깨우고 우리의 궁극적인 성취와 운명을 추구하도록 하는 것이, 바로 이 성령의 활동적인 영향력이다.

루터는 하나님의 성령이 어떻게 우리의 몸(body), 영(spirit), 혼(soul)을 하나님이 거하시는 처소가 되도록 형성시키는지를 보여주기 위해 유대 성막의 구조를 이용한다. 구약 성경의 성막처럼 우리도 율법 이후 은혜의 시대, 새롭고 약동하는 시대에 하나님의 성령이 거하시는 처소가 되어 간다. 여기에서 루터는 자신의 요점을 상세하게 설명하기 위해 자신이 공부했던 것을 끌어온다. 루터는 풍유적인 성경 해석 전통을 활용해서, 영성 생활의 삼중적인 진보에 대해 다룬다. 우리들 각각은 지성소인 영, 일곱 촛대가 놓인 곳인 혼, 그리고 바깥 뜰인 몸으로 이루어져 있다.

최상의 단계인 지성소에서는 하나님이 믿음이라는 어두움 속에 거하신다. 이곳은 이성으로 분별할 수 없고 경험이 통용되지 않는 영역이다. 우리가 볼 수도 없고 증명할 수도 없는 것을 믿는 법을 배우는 곳이 이곳이다. 두 번째 단계인 우리의 혼은, 하나님이 가시적이고 육체적인 것들에 대한 이해와 지식과 이성을 통해 자신을 드러내시는 곳이다. 세 번째 단계인 우리 몸은 우리의 경험, 삶과 연결되어 있는 바깥 뜰이다.[19]

하나님은 우리가 모든 부분에서 철저하게 성화되도록 하시지만, 그 중에서도 특별히 예민하게 다루시는 부분은 바로 우리의 영이다. 루터는 요한복음 14-17장을 끌어와서, 우리가 예수 그리스도를 통해 하나님과의 연합을 누리는 것이 그분의 온전하신 뜻임을 보여 준다. 성령께서 우리에게 첫 제자들처럼 예수 그리스도와 함께할 동일한 기회를 주시는 곳이 바로 그곳이기 때문이다.

두 극단 사이에서의 균형. 물론, 성령의 역할을 그렇게 확고하고 강하게 강조할 때는 언제든지 오용될 가능성 또한 피할 수 없다. 루터는 특히 성경보다 성령의 우위성을 강조한 세 명의 재세례파 학자 칼슈타트(Karlstadt), 뮌스터(Munster), 즈비카우(Zwickan)의 급진주의에 반대했다. 이 세 명의 지도자와 이들을 따르는 수천 명의 성도들은 유명론과 스콜라주의의 경직화된 성경 해석에서 벗어나려 애쓰고 있었다. 하지만 성경 본문의 중요성을 경감시키고, 성령에 의존하는 것을 지나치게 강조하는 결과를 낳았다.

루터의 관심은 자신의 성경 해석과 인간 본성에 대한 이해를 견고히 붙드는 것이었다. 하나님은 항상 무엇보다도 먼저 우리 감각을 통해 우리에게 다가오신다. 이와 마찬가지로 그분은 무엇보다도 먼저 성경이라는 눈에 보이는 말씀과 텍스트를 통해 우리에게 오신다. 루터는 외적인 것이 항상 내적인 것에 선행한다고 본다. 그것이 하나님의 질서이기 때문이다. 그러나 루터에 따르면 재세례파들은 하나님의 질서를 훼손시켰다. 그들은 내적인 것이 외적인 것에 선행한다고 주장할 뿐 아니라, 외적인 것은 기껏해야 이차적이며 하나님을 기쁘시게 하는 삶에 필요한 영적 통찰을 얻는 데 불필요하다고 주장한다.

하나님의 사랑을 누림. 루터는 중생이라는, 인생을 바꾸는 체험이 하나님과 함께하는 삶의 출발점이라고 말한다.[20] 믿음이 시작되고 영성 생활의 첫 뿌리가 자라는 지점이 바로 이곳이다.[21] 루터는 자신의 존재론적 딜레마로 인해, 또한 그것들이 하나님의 지속적인 임재에 대한 갈망을 일깨웠기 때문에, 그리스도인인 우리에게 궁극적으로 필요한 것은 하나님과 바른 관계에 있음을 아는 데서 오는 확신임을 깨달았다. "내가 확신하노니 사망이나 생명이나 천사들이나 권세자들이나 현재 일이나 장래 일이나 능력이나 높음이나 깊음이나 다른 어떤 피조물이라도 우리를 우리 주 그리스도 예수 안에 있는 하나님의 사랑에서 끊을 수 없으리라"(롬 8:38-39). 이 본문은 기독 신앙에 대한 루터의 심리학에서 핵심이 된다. 우리는 외적으로 성경을 읽음으로, 내적으로는 성령의 증거를 통해 이러한 확신에 이른다. 이는 합리적이기도 하지만, 모든 이성을 뛰어넘는 내적인 확신이다.[22] 믿음의 눈으로 보는 사람, 복음의 온전한 의미를 아는 사람은 이를 분별할 수 있다.

바로 이러한 안목이 우리를 앞으로 나아가게 하는 동인이다. 영성 생활은 정체된 것이 아니라 활동적이기 때문이다. 따라서 성령은 더 깊은 수준의 사랑과 거룩을 이해하는, 진보하는 단계들을 통해 우리를 인도하신다. 그러므로 루터는 거룩함에 이르려는 우리의 수고가 구원을 가져온다고 가르치지는 않지만, 거룩은 그리스도를 따르기로 헌신한 모든 이들이 성화를 이루어 가는 모습을 보여 준다고 말한다.[23]

루터의 신학적 저술 가운데 거의 강조되지 않는 한 부분에서, 그는 신자들은 새로운 의의 삶을 살고 주도해 갈 수 있는 능력을 부여받는다고 가르친다.[24] 하나님에 대한 신앙을 표현한 우리들 각자는 예수 그리스도를 통해 새로운 생명을 얻는다. 하지만 이런 새로운 생명을 얻은 우리 모두가 그 열매를 온전히 드러내는 것은 아니다. 그 차이는 헌신의 수준과 우리 각자가 성령의 역사에 어떻게 반응하는지에 달려 있다.

십자가의 스캔들

루터에 따르면, 하나님을 믿고 싶어하는 사람들 편에서 보자면 증거가 충분하고, 하나님을 떠나려는 사람들 편에서 보자면 충분히 이해하기 어렵다. 그러나 하나님은 성경을 통해, 그분에 대한 갈망을 보여 주는 세계의 모든 종교를 통해, 사도행전 17장에 나오는 바울과 같은 저자들을 통해 자신을 우리에게 분명하게 알리신다. 우리 안에는 하나님에 대한 개념이 있다. 우리가 그 개념을 아직 이해하지 못할지라도 그렇다.[25] 하지만 이런 일반 지식만으로는 아직 구원받기에 충분하지 못하다. 하나님에 대한 완전하고 확실한 지식은 성령만이 경험을 통해 가르칠 수 있기 때문이다. 하지만 분명한 것은 모든 인간에게 반응할 기회가 주어졌다는 것이다.

이것이 루터가 말하는, 타락 이후 회복되어야 할 하나님에 대한 지식이다. 우리는 하나님에 대한 피상적인 지식과 합당한 지식을 둘 다 가지고 있다. 피상적인 지식은 누구나 가질 수 있고 이성을 통해 얻는다. 반면 하나님에 대한 합당한 지식은 성경에 계시된 성령의 증거를 통해서만 얻을 수 있다.

루터가 스콜라주의적 신학을 아주 싫어했다는 사실이 이러한 논의를 뒷받침해 준다. 루터는 하나님에 대한 철학적이고 스콜라주의적 성찰은, 순전히 인간 이성으로 믿음 없이 신앙의 체계를 세우려는 시도라고 말한다. 이는 하나님이 처음에 우리가 그분을 인식하고 영접할 수 있도록 우리의 감각을 통해 오시고, 그 다음 예수 그리스도에 대한 믿음을 통해 더 깊은 지식을 주시는 일련의 과정을 부인한다.

루터의 전체 과업은 '십자가 신학'에 대한 독창적인 기여와 그에 대한 강조점에서 절정에 이른다. 루터에 따르면, 진정한 신학, 하나님에 대한 지식을 얻는 유일하게 신뢰할 만한 접근은 십자가에서 찾을 수 있다. 하나님에 대해 그처럼 노골적이고 직접적인 계시는 없다. 사실 루터는 우리가 하나님의 '등'만 볼 수 있을 뿐이라고, 얼굴과 얼굴을 맞대고 그분을 볼 수는 없다고 말한다. 따라서 우리는 예수 그리스도를 통해 계시된 것 외에는 하나님에 대해 더 이상 알 수 없음을 깨닫게 된다. 하나님은 십자가를 통해서만 계시되시므로 처음에 우리는 그분을 하나님으로 인식하지 못한다. 십자가는 십자가를 통해 우리에게 계시된 것 밖에서도 하나님을 알 수 있다는 우리의 확신을 산산이 부숴뜨린다.

그러므로 십자가는 기독교의 중심 상징이며, 하나님을 알아 가는 과정에서 고통의 역할을 구체적으로 보여 주는 매개체다. 고통에 대한 이러한 강조는 일면, 루터 자신의 극심한 고통과 연결되어 있다. 하지만 영적인 실재는 육체적인 실재와 고통에 기초한다는 사실을 보여 주는 일은, 그의 경험을 넘어선다. 그리고 우리의 육체적 실재의 한 면인 고통은 새롭고 특별한 방식으로 우리를 영적 실재에 눈뜨게 한다. 그래서 영성 훈련이 그렇게 중요한 것이다. 영성 훈련 없이는 영성 생활의 완성에 이를 수 없다. 따라서 성경 읽기, 성경의 권위 받아들이기, 세례와 성찬에 참여하기, 신앙 고백하기, 십계명에 순종하기, 공동 기도와 개인 기도 드리기, 공예배 참석하기 같은 것들이 하나님과 함께하는 삶에 꼭 필요한 도움을 준다.

루터는 특별히 기도에 대해 논의하면서, 기도해야 하는 이유 세 가지를 강조한다. 먼저, 하나님이 우리가 기도하기를 원하시기 때문이고, 하나님이 우리의 기도를 들으신다고 약속하셨기 때문이고, 또 기도는 유혹과 마귀를 이기겠다는 결의를 강화해 주기 때문이다. 루터는 이렇게 기도를 강조하면서, 기도에 대한 많은 책들에 나오는 엄격함과 율법적인 행위-의에 대한 내용을 헤치고 나아간다. 루터는 주기도문의 중요성을 강조하는 한편, 자신이 기도할 때 성인들의 기도문을 사용하는 것을 중지하면서 중세의 관행에 대해 가장 통렬한 강타를 날린다. 대신 그는 우리와 하나님 사이의 중재자 되신 예수님의 독특한 역할을 강조한다.

마지막으로 우리는 믿음으로 하나님의 은혜 안에 들어간다. 그리고 믿음으로 구원에 도움이 되는 영성 훈련을 함으로써 은혜의 유효성을 깨닫는다. 이렇게 구원에 도움이 되는 훈련에 참여함으로써 우리는 마귀의 유혹에 맞서 면역성을 기른다. 루터는 의인은 믿음으로 말미암아 산다는 사실을 강조하기 위해, 궁극적으로 사랑과 섬김과 기도의 삶을 통해 하나님께 진정으로 반응하는 그리스도인의 자유를 강조한다.

■ ■ ■
반추하고 반응하기

마르틴 루터는 강건한 인격의 소유자였다. 1517년 10월 31일 비텐베르그 성 교회 문에 붙인 95개 반박문으로부터, 보름스 의회에서의 널리 알려진 고백—"내 양심은 하나님의 말씀에 사로잡혀 있습니다.…나는 여기에 확고하게 서 있습니다. 달리 어찌할 도리가 없습니다."—에 이르기까지. 성경을 독일어로 번역한 것에서부터 찬송가 작사가로서의 비범한 솜씨에 이르기까지. 1514년쯤 "의인은 믿음으로(*sola fide*) 말미암아 살리라"는 극적인 통찰에 이르렀던, 유명한 탑에서의 체험으로부터, 1519년 라이프치히에서 교회의 모든 권위 위에 있는 성경의 최고 권위에 대한 선언(*sola scriptura*)에 이르기까지. 만인제사장설을 가르친 "미사에 대한 설교"로부터, 그리스도인은 누구에게도 종속되지 않는 자유로운 주인인 동시에 모든 이에게 종속되는 종이기도 하다고 한 "그리스도인의 자유"에 이르기까지. 수도원을 해산하고 독신 사제직을 끝낸 것으로부터, 이전의 수녀였던 카타리나 폰 보라(Katherine of Bora)와 결혼해서 여섯 자녀와 함께 만족스런 가정 생활을 한 것에 이르기까지.

마르틴 루터에 대해서는 특히 세 가지 특징이 나의 주의를 끈다. 첫째는 매우 뛰어난 신학적 통찰이다. 그는 신학적 질문들의 핵심을 파악하고, 놀랄 만한 독창성과 기세로 자신의 생각을 표현했다. 이는 나중에 '종교개혁의 다섯 가지 솔라(solas)'로 불리게 된 것에서 알 수 있다. '솔라 피데'(*sola fide*), 오직 믿음으로 의롭게 됨; '솔라 그라시아'(*sola gratia*), 은혜로만 구원 얻음; '솔라 스크립투라'(*sola scriptura*), 성경만이 궁극적인 권위를 가짐; '솔로 크리스토'(*solo Christo*), 그리스도를 통해서만 구원이 옴; '솔리 데오 글로리아'(*soli Deo gloria*), 모든 일을 하나님의 영광만을 위해서 함.

루터의 십자가 신학이 아마 그것을 가장 잘 보여 줄 것이다. 십자가는 그의 거대한 신학 구조의 중심에 서 있다. 루터에 따르면, 모든 것이 십자가를 가리키고, 모든 것이 십자가에서 절정을 이룬다. 예수님의 십자가 죽음이 죄의 값을 지불했고, 하나님의 정의를 만족시켰고, 하나님과 우리를 화해시켰다. 그리스도의 십자가 사역을 통해 우리는 하나님 앞에서 의롭다 하심을 얻었다. 실로 이것은 우리 구원에 없어서는 안 될 요소다. 우리의 어떤 행위로도 충분하지 않을 것이다. 믿음만이, 은혜만이, 그리스도만이 필요하다.

루터는 우리의 구원을 이루실 자격이 되시고 그 구원을 이루신 분인 그리스도에게만 온전히 헌신했다. 신학 용어로는 '대리 형벌적 속죄'(penal substitutionary atonement)라 불린다. 그리스도는 과거와 미래, 세례 전과 세례 후의 모든 죄에 대한 형벌을 담당하셨다. 그러므로 하나님의 공의를 만족시키기 위해 금욕적인 고행이든 적극적인 봉사든 우리가 해야 할 더 이상의 행위는 없다. 우리가 받아야 할 벌은 남아 있지 않다. 그리스도가 모두 받으셨기 때문이다. 루터는 「갈라디아서 주석」(*Lectures on Galatians*)에서 대리 형벌적 속죄라는 개념의 약칭으로 '만족'이라는 단어를 반복해서 사용한다. 그리스도는 십자가에서 죄에 대한 형벌을 받으셨고 하나님의 공의를 단번에 만족시키셨다.

그리스도가 십자가에서 완수하신 사역을 이렇게 강조하는 것을 보고, 일부 사람들은 칭의에 대한 루터의 이해를 법정 용어로만 규정한다. 이런 견해는 우리의 성화, 은혜 안에서의 성장, 그리스도의 형상으로 우리의 영성이 형성되어 가는 것과의 필수적인 연관성을 배제시켜 버렸다. 하지만 그렇게 한다면 그것은 루터의 입장을 왜곡하는 것이다. 일단의 핀란드 루터교 학자들의 흥미로운 새로운 연구는, 루터가 좀더 포괄적인 신학을 견지했음을 보여 준다. 튜모 마네르마아(Tuomo Mannermaa)의 새 책, 「믿음 가운데 임재하시는 그리스도: 루터의 칭의론」(*Christ Present in Faith: Luther's View of Justification*)은 여섯 개의 장 전체가 "그리스도인의 믿음과 거룩함 가운데 임재하시는 그리스도"라는 주제에 할애되어 있다.[26] 마네르마아는 루터가 칭의와 성화 사이에, 우리가 하나님 앞에 의롭게 서 있는 것과 성품이 형성되는 가운데 성장하는 것 사이에 분명한 연결성이 있음을 보았다는 사실을 알려 준다.

두 번째로 인상적인 사실은, 루터가 놀랍게도 평범한 사람들과 함께하기를 조금도 망설이지 않았다는 것이다. 예를 들어, 성경을 아주 단순하고 독일어다운 독일어로 번역한 사실을 생각해 보라. 그것은 아주 성공적이었고, 그것이 독일어권에 미친 영향은 후에 킹제임스성경이 영어권에 미친 영향과 비교할 만하다. 루터 성경은 독일 교회를 향한 가장 귀중한 공헌 중 하나로 여겨져야 한다.

또는 루터에게 기도하는 법을 가르쳐 달라고 했던 그의 이발사, 피터 베스켄도르프(Peter Beskendorf)에게 보낸 편지를 생각해 보라. 루터는 답으로 「이발사 피터를 위한…쉬운 기도법」(*A Simple Way to Pray…for Master Peter the Barber*)이라는 제목 아래 40페이지의 글을 썼다. 루터의 가르침 서두에 나오는 겸손함이 나는 너무 좋다. "개인적으로 내가 기도할 때 어떻게 하는지 최선을 다해 말씀드리겠습니다. 사랑의 주님이 당신을 비롯한 모든 이들이 나보다 더 기도를 잘 할 수 있도록 해주시기를 구합니다. 아멘."[27]

혹은 루터가 강연할 때 격렬한 반응을 보인 학생들, 동료들과 식사를 하면서 나누었던 대화들을 모은 루터의 「탁상 담화」(*Table Talk*)을 생각해 보라. 내용의 일부를 읽다 보면, 루터가 십계명에 대한 존중의 표시로 열 개의 반지를 낀 채 맥주 잔을 쥐고, 종교개혁 운동의 중대한 관심사들에 대해 열변을 토하는 모습을 상상하게 된다. 여기 개혁자들에게 성경이 중요하다는 사실을 강조한 한 부분이 있다. "오, 우리 눈앞에 하나님의 말씀이 있다는 사실이 얼마나 위대하고 영광스러운 일인가! 성경이 있으니 우리는 언제나 기쁨과 안전함을 느낄 수 있네. 위로 같은 건 필요 없지. 우리 앞에서 순전하고 올바른 길을 밝히 볼 수 있으니 말일세."[28]

마지막으로, 나는 찬송가 작사가로서의 루터의 솜씨와 음악과 시에 대한 그의 사랑에 깊은 인상을 받았다. 이는 그의 예배 개혁에 자극제가 되었던 것들이다. 그는 성경을 통해 대중의 언어로 예배드릴 수 있게 했고, 회중의 찬양을 회복시켰다. 실로 그는 회중이 수동적으로 리더의 말을 듣고 있기보다는 예배에 적극적으로 참여해야 한다고 지속적으로 강조했다. 생각해 보라. 루터는 하나님이 사람들에게 직접적으로 말씀하실 수 있도록 그들에게 자국어 성경을 주었고, 사람들이 하나님께 직접 말할 수 있도록 자국어 예배를 회복시켰다.

우리는 모두 루터의 "내 주는 강한 성이요"라는 찬송에 감동을 받는다. 많은 이들이 또한 그의 성탄절 찬송, "하늘 높은 곳에서 낮은 땅으로"(From Heaven High to Earth I Come)라는 찬송을 알고 있다.[29] 그 외에도 많다. 일반 대중의 마음에 음악의 열정을 불어넣는 능력은 결코 과소평가할 수 없다. 사무엘 테일러 콜러리지(Samuel Taylor Coleridge)는 이렇게 말했다. "루터가 자신의 찬송들로 종교개혁에 미친 영향은 성경 번역으로 미친 영향에 버금간다. 독일에서는 모든 농부가 그 찬송들을 외우고 있다. 그들은 그 찬송들을 근거로 충고하고 논쟁한다. 교회에 있는 모든 이들이 그들에게 자연스러우면서도 또한 거룩한 말로 그리스도인답게 하나님을 찬양한다."[30]

오, 은혜로우신 구세주 그리스도여, 십자가에서 이루신 구속 사역으로 인해 감사드립니다. 당신은 세상의 모든 죄와 슬픔을 친히 담당하셨습니다. 당신은 몸값을 치르고 우리를 죄와 죽음과 지옥에서 건지셨습니다. 반역한 우리의 죄 값을 온전히 치르셨습니다. 하나님의 공의를 완벽하게, 완전히 만족시키셨습니다. 골고다 언덕에서 자기 희생적인 사랑의 완벽한 모범이 되셨습니다. 우리를 두려움과 미움의 삶에서 구원하셨습니다. 감사드립니다. 우리가 당신께로 올라갈 수 없을 때 우리에게 내려오시니 감사드립니다. 우리를 계속해서 깨끗하게 하시고 구속하시는 사랑을 인해 감사드립니다. 값없이 주신 구원의 선물을 인해 감사드립니다. 우리 죄를 위한 화목제물이 되심을 인해, 그리고 우리 죄뿐 아니라 온 세상의 죄를 위한 화목제물이 되심을 인해 감사드립니다. 오, 그리스도시여, 갈보리에서의 최고의 희생이 당신의 이름을 말할 수 없이 귀한 것으로 만들었습니다. 바로 그 예수의 이름으로 기도드립니다. 아멘.

장 칼뱅

하나님을 알고 우리 자신을 알기

> 하나님에 대한 지식과 인간에 대한 지식은
> 견고하게 연결되어 있다.
> 한쪽을 모르면서 다른 한쪽을 알 수는 없다.
> _「기독교 강요」(The Institutes of the Christian Religion)

16세기 이후에 나온 그 어떤 책도, 장 칼뱅(John Calvin, 1509-1563)이 저술한 경건 생활의 핸드북, 「기독교 강요」보다 하나님과 함께하는 삶의 본질에 대해 더 잘 정의한 것은 없다. 부피도 엄청나고 영향력도 강력했던 「기독교 강요」는 이후 300년 동안 개신교 신학과 영성의 의제를 마련했다.

칼뱅은 토마스 아퀴나스와 마르틴 루터가 했던 것과 동일한 질문, 즉 하나님에 대한 지식을 어떻게 회복할 것인가로 「기독교 강요」를 시작한다. "하나님에 대한 지식과 인간에 대한 지식은 견고하게 연결되어 있다. 한쪽을 모르면서 다른 한쪽을 알 수는 없다. 하지만 하나님을 공경하는 마음으로 하나님에 대한 지식에서부터 시작해 보자"라고 말한다.

칼뱅은 자신의 전체 작품에 대한 기초로 이 양극을 사용한다. 우리는 우리 자신을 알지 못하고는 하나님을 알 수 없다. 또한 하나님을 알지 못하면서 우리 자신을 알 수도 없다. 많은 위대한 기독교 사상가들이 그랬듯이 칼뱅도 이러한 추구를 삼중적인 과정으로 정리한다. 우선, 우리는 구원에 대한 지식을 얻는다. 그 다음 그 지식이 자라간다. 그리고 마지막으로 우리의 영성 생활의 궁극적인 운명을 결정한다.

세 가지 주요 원천

칼뱅에 따르면, 하나님에 대한 지식을 얻는 세 가지 주요 원천이 있다. 첫째, 우리는 그분을 닮은 모습으로 지어졌으므로 하나님에 대한 타고난 감각을 갖고 있다. 모든 인간은 하나님의 형상으로 만들어졌다. 이는 우리 각자에게 찍어 놓으신 하나님의 도장 같은 것이다. 그러나 불행하게도 죄로 인해 이 형상이 타락했다. 그 결과 우리들 대부분은 하나님에 대한 우리의 타고난 감각을 무시하고 우리 삶 속에 그분이 임재하시는 것을 알아채지 못한다.

두 번째 원천인, 하나님이 창조하신 우주의 경우도 마찬가지다. 하나님이 설계하신 자연 세계는 어느 곳에서나 하나님을 증거한다. 창조 질서를 섭리적으로 다스리시는 모습에서는 그분의 위엄이 드러난다. 예민한 사람은 이 질서와 위엄의 근원을 찾을 수 있다. 창조 세계의 아름다움과 질서와 설계에 대한 칼뱅의 확신은 실로 놀랍다. 창조 세계와 인류의 비참한 상황을 깨달았듯, 그는 하나님의 궁극적인 선하심과 그분의 구속 계획에 대한 가장 중요한 확신도 넘쳐난다.

    하나님에 대한 지식을 회복하는 세 번째이자 마지막 방법은, 성경이다. 성경은 하나님의 말씀이다. 성경은 하나님에 대해 가르치고, 그분의 구원 계획을 보여 주며, 세상을 창조하시고 유지하시는 하나님의 활동을 알려 준다. 성경은 하나님 없는 삶이 어떠할지, 우리가 그분과 연합하면 어떤 운명이 우리를 기다리는지 알 수 있게 한다. 또한 창조된 우주 안에서 이루어지는 하나님의 활동을 묵상함으로써 하나님의 본성을 더 깊이 이해하도록 도와준다. 마지막으로 성경은 역사 속에서 이루어지는 하나님의 섭리적인 활동과 그분의 백성 즉 먼저는 이스라엘 자손 그리고 그 다음으로는 신약의 교회인 그분의 백성을 일으키시는 그분의 특별한 활동에 대해 가르친다.

내적인 지식

    일단 성경을 통해 하나님을 알 수 있다는 사실을 깨달았다면, 칼뱅은 어떻게 우리 지식이 믿을 만하다는 확신을 가질 수 있는지에 대해 설명한다. 여기서 그는 「기독교 강요」의 이정표가 될 한 원칙을 소개한다. 성경의 권위를 세워 주는 것은 인간 이성이나 교회의 권위가 아니라, 성령의 내적 증거다. 이것이 칼뱅의 전 체계의 중심이다. 성령의 사역은, 성경의 신뢰성, 하나님에 대한 우리의 지식, 그리스도를 통한 구원이 예비되어 있음과 그것을 받아들임, 하나님의 선택, 사역자가 되어야 하는 이들을 분별하는 지도자들의 능력, 그리고 기독교 신앙의 활력을 확증한다.

이러한 성령의 내적 증거가, 타락으로 잃어버린 하나님에 대한 지식을 회복하는 방법이다. 성령의 확증은 성경을 떠나서는 일어나지 않는다. 성경과의 소통 가운데서만 일어나는 것이다. 칼뱅은 이러한 아우구스티누스의 원칙을 오해한 종교 열성주의자들에 반대하면서, 성령이 없이는 하나님을 제대로 알 수 없다고 주장한다. 그 성령께서 우리가 성경 읽기를 통해 얻은 하나님에 대한 지식을 확증해 주시는 것이다.

칼뱅은 「교사론」(The Teacher)에서의 아우구스티누스처럼 성령의 내적 사역을 이해하는 두드러진 예를 보여 준다. 성령의 사역과 그리스도의 영의 내적 확증은 본질적으로 동일하다. 내면의 교사이신 그리스도는 우리의 이해를 밝혀 주고 우리 믿음의 확실성을 확신하게 해준다. 우리가 여전히 자연적이고 일시적인 세상에 제한되어 있을 때에라도 이를 통해 초자연적이고 영원한 진리를 알게 된다.

율법과 은혜

아우구스티누스처럼 칼뱅 또한 그리스도는 내면의 교사이실 뿐 아니라 우리 믿음을 시작하게 하신 분임을 믿는다. 그리스도를 닮아가는 것과 구원의 열매를 깨닫는 것이 칼뱅 신학의 두 가지 강조점이다. 그가 그리스도의 인격과 사역을 강조하게 된 것은, 인간은 구원이 필요하다는 사실, 율법 안에서 구속을 찾으려는 시도는 헛된 것이라는 사실, 그리스도 없이는, 또 그분이 기꺼이 우리의 필요를 만족시키고자 하지 않으셨다면 우리의 부족을 해결할 수 없다는 사실을 깨달았기 때문이다.

칼뱅은 그리스도의 인격과 사역에 대해 고찰하면서, 우리가 하나님으로부터 소외되어 있기 때문에 그리스도의 사역이 필요함을 보여 준다. 이 소외를 극복하기 위해 하나님은 처음에 율법을 그리고 결국에는 복음을 주신다. 이 두 가지는 서로 관련되어 있지만 동등하지는 않다. 물론 궁극적으로 하나님의 구원 계획이 완성되도록 둘 다 그리스도의 사역에서 어떤 역할을 하지만 본질적으로 이 둘은 전혀 다르다.

율법은 하나님이 삶에 필요한 도덕적 의무를 가르치시기 위해 우리에게 주신 것이다. 이것들은 우리 모두가 따라야 하는 영원한 원칙이다. 복음은 율법을 대체하는 것이 아니라, 예수 그리스도를 통해 율법을 완성하는 일을 한다. 율법의 의식적이고 법률적인 면들은 제외시켜야 할지 모르겠지만, 도덕적 측면은 지속된다. 율법이 중요한 이유는, 율법이 인간인 우리에게 하나님이 기대하시는 것이 무엇인지 가르치기 때문이다. 그리고 우리가 그 율법의 기대대로 살 수 없음을 깨달을 때 그리스도가 필요하다는 사실이 분명해진다.

칼뱅이 하나님의 율법인 십계명을 다룬 부분은, 지금까지 나온 주석 중 가장 흥분되는 주석에 속한다. 그는 첫 네 계명은 하나님을 사랑하는 것이 어떤 의미인지를 가르친다고 말한다. 하나님을 사랑하는 것이란, 하나님만 사랑하는 것을 의미한다. 하나님을 사랑하는 것이란, 하나님을 형태 있는 우상이 아니라 영적 존재로 인식하는 것을 의미한다. 하나님을 사랑하는 것이란, 지혜롭고 정확하게 말하는 것을 의미한다. 그리고 하나님을 사랑하는 것이란, 일을 멈추고 쉬면서 그분의 본성과 활동에 대해 묵상하는 것을 의미한다. 이 마지막 안식일의 쉼을 위해, 우리는 성만찬을 하고, 예배에 참여하고, 기독교에 대한 가르침을 듣는 등 구원에 도움이 되는 도구들을 활용한다.

다음 나머지 여섯 계명은 이웃을 사랑하는 법을 보여 준다. 시민으로서의 질서와 평안은 가정에서 시작된다. 우리는 가정의 질서 속에서 하나님의 권위 아래 사는 법을 배움으로써, 삶의 모든 영역을 관통하는 그분의 질서를 받아들인다. 이웃 사랑은, 부모를 공경하고 사랑하고, 그분들께 순종하는 것을 배우는 것으로 시작한다. 그것은 또한 결혼 관계 안에서 서로를 존중하는 것을 포함한다. 이웃을 사랑하는 것이란, 재산을 소유할 권리를 존중하고, 진리를 말하고, 다른 사람의 소유를 탐내는 대신 우리의 처지에 만족하는 것을 의미한다. 마지막으로 이웃 사랑은 죄 없는 사람에게 폭력을 가하지 않는 것을 포함한다.

칼뱅은 각각의 범주에서 중세 사상가들이 그리스도인의 삶이라고 규정한 것을 고쳐 쓴다. 그의 관심은 사람들이 로마 가톨릭 교회의 율법주의를 넘어서서, 예수님의 삶과 마음에 드러난 십계명의 영적 본질을 이해하게 되는 것이다. 십계명의 궁극적인 중요성은, 모든 인간에 대한 하나님의 커다란 기대를 잘 담아내고 있다는 점, 그리고 우리 각 개인이 개인적으로 담당해야 할 책임을 상세히 설명해 준다는 점에 있다.

결과적으로 우리는 복음서에 나오는 대로, 우리에게 그리스도가 필요함을 인식한다. 복음서는 예수님이 완전한 하나님이자 완전한 인간이라고 가르친다. 복음서는 그리스도가 하나님의 역사에 참여하신 것과 하나님에 대한 우리의 이해를 밝혀 주신다는 사실을 받아들인다. 복음서는 우리 스스로는 하나님을 만족시킬 수 없는 이유와 완전한 인간이신 그리스도만이 하나님을 만족시키는 이유를 알려 준다. 그리스도는 완전한 하나님이자 완전한 인간이기에 그분은 완벽하게 하나님께 순종할 수 있다. 그분은 율법을 바꾸시는 것이 아니라 완성하신다.

그리스도의 인격과 사역을 이해하기 위해서는 우리가 받아들일 수 있고 이해할 수 있는 우리 세계의 은유가 필요하다. 그래서 그리스도는 선지자, 제사장, 왕으로 묘사된다. 선지자이신 그리스도는 하나님에 대한 진리와 하나님이라는 존재에 대해, 우리 인간의 상황에 대해, 그리고 우리가 하나님께 개인적·공동체적으로 반응해야 한다는 사실을 선포하신다. 제사장이신 그리스도는 우리 구원의 중재자가 되신다. 왕이신 그분은 우주를 다스리신다. 각각의 직책에는 독특한 모습과 활동이 담겨 있다.

이러한 활동들이 우리 그리스도인들을, 이 세상에서 하나님의 사역을 위해 일하는 동시에 이 땅의 일에 참여하는 자로 부른다. 성령의 내적 사역은 칼뱅이 '믿음의 결과'라고 부르는 것과 연결된다. 그것은 회개, 하나님 사랑과 이웃 사랑을 보여 주는 그리스도인의 삶, 그리스도인을 해방으로 이끄는 칭의, 기도 생활이다. 성령의 사역은 칼뱅이 기도의 삶을 다룰 때 특히 분명하게 나타난다. 칼뱅은 기도의 우선성과 중요성을 다루기 위해, 저작 전체 중 가장 긴 장(章)에서 거의 100면을 할애한다. 기도는 현재 우리의 모습과 우리가 되고 싶은 모습을 하나님의 뜻과 방식에 맞추는 길이다. 기도는 기계적인 훈련도 아니고 마음대로 하는 행동도 아니다. 기도는 하나님과 함께하는 삶의 본성을 이해하고자 할 때 반드시 필요하다. 결국 기독교 신자 안에서 이루어지는 하나님의 내적 활동의 증거는 거룩한 삶으로 드러난다.

교회의 역할

마지막으로 칼뱅은 초기 저자들이 자주 강조했던 주제로 돌아온다. 그것은 하나님의 역사, 예수 그리스도의 중요성, 성령의 사역은 그리스도인 공동체 생활을 통해 가장 잘 알 수 있다는 것이다. 그리스도인은 교회에서 하나님과 이웃을 사랑하는 법을 배운다. 이 사랑은 성만찬을 신실하게 시행하는 것, 그리스도인의 삶의 핵심적인 책임들을 감당하는 것, 시민으로서의 의무에 적극적으로 참여하는 것을 통해 계발된다.

교회는 거룩한 일과 세속적인 일을 잘 조정하며 국가와 함께 일하도록 하나님이 사회에 두신 한 기관으로 기능한다. 교회의 궁극적인 목적은, 사람들을 그리스도에 대한 믿음으로 이끌고, 그들을 그리스도 안에서 자라게 하고, 하나님의 말씀을 선포하고, 훈련을 퍼뜨리고, 하나님의 백성으로서의 리더십을 준비하고, 성만찬을 집행하는 것이다. 이런 식으로 교회는 세상에서 하나님의 뜻과 길을 영속시키는 그리스도의 몸이 되어 간다.

칼뱅 이후 개신교 종교개혁은 다양한 표현 방식들로 나타났다.

기독교를 원래 상태로 돌리려는 급진적인 극단으로 종교개혁을 몰고 간 이들도 있었다. 혹은 영국의 청교도들같이, 칼뱅의 가르침을 권위있는 기계적인 체계가 되도록, 수정하여 체계화하려는 이들도 있었다. 16세기 말에 이르러 개신교 종교개혁은 견고한 요새가 되었다. 로마 가톨릭의 반대도 계속되었고, 오늘날까지도 계속되는 새로운 개혁 운동들도 생겨났다. 하지만 그리스도인의 경건 생활에 대한 칼뱅의 핸드북으로 매우 효과적으로 전수된 그의 유산은, 전 세계로 퍼진 종교개혁 전통의 여러 표현 안에 계속해서 살아 있다.

반추하고 반응하기

영성 형성의 관점에서 보면 장 칼뱅의 「기독교 강요」는 정말 흥미롭다. 그는 속표지에서, 이 책에는 "경건 생활에 대한 거의 모든 것"이 담겨 있고 "열심히 경건 생활을 하려는 모든 이들이 가장 읽을 만한 작품"이라고 담대하게 선언한다. 그가 확실히 잘 전달한 것 같다.

예를 들어, 십계명에 대한 칼뱅의 글은 삶을 세워 나가는 데 필요한 많은 것을 제공해 준다. 그것은 하나님에 대한 지식과 우리 자신에 대한 지식이라는 그가 중요하게 여기는 주제에 완벽하게 들어맞는다. 첫 번째 네 계명은 하나님과의 관계에서 "그분을 유일하신 하나님으로 알고 고백하는 것, 그분을 다른 무엇보다 사랑하고 존경하고 두려워하는 것, 우리의 모든 소망과 갈망을 그분께만 두는 것, 항상 그분의 도움을 구하는 것"[31]을 가르친다. 나머지 여섯 계명은 서로를 사랑해야 하는 의무와 관련된다. 칼뱅은 이렇게 말한다.

> 우리 주님은 율법을, 마음과 뜻과 힘을 다해 하나님을 사랑하고 이웃을 우리 몸과 같이 사랑하라는 두 가지 큰 계명으로 요약하신다. 율법 전체가 이 두 가지 큰 계명 아래로 들어간다 할지라도 우리 주님은… 그분을 존경하고 두려워하고 사랑하는 것에 관련된 모든 것에 대해, 그리고 그분 자신을 위해 우리에게 명령하신 이웃 사랑에 대한 모든 것에 대해, 십계명으로 좀더 깊이 있고 분명하게 선포하고자 하셨다.[32]

그가 가르침 전체에서 가장 무게를 두는 것은, 사랑 곧 하나님 사랑과 이웃 사랑임을 당신은 알아챘을 것이다. 실로 칼뱅은 요약해서 이렇게 쓴다. "이 모든 것의 목표는 사랑을 가르치는 것임을 쉽게 간파할 수 있을 것이다."[33] 이러한 칼뱅의 노련한 솜씨로 인해 십계명은 엄하고 융통성 없는 율법이 되지 않고, 고귀한 사랑의 법으로 인식된다. 나는 이것이 가장 교훈적이라 생각한다.

우리는 또한 「기독교 강요」 전체를 꿰뚫는, 하나님의 주권이라는 주제를 배운다. 우리의 힘으로는 하나님을 이해할 수 없다고 칼뱅은 말한다. 하나님과 우리 사이의 간극은 너무나 넓다. 하나님은 무엇보다 모든 것에 대한 주권자이시다. 자신을 인간에게 계시하기로 하신 분이 이 주권자 하나님이시다. 하나님은 그분의 사랑과 자비로 주도권을 쥐셨다. 우리는 그럴 수 없다.

오늘날 주권에 관련된 이런 용어는 현대 사회에서 자리를 잘 잡지 못하고 있다. 이 말이 모욕처럼 느껴지기 때문이다. 결국 우리가 우리의 미래를 설계할 주도권을 쥘 능력이 없다는 것인가? 우리가 우리의 운명을 좌지우지하지 못한다는 말인가? 우리는 우리가 원하는 사람이 될 수 없고, 우리가 원하는 것을 할 수 없고, 우리가 원하는 대로 갈 수 없다는 말인가? 우리 시대의 표어는 의존과 복종이 아니라 독립과 자율이다. 그러나 바로 이것이 우리가 하나님의 주권에 대한 칼뱅의 강조에 귀 기울여야만 하는 이유다. 우리는 우리가 우리 구원의 지휘자이며, 우리 운명의 주인이라는 거짓말을 들여왔다. 그렇기에 우리는 다시 한 번 하나님의 강한 손 아래로 들어가야 한다. 이러한 거룩한 복종과 거룩한 순종이 우리 영혼의 형성에 꼭 필요한 부분이다.

다음으로, 기도에 대한 칼뱅의 글은 우리의 자기 중심적 방식을 교정해 준다. 그에게 기도는 하나님에게서 우리가 원하는 것을 얻어 내는 거래 같은 것이 아니다. 오히려 그것은 무엇보다도 하나님의 뜻에 우리 자신을 맞추는 법을 배우는 변화에 관련된 것이다. 칼뱅은 이렇게 쓴다.

이제 올바른 기도의 첫 번째 규칙은 이것이다. 우리 자신의 영광에 대한 생각은 다 버리고, 우리 자신의 가치에 대한 개념은 다 물리치고, 자기 확신은 다 제거한다. "우리의 의가 아니라 당신의 위대한 자비에 근거해서 당신께 우리의 기도를 아뢰나이다"라는 예언자적 가르

침이 우리를 훈계하도록, 우리는 낮아지고 겸손해져서 주님께 영광을 돌린다.[34]

이렇게 마음과 정신을 그리스도께로 향하게 하는 것이 기도할 때의 주요한 의무다. 칼뱅은 주기도문을 해설하면서 이렇게 쓴다. "예를 들어, '이름이 거룩히 여김을 받으시오며'라고 기도할 때 우리는, 말하자면, 그 거룩하게 됨을 간절히 갈망해야 한다."[35] 하지만 일단 우리의 몸과 정신과 마음과 뜻이 그리스도와 그분의 의를 향해 있다면, 우리는 "무엇을 구하든지 받으리라는 약속"[36]을 갖고 담대하게 간구해야 한다. 이것이 바로 하나님과 상호 소통하는 기도 생활이다. 우리는 필요한 것을 믿음으로 구하는 법을 배워 감에 따라, 계속해서 하나님의 사랑과 기쁨과 열망을 받아들인다. 이렇게 우리는 '경건 생활에 열심인' 삶을 키워 간다.

이제 마지막으로 주목해야 할 것에 대해 말하고자 한다. 장 칼뱅은 선지자, 제사장, 왕이라는 그리스도의 삼중적인 직책을 교리 신학으로 가져온 장본인이었다. 이는 우리의 영성 형성에 아주 중요한 의미가 있다. 그리스도의 삼중적인 직책은, 자기 백성 가운데서 일어나는 그리스도의 계속되는 사역에 대해 말하는 방식이다. 그분은 살아 계시다. 그분은 여기 계시다. 그분은 활동하고 계시다. 그분은 우리를 가르치는 우리의 선지자시다. 그분은 우리를 용서하는 우리의 제사장이시다. 그분은 우리를 다스리는 우리의 왕이시다.

그리스도의 삼중적인 직책은 죄로 인한 삼중적인 병폐, 곧 무지, 죄책, 타락에 대해 하나님이 계시하신 해결책이다. 그리스도는 선지자적 조명하심으로 우리의 무지와 실수로 인한 어두움을 해결하신다. 그리스도는 제사장적 공로로 우리의 죄책을 제거하시고 우리를 하나님과 화해시키신다. 그리스도는 왕의 권력으로 죄와 죽음의 굴레를 제거하신다. 선지자는 조명하심으로 지성을 밝혀 준다. 제사장은 긍휼로 마음과 영혼을 치유하신다. 왕은 성화로 우리의 반항적인 정서를 진압하신다.

그리스도의 삼중적인 직책은, 예수님의 인격에 성경 이야기 전체가 요약되어 있다는 사실을 기억하게 한다. 칼뱅은 여기서 상당수의 다양한 성경 자료를 이해하는 주목할 만한 방식을 제시하고 있다. 그것은 고대 이스라엘의 직책을 한 어구로 모아 주고, 예수님을 메시아 소망을 성취하시는 분으로 강조한다.

오늘날 우리에게는 어떠한가? 그 메시지는 예수 그리스도만으로 충분하다고, 크고 분명하게 외친다. 제사장과 왕의 역할을 하시는 그리스도는 멜기세덱의 반차를 좇아 영원히 왕과 제사장이 되신 분이다. 선지자 그리스도는 모세와 같은 선지자가 오기를 바라는 메시아적 갈망을 성취하신다. "네 하나님 여호와께서 너희 가운데 네 형제 중에서 너를 위하여 나와 같은 선지자[모세] 하나를 일으키시리니…내[여호와] 말을 그 입에 두리니 내가 그에게 명령하는 것을 그가 무리에게 다 말하리라"(신 18:15, 18). 예수님은 자기 백성에게 자신에 대해 가르칠 모세와 같은 선지자가 되신 분이다. 그분은 언제나 임재하시며 언제나 살아 계신 선생이시다. 우리는 그분께 귀를 기울여야 한다.

하늘에 계신 아버지, 인정하기는 싫지만 우리는 '경건 생활에 열심인' 상태는 말할 것도 없이, 경건이라는 말을 들을 때, 정서적으로 한 걸음 뒤로 물러섭니다. 모든 문화와 우리 안에 있는 모든 것이 그 개념에서 뒷걸음질칩니다. (우리가 감히 인정할 수 있을까요?) 그것은 감동도 없고 흥미도 없고 조금은 독실한 신자인 체하는 것처럼 들립니다. 오늘날 우리는 어디에서나 지성과 명석함과 날카로움을 찾는다는 말을 듣지, 경건은 아닙니다.

하지만 경건이란 선과 은혜와 헌신 아닙니까? 우리가 최상의 상태일 때 그것은 우리 마음이 갈망하는 것들입니다. 오, 주님, 우리 마음이 순수하게 진정한 경건을 향하게 하소서. 경건을 추구하는 일에 열심을 내게 하소서. 성부, 성자, 성령 성삼위일체의 거룩한 이름으로 기도드립니다. 아멘.

네 번째 길

예수 그리스도와의 친밀한 관계

그러므로 사랑을 받는 자녀같이 너희는 하나님을 본받는 자가 되고
그리스도께서 너희를 사랑하신 것같이 너희도 사랑 가운데서 행하라.
_에베소서 5:1-2

지치고 외로운 프란체스코 베르나르도네(Francesco Bernardone)는 하나님께 더 가까이 가고자 군중을 피해 라 베르나(La Verna) 산을 올라갔다. 전에도 찾았던 곳이었다. 책임져야 할 일에 대한 압박은 너무 커져 가고 하나님의 임재 의식은 너무 적어졌을 때였다. 이제 그가 다시 왔다. 지칠 대로 지쳐서, 낙심한 상태로, 더 나이가 들어서. 그리스도의 삶을 완벽하게 드러내려 애쓰면서 인생의 대부분을 보낸 그의 지친 몸은 심히 쇠약해져 있었다. 태만을 잘 훈련하며 보낸 시절들이 한계에 이른 것이었다.

그러고 나서 그 일이 일어났다. 40일 피정 중간에, 살아 계신 그리스도의 강력한 임재가 그를 압도했다. 십자가에 못박히신 그리스도가, 이사야 6장에 나오는 여섯 날개를 가진 세라핌의 형상으로 바로 그 앞에 나타나셨다. 프란체스코는 이전과 같을 수 없었다. 육체적으로 그의 몸이 변화되었다. 그의 손과 발과 옆구리에 남은 상처 자국은 그리스도의 상처 자국과 똑같았다. 그는 이 체험에 대해 거의 아무 말도 하지 않았지만, 그곳에 함께 있었던 사람들이 그의 변화된 모습을 목격했고, 이 증인들이 후에 이 체험에 대해 자세히 이야기해 주었다. 그리고 오랫동안 그들이 알고 있던 사실, 곧 프란체스코는 말과 생각과 마음이 완벽하게 예수 그리스도를 본받은 사람이었다는 것을 그 상처 자국이 확증해 주었다고 말했다.

프란체스코 베르나르도네가 바로 오늘날 아시시의 프란체스코(1181-1226)로 알려진 인물이다. 1223년 라 베르나 산에서의 그의 체험은 그리스도의 임재에 대한 유명한 이야기다. 이 극적인 기적이 그 이후 300년 동안 프란체스코회 영성을 세워 주었고, 모든 그리스도인은 궁극적으로 그리스도를 본받는 사람이 되어야 한다는 사실에 많은 사람이 관심을 갖도록 불을 붙였다. 기독교 영성의 핵심 주제는 바로 그리스도를 닮는 법을 배우는 것이다.

그리스도를 본받아

그리스도의 시대로부터 예수님을 따르던 이들은 그분을 본받는 길을 찾으려 했다. 신약 성경은 예수님의 삶이 초기 그리스도인들에게 삶의 모델이 되었음을 다양한 예들을 보여 준다. 그리고 바울은 교회가 시작될 때부터, 우리의 기도 생활과 그리스도를 본받으려는 노력이 그분을 닮아가고자 하는 더 큰 목표의 일부임을 강조한다.[1] 사도 요한은 모든 삶에 빛을 비추어 주시는 분으로서 예수님께 특별한 초점을 맞춘다. 우리는 그의 복음서와 서신서를 통해, 그리스도를 본받으려는 우리의 노력이 우리를 그분에 대한 새로운 단계의 지식과 이해로 이끌어 준다는 사실을 알게 된다. 사도 요한은 그리스도가 우리를 하나님과 유기적으로 연결시켜 주신다는 사실을 알게 한다. 우리가 그리스도를 본받으려 할수록 우리는 글자 그대로 그분을 통해 하나님과 연합한다.

오랜 기독교 역사와 문화를 통틀어 그리스도를 본받으려는 노력은, 그리스도인의 삶을 이해하고 그리스도인에게 있어 최상의 이상을 계발하는 데 주요한 역할을 했다.² 4세기에 시작된 '성(聖) 동정(童貞) 남녀'(*virgines sacrae*)는 그리스도를 본받는다는 표현으로 평생 독신 생활을 유지하는 것으로 구별되었다. 시리아 그리스도인들은 처음에 제자도를, 가난하고 집 없고 독신으로 사신 예수님을 글자 그대로 본받는 것으로 받아들이고 그분을 따랐다. 아일랜드의 켈트 그리스도인들은 예수님이 하셨던 것처럼 믿음과 순종 가운데 사역하는 순회 사역자로 여행을 다니며, '초록 순교'(green martyrdom)로 알려진 자발적인 망명과 궁핍의 삶을 실천했다. 이는 교회가 수세기 동안 그리스도를 본받기 위해 문화적으로 상황화된 노력을 했음을 보여 주는 몇 가지 예에 불과하다.

13세기가 시작되면서 교회는 다시 예수님을 바라보기 시작했다. 이전 세기의 고도로 사변적인 사랑 신비주의 이후, 중세 그리스도인들은 그리스도의 인격과 사역에 다시 초점을 맞추었다. 유럽은 중요한 문화적 변혁을 시작하고 있었고, 현대 경제학의 초기 흔적이 나타나고 있었다. 주요한 변화들은 사회를 불안정하게 만들었고, 이 시기 동안 교회는 모든 그리스도인을 안정시키는 힘으로써, 예수님과 그분을 본받는 삶에 주의를 기울였다.³

이전 몇 세기 동안은 수도원 수사들의 고된 기도 생활이 그리스도인의 삶의 가장 고귀한 표현이었다. 하지만 세상이 변함에 따라 이상적인 그리스도인의 이미지도 함께 변했다. 결국 새로운 접근 방식은 '디보티오 모데르나'(*devotio mederna*, 현대적 경건), 새로운 길로 알려지게 되었고, 이것은 그리스도인의 삶의 목표를 그리스도가 살았던 대로 사는 법을 배우는 것으로 규정하였다. 더 이상 그리스도인들은 고독한 기도의 삶을 사는 사람으로 여겨지지 않았다. 이제 그들은 세상 속에서 설교하고, 기도하며, 예수님이 만나셨던 것과 동일한 도전에 직면해 있는 사람들이었다. 이 새로운 이해가 이후 4세기 동안을 지배했다. 수도원 생활이라는 이상이, 우리는 말과 생각과 마음으로 예수님의 삶과 가르침을 나타내야 한다는 새로이 자라나는 믿음으로 대체되면서, 이러한 새로운 접근 방식은 신약 메시지의 정수를 회복했다.

아시시의 프란체스코

세상을 수도원으로 삼기

> 전능하시고, 영원하시고, 공의로우시고, 자비로우신 하나님,…
> 우리 내면을 깨끗하게 하시고, 내적인 눈을 밝게 하시고, 성령의 불로 태우셔서,…
> 당신의 사랑하는 아들, 우리 주 예수 그리스도의 발자취를 따라가게 하소서.
> _「성 프란체스코의 기도」(A Prayer of St. Francis)

그보다 앞선 많은 사람들이 그랬듯이 아시시의 프란체스코(Francis of Assisi, 1181-1226)도 자신에게 빠져 있는 삶에서 벗어난 이후에야 하나님이 그를 의미 있게 사용하실 수 있었다. 전기 작가들에 따르면, 그는 스물네 살 때까지 일상의 가혹한 현실을 피해 허랑방탕한 생활로 인생을 허비하고 있었다고 한다. 그의 아버지는 부유한 섬유 상인이었고, 집안이 부유했기 때문에 프란체스코는 진실한 자기 상황에 대면할 기회가 없었다.[4]

그러던 중 1205년 즈음에, 프란체스코는 영원히 그를 바꾸어 놓은 극적인 영적 체험을 한다.[5] 짧은 투옥과 긴 질병 이후 그는 자신의 삶이 무의미함을 깨달았다. 이러한 깨달음은 자신이 의지할 새로운 닻을 찾게 했고, 예수님이 그 해답이 되었다. 그는 그리스도만을 본받음으로 하나님만을 위해 살기로 결단했다.

그는 재산과 가족마저 버리고, 새로운 길을 향해 떠났다. 의미를 발견한 오직 한 길을 믿으며 일생 동안 온전히 하나님께 헌신했다. 성경을 읽고 설교를 들으면서 특히 세 가지 본문이 그를 사로잡았다. "가서 네 소유를 팔아 가난한 자들에게 주라"(마 19:21), "여행을 위하여 아무것도 가지지 말라"(눅 9:3), "누구든지 나를 따라오려거든 자기를 부인하고"(마 16:24). 프란체스코는 이 세 가지 본문을 마음에 새기고, 역사상 가장 끈기 있고 한결같이 그리스도를 본받았던 삶을 시작했다.

프란체스코의 접근 방식

이 세 가지 본문은 곧 프란체스코회 영성의 기초가 되었다. 그 본문들을 손에 쥐고 자신이 변화되었음을 온전히 인식한 프란체스코에게 후퇴는 없었다. 매일의 삶은 그리스도 안에서 완전함을 향한 끊임없는 추구가 되었다. 시간이 지나면서 그 열정은 강렬해졌다. 그리고 그의 추종자들이 유럽 전역에서 이 새로운 삶의 방식을 향해 모이면서 그 열정은 그 운동 전체를 이끄는 힘이 되었다. 1205년과 네 번째 라테란 공의회가 열린 1215년 사이에 학자들이 보도한 바에 따르면, 수천 명에 이르는 온갖 계층의 사람들이 프란체스코가 보여 준 '복음적' 삶을 향해 모여들었다고 한다.[6]

프란체스코가 사용한 '복음적'이란 말은, 사복음서에 나오는 대로 예수님의 삶과 가르침과 마음을 회복하는 것을 의미했다. 프란체스코는 복음서가 예수님의 삶과 마음을 완전하고 완벽하게 구현하는 삶을 살도록 요청한다고 확고하게 믿었다. 그의 새로운 강조점에는 사람들을 잡아끄는 순수함이 있었다. 그 안에는 숨겨진 것이나 조작된 것 따위는 없었다. 다만 그리스도인이 지녀야 할 삶의 목적과 목표가 아주 구체적인 용어로 분명하고 단순하게 표현되어 있을 뿐이었다.

이 운동이 유럽 전역으로 퍼짐에 따라 교회에서 프란체스코의 위상도 함께 높아졌다. 진정한 겸손과 초월적인 사랑의 조합은, 거대한 소동과 분열에 휘말려 있던 사회를 매료시켰다. 보나벤투라가 썼듯이, "프란체스코는 황홀한 사랑의 불꽃이 그를 변화시키기를 갈망했다.…빨갛게 타고 있는 석탄처럼 그는 그 하나님의 사랑에 완전히 잠겨 있는 것 같았다."[7] 보나벤투라는 계속해서 이렇게 언급한다. "[프란체스코는] 그러한 강렬한 사랑을 지니신 그리스도께 이끌렸고, 그 사랑을 받은 자는 그분께 그 친밀한 사랑을 돌려 드림으로써 하나님의 종인 그의 목전에서 구세주의 임재를 늘 느끼는 것 같았다."[8]

이러한 회상과 이와 비슷한 많은 회상들은, 프란체스코가 예수 그리스도와의 친밀함을 추구하면서 가졌던 열정을 생생하게 보여 준다. 가장 초기의 일상어 신학자(vernacular theologian)* 중 하나로 알려진 프란체스코의 단순한 어휘 사용과 자기를 낮추는 태도는, 하나님에 대한 사랑과 지식이 자라가는 법에 대한 아주 복잡한 이해를 덮어 버렸다. 아주 놀라운 것은, 그가 예수 그리스도의 생애

---

* 라틴어가 아닌 모국어/일상어로 신학서/신앙서를 쓴 이들을 말한다.

에 일어난 실제 사건들에 확고한 관심을 두고 있었다는 것이다. 그는 사건 너머의 더 깊은 의미를 찾지 않고, 우리가 그 사건 자체를 경험하면 우리 삶에서 그리스도가 경험하고 표현한 동일한 영적 반응을 하게 될 것이라고 믿었다.

프란체스코의 가르침

프란체스코의 핵심 주제는 그리스도를 본받는 것이었다. 그리스도를 본받으려는 우리의 시도는 세상에 하나님을 드러내는 것과 연결된다. 우리는 모든 면에서 하나님께 순종해야 하는데, 이는 항상 예수님의 삶과 마음을 따르는 것을 의미한다. 이러한 본받음은 우리 자신을 그리스도와 동일시하는 것일 뿐 아니라, 이를 통해 우리는 그의 삶의 현실들을 직접적으로 경험하게 된다. 우리는 광야에서 시험을 받을 때 예수님이 직면하셨던 것과 동일한 영적 실재들을 만난다. 또 낯선 지역으로 여행할 때는 예수님이 경험하셨던 것과 동일한 양극의 반응을 만난다. 어떤 경우 하나님을 추구하다가 오히려 길고도 건조한 영적 황무지를 만날 때 우리는 예수님이 가장 어두운 시간 동안 경험하셨던 버림받음을 이해한다. 이런 경험들은 우리 자신의 경험과 그리스도의 경험이 같은 종류임을 일깨워 준다. 프란체스코는 오랫동안 견지했던 중세의 해석에 의지해서, 삶의 일시적인 경험들이 예수님의 성육신적 실재들을 표현해 준다고 믿었다. 그리고 이런 실재들이 결국 하나님과의 완벽한 사귐을 가능하게 해준다.

프란체스코는 또한 성령의 사역과 영감에 온전히 마음을 열어야 한다고 강조했다. 그리스도를 본받는 능력은 우리 삶에 나타난 성령의 능력의 직접적인 결과다. 프란체스코는 하나님에 대한 체험과 그에 대한 이성적인 성찰을 넘어서, 무엇보다도 먼저 성령의 직접적인 계시를 믿었다. 이렇게 성령께서 하나님에 대해 알려 주시는 것만큼만 우리는 하나님을 알 수 있다.[9] 프란체스코는 무엇보다도 투명하고, 눈에 띄지 않고, 겸손한 성령님의 활동 방식에 대해 가르쳤다.

성령의 영감에 눈을 열고 살 때 우리는 세 번째 주요한 사실, 곧 만물 가운데서 하나님의 임재를 발견한다. 인생에 대한 거룩한 시각으로 세상을 살 때 우리는 창조된 질서의 모든 면이 하나님을 증거함을 알게 되고, 그 과정을 통해 삶의 모든 면에서 하나님을 찾는 법을 배운다. 사실 모든 창조 세계는 우리로 하나님을 사랑하고, 하나님의 교회를 존중하고, 이웃을 사랑하며, 창조된 모든 것을 하나님과의 더 깊은 삶의 일부로 여기도록 이끈다.

하나님이 창조하신 질서를 증거하도록 주신 기관인 교회는 마땅히 존중받고 존경받아야 한다. 또한 우리는 교회의 가르침을 따라야 한다. 교회는 하나님이 세상에 임재하시는 중요한 방식이다. 따라서 교회의 삶에 온전히 참여하며 교회의 가르침이 더럽혀지지 않도록 하는 것이 중요하다.[10] 그리스도가 처음 동정녀를 통해 오셨듯이, 지금 그분은 가시적인 교회를 통해 임재하신다.

이러한 맥락에서 성만찬에 대한 프란체스코의 독특하고 강력한 초점을 인식할 때 다섯 번째 주요 주제가 전면에 드러난다. 성만찬은 우리가 그리스도를 닮아갈 수 있도록 그분이 우리에게 들어오시는 방식이라는 것이 프란체스코의 견해다. 우리는 성만찬을 통해 그리스도의 삶과 사명을 먹고 마시며, 사랑과 봉사의 행위로 그것들을 표현함으로써 세상에 그리스도의 임재를 가능하게 한다.

프란체스코는 그리스도인 공동체야말로 그리스도와의 사귐을 발견할 수 있는 배경이라고 가르쳤다. 우리의 여정에는 영적 친구가 필요하다. 하나님과 함께하는 삶을 사는 우리를 격려하며 지지해 줄 수 있는 동료들이 필요하다. 우리를 도전하고 죄를 깨닫게 해줄 수 있는, 성령의 인도를 받는 신뢰할 만한 형제자매들이 필요하다. 우리의 우정은 혈연 관계나 종족 혹은 국적으로 결정되는 것이 아니다. 그것은 그리스도 안에서 우리의 공동 유대로 결정된다. 우리는 영적 우정을 통해 하나님과의 영적 관계를 이해한다.[11]

일곱 번째 중요한 주제는 복음적인 삶을 통해 이 우정을 드러내는 것이다. 프란체스코는 회심하고 나서부터 그리스도인으로서 열정적인 삶을 살기 위해 애썼다. 그리스도와 전적으로 온전히 동일화되려는 열망으로 그는 순교하려는 위험한 시도까지 했다. 그리스도로 인해 죽음을 맞이하고자 세 번이나 적국으로 여행을 떠난 것이다.[12]

마지막으로 복음적인 삶은, 우리의 덕을 통해 나타나는 능력과 절제의 삶으로 표현된다. 원수를 사랑하는 진정한 사랑은, 상처를 받을 때도 흐트러짐이 없을 때 드러난다. 인내는 일이 잘 될 때가 아니라 일이 잘 되지 않을 때 드러난다. 청결한 마음은 마음의 평화와 궁휼한 심령에서 나온다. 다른 사람에 대한 공손함은, 다른 사람에 대해 좋지 않게 얘기하지 않음으로써 질투와 나쁜 행동을 막을 때 생겨난다.[13) 순결은 완전한 타락으로 빠지지 않게 해준다. 마지막으로 프란체스코는 우리가 주님의 뜻만 따라야 한다고 강조한다.

더 필요한 것

하지만 결국 이러한 접근법에 문제가 발생했다. 프란체스코를 따르던 사람들은 그리스도의 삶을 문자 그대로 해석할 때 무엇을 해야 할지 잘 몰랐다. 일부는 프란체스코가 처음 프란체스코 수도회를 시작했을 때와 동일한 길을 계속 가려 했다. 하지만 현실적으로는 그렇게 할 수 있는 실제적인 길이 없었다. 결국 그 수도회는 교회의 공식 기관이 되라는 압력에 굴복했지만, 다행히도 성 보나벤투라의 뛰어난 작업으로 그러한 변화를 막을 수 있었다. 그의 설득력 있는 논증이 없었다면, 프란체스코 수도회 운동은 결코 지속될 수 없었을 것이다.

■ ■ ■

반추하고 반응하기

나는 내 친구 달라스 윌라드와 함께 이탈리아 피렌체에 있는 유명한 프란체스코 교회, 산타 크로체에 서 있었다. 거기서 조금만 걸어가면 사실상 피렌체의 중심인 웅장한 두오모 성당이 있다. 이 두 교회는 극적인 대조를 이룬다. 둘 다 웅장하지만 전혀 다르게 웅장하다. 두오모 성당은, 미켈란젤로가 "천국의 문으로도 적합하다"고 말했던, 화려하게 장식된 청동문들, 외관 전체를 둘러싼 우아한 초록, 빨강, 흰색 대리석 조각품들, 대리석 바닥, 금으로 입힌 둥근 천장 등이 보는 이들을 압도한다. 두오모 성당은 미켈란젤로가 로마의 성 베드로 성당을 설계할 때까지는 세계에서 가장 큰 성당이었다. 반면 산타 크로체는 그 자체로 너무나 훌륭하지만, 거대한 목재 들보들로 이루어져 담백하고 단순한 느낌이다.

나는 산타 크로체에 무덤이 많이 있다는 사실이 당황스러웠다. 벽면에 무덤이 죽 늘어서 있었고, 바닥은 약 276개의 비석으로 덮여 있었다. 이탈리아 역사의 유명한 이름들 몇몇이 그곳에 새겨져 있었다. 미켈란젤로, 갈릴레오, 단테, 마키아벨리, 로시니 등. 나는 무덤들 때문에 놀라지는 않았다. 중세 교회에서는 흔한 일이었기 때문이다. 내가 놀란 것은, 이렇게 특출난 인물들이 어느 모로 보나 훨씬 장엄하고 중요한 두오모가 아닌 이곳에 묻혀 있다는 것 때문이었다. 나는 질문했다. "왜? 왜 이런 유명한 사람들이 두오모 성당이 아니라 이곳에 묻히려 했을까?"

이에 달라스는 특유의 지혜로 이렇게 대답했다. "음, 그건 프란체스코와 프란체스코회 수사들의 비범한 거룩함이 여기 있기 때문일 걸세. 그들의 힘은 바로 거룩함에 있지. 몇 백 년 후까지도 그 거룩함은 여전히 이곳에 가득차 있었네. 수천의 사람들이 그 거룩함에 매료되어, 죽어서조차 이 보기 드문 거룩함 가까이에 있고 싶었던 거지." 그곳 산타 크로체에 서서 나 역시 그렇게 느꼈다. 나는 크고 작은 유럽 교회들에 많이 가 보았지만, 여기 산타 크로체는 프란체스코 수사들의 조용하고 평화 가득한 거룩함의 기운이 여전히 감돌고 있는 것 같았다.

그리고 이후 거의 여덟 세기 동안 수백만 명을 '아시시의 작은 형제회'로 끌어들인 것이 이 거룩함이다. 나를 잡아끈 것 역시 이 거룩한 삶이다. 그들의 거룩은 사람의 마음을 끈다. 너무 매력적이다. 주목하지 않을 수가 없다. 열정적인 신앙심, 급진적인 검소한 삶, 기쁨에 찬 겸손에 드러나 있는 것이 바로 이 거룩함이다.

우리는 아시시의 프란체스코에게서 열정적인 신앙심의 모습을 볼 수 있다. 그 도시에서 가장 부유하고 지혜로웠던 귀족 중 하나였던 아시시의 베르나르도 경이 전해 준 이야기다. 그는 2년 동안 프란체스코를 관찰한 다음, 프란체스코가 인내와 평정을 유지하며 모든 조롱과 학대를 견디는 것에 깊은 감동을 받았다. 그는 프란체스코 영성의 진수를 배우기를 희망하며 "성 프란체스코의 거룩함을 시험해 보기로" 결정했다. 그는 프란체스코를 저녁 식사에 초대해 그 밤에 그 집에 머무르게 했다. 그는 자기 방에 침대를 준비해 놓고, 등잔을 계속 켜 두었다. "자신이 소유한 하나님의 은혜를 드러내 보이고 싶지 않았던" 프란체스코는 침대로 올라가 자는 척했다. 하지만 베르나르 경은 이런 일에 훨씬 능숙했기에 "그는 확실히 자는 척하며 크게 코를 골기 시작했다."

그러자 베르나르가 잠들었다고 생각한 프란체스코는 일어나 창문 옆에서 무릎을 꿇고 "나의 전부이신 나의 하나님"이라고 말하며 "강렬한 열정과 신앙심"으로 기도하기 시작했다. 그는 밤새도록 "강렬한 열정과 헌신"의 자세를 유지하며, "많은 눈물"로 흐

느껴 울면서 "나의 전부이신 나의 하나님! 나의 전부이신 나의 하나님!"이라는 말만 했다. 침대에 누워 이 광경을 보고 있던 베르나르 경은 "마음 깊은 곳에서 성령의 감동하심"을 받았다. 아침이 왔을 때 베르나르는 이렇게 말했다. "프란체스코 형제여, 나는 세상을 떠나 당신이 내게 무엇을 하라고 하든 당신을 따르기로 확고히 결단합니다."[14] 열정적인 신앙심!

우리는 아시시의 프란체스코에게서 급진적인 검소함을 볼 수 있다. 민감한 프란체스코로 하여금 오랜 마음의 분투를 하게 한 여러 사건들 중에는 질병과 군대에서의 실망이 있었다. 그리고 그 분투는, 몹시 화가 난 아버지가 그의 상속권을 박탈하기 위해 그를 사제 앞에 세웠던 1206년에 절정에 달했다. 프란체스코는 사도적인 청빈의 삶을 살라는 주님의 명령을 따르기로 결단하고 벌거벗은 채로 걸어 나갔다.

그는 이 '청빈이라는 부인'(Lady Poverty)을 지지하고 나서면서 수많은 모험을 하게 된다. 한번은 프란체스코와 맛세오 수사가 작은 마을에 빵을 구걸하러 간 적이 있었다. 그들은 약간의 마른 빵 조각을 얻어 가지고 돌아와서는, 마실 물을 얻을 샘과 식탁용 널찍한 바위를 찾았다. 그렇게 소박한 식사를 하면서 프란체스코는 몇 번이나 이렇게 소리쳤다. "오, 맛세오 수사님, 우리는 이런 위대한 보물을 누릴 가치가 없는 이들입니다." 결국 맛세오 수사가 이런 가난을 보물이라고 부를 수는 없다고 주장했다. 그들은 옷도 없었고, 칼, 접시, 그릇, 집, 식탁도 없었다. 의기양양한 프란체스코는 이렇게 대답했다. "인간의 노동으로는 아무것도 준비할 수 없는 곳에서, 이것은 위대한 보물이라 생각합니다. 여기 있는 모든 것은 하나님의 섭리로 공급하신 것입니다. 구운 빵, 멋진 돌 식탁, 맑은 샘이 있지 않습니까?" 그들은 즐겁게 식사를 마치고 "기뻐하며, 주님을 찬양하며"[15] 프랑스를 향해 여행을 떠났다. 급진적인 검소!

우리는 또 아시시의 프란체스코에게서 기쁨에 찬 겸손을 볼 수 있다. 프란체스코는 자신의 소박한 밴드를 "하나님의 마술사들"이라 불렀다. 그들의 임무는 "사람들의 마음에 활기를 주어 그들에게 영적 기쁨을 알게 하는 것"이었다.[16] 파울 사바티에(Paul Sabatier)는 프란체스코에 대해 이렇게 썼다. "더할 나위 없이 행복했던 사람, 그는 다른 사람들도 자기와 같은 행복을 가질 수 있도록 일했고, 세계 전역을 다니며 자신이 어떻게 행복에 이르게 되었는지에 대해 선포하는 일을 멈추지 않았다."[17] 그리고 그는 이탈리아 대부분 지역을 가로질러, 이집트의 술탄에게 가서 복음을 전하고 무슬림들 가운데서 사역하기 위해 떠났다. 그의 "프란체스코 수도회"는 유럽 전역과 그 너머로까지 흩어졌다.

이들은 복음을 선포했을 뿐 아니라 찬양도 했다. 열광적이고 기쁨에 넘쳤던 이들은 종종 예배드리면서 황홀경에 사로잡히기도 했다. 프란체스코는 시인의 마음으로 즉석에서 찬송가를 만들기도 했다. 가장 잘 알려진 것이 "태양의 노래"인데 이는 태양 형제, 달 자매, 바람 형제, 물 자매를 찬양하는 내용이다. 프란체스코와 프란체스코 수도회는 주님의 기쁨을 알았다. 단순한 사랑과 기쁨에 찬 신뢰가 이들 가운데 각인되어 있었다. 이들은 물질주의와 두 마음을 품은 시대 정신에 맞서 즐겁고 행복한 반란을 주도했다. 기쁨에 찬 겸손!

어느 날 프란체스코가 아시시의 버려진 산 다미아노 교회에서 기도에 열중하고 있었을 때 그는 십자가에 못박히신 주님의 명령을 들었다. 그 음성은 이렇게 말했다. "프란체스코, 가서 내 집을 고쳐라. 너도 알겠지만 내 집이 완전히 폐허가 되어 가고 있다." 프란체스코는 이 말씀에 응답하여 산 다미아노의 십자가상 밑에 무릎을 꿇고 이렇게 기도했다.

가장 높으시고,
영광스러우신 하나님,
내 마음의 눈을 밝히시고,
오, 주님, 제게
바른 믿음과
확실한 소망과
온전한 자비와
감각과 지식을 주소서.
그로 인해 당신의 거룩하고 참된 명령을
이행할 수 있도록 해주소서.[18]

성 보나벤투라

그리스도 안에 거하는 충만한 삶

> 상상은 이해를 돕는 것이므로, 나는 한 그루 나무를 상상하고
> 그에 관한 몇 가지 항목을 모은 다음…정리했다.
> 첫 번째 혹은 낮은 쪽 가지들에는
> 구세주의 탄생과 삶을 그려 넣었다. 중간에는 그분의 수난을,
> 꼭대기에는 그분이 영화롭게 되시는 모습을 그려 넣었다.…
> 이 얼마나 유익한가! 항상 그리스도를 묵상할 수 있으니.
> _「생명의 나무」(The Tree of Life)

오늘날 그리스도를 따르는 이들 대부분은 아시시의 프란체스코를 받아들이기를 주저한다. 그가 말하는 그리스도인의 삶을 어떻게 받아들여야 할지 몰라서다. 그의 고지식한 방식은 현실성이 없어 보일 때가 많다. 그럼에도 불구하고 그와 프란체스코 수도회의 명성은 유럽 전역에 넘쳐흘렀다. 프란체스코가 삶을 통해 정제한 것들은 그의 사후에 한층 더 인정을 받게 된다. 영성 생활의 관문인 겸손, 온전히 헌신하여 예수 그리스도를 따르라는 부르심, 그리스도인의 삶의 본을 보인 헌신 등이 그것이다. 그의 생애와 유산을 이어받으려는 열심에 끌린 프란체스코 수도회는 '성(聖) 문서'(holy literature)라는 전적으로 새로운 물결을 일으켰다. 프란체스코의 삶과 사역에 대한 관심이 급증하는 가운데 젊은 보나벤투라(St.

Bonaventure, 1217-1274)는 리더의 본을 따르지 않을 수 없다고 생각했고, 그 본을 글로 남겨야 한다고 생각했다.[19]

보나벤투라의 어린 시절에 대해서는 알려진 것이 거의 없다. 그는 1217년에 지중해 근처 이탈리아의 작은 마을인 바그노레지오에서 태어났다. 남아 있는 몇 가지 자료들을 잘 모아 보면, 그가 성 프란체스코의 은혜를 입었음을 보여 주는 드라마틱한 이야기가 있다. 어린 시절 보나벤투라는 죽을 정도로 아팠던 적이 있었다. 미래는 불투명했고, 그의 병은 악화되고 있었다. 그 때 절망에 빠진 그의 어머니가 성 프란체스코의 이름을 불렀고, 그러자 얼마 안 되어 소년의 열이 내리고 건강이 회복되기 시작했다. 보나벤투라는 그 성인이 자기 병이 낫는 데 직접적인 역할을 했다고 믿고, 그 이후로 프란체스코에게 빚진 마음으로 살았다.[20] 보나벤투라는 광대한 지식과(수도사, 교수, 파리 대학에서 토마스 아퀴나스의 동료요 프란체스코 수도회 총회장으로서) 폭넓은 경험으로 영성 생활에 대한 잘 통합된 이론을 정립하려 애썼다.

13세기의 인물들 가운데 보나벤투라만큼 교회를 세상에, 세상을 교회에 잘 설명할 준비가 되어 있고 그럴 능력을 갖춘 이는 없었다. 그의 생각들은 도전적이었고 복합적이었다. 저술은 방대했지만 종종 그 의미가 모호했다. 13권이 넘는 그의 독창적인 저술들은 신앙 서적으로부터 사변 철학, 조직 신학, 성경 해석을 망라하며, 교육 이론에 대한 책들도 있다. 보나벤투라는 우리에게 삶에 대한 포괄적인 철학을 제공해 준다. 하지만 불행히도 대부분의 저술은 너무 모호하다. 그리스도에 대한 저술들 일부도 이해하기가 쉽지 않다. 하지만 그가 전해 주는 것은, 13세기 동안 발전되어 온 영성 생활에 대한 가장 인상적이고도 매력적인 초상화 가운데 하나였다.

보나벤투라의 글들이 이렇게 넓은 범주를 포괄하지만 우리와 관련이 있는 주제는, 우리가 하나님과 함께하는 삶의 본질과 운명을 이해하도록 그가 자신의 능력들을 온전히 바쳤던 시기에 나온 것이다.[20] 그의 별명 '세라핌 박사'(Seraph Doctor)는 그가 프란체스코의 은혜를 입었다는 역사의 시각을 보여 준다. 이 별명은 그가 영성 생활의 본질을 전달하기 위해 사용한 중심 이미지 때문에 붙여진 것이다. 그 이미지는 바로 라 베르나 산에서 불꽃에 휩싸인 세라핌을 본 성 프란체스코의 사건이다. 보나벤투라는 이 사건을 이용해서 영성 생활에 대한 풍유적 해석을 제공한다. 그리고 바로 이 풍유적 해석이 하나님과 함께하는 삶의 본질을 이해하는 데 기여한 가장 중요한 공헌이다.

영적 지식의 원천

보나벤투라는 영적 지식의 여섯 가지 원천을 알려 주는데, 이들 각각은 독특한 방식으로 영적 여정 중인 우리를 인도한다.

성경에 대한 문자적·풍유적 이해. 13세기에는 성경의 깊이와 다층성을 받아들이려는 목적으로 성경을 읽었다. 우리는 종종 성경의 '풍유적' 해석에 대해 말하지만, 이 말은 해석하시는 하나님의 성령과, 우리의 심령과, 성경 원문에 영감을 주신 하나님의 성령 사이의 역동적인 상호작용을 축소시키는 표현이다. 결국 이 방법은 표준화되어 '렉티오 디비나'(*lectio divina*)로 알려지게 된다. 이는 가장 오래되고 널리 퍼진 방법으로서, 성경의 문자적·풍유적 의미를 둘 다 이해하는 성경 읽기 방법이다.

'거룩한 읽기' 또는 '거룩한 글 읽기'를 의미하는 '렉티오 디비나'는 초대 교회와 중세 교회 역사의 위대한 인물들이 시작한 것이다. 그들은 보통 지성이 뛰어나고 세련된 사람들이었다. 많은 이들이 성경을 주요 원천으로 사용해서 교회의 교리적 가르침의 발전에 기여했다. 시간이 흐르면서 이렇게 기도하는 마음으로 성경을 읽는 방식은 규범화되었고, 여러 세기 동안 신실한 그리스도인들은 성경의 신뢰성을 전혀 의심하지 않았다. 성경의 메시지를 하나님의 뜻으로 받아들인 독실한 신자들은, 성경 읽기와 기도를 통해 하나님과 함께하는 삶을 위한 도움과 안내를 얻었다.[22]

오늘날까지 전해 내려온, 교회의 위대한 성인들의 글. 모든 세대가 하나님과 함께하는 삶에 대해 신실한 증언을 해야 한다면, 이 증언은 다시 모든 새로운 신자들을 양육하는 도구가 된다. 보나벤투라에 따르면 전통은 성경을 억누르는 것이 아니다. 오히려 여러 세대 동안 교회의 삶, 실천, 경험, 가르침들 속에서 성경이 다양하게 사용되고 해석되는 것을 통해 성경과 통합된다.

영성의 대가들이 쓴 현대의 글들. 이 지점에서 보나벤투라는 성 프란체스코를 비롯한 다른 이들의 작품을 사용한다. 자기와 동시대인들이 어떻게 살았고, 하나님과 함께하는 삶에 대해 어떻게 생각하는지를 보여 주기 위해서다. 또한 그는 하나님에 대한 자신의 이해를 확장하고 확립하는 데 그 글들을 사용했고, 다른 위대한 그리스도인들과의 상호작용을 통해 시간이 갈수록 자신의 이해가 얼마나 깊어졌는지를 보여 준다.

학문의 전문가들이 쓴 통합적인 글들. 여기에는 이성을 바르게 사용하는 것이 반영되어 있다. 그는 기독교가 믿음에 근거하지만, 그렇다고 해서 이성에 반대하거나 이성을 부인하는 것은 아님을 보여 준다. 우리의 지성은 성경을 이해하고, 교리 체계를 세우고, 우리 삶에 대해 이해하고, 우리 작업을 통하여 의미 있는 기여를 하도록, 하나님이 우리에게 주신 선물이다.

'자연의 책.' 보나벤투라는 우리가 자연의 책을 읽는 법을 배움으로써 하나님이 실제로 이 세상 속에 임재하신다는 사실을 깨달을 수 있음을 보여 준다. 모든 교회는 대부분의 역사 동안 하나님이 하늘과 땅을 창조하셨다는 사실을 믿었다. 최근에는 실제로 지구의 나이가 어느 정도 되는지에 대한 논쟁이 일어나기도 했다. 하지만 그래도 하나님이 세상을 창조하셨기에 세상은 선하고 존경받을 가치가 있다는 인식은 여전하다.

'경험의 책'을 읽는 성숙한 지혜. 보나벤투라는 영성 생활의 과정과 목표를 설명할 때 불꽃에 휩싸인 세라핌에 대한 성 프란체스코의 체험을 끌어오는데, 이는 그가 영적 체험을 가장 극적으로 사용한 예다.[33] 궁극적으로 그는 모든 이들이 하나님에 대한 진정한, 그리고 인격적인 체험을 한다고 믿는다. 이를 통해 우리는 믿음의 확신을 얻는다.

영적 성장의 단계

다음으로 그는 영적 성장의 일곱 단계에 대해 다룬다. 우리가 각 단계를 거칠 때, 한 단계에서 발견한 것들은 다음 단계에서 활용해야 한다. 이러한 과정은 하나님과의 완벽한 연합을 체험하는 최고 수준에 도달할 때까지 이어진다. 영적 지식의 여섯 가지 원천은 영적 성장의 일곱 단계가 어떻게 서로 얽혀 있는지 이해하도록 도와준다. 각 단계는 순서에 맞게 다루어야 하며, 하나님과 함께하는 삶에서 각 단계의 역할을 이해하는 능력은 완전한 변화에 꼭 필요하다. 예를 들어, 1단계에서는 자연적 감각을 넘어서는 영적인 감각을 인식함으로써, 우리의 감각이 변화되는 것을 관찰해야 한다. 2단계에서 우리의 상상이 변화되는 것을 보려면 그렇게 해야 한다. 처음 여섯 단계는 보나벤투라의 통합 능력을 가장 잘 보여 준다. 1단계와 2단계에서는 성 프란체스코의 영향이 나타난다. 3단계와 4단계에서는 아우구스티누스의 영향이 나타난다. 마지막으로 5단계와 6단계에서는 디오니시우스(7장에서 살펴볼 것이다)의 영향이 나타난다. 이제 각 단계를 간단히 살펴보자.

1단계는 감각들(senses)로 이루어져 있다. 우리는 보고, 듣고, 만지고, 맛보고, 냄새 맡는 것을 통해 인간적인 지식으로 이끄는 정보를 얻는다.[24] 이 감각들은 지성으로 나아가는 문이다. 감각의 세계는 항상 지성의 세계와 연결된다. 보나벤투라에 따르면, 모든 생각이 경험에서 나오는 것은 아닐지라도, 그것은 경험에 의존한다.

두 번째 단계는 상상(imagination)이다. 이것은 우연한 행동이나 사소한 행동이 아니라, 우리의 감각 경험을 이해하는 특별한 방법이며, 우리에게 하나님에 대해 가르칠 수 있는 방법이다. 이는 따로 구별된 단계이지만, 다른 단계들과 관계 없는 것으로 여겨질 수 없다. 일시적인 것은 늘 영원한 것과 연결되기 때문에, 상상하는 일은 하나님과 함께하는 삶을 이해하고 하나님께 우리 헌신을 표현하는 방식으로 우리의 감각적인 지식을 정리한다.

세 번째 단계는 지성(intelligence)이다. 아우구스티누스는 우리가 이성을 사용하는 능력을 통해 하나님의 형상을 소유하고 있다고 강조한다. 마찬가지로 보나벤투라도 우리의 지적인 능력은, 일시적인 실재들과 영원한 실재들 그리고 변하지 않는 진리를 성찰함으로써 형성된다고 강조한다.[25] 우리는 용어들을 이해하고, 어떤 제안을 묘사하고, 어떤 추론에 대해 연구하는 데 우리 지성을 사용한다. 보나벤투라는 이러한 내용에 대해 실례를 들어가며 자세히 설명한다. 그는 이렇게 시작한다. "결점이 전혀 없는 존재를 알지 못한다면 어떻게 어떤 존재가 결점이 있고 불완전하다는 사실을 알 수 있겠는가?"[26] 다시 말해 우리 안에는 완전에 대한 개념이 심겨 있기 때문에 본능적으로 불완전을 이해할 수 있다.

이 단계에서 우리의 지성은 감각적인 지식과 논리적인 사고의 순서를 정할 수 있다. 그 결과 하나님의 실재를 인식하는 변화된 정신은 지식의 모든 면에서 삼위일체의 형태를 발견하게 된다.[27] 이 부분에서 보나벤투라가 제시한 최고의 예는, 인간 이성의 세 가지 능력(기억, 이해, 의지)이 우리로 하여금 영원을 즐기고, 진리를 이해하고, 하나님을 받아들이도록 해준다는 사실을 보여 준 것이다.

4단계는 이해(understanding)다. 이는 우리의 타고난 능력과 초자연적인 운명이 교차하는 곳이다. 그리스도는 하나님께로 가는 우리 여정을 돕기 위해 우리의 지상 생활의 모든 것을 변화시키시는 핵심이다. "어떤 사람이 타고난 지식과 후천적으로 습득한 지식으로 아무리 계몽되었다 하더라도, 그리스도가 중재자가 되지 않으신다면 주 안에서 기뻐하는 존재가 될 수 없다"고 보나벤투라는 주장한다.[28]

우리는 바로 이 단계에서, 자연적인 감각을 바르게 사용하는 데서 영적인 감각을 회복하는 데로 옮겨 가기 때문에 이 단계는 아주 중요하다. "영혼이 그리스도를 믿을 때, 그 영혼은 영적인 청각, 시각, 후각, 미각, 촉각을 회복한다."[29] 영적인 청각과 시각이 회복되면 그리스도의 말씀을 받아들이고 이해할 수 있으며, 그분의 광채를 볼 수 있다. 영적인 후각이 회복되면 성경을 제대로 이해하는 능력이 회복된다. 영적인 미각과 촉각이 회복되면, 하나님으로부터 기원한 사랑과 생명을 경험한다.

3단계와 4단계는 세라핌의 중간 두 날개에 해당하며, 우리를 이 땅에서 들어올려서 하나님과의 연합에 이르는 길의 최종 지점으로 데려간다. 보나벤투라는 이 지점에서 잠시 멈추어, 하나님은 1, 2단계에서 묘사된 물리적인 세상에서 우리 밖에 계시며, 3, 4단계에서 묘사된 이성적인 세상을 통해 우리 안에 계시며, 5, 6단계에서 묘사될 영적 세계에서 우리 너머에 계신다는 사실을 강조한다.

5단계에서는 지성(intelligence)에 일어나는 일로서, 하나님의 본질적인 속성을 볼 수 있는 '지성소'로 들어가는 것이 시작되는 단계다.³⁰⁾ 6단계는 양심(conscience)에 일어나는 일로서 삼위일체의 성부, 성자, 성령이 서로 관련되어 있음을 이해하도록 안내함으로써, 하나님과의 연합(union with God)인 7단계를 향해 우리를 준비시킨다.³¹⁾ 전체적으로, 하나님의 본질적인 속성과 서로 연결되어 있는 본성은 우리의 교사이신 그리스도를 통해 우리에게 알려진다. 그분은 이 진리들을 신실한 우리 모두에게 전해 주시는 유일하신 분이다. 인간의 이성만으로는 이 진리들을 발견하지 못한다. 하나님을 떠나 우리의 힘으로는 하나님에 대한 욕구를 인식할 수는 있지만, 그분의 본성과 내적인 관계는 인식할 수 없기 때문이다. 보나벤투라는 바로 여기서 '복음적 완덕'이란, 말과 생각과 행동과 마음이 완전하게 그리스도를 닮아가는 과정이라는 아름다운 표현을 한다.

모든 것은 그리스도를 통해서

예수 그리스도 없이는 어느 누구도 하나님의 본성과 그리스도인의 삶의 운명을 이해할 수 없다고 보나벤투라는 말한다. 1, 2, 3단계를 거칠 때는 우리가 할 수 있다. 하지만 4단계의 중추적인 접점에서는 예수님이 우리의 중재자가 되어 주시지 않는다면 하나님에 대한 적절한 이해를 발전시킬 길도 없고, 그리스도인 삶의 궁극적인 운명에 이를 길도 없다.

창조 세계 자체가 그런 것처럼, 7단계는 하나님과의 연합을 통해 모든 생각과 욕망에서 완전히 분리된 상태로 우리를 데려간다. 이는 우리의 모든 갈망이 하나님이 의도하신 대로 채움을 얻고,

무질서한 생각과 감정들에서 자유롭게 살 수 있는 상태인 아파테이아를 경험하는 것이다. 이는 완전한 평화의 상태인 샬롬을 경험하는 것이다.

보나벤투라는 프란체스코와 그가 라 베르나 산에서 체험한 마술 같은 만남으로 다시 돌아감으로써 우리의 상승 과정을 완결시킨다. 보나벤투라에 따르면, 프란체스코는 복음적인 완덕의 본보기이며, 그리스도를 너무 완벽하게 본받아서 그리스도처럼 된 인격의 본보기다. 그리스도인의 삶의 최종 목적은 신비적인 그리스도를 체험하는 것이며, 그럼으로써 하나님과 함께하는 삶은 우리의 세상적인 생각과 경험을 포함하면서도 초월한다는 사실을 인식하는 것이다.[32]

■ ■ ■

반추하고 반응하기

보나벤투라가 영적 지식이라는 것을 정말로 믿었다는 사실을 당신은 알아챘는가? 느낌이나 추론이 아니라 실제적인 지식을 말하는 것이다. 대개 오늘날 우리는 영성 생활에 대한 지식이라는 개념을 거의 이해하지 못한다. 나는 진짜 지식을 말하는 것이다. 우리가 시험해 볼 수 있고 검증해 볼 수 있는 성품 형성에 대한 지식 말이다. 우리는 이에 대해 많은 것을 배워야 하며, 보나벤투라가 우리를 도울 수 있다. 우리는 지금 보나벤투라의 통찰 중 일부를 영적 지식의 원천으로 되찾고 있을 뿐이다. 나는 오늘날 특별히 주의를 끌고 있는 세 가지를 강조하고자 한다.

첫째는 렉티오 디비나라는 수단으로 성경을 대하는 일의 중요성이다. 이러한 접근법은 우리가 한동안 견지했던 성경에 대한 고립되고 기계적이고 고등비평적인 견해에 대한 반작용으로 생겨났다. 우리는 렉티오 디비나를 통해 성경의 성품 형성 목적에 대한 새로운 인식을 얻고 있다.

렉티오 디비나란 무엇인가? 이는 성경 본문을 듣는 것, 실제로 듣는 것, 자신을 내려놓고 잠잠히 듣는 것을 포함한다. 이는 또한 성경 본문에 복종하는 것을 포함한다. 그것은 성경 메시지를 장악하기보다는 그 메시지가 우리 안에 흘러 들어가도록 하는 것이다. 또한 성경 본문에 대해 숙고하는 것을 포함한다. 그것은 우리 정신과 마음이 그 단락의 드라마에 온전히 흡수되도록 하는 것이다. 또 성경 본문을 기도하는 것을 포함한다. 그것은 하나님과 함께하는 삶에 대해 성경이 말하는 바가, 감사와 고백과 불평과 간구라는 마음속 외침을 낳도록 하는 것이다. 또 성경 본문을 적용하는 것을 포함한다. 그것은 하나님의 거룩한 말씀이 우리 삶의 상황에 대한 개인적인 말씀임을 아는 것이다. 또 성경 본문에 순종하는 것을 포함한다. 그것은 사악한 우리의 길에서 영원한 길로 돌이키는 것, 항상 돌이키는 것이다(시 139:23-24). 우리가 이렇게 할 때 하나님의 생명의 강이 성경을 통해 우리 영혼의 마른 땅으로 흘러들 것이다.

둘째로, 우리는 오늘날 자연이라는 '책'에 대한 새로운 인식을 하고 있다. 확실히 자연도 타락의 결과로 부패되고 오염되었다.

지혜로운 사도 바울이 아주 생생하게 묘사한 것처럼 "피조물도 썩어짐의 종노릇 한 데서 해방되어 하나님의 자녀들의 영광의 자유에 이르는" 날을 기다리며, "다 이제까지 함께 탄식하며 함께 고통"을 겪고 있다(롬 8:21-22). 하지만 자연이라는 책은 부패한 상태에서도 우리에게 많은 것을 가르쳐 준다. 우리는 거기서 아름다움과 조화와 영광을 본다. 자연은 항상 아버지의 뜻을 행하고 있기 때문이다. 하늘을 향해 가지를 뻗은 나무들, 노래하는 새들, 하늘에서 내리덮치는 새들, 땅에서 황급히 움직이는 작은 생물들이 모두 아버지의 뜻을 행하고 있다. 나는 글을 쓰고 있는 요즈음 거의 매일 하루 중 한두 시간은 근처의 협곡으로 하이킹을 간다. 하나님의 뜻을 조금이나마 보기 위해서다. 제럴드 맨리 홉킨스(Gerard Manley Hopkins)가 분명하게 말했듯이 "이 세상은 하나님의 영광으로 가득 차 있다." 이 협곡의 고요함 가운데서 나는 그 영광의 일부를 체험한다.

마지막으로 우리는 경험이라는 '책'에 이르렀다. 우리의 경험과 다른 이들의 경험을 '읽는' 법을 배우는 것은 상당히 가치 있는 일이다. 이를 통해 우리는…경고와 함께 주어진 "너 자신을 알라"는 고대의 명언을 따르고 있는 것이다. 우리 내면의 동기, 양심의 가책, 욕망들을 이해하려 할 때, 우리는 또한 경험에서 하나님의 발자취를 찾는다. 우리는 확실히 "이 경험이 나 자신에 대해 무엇을 가르치는가?"라고 묻는다. 이에 더하여 또한 "이 경험이 하나님에 대해서는 무엇을 가르치는가?", "하나님은 내 경험들을 통하여 어떻게 자신을 드러내시는가?", "하나님은 어떤 방법으로 숨어 계신가?", "그리고 왜 그렇게 하시는가?"라고 묻는다.

이런 질문들과 분별은 공동체 안에서 가장 잘 이루어진다. 솔직히 말해서 우리 인간은 끝없이 자기 기만에 빠질 수 있다. 그러므로 성령의 길을 잘 분별하고 우리 경험에서 하나님의 발자취를 찾는 일을 도울 수 있는 신뢰할 만한 친구들을 두는 것이 도움이 된다. 서로 사랑하고 돌보는 공동체가 있을 때, 우리는 서로에게 우리 삶을 공개하고 하나님이 우리 경험 어느 부분에서 역사하고 계시는지 서로 분별하는 일을 도울 수 있다.

나는 이제 한 중요한 문제에서 보나벤투라와 의견이 다르다는 말을 하고자 한다. 이로 인해 그의 중요성과 그의 가르침의 위대함이 손상을 입지 않기를 바란다. 그리고 이것은 보나벤투라에게만 해당되는 것은 아니다. 동일한 주제가 이 책에 나오는 많은 이들에게서도 나온다. 그것은 당시, 특히 사막 수도원 운동에서는 상당히 흔한 신앙이었기 때문이다. 나는 고대인들이 아파테이아라고 불렀던, 모든 감정이나 욕망에서 완전히 자유롭게 사는 능력에 대해 말하는 것이다. 나는 이것이 단순하게 말할 수 없는 문제라는 것을 잘 안다. 하지만 인간은 욕망 없이 살아갈 수는 없다. 욕망이 없다면 우리는 먹지도, 마시지도, 자지도 않을 것이다. 기독교 메시지는 욕망을 제거하는 것이 아니라 욕망을 변화시키는 것이다. 파괴적인 욕망을 극복하고 바른 욕망을 갖는 내적 실재를 계발하는 것이, 우리가 추구하는 바이며 우리 삶이 예수님과 그분의 길에 잠길 때 경험할 수 있는 것이다.

성 보나벤투라의 기도

"오, 너무나 인자하신 주 예수님, 당신의 사랑에서 나오는 가장 기쁘고 건강한 상처로, 진실되고 평온하고 가장 거룩한 사도적인 자비로, 내 깊은 영혼을 뚫어 주소서. 내 영혼, 당신에 대한 온전한 사랑과 갈망으로 괴로워하며 녹아내릴 수 있도록, 당신과 당신의 심판을 열망할 수 있도록, 나는 분해되고 당신과 함께하기를 갈망할 수 있도록.

내 영혼, 당신을 향해 굶주려 있게 하소서. 천사의 양식, 거룩한 영혼들에게 생기를 주는 양식, 일용할 넘치는 양식, 가장 달콤하고 맛있고 매혹적인 맛을 내는 양식을 향해 굶주려 있게 하소서.

내 마음, 천사들이 흠모하는 당신을 향해 굶주리고 당신으로 먹고 살게 하소서. 내 깊은 영혼, 당신의 달콤한 맛으로 채워 주소서. 당신을 향해 생명의 샘, 지혜와 지식의 샘, 영원한 빛의 샘, 소나기 같은 기쁨, 거할 곳이 많은 하나님의 집을 향해 목마르게 하소서. 당신 곁에 있게 하소서. 당신을 찾게 하소서. 당신을 향해 뛰어가게 하소서. 당신에게 이르게 하소서. 당신을 묵상하게 하소서. 당신에 대해 말하게 하소서. 그리고 당신을 높이고 영화롭게 하기 위해 모든 일을 겸손과 신중함으로, 사랑과 기쁨으로, 평안과 사모함으로, 끝까지 참아냄으로 하게 하소서. 당신이 나의 소망, 나의 온전한 확신, 나의 부요함, 나의 기쁨, 나의 즐거움, 나의 행복, 나의 안식과 평안, 나의 평화, 나의 아름다움, 나의 양식, 나의 생기, 나의 피난처, 나의 도움, 나의 지혜, 나의 일부, 나의 소유, 나의 보물이 되게 하소서. 내 정신과 마음이 당신에게 견고히 고정되고 확고하게 뿌리박게 하소서. 아멘."[33]

토마스 아 켐피스

그리스도를 본받아

> 그리스도의 말씀은,
> 우리가 우리 마음의 어둠에서 진정으로 깨어나고 해방되려면
> 그분의 삶과 길을 본받아야 한다는 사실을 상기시킨다.
> _「그리스도를 본받아」(The Imitation of Christ)

아마도 토마스 아 켐피스(Thomas à Kempis, 1379-1471)의 글은 그 단순성으로 우리를 매혹시키는 것 같다. 그의 성찰은 우리의 인생 경험과 잘 들어맞는다. "나는 내 인생길 절반쯤 왔을 때, 길을 잃고 어두운 숲에 있음을 발견했다."[34] 우리는 모두 길을 잃어버린다. 가끔은 어쩌다 잘못해서 길을 잃고, 어떤 경우에는 의도적으로 길을 잃는다. 우리는 늘 어디로 가야 하는지, 그리고 목적지에 다다르지 못했을 때의 대가가 무엇인지 분명하게 알지 못하기 때문이다.

「그리스도를 본받아」는 14세기에 쓰여진 작품으로서, 우리로 그 길로 돌아가는 길을 찾도록 도와준다. 이 책은 즉각적으로 성공을 거두어 15세기 기독교 영성의 분수령이 되었다. 그 세기 말까지

이 책은 수많은 언어로 번역되어 전 세계로 퍼져 나갔다. 이는 로욜라의 이그나티우스를 하나님과 함께하는 삶으로 다시 인도한 두 가지 주요 텍스트 중 하나가 되었다. 영어로 번역된 이후에는 「천로역정」 그리고 성경과 함께 장기 베스트셀러가 되고 있다.

아 켐피스는 유럽을 휩쓴 대각성 운동의 와중에 「그리스도를 본받아」를 집필했다고 한다. 그 메시지의 단순성과 책의 내용에 다가가기 쉬운 접근성은 이 책을 특히 매력적으로 만들지만, 또한 당시 대륙을 휩쓴 소동을 드러내기도 한다. 대규모의 정치적·사회적 불안에 직면한 상황에서 어떻게 그리스도처럼 될 수 있을까?

유럽 대륙은 14세기 대분열의 여파를 견디면서, 또한 처음에는 인구의 3분의 1을 죽이고 그 다음 3-7년마다 재발하며 100년 동안 유럽을 파멸시킨 페스트로부터 벗어날 길을 찾고 있었다. 게다가 유럽 대륙은 조직화된 교회를 침식시키고 있던 점증하는 부패 문제를 처리해야 했다. 아 켐피스는 모든 일은, 무너진 이 세상에 역사하는 하나님의 능력으로 이루어져야 한다고 믿었다. 그가 태어나기 오래 전부터 시작된 분열은 그의 세기까지 계속되었다. 아 켐피스는 하나님과 함께하는 더 깊은 삶을 찾고자 하는 필사적인 노력으로 수도원에 들어갔다. 그 자신과 교회를 강하게 해줄 가르침과 삶에 참여하기 위해서였다.

신앙의 우선순위

「그리스도를 본받아」 자체는 직선적이다. 이 책은 다른 사람에게도 영성 지도를 하려는 사람을 위해 영성 지도에 대해 시대를 초월하는 가르침을 준다. 하나님을 향한 사랑과 세상에서의 일 사이에서 균형을 유지하려는 우리 모두는 이 고전의 안내를 받을 수 있다. 이 책의 전략은 모든 정직한 추구자를 괴롭히는 질문, "우리는 어떻게 더 나은 쪽으로 변화할 수 있을까?"에 대한 답을 찾는 것이다. 이 책은 원래 일기 형식으로 쓰였기 때문에 어떤 구조화된 형식을 따르지는 않지만, 여덟 가지 정도의 핵심적인 우선순위로 묶을 수 있다.

첫째, 우리는 겸손을 키워 갈 때, 자기 중심성을 무너뜨리고 하나님께 이르는 길로 들어선다. 그러면 겸손은 적극적으로 덕을 키움으로써 생겨나는 깨끗한 양심을 발전시킨다. 그 다음 우리는 내면의 평안을 발견한다. 그 결과 하나님의 순전한 사랑에 대한 자발적인 반응으로 모든 일을 하기 시작한다. 그러면 우리는 십자가를 대면하고 그리스도의 온전한 영향력을 발견할 준비가 된다. 이를 통해 우리는 하나님이 영생이라는, 인생을 바꾸는 경험으로 우리를 이끌기 원하신다는 사실을 알게 된다. 결과적으로 우리는 그리스도를 진정으로 본받는 자가 되려고 노력한다. 마침내 우리는 본성이 아니라 은혜의 다스림을 받는 존재가 된다.

각각의 우선순위를 자세히 검토해 보면, 영적 변화의 첫 단계는 우리의 자기 중심성을 무너뜨리는 것임을 알게 된다. 하나님을 발견하기 위해 우리 자아를 넘어서는 능력은, 겸손한 심령을 계발하는 것에서부터 시작된다. 겸손은, 인생이 우리의 필요와 욕망에 따라 움직이는 것이 아니라는 진리를 포함해서 사실을 정확하게 인지하는 것에 기초한다. 토마스 아 켐피스는 행복을 향한 타고난 욕망이 결국 행복을 가져다 주리라는 우리 모두의 믿음을 인식했다. 하지만 사실은 그렇지 않다. 영성 생활의 본질은 우리의 타고난 욕망을 거스른다. 우리는 자연적으로 행복을 발견하지는 못한다. 사실 우리의 자기 중심성은 너무 강력해서, 우리가 우리의 행복을 다루지 못하고 그것을 준비할 수 있을 뿐이라는 사실을 인지하지 못한다.

두 번째 우선순위는, 첫 번째 우선순위 위에 세우는 것으로 덕을 계발하라고 주장한다. 아 켐피스는 초반부 전체에서, 유혹에 넘어가기가 얼마나 쉬운지를 반복해서 상기시킨다. 유혹에 취약한 우리 모습은 삶이 온전히 통합되어 있지 못한 결과다. 우리는 안정적이지 못하고 참을성이 없고 온화하지도 못하다. 우리의 감정은 매일의 사건들에 의해 쉽게 분출된다. 반면 덕의 계발은 우리를 안정시키는 질서정연한 일관성을 제공해 준다.

세 번째 우선순위는, 내면의 평안, 즉 히브리어 '샬롬'과 동일한 의미를 지닌 헬라어, '에이레네'(eirene)의 상태를 발견하는 것이다. 이 단어는 갈등이 없는 상태를 훨씬 넘어서는 것을 의미하며, 완벽한 행복(complete well-being)을 발견하는 것을 의미한다. 오늘날에는 유행처럼 행복을 찾으려는 여러 시도들이 있어서 우리는 믿음의 핵심적인 가르침을 잊어버렸다. 그것은 바로 완벽한 행복은 예수 그리스도와의 관계를 통해서만 얻을 수 있다는 것이다.

네 번째 우선순위는, 하나님의 순전한 사랑에 자발적으로 반응하며 매일을 사는 것이다. 이는 자아 중심적인 욕망에서 벗어난 사랑, 즉 '아가페' 사랑을 의미한다. 이 사랑을 가장 잘 드러내는 것은 성령의 열매다. 진정으로 성령의 열매를 드러낼 수 있으려면, 사랑이 충만하고 악을 떠난 통합적인 인격이 되어야 한다.

다섯 번째 우선순위는, 그리스도를 이해하기 위해 십자가와 대면하는 것이다. 결국 하나님과 함께하는 삶의 충만함에 들어가기 위해서는 우리 모두 자아와 세상에 대해 죽어야 한다. 우리가 어디서 출발하든 하나님과 함께하는 삶은 십자가를 통과해야 한다. 온갖 종류의 영적인 대안들이 난무하는 시대에, 이렇게 유일하게 기독교적인 접근을 계속해서 선언하는 것은 쉬운 일이 아니다. 그에 수반되는 십자가라는 개념과 희생의 의미는, 다른 모든 길과는 다른 길로 우리를 부른다.

여섯 번째 우선순위는, 영생 즉 '조애'(zoë)를 경험하는 것이다. 이 헬라어 단어는 신약 성경에 나오는 것으로 육체적인 존재만을 의미하는 '비오스'(bios)와는 다르다. 우리 사회의 전반적인 분위기는 우리의 모든 에너지와 주의를 비오스로 향하게 하지, 조애로 향하게 하지는 않는다. 우리가 눈을 돌리는 곳 어디에서나 우리의 영원한 목적에는 주의를 기울이지 않고 생물학적 존재에만 초점을 맞춘다. 하지만 조애는, 우리가 이 땅에 사는 동안에도 하나님으로부터만 기원하는 영생을 체험하는 것이다. 그것은 다가올 삶에 대한 맛보기로 그 삶의 의미를 조금 보게 되는 것이다.

일곱 번째 우선순위는, 그리스도를 본받는 것이다. 이것이 아 켐피스의 전체 주제이긴 하지만 그가 이에 대해 좀더 구체적으로 규정할 때, 그는 그리스도를 닮는 것이란 예수님이 이 땅에서 사실 때 가졌던 것과 동일한 마음을 우리의 삶에 구현하는 것이라고 말한다. 그는 예수님이 길(하나님께로 이르는 길)이요, 진리(진리를 가능하게 하는 삶의 궁극적인 원천과 기초)요, 생명('조애'-하나님으로부터만 기원하는 영원하고 창조되지 않은 생명)임을 보여 줌으로써 부연 설명을 한다.

여덟 번째 우선순위는, 본성이 아니라 은혜의 다스림을 받는 것이다. 그리고 여기서 우리는 아 켐피스의 전체 책에서 가장 흥미로운 특징 중 하나를 만난다. 그것은 본성의 지배를 받는 삶과 은혜의 지배를 받는 삶의 차이에 대한 그의 논의다.

본성과 은혜의 대비

본성(Nature)과 은혜의 차이는 몇 페이지에 걸쳐 나와 있지만, 30개의 대비로 쉽게 요약된다. 이 개념들은 이그나티우스가 30일 피정 방식을 구성할 때 중요한 역할을 했다. 이런 차이들은 영적으로 눈을 뜬 사람만이 분별할 수 있다는 경고와 함께, 여기에 그 대비들의 간단한 요약이 있다.[35]

- 본성은 교활하고 유혹적인 반면, 은혜는 단순하게 산다.
- 본성은 자기 중심적인 반면, 은혜는 순전히 하나님을 위해서만 모든 일을 한다.
- 본성은 순종의 멍에를 지려 하지 않는 반면, 은혜는 자기 중심성을 넘어 하나님을 위해 사역하는 데로 나아간다.
- 본성은 자신의 유익만을 위해 일하는 반면, 은혜는 자기 목적을 위해 성공하는 법을 고려하지 않는다.

- 본성은 기꺼이 경의와 존경을 받아들이는 반면, 은혜는 모든 존경과 영광을 하나님께 돌린다.
- 본성은 수치와 경멸을 두려워하지만, 은혜는 예수의 이름으로 비난받는 것을 기뻐한다.
- 본성은 게으른 반면, 은혜는 해야 할 일을 즐겁게 찾는다.
- 본성은 유일하고 다른 것을 구하는 반면, 은혜는 단순하고, 비천하고, 허름한 것까지도 기뻐한다.
- 본성은 유행에 민감하고, 물질적인 소득을 기뻐하며, 상실에 대해 낙담하는 반면, 은혜는 영원한 것들에 주의를 기울이고, 지나가는 것들에 매달리지 않는다.
- 본성은 탐욕적이고 소유하는 것을 좋아하는 반면, 은혜는 친절하고, 나누고, 적은 소유에 만족한다.
- 본성은 몸과 인생의 헛된 것들과 자아에게 몰두함으로 생겨나는 염려들에 초점을 맞추는 반면, 은혜는 그것에서 돌이켜서 하나님의 길에 있는 것들로 향한다.
- 본성은 감각을 만족시키는 어떤 위안도 즐거이 받아들이는 반면, 은혜는 하나님 안에서만 위안을 찾는다.
- 본성은 이기적인 소득에 의해 동기가 유발되는 반면, 은혜는 하나님 외에 다른 보상은 구하지 않는다.
- 본성은 친구와 친척들과만 즐기는 반면, 은혜는 모든 사람을 사랑하고, 권력자와 부자보다는 지혜롭고 덕이 많은 사람에게 초점을 맞춘다.
- 본성은 부족한 것과 고통에 대해 쉽게 불평하는 반면, 은혜는 의연

하게 가난을 견딘다.
- 본성은 만물을 그 자체로 향하게 하고 그것 자체가 주목을 받게 하는 반면, 은혜는 만물을 하나님께로 향하게 한다.
- 본성은 비밀을 알고 싶어하고 내막을 알고 싶어하는 반면, 은혜는 영혼에 유익한 것만 추구한다.
- 본성은 쉽게 불평하는 반면, 은혜는 모든 것을 의연하게 견딘다.
- 본성은 대중에게 보이기를 바라는 반면, 은혜는 헛된 과시는 피하려 한다.
- 본성은 감각적인 경험에 몰두하고 싶어하는 반면, 은혜는 감각을 절제하는 훈련을 한다.
- 본성은 다른 사람들이 알아주기를 바라는 반면, 은혜는 하나님이 알아주시기를 바란다.
- 본성은 죄의 다스림을 받는 반면, 은혜는 은혜의 다스림을 받는다.
- 본성은 악덕을 드러내는 반면, 은혜는 미덕을 드러낸다.
- 본성은 선악을 판단하려 하는 반면, 은혜는 우리에게 하나님의 영원한 법을 가르친다.
- 본성은 선을 좇아 행하지 않는 반면, 은혜는 죄와 악을 피한다.
- 본성은 타고난 은사에 의존하는 반면, 은혜는 하나님의 자비의 은사에 의존한다.
- 본성은 악에 굴복하는 반면, 은혜는 덕의 빛을 발한다.
- 본성은 진리를 피하는 반면, 은혜는 진리에 복종한다.
- 본성은 자신의 에너지로 나아가는 반면, 은혜는 하나님으로부터 오는 에너지에 의존한다.

- 본성은 실패를 무시하고 그것으로부터 배우려 하지 않는 반면, 은혜는 겸손하게 단점들을 끌어안고 그것으로부터 배운다.

내가 이 목록을 유용하게 사용하는 한 가지 방법은, 일기를 쓸 때 이 목록을 상호작용하는 안내자로 사용하는 것이다. 나는 여섯 번 30일 주기로, 하루에 한 가지 대비에 초점을 맞춘 다음 그 결과를 일기장에 기록했다. 효과는 경이적이었다. 삶이 내게 영향을 미치는 면으로만 삶을 보고 경험하는 것은 당연하다. 우리의 자아 중심적인 자세에서 벗어나는 것은 거의 불가능하다. 하지만 그렇게 할 때 우리는 본성이 아니라 은혜로 사는 법을 배우고 있는 것이다.

영성 생활의 궁극적인 우선순위는 그리스도 안에서 완성에 이름으로써 삶의 충만을 누리는 것이다. 이 완성은 그리스도인 공동체에 적극적으로 참여하는 것을 통해서만 가능하다. 아 켐피스는 하나님과 함께하는 삶에서 성만찬의 역할에 강한 강조점을 둔다. 우리 누구도 따로 고립되어서는 하나님을 알지 못한다. 오히려 하나님과 함께하는 삶은, 시간이 지나는 동안 우리를 인도하는 일련의 개인적·공동체적 경험이다.

아 켐피스는 책 전체에서, 우리가 그리스도를 온전히 본받으려면 어떤 태도가 바람직하며 어떤 훈련들이 필요한지 계속해서 질문한다. 그것은 오로지 우리의 존재 전체가, 예수님을 본받는 우리 안에 계신 그분의 존재 전체를 드러낼 때다. 그리스도와 동일하게 되는 이러한 수준에 도달하는 사람은 거의 없지만, 이런 식으로 완전한 성취의 가능성은 가능한 인생에 대한 아주 매력적인 비전을 제공해 준다. 아 켐피스는 이러한 접근법을 명료하게 표현하긴 했지만 거기에 도달하는 방법을 체계화하는 일은 이그나티우스의 몫으로 남겨졌다.

■ ■ ■

반추하고 반응하기

「그리스도를 본받아」는 500년 동안 전 세계 그리스도인들에게 논쟁의 여지가 없는 대표적인 신앙 서적이었다. 우리는 이 단순한 책, '공동생활형제회'로 알려진 15세기의 역동적인 그리스도인 공동체의 통찰들의 정수를 정리한 이 단순한 책으로 인해 이루 말할 수 없이 풍요로워졌다. 「그리스도를 본받아」는, 14세기부터 16세기까지 유럽 대륙을 휩쓴 디보티오 모데르나로 알려진 영성 운동을 가장 잘 표현한 책 가운데 하나다. 이는 내적인 경건의 삶을 강조했고, 지나치게 바쁘고 몰두해 있는 외적인 삶에 대해 경고했다.

「그리스도를 본받아」는 예수님에 대한 단순한 사랑, 깊은 기도가 담긴 경건, 그리스도의 형상으로 계속해서 성품을 형성시키는 것 등 내가 가장 중요히 여기는 것들로 다시 나를 돌아가게 만드는 힘이 있다. 「그리스도를 본받아」에 나오는 다음의 한 가지 통찰만으로도 영적 성장과 내적인 발견의 모험으로 나를 데려갈 수 있다. "기꺼이 침묵하는 사람만이 안전하게 말할 수 있다. 자유롭게 섬기는 사람만이 안전하게 인도할 수 있다."[36] 혹은 다음 구절은 더 깊은 묵상과 성찰을 하게 한다. "거의 나아지지 못한다면 오래 사는 것이 무슨 유익이 있겠는가?"[37] 혹은 더 깊은 성품 형성을 위해 애쓰도록 일깨우는 부분도 있다. "용감하게 싸우라. 습관으로 습관을 극복할 수 있다."[38]

여러 해 동안 나는 「그리스도를 본받아」로부터 엄청난 유익을 얻었다. 하지만 솔직히 말해서 나는 늘 이 책이, 일정한 순서 없이 각각 독립적인 격언들을 모아 놓은 것 같았다. 그래서 게일 비비가 「그리스도를 본받아」를 몇 가지 주제로 정리해 놓은 것은 아주 독특하다고 할 수 있다. 그리고 확실히 도움이 된다. 그 정리는 억지로 한 것이 아니라 내용에 잘 들어맞게 되어 있다. 이는 「그리스도를 본받아」를 완전히 새로운 방식으로 소개하는 것이다. 그의 작업에 고마움을 전한다.

이러한 여덟 가지 주제를 염두에 두고 「그리스도를 본받아」를 천천히 읽으며, 우리가 각 부분을 어디에 두고 있는지 살펴보면 도움이 될 것 같다. 이는 아 켐피스의 가르침에 다가가는 완전히 새로운 방식이 될 것이다. 예를 들어 겸손에 대해 다루는 12여 개의 부분을 한 번에 읽으면서 겸손에 대한 그의 통찰을 숙고할 수 있다.

더욱이 한 주제가 어떻게 우리를 그 다음 주제로 가게 하는지를 살펴보는 것도 유익하다. 이는 아 켐피스와는 관련이 많지 않지만, 분명 게일 비비의 정리에서 돋보이는 장점이다. 예를 들어 겸손한 심령은, 덕의 계발에 대해 숙고하기 전에도 아주 중요하지만, 일단 겸손한 심령이 되었다면 또한 우리를 필연적으로 덕의 계발로 몰고간다. 혹은 삶이 안정된 상태인 내면의 평안은 우리가 매일을 하나님의 순전한 사랑에 대한 자발적인 반응으로 살 수 있기 전에도 필요하고, 또 이 둘은 날마다 우리 십자가를 질 때 다가오는 고난을 견디는 데도 꼭 필요하다.

게일 비비가 "본성이 아닌 은혜의 다스림을 받는" 존재라는 주제로 묘사한 요약은 참으로 훌륭하다. 나는 그 어디에서도 이런 주제로 아 켐피스에 대해 명료하고 정확하게 요약한 것을 본 적이 없다. 30가지 문장을 한 번에 하나씩 매일 양심을 점검하는 도구로 사용하는 게일의 아이디어는 탁월하다. 5, 6일 동안 모든 문장을 다 다루는 사람들로 있겠지만 말이다.

「그리스도를 본받아」가 일생 동안 당신이 다시 돌아가서 힘을 얻는 몇 권의 책 중 하나가 되기를 소망한다.

토마스 아 켐피스의 기도

"내게 너무나 감미롭고 사랑스러우신 예수님을 주소서. 다른 모든 피조물을 넘어 당신 안에 거할 수 있도록. 모든 건강과 아름다움을 넘어, 모든 영광과 경의를 넘어, 모든 권력과 위엄을 넘어, 모든 지식과 정확한 사고를 넘어, 모든 부와 재능을 넘어, 모든 기쁨과 환희를 넘어, 모든 명성과 찬양을 넘어, 모든 사랑스러움과 위안을 넘어, 모든 소망과 약속을 넘어, 모든 공로와 욕망을 넘어, 당신이 우리에게 넘치게 주신 모든 은사와 호의를 넘어, 지성이 이해하며 느낄 수 있는 모든 행복과 기쁨을 넘어, 그리고 마지막으로 천사와 천사장을 넘어, 모든 천군천사를 넘어, 보이는 것과 보이지 않는 모든 것을 넘어, 당신이 아닌 모든 것을 넘어 당신 안에 거할 수 있도록. 아멘."[39]

로욜라의 이그나티우스

그리스도의 신비로운 인도를 받음

> 다음의 내용은 우리 영혼에서 일어나는 다양한 움직임을 인식하고 이해하는 규칙들이다. 선한 것은 받아들여야 하고, 악한 것은 거부해야 한다.… 이것은 죄에서 자신을 깨끗케 하고자 열심히 노력하는 사람들과, 우리 주 하나님을 섬기는 일을 잘하는 데서 더 잘하는 데로 진보하는 이들에게 일어난다.
> _「영신 수련」(The Spiritual Exercises)

15세기 말에 혼란 상황으로 들어가 16세기에 온전히 성숙한, 로욜라의 이그나티우스(Ignatius of Loyola, 1491-1556)는 기독교 역사상 가장 위대한 회심과 성장 이야기 중 하나를 보여 준다. 그의 변화 체험은, 전쟁터에서 부상을 입고 양쪽 다리의 심각한 상처로 고생하던 1521년에 일어났다. 그의 자서전에 따르면, 이 시기까지 그는 세상의 헛된 것들, 특히 전쟁에서 영웅적인 행동을 하는 것에 몰두해 있었다.[40] 하지만 1521년에 입은 심한 상처로 인해 그는 몇 개월의 안식을 요하는 회복기를 보내야 했다. 이러한 고통의 경험으로 그는 하나님과 함께하는 삶에 대해 놀라운 성찰을 하게 된다. 이러한 성찰이 도덕적·영적 변화를 일으켰다. 이는 그의 인생을 바꾸었고, 세상을 영원히 바꾸었다.

모국 스페인에서 회복기를 보내는 동안 이그나티우스는 상당히 많은 책을 접했다. 그 가운데는 색소니의 루돌프(Ludolph of Saxony)의 「그리스도의 생애」(*The Life of Christ*), 야코부스 드 보라기네(Jacobus de Voragine)의 「황금 전설」(*Golden Legends*, 크리스챤다이제스트사 역간), 성 프란체스코의 생애에 대한 책, 토마스 아 켐피스의 「그리스도를 본받아」 등이 있었다. 이 책들은 이그나티우스로 하여금 자신의 삶의 궁극적인 운명과 모든 인간의 궁극적인 운명에 대해 길고도 힘겨운 사고를 하도록 영적 각성을 불러일으켰다. 그는 '성 프란체스코처럼 되어 그리스도를 본받을 수는 없을까?' 하고 자신에게 질문했다. 그는 몬세라트의 베네딕트 수도원 근처의 작은 마을인 만레사로 순례 여행을 하는 동안, 깊은 회심을 체험했다. 우리 각 개인의 진정한 운명은 우리가 그토록 간절히 찾던 평안과 만족을 얻기 위해 하나님께로 돌아가는 것임을 깨달은 것이다.

이 통찰은 이그나티우스를 완벽하게 변화시켰다. 그는 하나님과 함께하는 삶은 우리를 근본적으로 다시 만들 수 있음을 알게 되었다. 또한 우리는 우리를 왜곡시키는 영적 과식을 할 수도 있음을 깨달았다. 이그나티우스는 이런 관찰과 체험을 가지고 1534년 10명의 남자를 모아 '예수회'(the Society of Jesus, the Jesuits)를 세웠다. 이는 하나님께 이르는 '중용'의 길 알리도록 전 세계로 제자들을 파송하기 위해서였다. 그의 최고의 작품 「영신 수련」(*The Spiritual Exercises*)은, 우리가 그리스도를 닮아가며 세상에서 우리 인생의 비전을 성취하고자 한다면 받아야 하는 훈련들을 정리한 것이다.

이그나티우스는 자신의 글에서, 그리스도가 자신에게 기대하시는 것과 그리스도를 본받으려 노력하며 그가 실제로 행한 것 사이에는 엄청난 차이가 있음을 보여 준다. 이 깊은 간극으로 인해 괴로웠던 그는 복음서에 기록된 예수님의 생애와 가르침을 되돌아보기 시작한다. 이그나티우스는 예수님에 대한 오랜 묵상 중에, 감정과 사고가 변하는 것을 깨달았다. 이에 호기심이 생긴 그는, 하나님과 함께하는 삶이라는 더 큰 구조 안에서 이런 구별된 체험을 이해하는 최상의 방법을 조사하기 시작한다. 바로 이런 성찰 중에, 하나님에 대한 체험은 합리적으로 설명할 수 있어야 한다는 사실을 깨닫는다. 다시 말해, 그 체험들이 우리 인생의 운명을 구성해 가는 데 지속적인 힘을 가지려면 그것이 무엇을 의미하는지 알아야 한다는 사실을 깨달은 것이다.

「영신 수련」의 목적

이런 확신에서 그의 글들과 서신으로 이루어진 12권의 책이 나왔다.[41] 「영신 수련」은 그 중 가장 중요한 작품이며, 이그나티우스의 30일 피정을 통해 애쓰며 나아가고 있는 개인들에게 지속적인 영향을 미쳤다. 그것은 우리 성품이 그리스도의 성품을 그대로 나타내기 위한 일련의 훈련 과정을 말한다. 이그나티우스는 이 기념비적인 작품을 쓰는 중에 이런 생각을 하게 된다. "「영신 수련」은 내가 이 삶에 대해 생각하고, 경험하고, 이해할 수 있는 최상의 것이다. 이는 다른 사람들에게 유익이 되는 동시에 자신을 최상의 수준으로 끌어올리려는 사람을 돕기 위한 것이다."[42]

「영신 수련」은 하나님과 함께하는 삶을 이해하려는 이그나티우스 자신의 경험에서 나왔다. 과다한 종교적 열심과 철학적 성찰의 부재 사이에서 중용을 찾으려는 그의 바람이 이러한 이해의 방향을 잡아 주었다. 수련은 상상 훈련과 특정한 형태의 묵상을 요구하며, 30일 동안 이루어진다. 기계적으로 지나가는 주간은 없다. 다음 단계로 나아가기 전에, 특정한 '경험'을 통해 무엇을 배웠는지 알기 위해 우리는 각각의 주간에 분별을 해야 한다. 우리가 예수 그리스도의 인격과 사역에 주의를 기울일 때 하나님의 역사는 우리 삶에 드라마틱하게 펼쳐진다. 「영신 수련」에는 심리학적 진리가 담겨 있는데, 그것은 그 내용이 과학적으로 증명되기 훨씬 이전의 일이다. 그 내용은, 실제로 행동에 기초한 습관을 바꾸는 데는 대략 30일이 걸린다는 것이다.[43]

이그나티우스는 이 수련들을, 정기적으로 교회에 참석하는 것으로 대체하거나 정통 신학을 인식하고 이해하는 것과 바꾸려는 의도는 전혀 없었음에 주목해야 한다. 게다가 이그나티우스는, 그리스도의 신비에 대한 더 깊은 성찰로 나아가고 있다는 증거가 외적으로 드러내야 한다고 강조했다.

1주: 도덕 개혁. 이그나티우스는 도덕 개혁의 과정을 설명하는 것으로 첫째 주를 시작한다. 도덕 개혁의 목표는, 그리스도의 삶에 나타난 신비들에 더 주의를 기울일 수 있도록 우리의 욕망을 흘려 보내고 우리의 격정을 제어하는 것이다. 우리는 하나님을 찬양하도록 창조되었으므로 이 일이 어떻게 일어나는지 알아야 한다.[44]

이그나티우스는 이러한 배경에서 소죄(venial sins)와 대죄(mortal sins)의 차이를 설명한다. 소죄는 사람의 사고 활동에 관련된다. 대죄는 우리 몸으로 짓는 죄이며 더 치명적이다. 죄된 행동을 낳는 악한 생각들에 기초한 것이기 때문이다. 하나님을 향해 우리 삶의 방향을 재조정하기 위해서는 하나님이 이 죄의 힘을 어떻게 파괴하시는지 알아야 하는데, 이를 돕는 3단계의 성찰이 있다.

첫째, 우리는 하나님과 함께하는 삶을 붕괴시키는 죄의 혹독함과 힘을 인식하며, 우리 죄에 대해 성찰해야 한다. 둘째, 사악한 생각이 잘못된 행동으로 이어지듯이 아담과 하와의 죄의 패턴이 우리에게도 적용된다는 사실을 인식해야 한다. 마지막으로, 다른 사람의 죄에 대해 성찰해야 한다. 그들을 판단하거나 경멸하기 위해서가 아니라, 인간의 죄가 우리 삶을 향한 하나님의 뜻을 망칠 수 있다는 사실을 인식하기 위해서다.

2주: 하나님과 함께하는 삶. 이그나티우스는 영적·도덕적 '정화'에 대해 개관한 다음, 하나님과 함께하는 삶을 '조명하는' 상상의 역할에 초점을 맞춤으로써 두 번째 주를 연다. 교회 역사 내내 상상은, 하나님과 함께하는 삶을 지도하거나 그 삶에서 이탈하는 데 중요한 역할을 했다. 상상은 우리가 삶을 지금처럼 경험하는 이유에 대해 설명할 수 있도록 하는 능력이다. 상상은 이해를 낳는다. 상상은 의미를 명료하게 한다. 상상은 우리의 의식과 직관이 서로 연결되도록 한다. 상상이 없다면 우리는 세상에서의 경험을 알 수도 없고, 이해할 수도 없고, 개념화할 수도 없다. 그 다음 상상은 우리 삶의 특정한 경험들을 의미 있는 전체로 종합해 낸다.[45]

이그나티우스는 상상을, 살아 계신 예수 그리스도와 접촉하게 하는 것이라 보았다. 이렇게 그리스도의 삶을 극적으로 회복시킴으로, 우리는 구세주와 온전히 동일화되는 길로 나아간다. 이그나티우스는 그리스도의 탄생에서 시작해서 그 삶의 주요 사건들을 설명하고 우리가 그 경험들을 동일화하도록 돕는다. 우리는 그리스도의 탄생에 대해 성찰한 후에, 그분이 성전에 나타나신 것, 그분의 삶과 모세의 삶의 병행되는 점, 애굽으로 피신하신 것, 부모님께 순종하신 것, 그분의 세례, 산상수훈, 제자들을 부르신 것, 그분의 공적 사역, 수난 전에 당하신 굴욕을 묵상하면서 계속해 나간다.

각각의 경우에 이러한 성찰들은 우리 안에, 하나님에 대한 끊이지 않는 관상을 할 수 있는 능력을 창조한다. 이그나티우스는 둘째 주 훈련의 결론을 지으면서, 세 등급의 사람이라는 개념을 들여온다. 생애 말년이 되어서야 세상에 대한 애착에서 자유로워지는 사람들, 영적으로는 애착을 버렸지만 여전히 그것을 소유한 사람들, 정확히 예수 그리스도가 사셨던 것처럼 살고 반응하며 온전히 헌신하여 예수 그리스도를 따르는 이들이 그것이다.

이그나티우스는 이러한 상승 음계를 통해, 그가 마음에 그려놓은 영적 성장 방식에 대해 개관한다. 우리는 이 세상에 대한 애착에서 자유로워지는 수준까지 성장한다는 것이다. 적극적인 작업은 가능할 뿐 아니라 꼭 필요하다. 그리스도의 삶과 동일화하며 영적 활력을 누리면서도 이생의 물질적인 소유에서 자유로워지지 못한다면 우리는 그리스도처럼 될 수 없다.

3주: 그리스도와 동일화함. 셋째 주에는 예수님의 수난에 대해 상상적인 성찰을 하는 데 열중한다. 둘째 주처럼 셋째 주에도 그리스도의 삶 및 고난에 온전히 동일화되며 연합하기 위해, 복음서에 나오는 진짜 이야기를 사용한다. 하지만 이그나티우스에 따르면, 영성 생활의 목적은 그리스도와 '연합'하는 것일 뿐만 아니라 그분의 삶과 사역에 온전히 헌신하는 것이기도 하다. 이렇게 그는 디오니시우스를 비롯한 다른 이들에게서 극적으로 갈라선다. 인생의 목적은 하나님과의 완전한 연합이며 그분 안에서 온전히 만족하며 안식하는 것이라고 강조한 이들 말이다. 이그나티우스에 따르면, 관상은 그 자체가 목적이 아니라, 이 세상에 하나님의 적극적인 사랑을 최선을 다해 표현할 준비를 하는 수단이다.[46]

4주: 그리스도와 온전히 동일화되고 세상에 참여함. 넷째 주에는 마리아에게 나타나신 그리스도와 함께 문을 열고, 수련을 완료한다. 여기서 이그나티우스는 우리를, 그리스도가 마리아와 대화를 나눈 무덤으로, 너무나 놀라운 상상의 여행으로 데려간다. 넷째 주의 요점은 우리가 그리스도와 온전히 동일화되는 것을 경축하고, 창조된 질서 내에서 우리의 역할과 책임을 경축하며 다시 세상에 참여하는 것이다. 이 마지막 주에 이그나티우스는 하나님과 함께하는 의미 있는 삶은 세상에서의 우리의 적극적인 삶과 동떨어질 수 없다고 주장한다.[47]

이 네 주간의 수련은 삼중적인 길을 완성한다. 첫째 주는 '정화'로 우리를 인도한다. 둘째 주는 '조명'으로 이끈다. 셋째 주와 넷째 주는 세상에서 더 잘 섬길 수 있도록 하나님과의 '연합'으로 이끈다. 이렇게 해서 우리는 우리 삶을 향한 하나님의 뜻과 그분의 길을 알 수 있다. 이는 예수 그리스도를 본받은 결과로 그분을 생생하게 구현하는 이로 변화되는 것이다.

이그나티우스는 자신의 글 전체에서 수련을 바르게 사용하려면 꼭 필요한 두 가지 일곱 단계를 강조한다. 하나는 모든 진리 주장을 평가하기 위한 것이다. 우리는 여기서 하나님의 진리를 분별하기 위해 우리 지성을 사용한다. 다른 하나는 공익을 위해 더 많은 기여를 할 수 있는 법을 알기 위한 것이다. 우리는 여기서 세상을 위한 마음을 나타내는 동기를 살핀다.

진리에 이르는 일곱 단계

모든 진리 주장을 평가하는 일곱 단계는 다음과 같다.

- 항상 그리스도의 본에 비추어 그 주장을 점검하라.
- 다른 성경 본문을 살펴보라.
- 사막 교부들에게 그것을 확증할 만한 본이 있는지 찾아보라.
- 우리 시대에 지도적인 그리스도인들과 의논하라.
- 기도하라.
- 연구하라.
- 하나님을 알고 세상에 그분의 뜻을 드러내기 위해 행동하고 관상하며 기도와 연구의 균형을 맞추라.[48]

공익을 위한 일곱 단계

무엇이 진리인지 결정하는 일곱 단계 다음에는, 공익을 위해 더 많은 기여를 하게 하려는 일곱 단계가 나온다.

- 항상 하나님께 소망을 두라.
- 정직한 삶을 사는 데 앞장서라.
- 겸손하고, 검소하고, 자비로운 삶을 살라.
- 호감 가는 사람이 되라.
- 반대 세력 사이에서 항상 중간 위치를 유지하라.
- 경의를 표하고, 말할 때는 사려 깊게 하고, 충고할 때는 신중하게 함으로써 강력한 도덕적 권위를 보여 주라.
- 하나님이 주신 목적과 야망을 성취하는 데 더 효율적일 수 있도록 고위직에 있는 이들과 친구가 되라.[49]

결국 이그나티우스는 사회에 더 폭넓은 영향을 끼치면서 하나님과의 더 깊은 삶을 추구하는 이들을 위한 초석을 마련했다. 그는 루터나 칼뱅과 동시대인으로서 종교개혁에는 적극적으로 반대했지만, 루터와 칼뱅이 개신교에 주었던 것과 동일한 도구들을 가톨릭에 주었다. 양쪽 다 기도 생활과 적극적인 섬김을 통해 하나님과 더 가까이에서 동행하고자 하는 욕망을 보여 준다. 이그나티우스가 잘 구조화한 피정 방식(묵상, 관상, 감각 활용, 양심 성찰 등이 포함된)은, 우리를 바꾸실 뿐 아니라 사회에 의미 있는 기여를 하도록 도우시는 하나님을 우리가 직접 체험할 수 있다는 그의 믿음이 반영된 것이다.

이 장에서 살펴본 4명의 인물은 모두 전근대 시대(17세기와 과학

혁명 이전)에 살았지만, 그들의 통찰은 하나님과 함께하는 삶에 대한 그들의 독특한 이해로 인해 우리 포스트모던 시대에까지 적용된다. 결국 서구 교회는 우리가 오늘날 로마 가톨릭, 개신교, 성공회로 알고 있는 형태로 분열될 것이었다. 하지만 16세기에는 정치적으로 뭔가가 일어날 것 같지 않았고, 결국 이러한 분열은 30년 전쟁으로 이어졌다.

오늘날 우리는 새로운 기회에 직면해 있다. 대부분의 그리스도인들은 가톨릭이나 성공회 등에서 나온 자료들에 대해 더 이상 위협을 느끼지 않는다. 결과적으로 여기 나온 네 명은 오늘날 21세기까지 우리를 인도할 것 같은 르네상스를 경험하고 있다.

■ ■ ■

반추하고 반응하기

4부의 구조로 이루어진 이그나티우스의 영적 피정 방식은 아주 독창적이다. 첫째 주에는 죄를 이기시는 하나님의 사랑의 견지에서 우리의 필요, 실제로 우리의 죄에 초점을 맞춘다. 둘째 주에는 그리스도의 생애에, 셋째 주에는 그리스도의 죽음에, 넷째 주에는 그리스도의 부활에 초점을 맞춘다.

「영신 수련」의 세부 내용들에 당신이 동의하든 않든 간에, 나는 이 4부 리듬을 추천하고 싶다. 오, 우리에게서 떨어져 나가지 않는 불순종의 습관과 하나님의 무한한 자비에 대해 더 깊이 숙고하는 것이 얼마나 필요한가! 오, 실제의 삶이었으며, 우리가 그리스도의 발자취를 따를 수 있도록 그 길을 보여 주신 그 생애에 대해 더 많이 관상하는 것이 얼마나 필요한가! 오, 우리를 해방시키신 그 죽음에 대해 더 온전히 묵상하는 것이 얼마나 필요한가! 오, 모든 면에서 그리스도께 순종하도록 우리에게 힘을 주는 그 부활에 대해 더 깊은 체험을 하는 것이 얼마나 필요한가!

나는 이 구조가 얼마나 그리스도 중심적인지를 당신이 알아채기를 바란다. 이는 우연이 아니다. 이그나티우스는 그리스도인의 삶이, 특히 마태, 마가, 누가, 요한 사복음서에 나오는 대로 예수님의 삶, 죽음, 부활에 닻을 내리기를 바란다. 이는 영성 생활에 견고한 토대를 제공하기 위해 우리에게 주어졌다. 또한 그것은 당시에 풍부했던 종교적 신비 체험과 철학적 추론이 지나치지 않도록 보호막 역할을 했다. 이것이 게일 비비가 언급한 중요한 '중용'이다. 복음서에 계시된 예수님에게 초점을 맞추어 나아가라. 그래야 다른 모든 것이 제자리를 찾을 것이다. 이것이 이그나티우스의 시각이다.

이그나티우스는 교회 개혁은 개인의 개혁에 기초해야 한다고 믿었다. 그래서 그의 「영신 수련」은 철저히 개인적이다. 그 개인은 단순히 이 책을 읽을 뿐 아니라 내면의 영적 공간이 개혁되도록 피정의 경험으로 들어간다. 이그나티우스 피정의 셋째 주에 자아에 대한 진정한 죽음으로 들어가 넷째 주에 개인적인 존재의 부활로 나온 사람들을 나는 알고 있다. 그들의 마음은 변화되었다. 그들의 정서도 변화되었다. 그들의 가치관 또한 변화되었다. 모두 더 좋은 쪽으로.

다음으로, 성화 과정에 역동적으로 사용된 한 단어인 상상은 이

그나티우스와 그가 구상한 피정 경험에 아주 중요한 것이었다. 이 그나티우스는 이렇듯 상상을 강조함으로서, 평범한 사람들이 생생하고, 감동적이고, 감정적인 방식으로 예수님의 삶으로 들어갈 수 있도록 돕고 있었다. 갈릴리 바닷가에 서 계신 예수님을 '보는 것', 배 옆쪽으로 부딪치는 파도소리를 '듣는 것', 예수님의 옷깃을 '만지는 것', 바다의 '냄새를 맡는 것', 떡과 포도주를 '맛보는 것', 이 모든 것은 그 이야기가 진정으로 우리의 자서전처럼 될 때까지 우리를 그 이야기로 이끄는, 드라마틱한 시각적 보조 기구들이다. 우리는 "너희는 나를 누구라 하느냐?"라고 물으시는 예수님 앞에 서 있다. 우물가의 여인과 함께 우리는 "내가 어디서 생수를 얻으리이까?"라고 묻는다. 우리는 니고데모와 함께 "이런 일이 어떻게 일어날 수 있습니까?"라고 물으며 영적 실재에 대해 곤혹스러워 한다. 우리는 "내가 믿나이다. 나의 믿음 없음을 도와주소서!" 하고 외치며 삶과 죽음의 문제 앞에 두려워 떤다. 우리는 예수님이 우리의 발을 씻기시도록 하면서 다른 제자들과 함께 겸손히 앉아 있다. 우리는 도마와 함께 "나의 주 나의 하나님!"이라고 고백한다. 이것이 바로 상상이 하나님의 목적대로 성화되고 사용되는 방식이다.

공익을 위해 좀더 많은 기여를 하도록 이그나티우스가 일곱 가지 접근법을 설명하고 있다는 사실에 당신도 나만큼 흥미를 느끼는지 모르겠다. 물론 이것은, 30일 피정이 효과적이라는 증거는 다른 사람을 더 깊이 섬기는 외적인 모습으로 나타난다는 그의 확신에서 자연스럽게 흘러나오는 것이다. 나는 특히 그의 네 번째 요점, 호감 가는 사람이 되라는 내용이 좋다. 얼마나 단순하면서도 얼마나 중요한가! 까다롭고 냉소적이고 완고한 사람들은 주위에 있는 이들의 삶을 어렵게 만든다. 반대로, 하나님의 선하심이 우리 안에서 자연스럽고 쉽게 흘러나올 때 그것은 모든 이에게 생명을 가져다 준다. 우리는 이렇게 함으로써 공익에 기여한다. 우리 모두가 그렇게 되기를 바란다.

사랑의 주님, 우리 역시 프란체스코와 보나벤투라와 토마스 아 켐피스와 이그나티우스처럼 예수님을 본받고 싶습니다. 하지만 본받는다는 것에는 교활한 면이 있습니다. 너무 피상적이고 외적인 것이 되기 쉽습니다. 오늘날 명사들의 '제자'가 되는 거라 여기기도 쉽기 때문입니다. 이들은 가장 어리석은 방식으로 그들의 우상을 모방합니다. 이것은 비극적인 일이거나 참 우스꽝스러운 일입니다.

그러나 우리도 마찬가지로 같은 덫에 쉽게 빠집니다. 우리는 너무 예수님처럼 되고 싶고, 필사적으로 예수님의 길을 따르기 위해 애씁니다. 그러나 보통 성령 안에 있는 의와 평화와 기쁨과는 아무 상관이 없는 어리석고 피상적인 흉내내기로 그치고 맙니다.

주님, 우리는 예수님의 마음을 더 많이, 더 깊이, 더 온전히 본받기를 간절히 원합니다. 예수님의 긍휼을 주시기를 구합니다. 오늘 우리에게 자비와 기쁨과 평화의 영이 충만하게 해주소서. 무엇보다도 우리 삶이 하나님의 '아가페' 사랑을 더 잘 드러내는 삶이 되게 하소서.

이 은혜가, 세탁물과 컴퓨터와 마감 기한이 있는 우리 세상으로 들어오는 것이 진짜 열쇠입니다. 이를 위해 우리는 당신의 한없는 지혜가 필요합니다. 주님, 날마다 당신의 지혜의 깊은 우물에서 물을 길어 올리도록 도와주소서. 아멘.

다섯 번째 길

하나님을 체험하는 바른 질서

주의 환상과 계시를 말하리라. 내가 그리스도 안에 있는 한 사람을 아노니
그는 십사 년 전에 셋째 하늘에 이끌려 간 자라.
(그가 몸 안에 있었는지 몸 밖에 있었는지 나는 모르거니와 하나님은 아시느니라.)
내가 이런 사람을 아노니…그가 낙원으로 이끌려 가서.
_고린도후서 12:1-4

그 일은 어느 날 아주 갑작스럽게 일어났다. 5년이라는 긴 시간 동안 그는 자기 신앙을 제대로 이해해 보려고 애쓰고 있었다. 안정되었다고 느낄 때마다 새로운 도전이 다가와 그를 제자리로 돌려놓으려 했다. 나이가 들수록 괴로움도 더해 갔다. 기독교가 정말 진리일까, 그는 의심스러웠다. 기독교는 여러 사상의 시장에서 자기 자리를 지킬 수 있을까? 계속해서 하나님을 믿을 수 있을 만큼, 기독교는 지적으로 신뢰할 만한가? 고통은 또 어떻게 생각해야 하는가? 세상에 악과 고통이 판을 치고 있는데 어떻게 사랑의 하나님을 믿을 수 있을까?

이런 질문들이 그를 괴롭혔다. 질문들이 강렬해질수록 절망도 커져 갔다. 정답이란 게 있을까? 혹시 질문만 하다가 남은 인생을 마감하는 건 아닐까?

그러고 나서 그 일이 일어났다. 다른 곳이 아닌, 학교에서였다. 그는 이제 매일의 단조로운 생활에서 벗어나 하나님을 찾으리라 기대하며 졸업을 기다리고 있었다. 어느 날 교실에 앉아 파스칼의 세 가지 질서에 대한 강의를 듣고 있을 때였다. 그 때 갑자기 더 깊은 믿음으로 나아가는 길을 가로막고 있던 장벽이 무너졌다.

그는 하나님을 찾을 수 없는 자신의 무력함, 그리고 우주가 하나님의 돌보심 아래 있다는 사실을 충분히 깨닫지 못하는 자신의 무력함 때문에 괴로워하고 있었다. 하지만 그는 신앙을 받아들이려는 열린 마음을 가진 믿음의 사람이었다. 현대 정신과 인간 이성에 대한 확신이 낳은 장벽들은, 성령의 자연스러운 흐름을 방해하고 있었다. 그러나 그는 공부를 하면서, 특히 마음, 정신, 감정의 관계에 대한 파스칼의 설명을 깨달으면서, 생명력 넘치는 파도가 밀려오는 것을 체험했다.

그 순간 하나님의 선하심과 자비로우심에 대한 의식이 그를 압도했다. 그는 실재하는 다른 차원들을 인식함으로써 자신의 영적 여정을 이해하게 되었다. 악과 고통의 문제는, 결코 온전히 해결하지 못한다 하더라도, 그것을 우리 삶을 향한 하나님의 궁극적인 계획이라는 더 넓은 시각 아래 두자 모두 이해가 되었다. 그리스도인의 삶에 대한 깊고 새로운 이해가 펼쳐짐에 따라 인식의 전환이 일어났다.

몇 년 후 그는 두 번째로 하나님과의 짧은 만남을 체험하게 된다. 목회 사역 초기에 그는 다리를 심하게 다쳐, 수술을 받고 긴 재활 치료를 해야 했다. 다리에 크고 길고 무거운 깁스를 해서 움직이기조차 어려웠다. 영적으로도 침체되었고, 인생의 선함에 대한 확신도 사라졌다. 그러던 어느 일요일 이른 아침, 예배 인도 준비를 하던 중 그는 갑자기 하나님의 사랑과 임재에 깊이 압도되었다. 그 체험은 비록 짧은 순간이었지만, 하나님의 사랑을 근본적으로 확인해 주었고, 하나님이 그의 삶에 임재하신다는 확신을 다시금 갖게 했다.

내 친한 친구의 이 두 가지 체험은, 성경과 기독교 역사에 기록된 다른 이야기들과 비슷하다. 이 이야기들을 여기에 포함시킨 것은 그것이 특별해서가 아니라 평범해서다. 이는 하나님에 대한 개인적·공동체적 체험이, 그리스도인이 가진 삶의 진리와 선함에 대한 우리의 확신을 더욱 견고하게 해준다는 사실을 잘 보여 준다. 하나님의 사랑에 대한 가르침이 아무리 감동적일지라도 그분의 은혜를 체험하지 못했다면, 그것은 그저 추상으로 남아 있었을 것이다.

하지만 종교적인 체험 자체는 기독교 신앙 안에서 최고의 권위를 갖지는 못한다. 이를 이해하는 간단한 방법은, 우리의 종교적 체험을 산을 오를 때 보는 경치와 비교해 보는 것이다. 산을 점점 더 높이 올라갈수록, 우리는 서로 다른 경치를 본다. 우리가 바라본 어떤 경치가 다른 사람들이 본 것과 비교해서 더 아름답고 훌륭하다 할지라도 그것을 최종적이라고 말할 수는 없다.

이와 마찬가지로, 우리 체험의 타당성을 확인하려면 그 의미를 이해하는 데 기초가 되는, 기독교 신앙에 대한 합리적이고 신학적인 설명이 있어야 한다. 이를 통해 우리는 다른 사람들의 종교적 체험들에 대한 타당성을 판단할 수 있다. 바울이 고린도전서 12:3에서, 체험을 근거로 권위를 주장했던 이들이 일으킨 소동에 직면했을 때 간결하게 표현했듯이 "하나님의 영으로 말하는 사람은 아무도 '예수는 저주를 받아라' 하고 말할 수 없다!"(새번역) 아무리 다양한 체험이라 해도 우리의 영성 생활을 지탱할 만큼 충분하지는 않다. 그 체험들의 진정한 의미를 알 수 있도록, 그 체험들을 설명할 수 있는 합리적인 기초가 필요하다.

교회 생활의 초창기에는 일반적으로 성경과 자연 질서라는 두 가지 주요 원천에서 하나님에 대한 지식을 얻는다고 생각했다. 이는 당시의 문헌에 '하나님에 대한 두 가지 책'으로 언급된다. 여기서 성경은 좀더 중요한데, 이는 자연보다 하나님의 목적과 의도를 좀더 분명하게 계시하기 때문이다. 자연은 성경의 계시를 지지하고 확인해 주는 것으로 여겨졌다.

이에 더해서 그리스도인의 삶의 목표는, 주로 하나님과 "얼굴과 얼굴을 맞대고" 보는 것이라고 표현된다. 그분을 알기 위한 매개체 같은 것은 필요없다. 성경도 필요없고 자연도 필요없다. 우리가 하나님 앞에 직접 나아갈 수 있기 때문이다. "얼굴과 얼굴을 맞대고"라는 표현은, 거룩한 산에서 하나님을 만났던 모세를 암시하기도 하고, 우리가 지금은 거울을 보는 것같이 희미하게만 하나님을 본다고 했던 바울의 말을 암시하기도 한다.

우리 모두는 하나님과의 친밀한 사귐을 약속받았다. 그리고 우리 중 일부는 지금 여기에서 그것을 누리는 것 같기도 하다. 아마도 하나님이 나머지 우리를 격려하시고 다가올 세상에 우리를 기다리는 것이 무엇인지 알게 하시려고 일부 사람들에게 그런 삶을 허락하신 것 같다. 환상적이고 신비적인 체험들은 교회를 격려하기 위한 선물이다. 그것은 한 개인이 그런 특별한 체험을 하지 못한 다른 그리스도인보다 자신을 높이라고 주어진 것이 아니다. 그것은 예수 그리스도를 통해 우리 모두를 하나님에 대한 지식으로 이끌어 준다.

강렬한 신비적 체험을 하는 사람이 많지 않다 하더라도 그리스도인들 대부분은—전부 다는 아니더라도—어느 정도 영적 체험을 한다. 이는 12세기에 특히 클레르보의 베르나르가 다시 강조한 것이다. 영적 체험은 아주 다양한 형태로 나타나지만, 핵심은 예수 그리스도에게 초점을 맞춘다는 것이다. 우리는 성령을 통해 그분의 임재를 의식하고, 그분이 우리에게 약속하신 많은 은혜, 곧 사랑, 희락, 화평, 인내, 자비, 양선, 충성, 온유, 절제와 같은 은혜를 의식한다(갈 5:22). 일반적으로 영적 체험의 역할은, 우리에게 임하신 성령의 역사를 통해 성경의 가르침을 확증하는 것이며, 때가 되면 우리로 하나님의 끊임없는 임재를 누릴 수 있게 하는 것이다.

신비적 체험의 정의

하나님을 체험한다는 것은, 그분에 대한 신비적 체험을 하는 것이다. **신비적**(mystical)이라는 단어는 헬라어 동사 '무에인'(*muein*)에서 파생된 것인데, 이 단어는 '잠잠히 있다, 감각을 멈추다, 평온해지다, 정지하다'라는 의미를 가지고 있다. 원래 이 단어는 특히 헬라 신비 종교와 관련되었고, 종교적인 통찰로 이끄는 특별한 지식의 습득을 포함했다. 인지(W. R. Inge)라는 학자는 20세기 전환기에 쓴 책에서, 이 용어에 대한 26가지의 다른 정의를 제안했다.[1] 또 이에 더하여 부가적인 설명을 한 이들도 있었지만, 가장 탁월한 정의는 이것이다. 신비적 체험은 "하나님에 대한 직접적인 인식과 체험에 초점을 맞추고, 그분에 대한 직접적이고 친밀한 지식

에 초점을 맞추는 [영적 체험]의 유형"이라는 것이다.[2]

성경에 나오는 다음 두 가지 예를 살펴보자. 사무엘상 3장을 보면, 엘리와 사무엘은 개인 숙소에서 거의 잠이 들려는 상황이었다. 그 때 어떤 음성을 들은 사무엘은 그것을 엘리의 음성이라 생각했다. 그는 세 번 그 음성을 들었고 세 번 모두 엘리 제사장이 자기를 부른다고 생각했다. 본문을 보면 사무엘은 아직 하나님의 음성을 듣고 이해할 능력을 얻지 못했음이 분명하다. 하지만 세 번의 경험 이후 엘리는 하나님의 음성을 들어 본 적이 없음에도 불구하고, 그 음성이 하나님으로부터 온 것임을 깨달았다. 엘리는 사무엘에게 다음 번에 하나님이 말씀하시면 어떻게 응답해야 하는지 가르쳐 주었다. 결국 네 번째 음성이 들렸고 사무엘은 적절하게 응답한다. 이제는 그 체험 자체와, 그 체험의 성격이 무엇인지 알고 있는 그 상황을 즐기고 있었기 때문이다. 이 이야기에서 독특한 것은, 사무엘의 체험이 다른 신비적인 체험과 어떤 점이 같고 다르냐 하는 것이 아니라, 하나님을 찾는 법을 배우는 방식이다. 이 과정에서 하나님에 대한 그의 인식에 변화가 일어났다.

두 번째 예는 사도 바울의 생애에서 가져온 것으로, 이는 우리의 요점을 자세히 설명해 준다. 사도행전 9장에서 바울은 하나님과 신비적으로 만나는데, 이는 그의 삶의 운명을 근본적으로 바꾸어 놓는다. 초대 그리스도인들에 대항한 운동을 촉진시키기 위해 다메섹으로 가던 바울은, 어떤 빛에 의해 눈이 멀고, 그에게 그의 길을 바꾸고 하나님에 대한 새로운 이해로 나아오라고 말하는 음성을 듣는다. 결국 바울의 시력은 회복되고 하나님에 대한 그의 인식은 영원히 변화되었다.

이 두 가지 체험이 우리에게 가르쳐 주는 것은, 신비적 체험은 하나님에 대한 인식이 온전해지도록 돕는다는 것이다. 하나님에 대한 체험은 그분과 함께하는 삶의 타당성을 확증한다. 그것은 또한 그리스도인들 사이에 존재하는 아주 다양한 체험들과 하나님에 대한 무수한 이해들을 개념화한다. 이번 장에 나오는 네 명의 저자를 살펴보면, 그리스도인의 삶이 실로 얼마나 다양하고 복잡한지를 곧 알게 될 것이다.

노리치의 줄리언

하나님의 선하심 안에 잠기기

> 몸은 옷을 입고, 육체는 피부를 입고, 뼈는 육체를 입고,
> 마음은 그 전체를 다 입듯이, 우리는, 우리의 몸과 영혼은
> 하나님의 선하심으로 옷입고 그 안에 잠긴다.
> _「계시」(Showings)

노리치의 줄리언(Julian of Norwich, 1342-1416)은 영국 인구의 거의 절반을 죽인 흑사병이 영국을 휩쓸기 바로 전에 태어났다. 역사가들은 '흑사병'과 함께 온 엄청난 불안 상황에 대해 말하지만, 줄리언은 하나님을 사랑하고 알고자 하는 더 큰 갈망에 대해 말한다. 그녀는 여성 은자(隱者)로서 교회에 딸린 방 하나짜리 집에서 살았다. 중세 말기에 노리치는 상업의 중심지이자, 활발한 문화의 중심지였다. 이런 환경에서 한 은자는 기도하고, 하나님을 묵상하고, 상담을 요청하는 이들에게 영성 지도를 하며 지내고 있었다.

줄리언은 영어로 된 영성 고전을 집필한 여성들 중 공개적으로 이름을 밝힌 첫 번째 여성이다. 그녀 이전에 다른 여성들도 경건 서적들을 썼지만 대부분이 익명이나 가명으로 되어 있었다. 줄리언이 특별히 우리의 주의를 끄는 이유는, 그녀가 폭넓은 신학 지식과 깊은 영적 통찰을 잘 융합해 냈기 때문이다. 하나님에 대한 체험의 의미를 찾는 일에서 그녀의 도움을 받고자 할 때 그녀의 조언들은 특히 매력적이다. 같은 세기 초반에는 종교적 체험의 역할에 다시 관심을 갖게 된 르네상스가 교회를 휩쓸고 있었다. 수많은 창작물들이 차례로 출판되면서, 하나님에 대한 체험을 해석하는 법을 알려 주었다.

12세기 초반에는 예수님의 지상 생활에 초점을 맞춘 변화가 진행 중이었다. 하나님과 함께하는 삶이 수도사들의 수도원 공동체를 넘어서 나아감으로써, '새로운 영성'(new devotion)은 기독교에 대한 이전의 여러 표현들보다 더 그리스도 중심적이고 더 정서적인 모습이 되었다. 하나님과 함께하는 삶의 정서적인 측면이 강조되었고, 그런 경향을 보인 많은 여성들이 자신들의 체험에 대해 글을 쓰기 시작했다. 하지만 대부분의 여성은 교육을 받거나 글을 쓰도록 허용되지 않았기 때문에, 그들의 초기 작품은 대부분 원고가 출판·유통되도록 도운 남성들의 이름으로 나왔다.

줄리언의 체험

이런 르네상스의 흐름에 대해 전혀 몰랐던 줄리언은 1372년 5월 8일에 시작된 열여섯 번의 종교적 체험에 대한 책을 썼다. 고전이 될 작품이었다. 그녀는 이렇게 말한다. "이 열여섯 가지 계시 중에서 처음 계시는 새벽 4시쯤 시작되었다. 그리고 정해진 순서에 따라 가장 사랑스럽고 고요하게, 하나 다음에 하나씩 계시되어,

오후 3시 이후까지 계속되었다."[3] 그녀는 처음에는 짧게 이 체험들에 대해 기록한 다음, 몇 년의 성찰 후에 좀더 길게 기록하였는데, 오늘날까지 둘 다 남아 있다.

이 기록들은 하나님과 씨름한, 명석하고 유능한 지성을 보여 준다. 줄리언은 각각의 '계시'를 통해, 하나님을 체험함으로써만 알 수 있는, 하나님과 진리에 대한 더 깊은 이해를 얻었다. 그녀의 환상에 대해 읽을 때 기억해야 할 중요한 사실은, 우리는 그녀의 주장에 대한 신빙성을 평가하고 있는 것이 아니라는 점이다. 우리는 단지 그녀가 자신의 체험들을 어떻게 이해하는지 그리고 그것들이 어떤 면에서 하나님과 함께하는 삶이 더 깊어지도록 격려하는지를 이해하려 할 뿐이다.

줄리언이 체험한 열여섯 가지 계시

1. 줄리언은 십자가 위의 가시 면류관에서 피가 뚝뚝 떨어지는 것을 보고, 삼위일체와 성모 마리아에 대한 체험을 한다.
2. 줄리언은 십자가에 달린 이의 얼굴색이 변하는 것을 본다.
3. 줄리언은 순간적으로 하나님을 보고, 그분이 만물 가운데 계심을 깨닫는다.
4. 줄리언은 그리스도의 몸에 난 상처에서 피가 흘러내리는 것과 그 다음 그것이 사라지는 것을 본다.
5. 하나님은 그리스도의 수난이 사탄을 패배시킴을 보여 주신다.
6. 하나님은 줄리언의 고통에 대해 그녀에게 감사를 표하시고 그녀에게 하늘의 복을 보여 주신다.

7. 하나님은 줄리언에게 기쁨과 슬픔이 엇갈리는 체험을 하게 하신다.
8. 줄리언은 모든 피조물의 고통을 담당하시고 육체적인 죽음을 당하신, 수분이 다 빠진 그리스도의 몸을 본다. 그녀의 이성은 그녀에게 천국을 보라고 말하지만, 그녀는 오히려 그녀의 천국 되신 죽어가는 그리스도 쪽으로 향한다.
9. 예수님은 줄리언을 위해 고통당하는 것이 기쁘다고 하시고, 그녀에게 그분의 인성 속에서 세 가지 천국을 보여 주신다.
10. 예수님은 줄리언에게 상처 난 옆구리 속에서 그분의 마음을 보여 주신다.
11. 예수님은 줄리언에게 성모 마리아를 보도록 하신다.
12. 하나님은 영광 가운데 그분 자신을 계시하신다.
13. 하나님은 죄와 고통에도 불구하고 모든 것이 잘 될 거라고 확언하신다.
14. 하나님은 줄리언에게 기도는 그분이 영감을 주시는 것이며 그분을 기쁘게 하는 것이라고 말씀하신다.
15. 하나님은 줄리언에게 그분이 고통에 대한 보답이 되실 거라고 약속하신다.
16. 하나님은 줄리언에게 그녀의 영혼 가운데 계신 예수님을 보여 주신다. 그리고 그녀가 받은 계시가 예수님께로부터 온 것이며, 이로써 그녀에게 그분의 존재와 진리를 확증한다는 사실을 확실하게 해주신다.[4]

줄리언은 각각의 환상을 다음과 같은 몇 가지 유형으로 분류해 설명한다. 첫째, 그녀는 그 환상이 자신이 회개해야 하는 이유를 깨닫도록 어떻게 도와주었는지를 보여 준다. 그 다음 그 환상은 그녀가 긍휼을 보여야 하는 이가 누구인지 깨닫도록 도와주었다. 마지막으로 그 환상은 하나님에 대한 간절한 갈망의 특별한 측면을 표현하도록 해주었다. 이 세 가지는 각각 내적인 상태, 외적인 깨달음, 영원한 갈망을 보여 준다. 첫 번째 계시는 우리를 하나님의 임재 가운데로 인도하며 그리스도의 역할과 마리아의 중요성을 나타낸다. 이 세 인격은 줄리언의 깨달음의 모든 측면에서 핵심적인 역할을 한다. 그녀는 자신이 처음으로 밝혀 낸 기능인 '영적 상상'(spiritual imagination)을 활용해, 육체적인 시각과, 육체적인 시각에 반응하여 나오는 단어들과, 영적인 인식을 종합한다.

이는 영성 생활에 대한 이해를 돕는, 가장 혁신적인 과정 가운데 하나다. 특히 하나님과 함께하는 삶에서 영적 체험의 역할에 대해 알고자 할 때 그렇다. 줄리언이 우리에게 보여 주는 것은, 육체적인 체험에서 개념적인 이해로, 그리고 영적 통찰로 나아가는 법이다. 이는 어느 정도까지는 우리가 매일 체험하는 것이다. 하지만 줄리언은 나름의 독특한 견해를 제시했다. 여기 이 점을 설명하는 기본적인 예가 있다.

운전을 할 때 우리는 빨간불, 노란불, 초록불을 본다. 우리의 감각적인 체험은 이 데이터를 알려 준다. 하지만 감각적인 데이터 자체만으로는 행동을 유발하기에 충분하지 않다. 이와 마찬가지로 우리는 개념적인 이해를 통해, 멈추는 것, 천천히 가는 것, 속도를 내는 것에 대해 알고 있다. 하지만 역시 이 개념적인 이해만으로는 행동을 유발하기 어렵다. 이러한 개념적인 이해에 감각적인 데이터가 합해질 때에만, 우리는 빨간불은 멈추라는 뜻이고, 노란불은 천천히 가라는 뜻이고, 초록불은 속도를 내라는 뜻임을 알게 된다. 이 세 번째 단계, 즉 인식과 개념이 이해를 통해 결합하는 것, 이것이 바로 줄리언이 말한 영적 통찰이다. 이렇게 그녀가 묘사하는 신적 계시는 감각적 체험, 개념적 이해, 영적 통찰을 모두 포함한다.[5]

줄리언의 환상에 대한 해석

첫 번째 계시, 즉 가시 면류관에서 피가 뚝뚝 떨어지는 장면은 우리를 그리스도의 수난 장면과 그 사건에 연루된 중요한 인물들, 즉 성 삼위일체, 그리스도 자신, 그리고 마리아에게로 데려간다. 그녀는 이 장면들이 그녀에게 어떤 의미인지에 대해 말하지만, 그것들이 우리에게도 같은 의미를 주리라 생각하지는 않는다. 그녀는 단지 그 실재들을 강조할 뿐이고, 그 다음 하나님을 향한 우리 자신의 갈망들이, 동일한 영적 통찰에 이르도록 인식과 개념들을 잘 융합해 내기를 바란다.

그녀의 두 번째 계시는 십자가에 달린 그리스도의 얼굴을 본 것이다. 얼굴의 윤곽선을 따라 고통스럽게 패인 자리들과 핏자국으로 뒤범벅된 그리스도가, 어슴푸레한 암흑 가운데서 그녀 앞에 매달려 계신다.[6] 줄리언은 그리스도를 좀더 확실하고 분명하게 보고 싶었지만, 그녀가 영적 통찰을 통해 깨달은 것은, 하나님은 그분과 함께하는 삶의 그 순간을 지속하기에 충분할 만큼만 그

얼굴을 보도록 허락하신다는 사실이다. 우리는 그분이 주어진 시간 동안 우리에게 계시하고자 하시는 것 이상으로 보려 해서는 안 된다.

그녀의 세 번째 계시는 만물 가운데서 하나님을 본 것이다.[7] 이 계시는 영어권 세계에서는 최초로, 가장 혁신적인 신학적 성찰 몇 가지를 시작하게 해주었다. 줄리언은 하나님의 경이로움, 죄의 실재, 인류의 미래에 대해 숙고하기 시작했다. 그 과정에서 그녀는 죄인들이 하나님에게서 계속 소외되어 있다는 사실은 최소화했다. 또 그녀는 하나님만이 세상과 그 안에 있는 만물을 다스리심을 깨달았다. 더욱이 모든 일은 하나님의 신적 돌보심 아래서 일어나는 것이다.

네 번째 계시는 어디에서나 그리스도의 피가 흘러내리는 것이었다. 줄리언은 이 장면이 그리스도의 피가 세상 전체를 위한 것임을 나타낸다고 이해했다. 육체적인 면에서 살기 위해 물이 필요하듯이, 영적으로 잘 자라기 위해 그리스도의 피가 필요하다는 사실은 훨씬 중요하다.[8]

다섯 번째 계시는 하나님이 사탄을 패배시키기 위해 그리스도의 수난을 사용하심을 우리에게 가르친다.[9] 줄리언은 감각적인 체험이 아니라, 정확히 그녀의 마음에 주어진 단어들을 통해 이것이 '마귀' 즉 사탄을 이기는 길임을 깨닫는다. 그녀는 이런 통찰에 대해 이야기하면서, 그리스도가 어떻게 사탄의 사악한 방식들을 물리치시는지, 그리고 우리가 그분의 모범을 따르기를 얼마나 바라시는지 깨닫는다.

여섯 번째 계시는 시련과 고통의 중요성 그리고 하늘에서 누릴 복에 대해 알려준다.[10] 첫째, 줄리언은 주 하나님이 감사의 마음을 가지심을 깨닫는다. 둘째, 그녀는 하늘에 있는 우리 모두가, 모든 고통이 끝났을 때 하나님이 느끼시는 감사를 인식하며 기쁨을 발견함을 본다. 마지막으로, 이 복은 우리가 이 복을 경험한 첫 날 그랬던 것처럼 영원히 새롭고 신선할 것이다.

일곱 번째 계시는 우리 모두가 원하는 구원의 확신을 경험하는 열쇠다. 줄리언이 그것을 어떻게 표현하는지 살펴보자. "우리 주님의 다음 계시는, 내 영혼 속에 최상의 영적 즐거움이 가득한 것이었다. 나는 영원한 확신으로 충만했다. 이 느낌으로 인해 나는 너무나 즐겁고 행복으로 가득차서, 완벽한 평안과 안식을 느꼈다."[11]

줄리언은 이런 체험들의 목표가 우리로 구원의 확신을 갖게 하는 것임을 깨닫는 데까지 이른다. 다시 그녀가 그것을 어떻게 표현하는지 들어 보자. "나는 모든 사람에게 그런 체험이 꼭 필요함을 깨닫는다. 하나님은 그분이 우리를 안전하게 보호하신다는 사실을 우리가 알기를 바라신다. 또 우리가 영원한 기쁨, 즉 전능하신 하나님, 우리를 사랑하시고 보호하시는 그분 가운데 거하기 위해 고통과 아픔을 넘어서기를 바라신다."[12]

여덟 번째 계시는 수난을 당하시고 거의 죽음에 이르신, 십자가에 달리신 그리스도에게 초점을 맞춘다. 줄리언은 우리가 동일화해야 하는 그분의 모든 아픔에 덧붙여, 자신이 사경을 헤맬 때 그녀의 어머니가 침상 곁에서 밤을 지새웠던 일에 대해서도 이야기한다. 이렇게 그리스도의 고난과 연합하는 것은, 우리가 그리스도와 비슷한 영광을 얻으려면 우리의 고난도 그분의 고난과 비슷해야 한다는 중세의 믿음을 생각나게 한다.[13]

아홉 번째 계시는, 우리가 그리스도의 고난과 수난을 이해하고 감사할 때 그분이 얼마나 기뻐하시는지 깨닫게 한다. 하나님이 자신의 최고 희생에 대해 만족하실 수 있는 유일한 이유는 우리의 감사와 인정이라는 듯이 말이다. 이는 좀 이상한 생각이다. 우리는 보통 구원을, 화가 나신 하나님을 누그러뜨리기 위한 죄 용서로 생각한다. 하지만 줄리언이 말하는 바는, 하나님은 우리가 하나님이 우리를 위해 하신 일에 대해 알고 감사하고, 그 표현으로서 그분을 섬기고 사랑할 때 기쁨을 누리신다는 것이다.[14]

열 번째 계시는 우리를 위해 고통당하신 그리스도의 기쁨을 보여 준다. 우리가 하나님을 추상적으로 생각할 수밖에 없다면, 줄리언은 우리에게 예수님에 대해 구체적으로 생각하라고 촉구한다. 예수님의 옆구리 상처의 목적을 깨달을 때에만, 우리는 그리스도가 최고의 희생을 통해 누리시는 기쁨을 깨달을 수 있다.[15]

열한 번째 계시는 줄리언으로 하여금 성모 마리아를 높이게 한다. 줄리언은 그리스도가 다른 사람들보다 마리아를 더 좋아했다고 믿고, 우리에게도 그녀에게 경의를 표하라고 청한다. 우리는 이런 존경을 통해, 그녀가 그리스도를 잉태했을 때 경험했을 최초의 기쁨, 그리스도가 십자가에 못박혔을 때 느꼈을 엄청난 슬픔, 그리고 영원히 그리스도와 함께하는 그녀의 영원한 기쁨을 인식한다. 마리아는 우리가 어떻게 그리스도를 기다리며 체험해야 하는지를 보여 주는 완벽한 모범이다.[16]

열두 번째 계시는 그리스도를 갈망하며 찾는 모든 영혼은 마리아를 통해야만 한다고 가르친다. 그녀는 우리가 따라야 할 완벽한 모범이다. 줄리언은 이 계시를 통해, 교회에는 많은 교사가 있지만 최고의 선생은 예수 그리스도뿐임을 깨닫는다.[17]

열세 번째 계시는 죄와 고통에서의 구속을 포함한다. 여기서 줄리언은, 우리의 죄와 고통이 얼마나 크건 작건 하나님이 영원히 그것들을 속하실 것임을 깨닫는다. 하나님의 목적은, 우리가 우리의 특별한 관심사나 긍정적인 경험만이 아니라 삶의 모든 것을 포용하도록 돕는 것이다. 그녀는 여기서 죄에 빠지기 쉬운 하등의 동물적 본성이라는 개념과 하나님만 생각할 수 있는 고등의 신적 본성이라는 개념을 들여온다. 우리는 하나님 안에 편안히 거함으로써, 죄와 고통에도 불구하고 모든 것이 잘 될 것임을 알 수 있다.[18]

열네 번째 계시는 "왜 기도해야 하는가"라는 질문에 대한 답이다. 우리는 종종 하나님의 섭리에 대해 생각할 때, 기도가 무슨 효과가 있을까 의아해한다. 하나님이 무언가를 하고자 하신다면 우리가 구하건 말건 그분은 그것을 하실 것이다. 하지만 줄리언이 깨달은 바는, 기도란 하나님으로 하여금 우리의 요청을 들으시도록 하는 것이 아니라, 우리의 인식을 바꾸시기를 구하는 것이다. 기도는 우리를 유순하게 만든다. 기도는 우리 영혼에 탄력을 회복시킨다. 기도는 그분의 뜻을 향해 우리의 방향을 재조정하고, 그분의 뜻을 깨닫는 영적 통찰을 계발하도록 돕는 하나님의 방법이다. 또한 기도는 세상을 향한 하나님의 목적을 성취하시는 그분의 일에 동참하는 방법이다.[19]

열다섯 번째 계시는 인내하는 법과 고통을 견디는 법을 가르친다. 줄리언은, 인내가 하나님이 고통 가운데 우리에게 오셨음을 알게 해준다는 사실을 깨달았을 때 분명 육체적으로 심한 고통 가운데 있었다. 이렇듯 고통은 신앙의 장벽이 아니라 그 신앙에 이르는 통로다.[20]

열다섯 번째 계시 이후 줄리언은 병에서 회복되기 시작한다. 그녀는 이제 살 수 있음을 깨닫는다. 그녀는 삶에 대한 감각을 회복한 이후 안식을 누리고, 확신과 마음의 평안을 회복한다.

하루 뒤에 찾아온 열여섯 번째 계시는 구원에 대한 확신을 갖게 한다. 이전의 계시들을 확증하는 마지막 환상은 줄리언으로 하여금 그녀가 체험한 모든 것의 실재성과 유효성을 믿도록 도와주었다. 그녀는 이렇게 쓴다. "예수님은 우리 영혼에 자리잡으신 곳에서 영원토록 떠나지 않으신다. 우리 가운데 앉아 계신 것이 그분의 가장 친숙한 본향이기 때문이다. 이는 황홀하면서도 평온한 시각이었다. 이런 시각은 그분이 영원히 거기 거하신다는 확신을 주었기 때문이다."[21]

최종 열매

열여섯 가지 계시의 최종 열매는, 하나님께 가까이 가기 위해 사탄을 물리치는 법을 가르쳐 준다는 것이다. 줄리언은 이 열여섯 번의 체험을 통해, 하나님을 바라보고 실재를 이해하게 해준 영적·인지적 방향 재조정을 경험한다. 그녀는, 우리를 하나님으로부터 멀어지게 하는 다른 인간적인 반응들에 맞서면서 계시에 대한 설명을 마무리짓는다. 결국 줄리언의 소망은 우리가 죄를 미워하고, 하나님을 사랑하고, 그분의 뜻을 행하는 것이다.[22]

줄리언은 성령의 역사에 대한 놀랄 만한 통찰과 민감함으로, 일상어 신학을 새로운 수준으로 끌어올린다. 영적 체험의 정당성에 초점을 맞춘 일상어 신학은, 공식 신학과 교리 신학을 해체시킨 것이 아니라, 하나님을 더 깊이 이해하기 위해서는 이성과 신학이 하나님의 더 큰 목적을 위해 제 역할을 해야 한다고 그 강조점을 변화시킬 뿐이다. 그녀의 저술에는 주요한 기독교 교리(창조, 인간 본성, 이성의 역할, 성육신, 수난, 죄, 교회, 종말론 등)에 대한 긴 내용이 포함되어 있긴 하지만, 그녀의 더 큰 관심사는, 우리로 하나님을 체험하도록 돕고 그 체험을 이해하도록 돕는 것이었다.

마지막으로 언급할 내용은, 줄리언의 체험을 그녀가 처한 상황 속에서 보도록 도와줄 것이다. 독자들은 실제로 그를 좋아하거나 싫어하거나 둘 중 하나일 것이다. 그녀에 대한 사람들의 반응이 중간 지대를 차지하는 경우는 거의 없는 것 같다. 이는 일면 14세기 영국의 영성에 대해 특별히 강조한 점과, 종교적 체험의 유효성에 대한 관심을 회복한 점에서 기인할 수 있다. 그 밖에, 아마도 더 중요한 요인은 그녀가 하나님과의 만남을 너무 생생하게 묘사했기 때문일 것이다.

줄리언의 통찰

처음 줄리언의 체험을 읽었을 때 내 감정이 복잡했다는 것을 인정해야겠다. 어떤 차원에서는 그 체험들에 주의를 집중하고 하나님에 대해 오랫동안 영광스러운 생각을 하게 되었다. 하지만 다른 차원에서는 아주 이상했다. 그러나 우리의 반응과 상관없이 그 사건들은, 하나님이 다양한 상황과 경험들을 통해 우리에게 자신을 계시하신다는 사실을 깨닫게 해준다. 줄리언의 계시는, 하나님이 독특하고 강력하게 우리 삶 속에 침투해 들어오심을 보여 준다. 이런 만남은 영성 생활의 초기에 즉각적으로 일어나는 경우는 거의 없다. 오히려 하나님께 가까이 가고자 오랫동안 꾸준히 노력해 온 결과다. 영성 형성 과정의 목표는, 영속적으로 하나님과 함께하는 삶이다. 줄리언의 체험을 통해 우리는 이 목표를 기억하고, 계속 격려를 받는다.

사실 이 장에 나오는 네 명은 교회 역사상 두드러지는 한 유형을 보여 준다. 하나님에 대한 그들의 개인적인 체험은 수년 동안의 묵상, 기도, 연구 그리고 노력의 결과다. 일반적인 영적 체험 그리고 특별한 환상과 계시의 가치는, 오랫동안 하나님과 함께한 삶 가운데 하나님이 임재하셨음을 확증해 준다. 이는 공로로 얻는 의라는 접근법이 아니라, 하나님이 우리들 각자가 삶의 방식을 통해 그분에게 확실한 반응을 하기를 기대하심을 우리가 깨달았음을 보여 주는 것이다.

그럼에도 불구하고 하나님에 대한 줄리언의 접근은 전례가 없고 독특하다. 줄리언은 육체적 인식에서부터 이성적인 개념과 영적 해석에 이르기까지, 우리가 어떻게 하나님에 대한 온전한 지식으로 나아가고 영원한 관상을 누리며 그분과 안식하게 되는지를 보여 준다.

반추하고 반응하기

내가 처음 줄리언을 접한 것은, 대학에서 영성 고전을 가르칠 때였다. 우리는 아우구스티누스와 클레르보의 베르나르, 토마스 아 켐피스, 마르틴 루터, 장 칼뱅, 존 웨슬리 등에 대해 공부했다. 나는 한 특별한 수업을 위해, 줄리언의 「계시」를 읽어 오도록 숙제를 냈다. 영어로 여성이 쓴 첫 책을 읽는 것이 우리에게 적합하리라는 생각에서였다. 하지만 다음 주 수업 시간에 학생들은 몹시 떠들썩했다. 우리는 그 동안 지성과 이성 그리고 멋진 유머를 갖춘 훌륭한 글들에 대해 토론했었다. 하지만 이번은 달랐다. 어느 누구도 학자적인 거리를 유지한 채 초연한 자세를 취하지 않았다. 모두가 이야기하고, 토론하고, 심지어 소리치기까지 했다. 그 책을 좋아하는 이들도 있었고, 싫어하는 이들도 있었지만 모두가 열정적으로 토론에 참여했다.

나는 그 토론을 중재하면서 사태가 이렇게 된 이유를 찾았다. 하나님에 대한 사랑에만 관심을 둔 한 권의 책이 어떻게 이렇게 극렬한 논쟁을 일으킬 수 있을까? 나는 학생들의 말에 귀를 귀울이고 나서야, 문제의 핵심이 그녀가 사용한 열정적인 사랑의 언어였음을 알게 되었다. 사실 학생들은 그런 언어 자체에는 꽤 익숙해 있었다. 영화, 책, 텔레비전, 인터넷에서 그와 같은 언어들을 많이 접할 수 있기 때문이다. 그들에게 익숙하지 않았던 것은, 이런 종류의 언어를 기독교 영성에 사용한다는 것이었다. 줄리언은 이렇게 쓴다. "진실로 우리의 연인은 영혼이 온 힘을 다해 그분을 의지하기를 바라시며, 우리가 항상 그분의 선하심을 의지하기를 바라신다."[23] 그녀는 십자가 사건을 속죄에 대한 장황한 이론으로 접근하지 않았다. 그녀는 "많은 피를 흘리신 몸,…흰 살갗,…사랑스런 몸에 가해진 심한 채찍질로 부드러운 살에 심한 상처를 입으신 것을" 가까이 다가가서 본다. "뜨거운 피가 엄청나게 흘러내려서, 살갗도 상처도 볼 수가 없었다. 피밖에 없는 것 같았다."[24] 줄리언은 삼위일체에 대해 말할 때도 그 신비를 분석하려 하지 않았다. 오히려 그는 단순하고 심원하게 선언했다. "삼위일체는 우리의 영원한 연인이다."[25]

학생들과 나는 그 날 귀중한 교훈을 얻었다. 현대 문화는 열정적인 사랑을 에로틱하고 성적인 상황에서만 생각하도록 우리를 길들여 놓았다. 하지만 줄리언의 드라마틱한 언어는, 우리를 향한 하나님의 사랑과 우리의 사랑의 반응을 새로운 시각으로 바라보도록 우리를 자유롭게 해주었다. 그 날부터 우리는 하나님과의 관계에 더 깊은 범주의 정서를 허용하기 시작했다. 유연함, 친밀함, 열정, 그리움 등도 하나님의 사랑에 반응하는 적절한 방식이 되었다. 그 날 교실에 있던 그 순간이 바로 '카이로스'의 순간이었다.

줄리언의 책, 「계시」에 나오는 신비적인 계시는 그리스도의 수난을 주요 주제로 다룬다. 이 책을 숙제로 낼 만하다고 생각하게 된 것은, 이 책이 전심으로 그리스도의 십자가에 다가가는 것에 대해 생각하게 해주었기 때문이었다. 나는 유용한 지적 훈련을 위해 몸값 이론, 대속 이론, 도덕적 감화 이론 등의 다양한 속죄 이론을 찾고 있었는지도 모른다. 하지만 줄리언은 열정과 애정과 공감하는 마음과 영혼으로 십자가에 달리신 그리스도에 대한 체험으로 나아가도록 나를 일깨웠다. 내가 그분의 손과 발의 못자국을 느낄 수 있을까? 거친 느낌의 십자가를 만질 수 있을까? 천국의 왕이 죽어 가는 모습을 애도할 수 있을까?

이는 모두 아주 정서적인 언어이며, 전심의 정서적인 체험은 우리들 대부분에게 쉽게 다가오지 않는다. 그렇다면 우리는 어떻게 시작할까? 어디에서 시작할까? 우리는 깨어지고 죄를 뉘우치는 마음으로 시작한다. 우리는 내면의 경건한 슬픔으로 시작한다. 성 안토니우스는 이렇게 말한다. "덕을 세우는 일에 진보하고자 하는 이는 누구든지 울음과 눈물로 해야 할 것이다."[26]

나는 눈물이 부드럽게 흘러내리는 특별한 은혜를 받은 적이 있다. 나는 '뉘우침'(compunction), 즉 마음의 슬픔에 대한 교회의 옛 가르침을 묵상하던 중이었다. 이 때 하나님은 은혜롭게도, 하나님 백성의 죄에 대한 거룩한 애도로, 그리고 우리를 향한 그분의 인내, 사랑, 자비에 대해 눈물 가득한 감사로 들어가게 하셨다. 나는 좀더 오래 가기를 원했지만, 이런 마음의 눈물은 며칠 동안만 지속되었다. 줄리언은 예배와 찬양의 정서적인 측면을 가르치는 우리의 스승이다.

나는 특히 줄리언에게 임한 열네 번째 계시, 기도에 대한 계시로 인해 감사한다. 기도는 "우리 영혼에 탄력을 회복시킨다"라는 줄리언의 접근이 앞에 나와 있는데, 이는 그녀의 경험을 너무나 잘 묘사한 것이다. 나는 그녀의 기도가 정말 좋다. "주님, 나의 뜻이 당신의 뜻이기를 원하는 마음을 당신이 아십니다. 선하신 주님, 그것이 당신의 뜻이 아니라도, 화내지 마소서. 당신이 원하지 않는 것은 나도 원하지 않기 때문입니다."[27] 나도 기도할 때 이런 심령이 되기를 간절히 원한다.

물론 줄리언이 이런 식으로 기도할 수 있었던 것은, 하나님의 선하심에 대한 확신이 있었기 때문이다. 그녀는 하나님이 늘 그녀에게 선하게 행하실 것임을 알았다. 그녀는 하나님의 뜻을 전적으로 신뢰할 수 있었다. 하나님의 뜻이 그녀에게 최선일 것이기 때문이다. 이것이 그녀의 확신이었다.

어느 순간 그녀는 이렇게 쓴다. "이 계시는 우리 영혼이 하나님의 선하심을 지혜롭게 의지하는 법을 가르치기 위해 내게 주어졌다.…기도의 최고 형태는 하나님의 선하심을 향한 것이기 때문이다.…진실로 우리의 연인은 영혼이 온 힘을 다해 그분을 의지하기를 바라시며, 우리가 항상 그분의 선하심을 의지하기를 바라시기 때문이다."[28] 줄리언은 내가 진정으로 본받고 싶은, 하나님의 선하심에 대한 확신과 그 선하심에 거하는 한 심령을 보여 준다.

나는 줄리언이 기도에 대한 통찰들을 나눌 때가 최상의 모습이라 생각한다. 그녀는 우리 마음이 만족을 얻을 때까지 파내고 탐사할 수 있는 풍부한 금광이다. 줄리언은 건조하고 메마른 시기에 하나님이 이렇게 말씀하신다고 말한다. "아무 느낌이 없을지라도, 아무것도 볼 수 없을지라도, 건조하고 메마른 시기에, 아프고 연약할 때, 아무것도 할 수 없다는 생각이 들지라도 전심을 다해 기도하라. 그 때 너의 기도가 나를 가장 기쁘게 할 것이다. 너에게는 무미건조하게 느껴질지라도 말이다. 내가 보기에 살아 있는 기도는 그런 것이다."[29]

아마도 기도에 대한 줄리언의 글 중 가장 유명한 부분은, 하나님이 과연 자신의 기도를 들으시는가 하여 그녀가 절망이 빠져 있는 순간에 나온 것인 듯하다. 그 때 그녀는 주님이 이렇게 말씀하시는 것을 들었다. "내가 너의 간구의 근거다. 우선 네가 품어야 할 것은 나의 뜻이다. 그러면 나는 네가 그것을 원하도록 해줄 것이다. 그러고 나서 네가 그것을 간구하도록 도와줄 것이다. 네가 무언가를 간구할 때 그 간구하는 것을 마음에 품지 않고서야 어떻게 구할 수 있겠느냐?"[30] 이런 관점에서 기도는, 하나님이 우리 마음에 먼저 시작하신 일에 대한 우리의 반사 행동과 같다. 수년간의 경험 이후 줄리언은 이렇게 담대하게 선언한다. "기도는 우리 영혼을 하나님과 하나 되게 한다."[31]

계시들 중 일부는 문제가 있다. 마리아에게 경의를 표하는 열한 번째 계시와, 고통을 이상화하는 열다섯 번째 계시는 성경이 보증하기보다는 중세의 지지를 받는 듯하다. 하지만 이는 위대하신 우주의 하나님과의 열정적이고 완전한 사랑의 관계로 우리를 초청하는 한 작품에 대한 사소한 이의 제기다.

이번 장은 가장 잘 알려진 줄리언의 말로 마무리하는 것이 좋을 것 같다. 그것은 만물의 궁극적인 회복에 대해 이야기하는 것이다. "하지만 다 잘 될 것이다, 다 잘 될 것이다, 결국 전부 다 잘 될 것이다."[32]

우리 구세주이자 친구이신 주님, 줄리언은 가장 경이롭고 초월적인 신비적 경험을 했습니다. 이와 비교해 보면 우리 경험은 보잘것없는 것 같습니다. 우리가 주의를 기울이는 곳은 일상적인 삶의 면면인 것 같습니다. 우리는 월말까지 모자라지 않게 돈을 잘 사용하는 것에 신경을 쓰고, 어떻게 하면 우리 아이들이 수학과 국어를 잘 할 수 있을지 염려합니다. 또 잔디를 깎고 빨래를 합니다. 하지만 주님, 우리는 당신과 함께 이런 일들을 하는 법을 배우고 있습니다. 당신이 우리의 보잘것없는 일상에 관심을 가지시니 감사드립니다.

초월적인 신비적 경험들이 우리의 우선순위 목록의 윗부분에 가 있을 때가 올 것입니다. 우리는 그 순간을 기대합니다. 그 때까지 우리는 삶의 평범한 모험들에 충실하도록 최선을 다할 것입니다. 아멘.

조지 폭스

내면에 계신 그리스도의 빛을 따르는 법 배우기

> 그러고 나서 나는 이렇게 말하는 음성을 들었다.
> "네게 꼭 맞는 말씀을 들려주는 이가 있다,
> 바로 그리스도 예수다."
> 이 음성을 들었을 때, 내 마음은 기뻐 뛰었다.
> _「일기」(The Journal)

조지 폭스(George Fox, 1624-1691)는 영국 레스터셔 주 페니 드레이튼이라는 작은 마을에서 태어났다. 그는 위대한 왕들, 위대한 시인들, 거대한 사회적 불안정으로 대표되는 영웅 시대에 살았다. 그는 1691년에 죽었는데, 이는 공식적으로 그리고 최종적으로 영국 혁명이 왕권을 물리친 지 3년이 지난 후였다.³³³ 그는 영국 국교회 안에서 성장했지만, 영국을 뒤엎은 종교적·정치적 소요가 영원히 그의 마음에 각인되어 있었다. 그는 5년 동안 자신의 종교적 질문들에 대해 답을 찾으려 했지만, 그를 도와줄 사람을 찾지 못했다. 그리스도에 대한 드라마틱한 체험을 하고 나서야 그의 종교적인 갈증은 해갈되었다. 결국 그는 영국 국교회를 떠났고, 그 후 40년 동안 교회에 속한 사람이라면 누구나 당했을 심한 박해를 겪었다.

하지만 그는 죽기 전에, 퀘이커 교도들을 보호하고 영어권 세계에 종교적 자유를 가져다 준 여러 법이 제정되는 것을 보았다.

모든 위대한 운동들은 그들의 시기 훨씬 이전에 시작된다. 529년경 플라톤과 아리스토텔레스가 공부하고 가르쳤던 아테네의 아카데미는 문을 닫고, 같은 해 최초의 베네딕트 수도회가, 기독교 세계를 지배하게 될 한 변화를 예고하며 문을 열었다. 이 변화는 영국의 종교 생활뿐 아니라 조지 폭스의 이해에도 현저한 영향을 미쳤다. 아우구스티누스, 클레르보의 베르나르, 보나벤투라, 아시시의 프란체스코, 야콥 뵈메(Jacob Boehme), 노리치의 줄리언을 비롯한 몇몇 인물들이 이 변화에 주요한 역할을 했지만, 아우구스티누스와 프란체스코의 영향이 특히 주목할 만하다.

이 두 성인의 사고로 인해 기독교는 신플라톤주의에 의존되어 있음을 알게 되었다. 물론 동시에 그것을 넘어서려고도 했다. 시간이 흐르면서 기독교 신비주의의 강조점은 헬라 세계의 신플라톤주의적 정황에서, 히브리 선지자들의 성경적 전통과 궁극적으로는 예수님 자신에게로 다시 돌아갔다.[34]

내면의 그리스도

아우구스티누스는 자신의 시대에, 내면의 그리스도를 주님이자 교사로 따르라는 강력한 주장을 폈다. 이 내면의 인도자는 모든 지식의 기초였으며, 영성 생활을 이해하기 위해 필요한 것을 우리 마음에 공급해 주었다. 아우구스티누스는 이렇게 쓴다. "예수님만이 내게, 내 눈앞이나 혹은 다른 신체 감각 가운데 놓인 것, 혹은 나의 마음에 놓인 것, 내가 알고 싶어하는 것들을 가르치신다."[35] 결국 폭스는 그리스도를 내면의 빛으로 강조하며 아우구스티누스를 수정했다. 하지만 여전히 이 내면의 빛도 성경적인 예수와 직접적으로 연결되어 있었다.

폭스가 두 번째로 주요한 영향을 받은 프란체스코회의 가르침은, 예수님의 독특한 특성에 초점을 맞추었다. 폭스에게는 특히 네 가지 요소가 중요했다. 프란체스코회가 순회 사역을 강조한 점, 순교의 전통에서 더 큰 대의명분을 위해 권세자들의 손에 기꺼이 고통당하려 한 점, 진정한 교회는 예수님의 삶과 가르침의 본을 따르는 삶을 사는 이들로만 이루어진다는 믿음, 하나님과의 연합은 예수 그리스도의 인격과 사역을 통해서만 가능하다는 인식이 그것이다. 내면의 빛은 우리의 이해를 결정할 수는 있으나, 그 빛이 가리키는 실체를 결정하는 것은 역사적 예수에 대한 우리의 체험이다. 결과적으로 폭스는 하나님에 대한 체험을 이해하는 일곱 가지 기본 단계를 주창한다.

하나님과 함께하는 삶의 일곱 요소

1. 모든 진정한 그리스도인은 예수님에 대해 직접적이고 즉각적인 체험을 한다.
2. 이 체험들은 성경의 증거와 관련해서만 가장 잘 이해된다.
3. 이 체험들은 현재의 인도를 확증할 뿐 아니라, 삶을 살아가는 동안 새로운 통찰을 제공한다.
4. 성경은 역사적 예수에 대한 우리 체험을, 내면의 교사이신 그리

스도의 인도하심과 관련짓는 법을 가르친다.
5. 우리는 예수님과 동일화함으로써 그분의 고난에 들어가고 우리의 고통의 경험을 그분과 관련하여 이해한다.
6. 신앙 공동체는 종교 전통보다 더 중요하다.
7. 이 모든 통찰과 체험은 우리를 하나님에 대한 순전한 사랑으로 인도한다.

하나님을 체험함. 조지 폭스는 전 생애를 통해 하나님의 생생한 임재를 체험하는 것의 중요성을 강조했다. 이런 강조는 그 자신의 체험에서 나왔다. 여기, 어떻게 그가 자신의 삶에서 그렇게 넘치는 확신에 이르게 되었는지가 나와 있다. "그들과 모든 사람에게 둔 나의 모든 희망이 사라졌을 때, 외부에는 나를 도와줄 사람이 아무도 없었고, 누구도 내게 무엇을 해야 한다고 말할 수 없었을 때, 그러고 나서, 오, 그러고 나서 나는 이렇게 말하는 음성을 들었다. "네게 꼭 맞는 말씀을 들려주는 이가 있다, 바로 그리스도 예수다." 이 음성을 들었을 때, 내 마음은 기뻐 뛰었다."[36]

이 체험은, 우리들 각자는 예수 그리스도를 통해 하나님에 대한 진정하고 생생한 체험을 해야 한다는 폭스의 믿음을 굳게 해주었다. 폭스는 이러한 지식은 직접적이고 즉각적으로 온다고 믿었다. 하나님을 찾기 위해서는 그분에 대한 갈망 외에 다른 것은 필요 없다. 중간에서 우리를 하나님과 연결시켜 주는 지식은 꼭 필요한 것도 아니고, 매력적인 것도 아니다. 그리스도만으로 충분하기 때문이다.

우리의 체험을 이해함. 우리의 체험을 성경과 조화시켜야 한다는 것은 폭스 자신의 글에서 찾을 수 있다. 그의 「일기」를 읽을 때 우리는 즉시 그가 성경을 얼마나 많이 인용하는지를 알 수 있다. 사실 그와 동시대인들 대부분은, 성경이 사라진다 해도 폭스는 성경의 4분의 3은 암송할 수 있을 거라고 소리내어 경탄을 표했다. 「일기」의 처음 100페이지에서만 해도 성경의 직접 인용 혹은 성경에 대한 암시가 148회 이상 나온다.[37] 폭스는 삶의 여러 모습들에 대한 통찰을 얻기 위해 그리고 이 삶의 여러 모습들이 영성 생활과 관련됨을 보여 주기 위해 꾸준히 성경을 사용한다. 모든 경우에 예수님에 대한 우리의 체험은 하나님과 우리 삶에 대한 숨겨진 신비를 밝혀낸다. 폭스는 그것에 대해 이렇게 표현한다. "예수님은 하늘의 열쇠로 문을 여시는 분이다. 그리스도를 통해서만 입장이 허용된다."[38]

폭스에게 도전이 되었던 점은 우리를, 성경의 객관적인 본문을 넘어 사랑이신 하나님의 성령을 받아들이는 데로 나아가도록 한 것이었다. 폭스에 따르면, 이는 성경의 영, 즉 하나님의 사랑이 성경 텍스트보다 더 중요하다는 의미였다.[39] 이런 입장은 불가피하게 종교 권위자들과의 갈등을 고조시켰다.

항상 성장함. 폭스의 세 번째 요소, 이 체험들이 어떻게 현재의 인도를 확증할 뿐 아니라 삶을 살아가는 동안 새로운 통찰을 제공하는지에 대해서는, 사도 바울의 삶에서 통찰을 끌어온다. 폭스는 이미 1647년에, 그리스도의 빛을 따르는 일은 하나님과 함께하는 삶에 새로운 통찰을 가져온다고 썼다. 이런 통찰은 우리가 하나님을 사랑하는 법을 배울 때 얻는 것이며, 하나님에 대한 이러한 사랑은 그분과의 더 깊은 연합으로 이끌어 준다. 이런 인식의 변화는 쉽게 자주 일어나지는 않지만, 그런 변화가 일어날 때 우리는 통찰을 얻고 하나님과 함께하는 삶이 더 깊어진다.

폭스는 바울의 삶과 증거의 도움을 받아서, 바울의 유대적 유산인 외적인 율법이 바울로 하여금 예수 그리스도라는 내적인 실재를 깨닫지 못하도록 방해한 사실을 보여 준다. 다메섹으로 가던 길에서 바울의 삶과 관점 전체가 변화되었을 때에야 비로소 우리는 내면에 계신 그리스도의 실재와 능력을 본다. 이러한 인식의 재조정은 예수 그리스도를 직접 체험한 결과다. 이는 바울에게 아주 중요했고, 폭스에게도 그러했고, 초기의 퀘이커 교도들에게도 그러했다.

예수님의 중요성. 이것은 아마도 하나님과 함께하는 삶을 이해하는 면에서 폭스가 가장 의미있는 기여를 한 면일 것이다. 폭스는 아우구스티누스의 본을 따라, 그리스도를 우리에게 통찰을 주시는 유일한 내면의 교사로 규정한다. 폭스는 그리스도에 대한 이러한 이해를 발전시키면서, 서로 바꾸어 쓸 수 있는 두 어구를 사용한다. 하나는 "내면에 계신 그리스도의 빛"이고 다른 하나는 "내면의 교사이신 그리스도"다. 두 어구 모두 아우구스티누스의 이상을 구현한 것이며, "이성의 빛"이라는 로크의 이해[40] 혹은 "자연의 빛"이라는 데카르트의 이해[41]와는 분명히 다른 것이다.

폭스는 1648년이라는 이른 시기에, 성령에 대한 언급들과 만물에 분명히 나타난 그리스도의 신적인 빛을 연결짓기 시작했다. 그의 의도는 우리에게 모든 것을 가르치실 수 있는 그리스도, 곧 '내면의 빛'에게로 우리를 인도하는 것이다.[42] 폭스는 다음과 같이 언급함으로써 그의 입장을 자세히 설명한다. "나는 사람들을 세상의 모든 헛된 종교들로부터 데리고 나와서, 그들에게 구원을 알려줄 내면의 빛으로 돌아가게 하기 위해 보냄받았다."[43] 이러한 가르침들은 폭스를 종교 권위자들과 더 멀어지게 만들었다. 직업적인 성직자의 사역은 공허하며 무익하다고 비판했던 폭스는, 사람들에게 "백성을 속이고 착취하며 돈만 바라는 그런 이들이 아니라 진정한 교사이신 그리스도"에게로 돌아가라고 권고했다.[44]

고통의 역할. 폭스의 다섯 번째 요소는 예수님의 고통 속으로 들어가서 우리가 겪은 고통의 경험을 그분과 관련지어 이해하는 것이다. 폭스의 생애 대부분 동안 퀘이커 운동은 공식적으로 금지되어 있었다. 처음 4세기 동안의 기독교가 그랬던 것처럼 퀘이커 교도들을 향한 박해의 물결은, 다양한 통치자들에 따라 거세지기도 하고 잔잔해지기도 했다. 1689년 신교 자유령이 통과되고 나서야 퀘이커 교도들은 영국 사회에서 법적 지위를 얻을 수 있었다.

이러한 박해로 인해 폭스는 당대의 가장 잔인한 종교적 억압을 당했다. 우리는 자연 재해나 다른 사람들로 인해 고통을 당할 때 가끔 하나님의 선하심을 의심하곤 한다. 하지만 폭스는 한 번도 그런 적이 없었다. 폭스는 계속해서 돌에 맞고 구타당하고 역경과 고문을 당했지만, 항상 그것을 전통적인 종교의 한계에서 벗어나 그리스도를 체험하는 기회로 보았다.

진정한 교회. 폭스는 당대의 종교와 정치 질서에 거대한 위협으로 인식되었다. 사실 그가 견지한 입장은 그들의 시대 훨씬 전에 종교적 혁신을 일으켰던 것이었다. 그 역시 영혼을 억누른다고 생각했던 종교적 의식과 전통들에 반기를 들었다. 폭스는 그 대안으로 그리스도를 향한 공통된 사랑에 기초한, 전적으로 새로운 신앙 공동체를 주창했다. 폭스에게 진정한 그리스도인은 예수님의 삶과 가르침을 완벽하게 드러내며 사는 이들이다. 따라서 폭스는 진정한 교회는 거리에 있는 건물이 아니라 "산 돌들, 그리스도가 머리 되신 하나님의 영적 가정의 지체들"임을 강조했다.[45]

하나님에 대한 순전한 사랑. 마지막 요소는 이러한 모든 체험과 통찰들이 우리를 하나님에 대한 순전한 사랑으로 인도한다는 인식이다. 폭스는 하나님의 사랑에 대한 체험은 공공 봉사로 이어져야 한다고 믿었다. 이전 시대의 수도사들처럼 사회에서 물러나면 안 된다. 사랑에 대한 체험은 하나님의 사역을 위해 우리를 세상속으로 나아가게 한다. 그러므로 모든 사회 참여는 기독교 신앙의 표현이다.

폭스에 따르면, 평화주의는 사회적으로 괜찮은 입장이 아니라, 세상에 평화를 가져오실 수 있는 하나님의 적극적인 사랑 표현이다.[46] 교도소 개혁은 사회 활동가들이 최근에 내놓은 개혁 운동의 기치가 아니라, 모든 피조물에게 인간의 존엄성을 회복시키는 하나님의 적극적인 사랑이다. 사업에서의 정직함은 사회적인 훈육의 부가적인 산물이 아니라, 온전한 성실함으로 살아가기 위한 하나님의 사랑의 역사다.[47]

각각의 경우에 폭스는 하나님의 끝없는 사랑이 우리 인간의 모든 욕구를 만족시키며, 그것이 우리 삶의 궁극적인 모습이라고 본다. 따라서 이웃을 사랑하는 것은 우리 자신을 사랑하는 것이며, 이웃을 미워하는 것은 우리 자신을 미워하는 것이다. 결국, 폭스가 하나님에 대한 체험을 강조한 것은 하나님과 함께하는 삶을 이해하는 핵심이다. 그러한 체험들은 우리를 영적 확신으로 인도하고, 평안과 개인적인 안식을 낳는 확신을 제공해 준다.

■ ■ ■

반추하고 반응하기

조지 폭스는 아주 비범한 인물이다. 그는 독학으로 복음의 핵심에 대한 가장 놀라운 통찰들[그는 이것을 '눈이 열린 것'(opening)이라 부른다]을 얻었다. 나는 이번 장에서 논의된 일곱 가지 요소를 사용해서 몇 가지 통찰들에 대해 이야기하고자 한다.

첫째와 넷째 요소, 즉 우리가 예수님에 대해 직접적이고 즉각적인 체험을 할 수 있다는 것과, 성경은 역사적 예수에 대한 우리 체험을 내면의 교사이신 그리스도의 인도하심과 관련짓는 법을 가르친다는 것은 서로 관련되어 있다. 오늘날 이런 개념들은 현대의 청중들에게는 익숙하게 들릴지 모르지만, 폭스의 시대에는 회오리 폭풍을 몰고 온 것이었다. 그 가르침의 온전한 의미를 이해한다면 우리는 왜 그것이 당대에—그리고 어느 시대에서건—그토록 혁명적이었는지 알 수 있을 것이다.

축약판으로 보자면 폭스의 메시지는 "예수 그리스도는 여기

살아 계셔서 직접 자기 백성을 가르치신다"는 것이다. 예수님은 지금 여기서 자기 백성을 가르칠 위대한 종말론적 선지자— "모세와 같은 선지자" — 의 예언을 성취하신 분이다(신 18:15-19; 행 3:22; 7:37). 폭스는 종종 사람들을 인류에게서 빼내어 그들의 현재 교사이신 그리스도에게로 인도하는 것에 대해 말한다. 그는 이렇게 쓴다. "나는 사람들을 그들 자신의 길에서 불러내어 새롭고 산 길이신 그리스도에게로 인도하라는, 사람들이 만들어서 모이는 교회에서 불러내어 하나님의 교회로, 그리스도가 머리이신 교회로 인도하라는…세상의 예배들로부터 떠나게 하라는…명령을 받았다."[48]

내면의 교사요 기독교 공동체의 인도자이신 예수님에 대한 이러한 전적인 확신은 종교 지도자들에게 엄청난 압박이 되었다. 우리는 그 이유를 알 수 있다. 그리스도가 자기 백성 각자에게 친히 다가오신다면, 인간의 권위주의적인 통치와 다스림은 효과적으로 무너질 것이다.

하지만 이것은 정확히 폭스의 요점이다. 그의 논점은, 살아 계신 그리스도가 자기 백성을 이끄시고 훈련하시고 인도하실 것임을 신뢰할 수 있다는 것이다. 언젠가 그는 이렇게 외쳤다. "죽었다가 다시 살아나셔서 영원히 살아 계신 그리스도 예수, 선지자, 조언자, 제사장, 감독자, 목자이시고, 할례를 주시고 세례를 베푸는 이시고, 영원히 살아 있는 반석이요 기초가 되시고, 시작과 끝, 처음과 나중 되신 그리스도 예수, 아멘."[49] 이는 자기 백성 가운데 드러나는 예수님의 다양한 기능을 폭스 식으로 표현한 것이다. 예수님은 우리를 용서하시고, 우리를 가르치시고, 우리를 인도하시고,

우리를 위로하시고, 우리를 감독하시고, 우리를 다스리신다. 이 목록은 계속 이어질 수 있다. 퍼뱅크 펠에서 열린 큰 모임에서 폭스는 사람들에게 진정으로 "그리스도가 그들을 가르치는 교사 되심을, 그들을 인도하시는 조언자 되심을, 그들을 먹이시는 목자 되심을, 그들을 감독하시는 감독자 되심을, 신적인 신비를 보게 하시는 그들의 선지자 되심을 알아야 한다"고 가르쳤다.[50]

이런 종류의 기능적인 기독론은 그리스도만이 교회를 책임지신다고 주장한다. 요점을 좀더 강조하자면, 인간은 책임을 지지 않는다. 그리고 어떤 인간도 결과를 통제할 수 없다. 그렇다면 당신은 이런 가르침이 자유분방한 종교적 개인주의자들로 이루어진 느슨한 공동체를 낳을 수 있음을 금세 알아차릴 수 있을 것이다. 폭스는 이런 위험이 잠재되어 있음을 잘 알았고, 그래서 그리스도를 영접한 이들이 그렇게 되지 않도록 이중적인 보호막을 세워 놓았다.

이는 우리를 두 번째와 여섯 번째 요소로 데려간다. 두 번째 요소는, 우리는 항상 우리의 체험을 성경의 증거와 조화시켜야 한다고 말한다. 성경이 핵심인 이유는, 외적으로 주어진 권위 때문이 아니라, 하나님과 함께하는 삶에 대한 내적인 증거이기 때문이다.

여섯 번째 요소는, 그리스도에 대한 모든 체험은 살아 있는 신앙 공동체 내에서 점검되고 확증되어야 함을 강조한다. 폭스가 종교 권위자들의 기득권을 무너뜨렸다는 것은 확실하지만, 그와 동시에 그는 그리스도인 공동체의 지위를 격상시켰다. 폭스는 이런 공동체 생활을 '복음적 질서'(gospel order)라고 불렀다. 그에 따르면, 교회는 종교적 기구나 인간적인 장비 같은 것들의 도움 없이 오직 하나님의 능력으로 '일으켜 세워진다.' 현대 용어로 표현하자면, 폭스는 '비종교적 기독교'(religionless Christianity)라는 독특한 형태를 발전시키고 있었다.

그렇다면 진정한 교회는, 그리스도의 이름으로 함께 모여 그분의 살아 계신 임재를 체험하는 곳이면 어디에서나 찾을 수 있다. 그리스도는 자기 백성을 통치하고 다스릴 능력을 갖고 계시며, 그들에게 자신의 주권 아래 있는 질서 정연한 공동체를 주신다.

그리스도는 자기 백성들을 함께 모으시고, 그들은 함께 배우며, 함께 순종하며, 함께 고난을 받으며, 그분의 권위 아래서 살아간다. 그리스도께서 살아 있는 공동체로 모은 우리는 박해를 받을 때도 흩어지지 않는다. 오히려 우리의 주인이신 그리스도와 서로를 위해 죽을 준비를 한다. 그리스도는 우리를 가르치시는 선지자요, 우리를 용서하시는 제사장이요, 우리를 다스리시는 왕이요, 우리와 나란히 가시는 우리의 친구다. 그분의 삶이 우리의 삶이 된다. 그리고 우리는 그분의 변화시키는 능력을 힘입어, 개인적·사회적·제도적인 모든 면에서 악에 대항한 평화로운 어린 양의 전쟁에 참여한다.

이제 마지막이다. 세 번째 요소는, 내면에 계신 그리스도에 대한 체험이 우리가 삶을 살아가는 동안 새로운 통찰을 제공한다고 말한다. 이는 영원히 살아 계신 우리의 교사 그리스도가 계속해서 자기 백성을 가르친다는 솔직한 인식이다. 그러므로 새로운 이해가 나온다. 예를 들어, 초기의 퀘이커 교도들은 말 그대로 당대의 모든 사회 운동의 선두에 있었다. 노예 제도에 대한 강력한 공격, 정신 건강과 교도소 개혁을 위한 노력 등. 이렇게 한 이유는 무엇인가? 무엇이 그들을 그렇게 하게 했을까? 그들은 더 지적인 모습이 되려 하지도 않았고, 역사의 흐름을 더 잘 보려고 하지도 않았다. 다만 살아 계신 내면의 교사 그리스도에 대한 깊은 체험들이 그들에게 준 확신은, 그들이 함께 모여 예수가 그들의 예배를 인도하시는 분—그들이 표현한 대로 "그들 가운데 임재하신"—임을 공개적으로 시인할 때 그들은 기다리던 인도를 받을 수 있다는 것이었다.

오, 살아 계신 그리스도여, 우리가 배워야 할 것들을 가르쳐 주소서. 당신께 귀기울이며 살도록 최선을 다할 것입니다. 아멘.

존 웨슬리

하나님을 아는 일에서 종교적 체험의 역할

> 그 날 저녁 나는 전혀 내키지 않았지만 올더스게이트 가 모임에 갔다.…
> 9시 15분전쯤…나는 이상하게 가슴이 뜨거워지는 걸 느꼈다.
> _「일기」(Journal)

존 웨슬리(John Wesley, 1703-1791)의 회심 이야기는 교회 역사상 가장 드라마틱한 이야기 중 하나다. 역사가 전해 주는 바에 따르면, 웨슬리는 온 힘을 다해 하나님을 추구했지만 영혼의 확신을 발견할 수 없었다고 한다. 미국에서 돌아오는 길에 웨슬리는 이렇게 썼다. "인디언들의 영혼은 구원하게 되었지만, 내 영혼은 누가 구원해 주나?"⁵¹⁾ 셀 수 없이 많은 시간과 무수한 날들이 지난 이후에야, 흔들림 없는 확신을 향한 그의 탐구와 호된 훈련에 보상이 찾아왔다. 런던 남쪽에서 열린 모라비아 교도들의 모임에서 살아 계신 그리스도를 만났을 때였다. 이 모임이 그를 영원히 변화시켰다.

여러 해 동안 의심이 웨슬리를 따라다니고 있었다. 하지만 런던 남쪽에서의 이 체험이 너무나 심오했기에, 그것은 그의 관점을 완전히 변화시켰고, 그의 사고의 방향을 새롭게 해주었다. 그는 천국에 이르는 확실하고도 유일한 길은, 마음으로 하나님의 사랑을 확인하는 체험을 하는 것이라고 확신하게 되었다.

웨슬리는 이런 놀라운 체험으로 인해, '체험'이 성경에 반하는 것이 아니라 성경 진리를 우리 삶에 적용하고, 조명하고, 체계화한다는 사실을 깨달았다. 그 때까지 그는 성경이 최고의 권위를 가지며 이성과 전통은 두 번째 권위임을 받아들이는, 영국 국교회 주의의 충실한 신봉자였다. 그러나 이제는 체험이 하나님을 아는 네 번째 길이 되었다.

우리의 체험 이해하기

웨슬리는 종교적 권위를 갖는 이 네 번째 원천을 주류에 포함시키기 위해, 아무 편견 없이 17세기 위대한 영국의 경험 철학자 존 로크의 개념을 빌려온다. 로크는 모든 지식이 경험 혹은 경험에 대한 성찰에서 나온다고 믿었다. 웨슬리는 이러한 이해를 차용해, 하나님과의 관계를 궁극적으로 "신자인 우리 삶 가운데서 일어나는 성령에 대한 깊은 체험"에 의존하는 것이라 규정했다.

이렇게 종교적 체험을 강조하는 경향은 신학적 이해에 완전히 새로운 차원을 열어 주었다. 웨슬리는, 마음의 종교는 하나님에 대한 직접적이고 즉각적이고 내적인 경험으로 확증된다고 말했다. 육체적인 실재는 우리의 자연적인 감각으로 알 수 있듯이, 영적 실재는 초자연적인 감각으로 안다. 그는 이런 종류의 종교적 체험이 '진정한, 성경적인, 실체험적인 종교'를 찾아내는 일을 돕는다고 말한다.

웨슬리는 '실체험적인'(experimental)이라는 단어를 사용해서 중요한 어떤 것을 말하고 있었다. 첫째, 하나님과 함께하는 삶은 하나님에 대한 체험이라는 생명력 위에 세워진다는 의미다. 둘째, 하나님과 함께하는 삶은 실체험, 즉 우리의 체험이 교회 역사 내내 기록된 체험들과 궤를 같이한다는 사실에 기초를 둔다는 의미다. 마지막으로, 하나님에 대한 체험은 영국을 휩쓴 새로운 과학적 접근법과 마찬가지로 검증과 실체험을 통해 알 수 있다는 의미다.[52]

웨슬리는 이러한 새로운 이해의 틀을 잡으면서, 설교와 저술에 더 큰 능력과 명확성을 갖게 되었다. 잘 알려진 설교 중 하나에서 웨슬리는 기독교의 목적을 "천국으로 가는 길을 찾도록" 우리를 돕는 것이라 정의한다. 그는 이렇게 쓴다. "따라서 저는 천국에 이르는 길에 대해 제가 성경에서 발견한 것으로 설교를 시작하려 합니다. 그 이유는 하나님의 길과 인간이 만든 길들을 구별하기 위해서입니다."[53] 웨슬리는 다음의 사실에 주목하면서 설교를 이어 간다. "저는 진정한, 성경적인, 실험적인 종교를 묘사하려고 노력하고 있습니다. 진정한 부분은 하나도 빠뜨리지 않고, 진정하지 않은 부분은 아무것도 더하지 않기 위해서입니다." 웨슬리에게 진정한 종교란 하나님과의 영적인 관계에 대한 지식을 의미한다.

웨슬리는 1736년 유명한 조지아 주로의 여행에서 동료 여행객 모라비아 교도들의 용기와 신앙에 깊은 인상을 받았다. 파도가 뱃머리에 부딪혀 죽음이 임박한 상황에서, 웨슬리는 모라비아 교도들이 하나님께 노래하며 찬양하는 소리를 들었다. 그 순간에 그는 자신이 하나님에 대한 중요한 지식을 갖고 있음에도 불구하고 진정으로 살아 있는 신앙은 갖지 못했음을 깨달았다. 결국 그들은 사바나 항구에 안전하게 도착했지만, 웨슬리의 영혼 속 동요가 가라앉는 데는 2년이나 걸렸다.

시간이 흐르면서 웨슬리는 자신의 입장을 더 정교하게 다듬었다. 결국 그는 성경의 진리는 성령의 내적 증거를 통해 우리 마음 안에서 확증된다는 사상에 도달한다. 이 진리는 우리 삶 가운데 하나님의 사랑이 드러나는 것으로 잘 알 수 있다. 성령의 열매를 드러내는 능력은, 하나님의 사랑이 세상 속의 우리 삶 가운데 온전하게 역사한다는 증거다.

웨슬리 신학의 4대 원리

종교적 권위의 네 번째 원천으로 '체험'을 받아들이는 일은 용기가 필요한 일이었고, 종교적 지식에 대한 웨슬리의 혁신에 길을 열어 주었다. 영국 국교도로서 그는 성경의 우위성을 지지했고, 전통과 이성이 이를 보완하는 증거임을 주장했었다. 하지만 하나님을 향한 자신의 여정을 통해 그는 하나님에 대한 바른 생각만으로는 충분하지 않다는 확신에 이르렀다. 구원의 확신을 알려면 마음속에서 하나님의 실재를 체험해야 한다.

하지만 웨슬리는 대서양 너머 여기저기서 반복되던 과다한 종교적 체험에 대해 염려하고 있었다. 그는 직접 이러한 체험을 목격했다. 그리고 그 가운데 유효한 체험을 가려내면서 오늘날 '웨슬리 신학의 4대 원리'[50]로 알려진 원리를 표현하기 시작했다.

웨슬리는 하나님에 대한 모든 지식이 성경에서 나오지만, 하나님에 대한 모든 지식이 성경에 다 담겨 있는 것은 아니라고 믿었다. 성경이 하나님을 아는 주요한 지식의 원천이긴 하지만, 우리에게는 전통, 이성, 체험이라는 이차적인 원천도 있다. 1756년 웨슬리는 그의 유일한, 공식적이고 체계적인 작품, 「성경, 이성, 체험에 따른, 원죄 교리」(*The Doctrine of Original Sin, according to Scripture, Reason, and Experience*)를 출판했다. 이 연구서는 그가 기독교 교리에 대한 체계적인 연구를 시도한 유일한 경우다. 이 책은 하나님과 함께하는 삶에 대한 웨슬리의 접근법에 대해 많은 것을 가르쳐 준다.

웨슬리는 원죄의 본질을 알려 주는 성경의 사실들을 관찰하는 것에서부터 시작한다. 그 다음 키케로, 세네카, 오비디우스 등 서구 문명의 위대한 작품들과 영어권 사람들에게 알려진 역사를 인용하며, 세계 역사에서 나온 실례들로 옮겨간다. 그 다음 최근의 사건들에서 나온 실례들에 주목하고 마지막으로 개인적인 경험을 조사하는 것으로 결론을 맺는다.

종교적 체험에 대한 웨슬리의 혁신적인 접근은 하나님과 함께하는 삶을 이해하는 데 큰 도움이 된다. 이제 그가 어떻게 체험을 종교적 지식의 네 원천 중 하나로 세우고 있는지와, 또 어떻게 체험을 다른 세 가지 원천과의 역동적인 상호작용 안에 두고 있는지를 살펴보자.

성경으로 시작함. 첫째, 웨슬리는 4대 원리를 성경으로 시작한다. 성경을 제대로 이해하기 위해서는 세 가지 수준에서 성경을 읽는 법을 배우는 것이 중요하다. 문자적으로, 문맥 안에서, 그리고 성경 자체와 대화하면서 읽는 법이 그것이다. 먼저, 문자적으로 읽는다는 것은 성경의 이야기들을 이해해야 한다는 의미다. 우리는 성경의 이야기들을 이해함으로써 하나님이 인간과 상호작용하시는 거대한 틀 속에 있는 다양한 인물들을 이해한다. 여기서 우리는 위대한 승리와 파괴적인 비극을 목도하고, 모든 세대 가운데서 역사하시는 하나님의 주권적인 손길을 인식한다.

그러나 성경의 범위와 연속성을 파악하기 위해서는 문자적인 읽기를 넘어서 문맥 속에서 성경을 읽는 법으로 나아가야 한다. 이 두 번째 수준에서 우리는 성경의 분위기, 다양한 저술 형식 뒤에 있는 목적, 하나님과 함께하는 삶을 위한 다양한 저자들의 역할을 인식한다. 문맥 속에서 성경을 읽을 때 우리는 역사적인 설화, 서사 내러티브, 탄원시의 중요성을 배운다. 또한 대선지서와 소선지서에 나타난 비애를 느낀다. 우리는 구세주의 강림으로 인해 흥분하고, 복음적인 삶으로의 부르심에 매혹된다. 또한 초대 그리스도인들을 향한 바울의 글을 통해 격려도 받고 도전도 받으면서, 초대 교회의 폭발적인 성장에 시선을 고정시킨다. 우리는 여기서 복음을 만난 인간 삶의 너저분한 실재를 본다. 그리고 이 초대 그리스도인들처럼 우리도 하나님과 함께하는 삶의 장엄함에 이끌린다.

성경에 대한 지식이 확대되면 하나님에 대한 지식과 체험도 확대된다. 우리는 성경이 모순되어 보인다는 인식에 이를 수도 있다. 예를 들어, 신명기 21장은 패역한 아들을 진 밖으로 데리고 나가서 돌로 쳐 죽이라고 가르치는 반면, 에베소서 6장은 부모들에게 자녀를 노엽게 하지 말라고 주의를 준다. 이러한 인식은 성경을 읽는, 세 번째이자 최고의 수준을 향한 문을 열어 준다. 바로 성경 자체와 대화하면서 성경을 읽는 것이다.

의식적으로건 무의식적으로건, 우리는 하나님에 대한 우리 지식과 경험의 틀 안에서 우리에게 이해가 되는 방식으로 성경을 해석한다. 공식적인 훈련을 받지 않았더라도 우리는 복음서와 서신서의 수준 높은 가르침을 깨닫고 스스로 성경 해석 방식을 찾아간다. 예를 들어, 분별력 있는 사람이라면 신명기 21장을 읽고 오늘날도 여전히 말 안 듣는 아이는 도시 밖으로 끌고 나가 죽여야 한다고 생각하지는 않을 것이다. 또 여인을 보고 음욕을 품지 않기 위해 눈을 빼 버리라는 마태복음 5장의 가르침을 문자적으로 믿지도 않을 것이다. 상식과 성령은, 해석이 우리를 가능한 최상의 삶으로 인도하도록 우리의 성경 해석을 돕는다. 하나님과 함께하는 삶에 대한 왜곡된 이해로 말미암아 자기 자신이나 남을 해하는 일이 벌어지지 않게 돕는다.

전통. 가능한 최상의 삶을 살려면, 교회의 위대한 성인들이 남긴 유산, 풍부한 신학적 전통, 그리고 하나님과 함께하는 삶의 충만함 가운데서 나오는 우리 자신의 사고 능력과 체험에서 유용한 도움을 얻어야 한다. 교회의 위대한 성인들은 역사를 통해 예수님의 인격과 사역에 대한 그들의 이해를 표현하면서, 전통의 적절성을 확고히 했다. 그들이 각 시대에 적절한 안내자와 증인이 될 수 있었던 것은 그들이 역사적 신앙을 붙든 이들이었기 때문이다.

이성. 웨슬리가 이성을 포함시켰다는 것은, 우리의 신학적 성찰은 의미가 통해야 한다는 사실을 보여 준다. 이성을 사용할 수 있는 하나님의 형상을 지닌 인간은, 하나님에 대한 우리 개인의 체험들을 의미와 이해를 위한 더 넓은 틀 속에 두는 교리와 신학을 세울 수 있다. 교회 역사 내내 이성은 우리의 신학적 이해를 돕는 데 핵심적이고 주요한 역할을 했다. 파스칼은 이렇게 언급한다. "우리가 모든 것을 이성 아래 둔다면 우리 종교에는 신비적이거나 초자연적인 것이 아무것도 남지 않을 것이다. 하지만 이성의 원리를 해친다면 우리 종교는 불합리하고 우스꽝스러운 것이 될 것이다."[55] 웨슬리는 다음과 같이 언급함으로써 이러한 이해를 확장한다. "이성은 하나님이 주신 귀중한 선물 가운데 하나다. 그것은 뛰어난 목적으로 우리 영혼에 두신 주님의 촛불이다."[56]

종교적인 체험의 역할. 이것은 4대 원리 중 마지막에 언급되지만 웨슬리는 하나님에 대한 체험이야말로 성경의 가르침을 확증하는 데 아주 중요하다고 믿었다. 사실 성경에 대한 이해는 기도 생활의 인도를 받기 때문에, 우리는 믿음으로만 성경을 제대로 이해한다.

종교적 체험은 생각과 감정에 일어나는 사건 이상의 것이다. 그것은 성경의 진리를 확증하는 내적인 지식이다. 체험은 우리의 자연적인 감각, 인식, 관찰을 혼합한 다음, 우리가 실재를 정확하게 인식하고 하나님의 임재를 깨달을 수 있도록 재배열한다. 자연적인 감각을 넘어서 나아갈 때 우리는 완전히 새로운 차원의 지식과 이해에 이른다. 이런 지식은 하나님과의 인격적이고 체험적인 만남에서 나온다. 이는 웨슬리가 "객관적인 내적 지식"이라 불렀던 것으로, 유명한 퀘이커 변증학자 로버트 바클레이(Robert Barclay)에게서 빌려온 구절이다.[57]

하나님은 숨어 계신다. 다시 말해, 하나님은 우리의 자연적인 감각으로는 분별할 수 없다. 하지만 우리 심령을 향한 성령의 증거가 독특한 내적 흔적(impression)을 남기고, "하나님의 영이 직접 [우리] 심령에 증거하신다."[58] 이렇게 하나님과 우리 관계를 확증하시는 것이다. 이것이 우리가 구원의 확신을 체험하는 방법이다. 이는 우리가 갈망하고 찾던 기쁨, 평안, 만족을 가져다 준다.

그리스도 안에서의 성장: 신도회, 속회, 조

영성 형성과 관련된 웨슬리의 독특한 기여 중 하나는 새로이 그리스도를 따르게 된 이들의 신앙이 성장하도록 돕는 새로운 제도였다. 웨슬리는 여행을 많이 다녔기 때문에, 많은 이들이 그리스도에 대한 신앙으로 나아오지만 이 새 생명 가운데서 자라는 법을 잘 모른다는 사실을 재빨리 알아챘다. 그래서 웨슬리는 영적 성숙과 지원을 위한 다양한 단계들을 염두에 두고 그의 운동을 세 가지 규모의 그룹으로 나누었다.

'신도회'(societies)는 본질적으로 회중 교회였다. '속회'(classes)는 15명쯤의 사람이 가르침과 기도를 위해 모인 혼성 그룹이었다. '조'(bands)는 솔직한 탐구의 질문들을 나누기 위해 매주 만나는 10명쯤의 사람으로 이루어진 남성 혹은 여성 그룹이었다. 이 모임의 목적은, 성품 형성과 그리스도를 닮아가는 것이었다.

조에 들어가기 위해서는 일련의 아주 구체적인 질문들에 답해야 한다. 입회 허락을 받은 후에는, 하나님과 함께하는 깊은 헌신의 삶에 이르기 위한 노력의 일환으로 매주 질문들을 받았다. 조에 들어가기 위한 질문들은 다음과 같다.

- 당신은 죄 사함을 받았습니까?
- 당신은 우리 주 예수 그리스도를 통해 하나님과 화해했습니까?
- 당신은 당신의 심령에 하나님의 자녀라는 성령의 증거를 갖고 있습니까?
- 하나님의 사랑이 당신의 마음에 스며들어 있습니까?
- 내적으로나 외적으로나 당신을 지배하는 죄는 없습니까?
- 당신의 잘못에 대해, 솔직하고 꾸밈없는 의견을 듣고 싶습니까?
- 당신의 모든 잘못에 대하여 듣고 싶습니까?
- 우리들 모두가 당신에 대해 마음에 품고 있는 것을 때때로 당신에게 말하기를 원합니까?
- 생각해 보십시오. 당신에 대해 우리가 생각하는 것은 무엇이든지, 우리가 두려워하는 것은 무엇이든지, 우리가 듣는 것은 무엇이든지 당신에게 말하기를 원합니까?
- 그렇게 할 때 우리가 가능한 한 친밀하게, 철두철미하게, 당신의 마음을 철저히 살피기를 원합니까?
- 그에 대해서나 다른 모든 경우에, 당신은 당신의 마음에 있는 것을 예외 없이, 꾸밈없이, 남겨놓은 것 없이 다 말할 수 있도록 완전히 열린 마음으로 임하겠습니까?

일단 조에 들어가고 나면 만날 때마다 다른 질문들이 주어진다. 이 질문들은 아주 강력해서, 정기적으로 정직하게 대답하다 보면 영적으로 성장하지 않을 수 없다. 질문들의 개략적인 형태는 다음과 같다.

- 지난 번 모임 이후에 당신이 범한 죄는 무엇입니까?
- 어떤 유혹들을 만났습니까?
- 어떻게 이겨냈습니까?
- 당신이 생각하고, 말하고, 행한 것 중 죄인 것 같기도 하고, 아닌 것 같기도 한 것은 어떤 것들이 있습니까?
- 비밀로 하고 있는 것은 없습니까?

이런 체계적인 구조는 전 세계 수백만의 그리스도인들이 구원받고 하나님에 대한 신앙을 지키는 일을 도왔다. 거룩함에 이르려는 이러한 노력이, 그리스도를 닮아가는 과정을 이해하게 해주었다. 기독교가 전 세계적으로 확장되면서(2050년까지 그리스도인의 수는 전 세계적으로 30억에 이를 것으로 추산되며, 이 중 80퍼센트는 유럽과 북미 지역 밖에 있을 것이다), 재미있는 현상은 이러한 새로운 기독교 그룹이 대부분 웨슬리의 전 세계적 확장을 위한 노력의 자취라는 것이다. 이에는 웨슬리와 감리교에 뿌리를 둔 은사주의와 오순절주의 회중의 폭발적인 증가도 포함된다.

반추하고 반응하기

존 웨슬리는 여러 면에서 내게 깊은 인상을 준다. 그의 열정, 그리스도를 향한 사랑, 체계화하는 능력, 대담한 야외 설교 등. 여기서 나는 이 놀라운 인물로부터 영성 생활에 대한 두 가지 통찰을 성찰해 보고 싶다.

첫 번째 통찰은 성경, 전통, 이성, 체험으로 이루어진 '웨슬리 신학의 4대 원리'라고 부르는 것에 대해서다. 이러한 종합은 종교적 권위에 대한 오랜 딜레마를 웨슬리의 방식으로 해결한 것이었다. 우리는 오래 전부터 일부 단체나 전체 교파까지도 다른 권위들은 배제한 채 권위의 원천 중 하나에만 무게를 둔 것을 보아 왔기 때문에, 굳이 기독교 역사를 공부하거나 기독교 단체 가운데 있을 필요가 없다. 이 문제를 두고 일어난 싸움은 피의 바다와 눈물의 대양을 만들기에 충분할 정도다.

이와는 대조적으로 웨슬리는 권위의 네 가지 원천을 지혜롭게 통합하면서 적절한 균형을 유지했다. 성경을 전통, 이성, 체험을 보완하는 증거로 제시하면서 동시에 성경의 우위성을 주장한 것이다. 성경의 역할에 대한 이러한 정교한 이해, 성인들의 위대한 유산과 하나님의 백성이 가진 풍부한 신학적 역사에 의지하며 전통을 활용한 능력, 이성을 '주님의 촛불'로 보고 세심하게 사용한 것, 체험을 '객관적이고 내적인 지식'으로 이해한 것 등은 그리스도인의 삶과 신앙의 견고한 구조를 위한 네 기둥이 되었다. 나는 역사를 통해 이 이슈들이 어떤 역할을 했는지 세심하게 연구하면서, 웨슬리가 종교적 권위의 원천들에 꼭 필요한 연합을 가장 잘 표현해 주었다고 확신하게 되었다.

두 번째 통찰은, 증가하던 회심자들을 서로 사랑하고 양육하며 책임지는 공동체에 속하게 해준 웨슬리의 독특한 방식이다. 이것은 감리교(Methodism)의 '방법론'(method)이었다. 웨슬리는 교제와 양육을 위한 신도회, 가르침과 훈련을 위한 속회, 서로 사랑을 고백하기 위한 조를 만듦으로써 평범한 그리스도인들에게 성장을 위한 구조를 제공해 주었다. 이는 베네딕트와 그의 규율이 수도원에게 미친 영향에 필적할 만하다.

이 '방법론'은 '에클레시올라 인 에클레시아'(ecclesiola in ecclesia, 교회 내의 작은 교회)라는 신학적 개념을 구체화한 웨슬리의 독특한 방식이었다. 물론 이 구조는 쉽게 율법주의에 빠질 수 있었지만, 이것이 잘 운영될 때는 "주의 훈계와 양육"으로 사람들을 성장시키는 비범한 수단이 된다. 조에 들어갈 자격을 얻으려는 이들에게 웨슬리가 사용한 탐색 질문들은 그 자체로 그리스도인의 뼈대를 세우기에 충분하다. 그리고 매주 주어지는 질문들은 우리의 더 깊은 곳까지 살피게 한다.

웨슬리는 가는 곳마다 이 구조를 세웠다. 사실 거의 모든 곳이다. 그러나 웨일즈 북서쪽에 있는 펨브룩셔 주에서는 사람들을 신도회, 속회, 조로 편성하는 데 실패했다. 그는 20년 후 이 실패에 대해 「일기」에서 이렇게 돌아본다. "깨달은 사람들을 함께 모으지도 못하고 그들을 하나님의 방식대로 훈련시키지도 못하면서 사도처럼 설교만 하는 것은, 아이들을 살인자 앞에 두는 것과 같다는 사실을 나는 그 어느 때보다 더 확신했다. 20년 동안 펨브룩셔 도처에서 얼마나 많은 설교를 했던가! 하지만 정기적으로 모이는 신도회도 없었고, 훈련도, 제도도, 연합도 없었다. 그 결과는 한때 깨어난 사람 열 명 중 아홉은 이제 이전보다 훨씬 빨리 잠들어 버린다는 것이다."[59] 따라서 이 실패는 웨슬리에게, 신도회, 속회, 조를 구성하는 것이 아주 중요하다는 사실을 더욱더 강조해 주었다.

그러므로 하나님과 함께하는 삶에 주는 이 두 통찰은, 영적 권위에 대한 굳건한 토대와 성장을 위한 실제적인 전략이었다.

나의 경우, 웨슬리에 대한 연구와 그의 광범위한 영향은, 내가 혼자 런던에 있는 존 웨슬리의 집을 방문했던 그 기념비적인 날에 함께 다가왔다. 나는 여기저기를 여행하며 강연을 하던 중이었다. 그러다 사역으로 인해 진이 빠져서, 하루는 혼자서 웨슬리의 집에 가기로 결정했다.

물론 나는 "세계는 나의 교구다"라고 선언한 이 사람의 이야기를 잘 알고 있었다. 이전 여행에서는 웨슬리가 교수로도 있었고, '신성회'가 종종 모이기도 했던 옥스퍼드의 링컨 칼리지에서 웨슬리의 자취를 보았었다. 나는 그가 결과가 좋지 않았던 선교를 위해 체류했던 조지아 주 사바나의 유적지에도 가 보았다. 하지만 웨슬리의 집에는 한 번도 가 본 적이 없었다. 웨슬리 예배당과 바로 옆에 있는 집은 둘 다 1778년경에 지어졌다. 웨슬리는 사역 후반기에 겨울에는 런던 사역의 본거지로 이 집을 이용했다. 나머지 기간에는 말을 타고 영국 전역을 돌아다녔다. 1791년 오전 10시가 되기 직전에 죽은 곳이, 바로 이 집의 2층 침실이었다. 그 때가 87세였고, 60년 이상 여러 지역을 돌아다니며 설교한 이후였다.

엄청난 관광객이 정기적으로 관람하는 그곳에, 내가 간 그 날에는 어떻게 아무도 없을 수 있었을까? 춥고 음산한 날씨가 한 몫을 했을 것이다. 아마도 하나님의 섭리였던 것 같다. 후자의 설명에 더 끌리긴 하지만, 나는 그 날 내게 일어났던 일이 왜 그렇게 깊고 지속적이었는지 잘 모른다. 나는 런던 지하철을 타고 올드 스트리트 스테이션(Old Street Station)에 내려서 예배당과 집까지 조금 걸어갔다. 내가 거기서 본 유일한 사람은 박물관 큐레이터였다. 그는 친절하게 문을 열어 주고, 내가 원하는 시간만큼 혼자 방해받지 않고 자유롭게 시간을 보내게 해주었다.

나는 먼저 예배당부터 갔다. 이곳은 예배, 특별히 성찬식을 위해 세워진 최초의 감리교 교회였다. 곧바로 이곳은 '전 세계 감리교의 모교회'로 알려지게 되었다. 웨슬리 자신이 묘사한 대로 "아주 깔끔하지만 멋지지는 않다"는 것을 알 수 있었다. 조지아풍 건축, 탁월한 목세공, 장엄한 스테인드 글라스로 이루어진 정직한 아름다움. 아름답지만 지나치게 화려하지는 않았다. 나는 그곳이 이루 말할 수 없이 좋았다.

대여섯 걸음 올라가 보니 강대상에 올라가지 못하도록 줄로 막아 놓은 것이 보였다. 하지만 그 예배당에는 나 혼자뿐이었다. 나는 참을 수 없었다. 조용히 줄을 넘어서 강대상으로 올라갔다. 웨슬리와 초기 웨슬리 운동에 참여했던 많은 위대한 인물들이 설교를 했던 그곳으로. 나는 그 순간의 선함에 잠겨 그곳에 서 있었다.

나무로 된 의자에 아직도 깊숙이 배어 있는 200년 동안의 열정적인 설교들이 내게 들려오는 것 같았다. 나를 강하게 하고 겸손하게 하는 순간이었다.

예배당에서 나온 다음에는 길을 건너 비국교도들의 묘지로 유명한 번힐 필즈(Bunhill Fields)로 갔다. 웨슬리 예배당은 존과 찰스의 어머니, 아니 감리교의 어머니 수잔나 웨슬리의 무덤을 정면으로 향하고 있다고 들었다. 쉽게 찾을 수 있었다. 윌리엄 블레이크, 다니엘 디포우, 존 번연, 아이작 왓츠 등 다른 비국교도들도 그곳에 묻혀 있었다. 나는 겨우겨우 번힐 필즈의 외곽에서 존 폭스의 묘비까지도 찾았다. 국교 반대자의 반대자가 아니었나 추측해 본다!

마지막으로 나는 웨슬리의 집으로 향했다. 그곳은 내 기억으로는, 3층이 전부 벽돌로 된, 작은 조지아풍 집의 탁월한 모델이었다. 하지만 물론 나는 18세기 건축을 공부하기 위해 온 것이 아니었다. 나는 이 탁월한 사람의 생애 가운데 숨어 있는 영적 심장을 찾고 있었다. 그래서 웨슬리의 서재, 침실, 작은 기도실이 있던 2층에 끌렸다. 나는 깊은 관심을 가지고 서재를 조사했다. 책상에서는 웨슬리가 가난한 사람들을 위해 속회 모임에서 모은 돈을 넣어두던 비밀 서랍을 찾았다.

침실 역시 흥미로웠다. 웨슬리가 죽은 침대는 특히 내 주의를 끌었다. 그가 침대에 누워 있고, 친구들이 그 주위에 모여 있다. 웨슬리는 그들의 손을 잡고 반복해서 이렇게 말했다. "안녕, 잘 있게." 마지막에는 남아 있는 온 힘을 모아 이렇게 소리쳤다. "무엇보다 가장 좋은 것은 하나님이 우리와 함께하신다는 것이네." 그 다음 그는 팔을 높이 들고 다시 목소리를 높여 그 말을 반복했다. "무엇보다 가장 좋은 것은 하나님이 우리와 함께하신다는 것이네." 이와 함께 그리스도의 위대한 증인 중 하나가 이생에서 더 위대한 생으로 옮겨 갔다.

마지막으로 나는 침실과 이어져 있는 작은 기도실로 들어갔다. 웨슬리는 매일 이른 아침 성경을 공부하고, 전 세계에 예수 그리스도의 영원한 복음을 선포하기 위해 하나님의 능력을 구하려고 이곳에 왔을 것이다. 시간이 흐르면서 이 작은 방은 "감리교의 능력의 집"이라 불리게 되었다. 나는 성경이 펼쳐져 있는 작은 탁자와 기도 의자를 상상했다. 의자는 창문을 통해 밖을 내다보고 있었고, 나는 바로 이 지점에서 예배당 뒤에 있는 웨슬리의 무덤을 볼 수 있었다. 기도 의자가 웨슬리가 사용했던 원래의 의자인지 복제품인지 나는 모른다. 아무래도 복제품인 것 같지만 아무래도 관계 없었다. 나는 은밀한 가운데 들으시는 하나님을 향해 온전히 홀로 무릎을 꿇었다. 내 입으로나 마음으로, 기도하려 애쓰지 않고 가장 오래 앉아 있었다. 나는 귀를 기울이며, 잠잠히 있었다. 200여 년 전 성령의 역동적인 움직임이 일으킨 대 사건을 되새기며…. 런던의 웨슬리의 집 작은 기도실, 기도 의자에서 시간이 정지했다. 마지막으로 나는 말을 했다. 내 마음이 가장 갈망하는 소원이었던 것 같다. 그리고 기도했다. 나는 소리쳤다. "주님, 그 일을 다시 하십시오, 다시 하십시오!"

오, 살아 계신 하나님의 아들 그리스도여, 우리 삶의 너무나 많은 부분이 아무 성과도 없었던 웨슬리의 조지아 선교 여행 같습니다. 우리도 소망과 열정으로 가득 차서 시작합니다. 하지만 비용을 따져 보지 못합니다. 혹은 필요한 현실적인 비전이 없습니다. 혹은 살다가 치명적인 실수를 합니다. 그러다 낙심하고 우리의 사명은 무너지며 끝이 납니다.

예수님, 당신은 우리의 실패로부터 무언가를 하실 수 있으십니까? 당신은 하고자 하십니까? 성경의 이야기들은 당신이 회복의 전문가라고 분명히 밝힙니다. 우리에게도 그러실 수 있습니까? 당신은 웨슬리에게 다른 종류의 삶을 허락하셨습니다. 그것은 하나님께로 가는 진정한 여정이었습니다. 그의 이야기는 당신이 우리와도 중요한 어떤 일을 하시리라는 소망을 갖게 합니다. 주 예수여, 오시옵소서. 엉망진창인 우리 삶 가운데서 당신이 하실 수 있는 일, 당신이 하고자 하시는 일에 대한 새로운 비전을 제게 주소서. 감히 당신의 이름으로 이렇게 기도드립니다. 아멘.

프리드리히 슐라이어마허

하나님에 대한 체험 이해하기

> 종교란 무엇인가? 종교의 본질은 사유도 아니며
> 행동도 아니고, 직관과 감정이다.
> 종교는 무한자에 대한 직접적인 경험을 맛보는 것이며
> 그에 대한 감각이다. 이런 감정은 진정으로
> 종교를 가진 모든 이에게 나타나야 한다.
> _「종교론」(On Religion)

'근대 신학의 아버지'로 알려진 프리드리히 슐라이어마허가 여기 포함된 사실에 놀랐을지 모르겠다. 결국 탈선을 하긴 했지만 그는 바른 사고로 시작했다. 불행히도 여러 해를 지나면서 슐라이어마허에 대한 비판은 가장 강력하고 신뢰할 만한 통찰의 일부가 완전히 잊혀지는 지점까지 이르렀다. 그래서 우리는 지금 당신에게 이 탁월한 지성의 복잡다단한 모습을 들여다볼 수 있는 기회를 주려 한다. 엄청난 양의 타당한 비판들 가운데서도 여전히 우리를 새롭게 하고 우리에게 자양분이 되어 줄 생수의 강이 존재함을 의식하면서 말이다.

19세기가 시작되면서 기독교에 정면으로 대립하는 여러 흐름은 제도화된 종교에 엄청난 경종을 울리기 시작했다. 여러 산업화

된 국가에서는 종교 참여율이 현저하게 떨어졌다. 유럽 교회들이 점점 쇠락함에 따라 전 세계를 향한 기독교 선교의 확장은 그 흐름을 저지하기 힘들었다. 이러한 새로운 성장이 추진력을 얻으면서, 이전의 열정적이었던 신앙의 요새는 붕괴되었다. 가장 주목할 만한 예는 19세기 프로이센에서 볼 수 있었다. 이곳은 바로 전설적인 신학자 프리드리히 슐라이어마허가 태어나고, 살고, 일한 곳이었다.

프리드리히 슐라이어마허(Friedrich Schleiermacher, 1768-1834)는 극심한 소동 중에 태어났다. 그의 아버지는 공무원이었고, 그의 삼촌들과 할아버지들은 목사였다. 그가 어릴 때 아버지는 가족과 함께 헤른후트로 이사를 왔고, 거기서 그들은 곧 진젠도르프 백작과 모라비아 교도들에게 매료된다. 이 시기는 어린 슐라이어마허에게 영원히 새겨졌고, 그는 남은 생애를 하나님에 대한 생생한 체험에 근거한 종교적 신앙의 의미를 연구하며 보내게 된다.

신학을 공부하던 청년 시절, 그는 로버트 바클레이와 존 웨슬리의 책을 번역본으로 읽었다. 둘 다 종교적인 체험에 대한 확신을 나타냈고, 이는 슐라이어마허에게 깊은 인상을 남겼다. 그는 퀘이커 교도도 아니었고 감리교도도 아니었지만, 두 사람이 가진 사상의 여러 요소들은 그가 성숙한 사고를 하고 난 이후에도 오랫동안 슐라이어마허에게 영향을 미쳤다.

19세기로의 전환 시점에 슐라이어마허가 살던 프로이센은 유럽을 휩쓴 전반적인 종교의 붕괴를 겪고 있었다. 교육을 가장 많이 받은 이들은 제도화된 종교에 참여하지 않았다. 모든 영역의 많은 저술가들이 기독교의 억압적인 모습에 대해 점점 더 비난을 퍼붓고 있었다. 반면 하나님과 함께하는 삶을 추구하는 지성인들이 점점 줄어들고 있었다. 그 결과 기독교 사회의 교육받은 구성원들은 전반적인 침체를 겪게 되었고, 하나님과 함께하는 삶을 살아갈 기회도 잃어 갔다.

이런 붕괴의 와중에서 슐라이어마허는 하나님과 함께하는 삶이 반드시 필요한 것임을 다시 강조하고 싶었다. 그래서 그는 지금까지 나온 종교적인 체험에 관한 가장 중요한 신학책 중 하나를 집필했다. 그의 작품 가운데 첫 논문인 「종교론」과, 마지막이자 가장 중요한 작품인 「기독교 신앙」(The Christian Faith)은 그가 하나님에 대한 체험을 어떻게 이해했는지 가장 잘 보여 준다.

1799년 초반 슐라이어마허는 「종교론」 집필과 함께 종교적 체험에 대한 변호를 하기 시작했다. 이는 오늘날까지도 유효한데 그것은 그가 하나님에 대한 타당한 체험의 중요한 핵심을 잘 포착하고 있기 때문이다. 당대의 교양 있는 멸시자들, 하나님과 함께하는 삶은 현실성이 없다고 믿은 엘리트 지성인들 때문에 그는 그 작업을 하게 되었다. 그들은 자신들이 이제 신앙을 갖기에는 너무 똑똑하다고 여긴 이들이었다.[60] 그는 곧바로 자신의 생각을 다섯 편의 독특한 강연으로 정리했다. 이것을 통해 그는 그가 믿고 귀하게 여겼던 체험의 중요성을 전할 수 있었다.

보편적인 체험

처음 두 편의 강연은 서론격이며 그의 주요 사상의 토대가 된다. 세 번째 강연은, 모든 신자들이 종교적 체험을 할 수 있도록 개략적인 방법을 설명하는 것으로 시작한다.[61]

슐라이어마허의 목표는 우리 내면의 종교적인 체험과 이러한 체험을 표현하는 방식이, 영성 생활을 어떻게 이해하고 있는지를 직접적으로 드러낸다는 사실을 보여 주는 것이다. 다시 말해, 우리 그리스도인 공동체는 근본적으로, 하나님에 대한 개인적인 체험을 어떻게 이해하느냐에 따라, 그리고 그 체험들이 가능하다고 믿느냐 아니냐에 따라 형성된다는 것이다. 우리는 슐라이어마허가 "종교적 체험의 외적 형태"라 부르는 것에 참여함으로 영성 생활을 이해하고 그것을 위해 인도를 받는다. 다시 말해 오순절주의가 장로교보다 훨씬 더 고차원적인 종교적 체험을 보고하는 것은 우연이 아니라는 것이다.

이와는 대조적으로, 내적 형태는 하나님에 대한 직접적인 경험의 배경이 된다. 이러한 직관은 자아 형성의 토대가 되고, 이에 대한 지속적인 관심은 우리를 우리 본성의 완성을 향해 나아가도록 한다. 슐라이어마허는 우리 모두가 하나님에 대한 내적인 능력을 타고났다고 믿는다. 아우구스티누스와 파스칼은 이것을 "하나님만으로 채울 수 있는 공간"이라 불렀다. 하지만 하나님에 대한 능력이 있다는 것이, 곧 우리가 그분을 체험할 것이라거나 그런 체험을 할 때 그 체험을 제대로 이해할 것이라는 의미는 아니다. 우리에게는 인도가 필요하다.

신앙 공동체는 어떻게 형성되는가

슐라이어마허는 네 번째 강연에서, 하나님에 대한 우리의 체험을 이해하도록 돕는 종교 공동체의 역할에 대해 이야기한다. 여기서 그는 진정한 교회의 중요성에 대해 훌륭하게 변호를 한다. 그에 따르면, 진정한 교회는 종교적 체험의 중요성을 믿고 가르치며, 우리 각자가 하나님에 대한 개인적인 체험을 이해하도록 돕는 곳이다. 그 시대에 비평가들은 교회를 모든 사회 문제의 온상이라고 비아냥거렸다. 반면에 슐라이어마허는, 우리는 교회가 개인들로 구성되어 있다는 사실을 늘 잊지 말아야 한다고 주장했다. 따라서 교회를 문제의 온상인 양 비난하는 것은 옳지 못하다. 왜냐하면 문제는 교회 안의 그 개인들에게 있는 것이기 때문이다.

첫째, 그룹으로 모이는 것은 인간 본성이다. 인간은 사회적 존재이기에, 자연스럽게 서로에게 이끌린다. 사람들을 그룹으로 이끄는 것은 종교의 본질이기도 하다. 그러므로 종교 공동체는 본래 악하거나 나쁜 것이 아니라 정상적이고 자연스러운 것이다. 그러므로 우리는 교회를 비난하기보다는 왜 종교 공동체가 존재하는지 그리고 어떻게 해야 그것을 가장 잘 사용할 수 있는지를 함께 생각해야 한다.

그러고 나서 슐라이어마허는 구체적인 신앙 공동체가 어떻게 하나님에 대한 우리의 체험을 이해하도록 돕는지 보여 준다. 우리는 함께 말하고, 듣고, 예배하며 하나님에 대한 우리의 체험을 나눌 수 있고, 다른 사람들도 자신의 체험을 나누면서 통찰을 얻을 수 있다. 이러한 과정은 영적 체험을 제대로 이해하도록 우리를 인도하고, 진정한 공동체는 억압적인 위계 질서가 아니라 상호 소통에 기초한다는 사실을 보여 준다. 슐라이어마허는 이러한 점을 강조하며 하나님을 체험한 동등한 개인들 사이의 상호 소통이 있는 진정한 종교 공동체를 변호한다.[62]

신앙 공동체가 왜 중요한가

슐라이어마허는 다섯 번째 강연에서, 신앙 공동체의 역할에 대해 한층 더 구체적으로 다룬다.[63] 여기서 슐라이어마허는 다양한 영적 체험들이 어떤 특별한 형태를 취하는지 개략적으로 보여 준다. 어떤 한 개인이나 종교적인 그룹이 하나님에 대한 체험을 온전히 소유하지는 못한다. 우리는 다양한 그리스도인 공동체라는 맥락 안에서, 하나님에 대한 이러한 체험들을 정확하게 해석할 수 있다. 종교적 체험은 무한하신 하나님에 대한 체험이고 신앙 공동체는 본래 유한하므로, 우리가 하나님과 함께하는 삶에서 그것을 적절하게 이해할 수 있으려면 하나님에 대한 모든 체험은 유한한 형태여야 한다.

결국 슐라이어마허는 모든 다른 종교를 넘어서 기독교의 우위성을 주장한다. 기독교는 하나님에 대한 체험이 어떤 역할을 하는지 최고의 설명을 제공하기 때문이다. 어느 경우에나 우리는 우리의 이해를 왜곡시킬 수 있는 인간적인 이해에 쉽게 빠져든다. 어떤 종교 공동체에 참여하든 하나님에 대한 우리의 체험을 오염시킬 수 있다고 주장하는 이들이 있긴 하지만, 슐라이어마허는 그러한 믿음에 동의하지 않는다. 이와는 반대로 그는 기독교 신앙은 그리스도의 사역과 교회의 중재하는 역할을 통해서만 가장 잘 알려지고 이해된다고 믿고 주장했다.

슐라이어마허는 생애 말년에 이르러 자신의 작품,「기독교 신앙」을 통해, 하나님에 대한 체험에 대해 예리한 해석과 신학을 제시했다. 이 작품에는 많은 것이 담겨 있고 복잡하며, 또한 칼뱅의「기독교 강요」내용을 역전시켜 제시한다. 기억하다시피 칼뱅은 하나님에서부터 시작한다. "하나님에 대한 지식과 인간에 대한 지식은 견고하게 연결되어 있다. 한쪽을 모르면서 다른 한쪽을 알 수는 없다. 하지만 하나님을 공경하는 마음으로 하나님에 대한 지식부터 시작해 보자."[64]

이와는 반대로 슐라이어마허는 인간이 아는 것에 초점을 맞추고 싶어하며, 신앙 공동체 내에서 하나님에 대한 우리의 체험을 어떻게 해석하고 이해하느냐로 시작한다. 그는 정교한 해석 체계를 발전시키며, 하나님에 대한 체험을 이해하도록 그리스도인의 삶의 모든 측면이 어떤 역할을 하는지를 보여 준다. '경건 생활'은 이런 체험들을 이해하는 길이며, 경건에 대한 완벽한 체험은 하나님에 대한 절대적인 의존의 느낌을 통해 가능해진다.

이렇게 순서가 뒤바뀐 출발점은 중요한 문제들을 야기한다. 하지만 슐라이어마허는 현대에 영적 체험에 대한 가장 주목할 만한 신학을 세운 사람이라고 보는 것이 더 정확할 것이다. 이 모든 것이 그가 글을 쓴 대상인 유럽의 엘리트들에게 영향을 미쳤을 것이다. 적어도 잠시 동안은 그러했다. 그 다음 그들이 다른 관심사들을 좇아 방황하면서 하나님에 대한 관심은 금세 사라졌을 것이다.

반추하고 반응하기

프리드리히 슐라이어마허에게는 아주 많은 직함을 붙일 수 있다. 근대 개신교 신학의 아버지, 베를린 대학의 저명한 교수, 존경받는 저자, 대중적인 설교자 그리고 하나님에 대한 우리의 체험을 다룬 뛰어난 변증가 등. 그는 베를린 대학에서 강의할 때 윤리학(기독교 윤리학과 일반 윤리학), 철학사, 교회사, 심리학, 논리학, 형이상학, 정치학, 신약학, 교리신학, 실천신학, 교수법, 미학 등 거의 모든 분야의 신학과 철학을 다루었다. 슐라이어마허는 기독교에 대한 계몽주의의 비판에 정면으로 맞선 최초의 세계적 수준의 신학자였다. 「종교론」의 부제, "교양 있는 멸시자들을 향한 연설"에는 그가 의도한 청중이 분명하게 밝혀져 있다. 슐라이어마허는 기독교에 대한 비판에 대응하면서 기독교 신앙의 근거를, 하나님 체험에 대한 아주 정교한 이해에서 찾았다. 그는 초기 저술에서 우주에 대한 '감정' 혹은 '직관'에 대해 말했다. 그는 그것을 "무한자를 맛보는 것이며 무한자에 대한 감각"이라 불렀다. 나중에 그는 "절대적인 의존의 느낌"에 대해 말했다. 처음부터 끝까지 슐라이어마허는 유럽의 지성들에게 종교적인 체험은 인간적인 지식을 얻는 유용한 수단임을 보여 주고 있었다. 한 세기 후에 윌리엄 제임스(William James)는 「종교적 체험의 다양성」(*Varieties of Religious Experience*)이라는 책을 통해 미국 지성인들에게 동일한 시도를 했다.

슐라이어마허는 우리가 '지식을 얻는' 방식을 역전시켰다. 예를 들어, 칼뱅은 하나님에 대한 지식에서 시작해서 거기서부터 인간 본성을 이해하는 데로 옮겨갔다. 이와 달리 슐라이어마허는 인간 본성, 특히 하나님에 대한 체험에서 시작해서 하나님에 대한 견고한 신학으로 옮겨가려 했다. 기독교 비판자들을 그들의 자리에 두면서 당대의 회의주의를 진지하게 다룬 점, 종교적 체험을 도덕적 지식을 얻는 유효한 수단이라고 주장함으로써 기독교 신앙에 대한 이성적 근거를 제시하려 했다는 점이 바로 슐라이어마허의 공이다.

그는 「종교론」으로 회의주의자들에게 시도했던 것을, 「기독교 신앙」으로는 신자들을 위해 동일하게 시도했다. 많은 이들이 이 체계적인 노력을, 기독교 신학의 진정한 고전 중 하나로 여긴다. 이런 의미에서 그는 과학, 철학을 종교, 신학과 통합하려 노력한 근대의 고전적인 대표자로 여겨져야만 한다. 그는 기독교 신앙을 근대성에 적응시키려고 노력한 인물이었다.

수년 동안 많은 이들이 슐라이어마허를 "근대 자유주의의 아버지"라고 부르며, 주요 요점에 대한 그의 정통 신념에 의문을 제기했다. 아마 그럴 것이다. 하지만 나는 베를린 트리니티 교회에서의 그의 25년 동안의 사역, 그의 통렬한 설교, 그의 열정적인 기도, 그가 죽었을 때 그 도시 거리에 늘어섰던 수천의 사람들을 생각하면, 그리스도에 대한 그의 체험이 가진 생명력을 피해 갈 수 없다. 우리도 그런 삶을 체험하기를 바랐던 그의 열망 역시 그렇다.

슐라이어마허와 존 웨슬리를 대조해 보는 일은 상당히 교훈적이다. 둘 다 체험의 중요성을 강조했지만, 웨슬리는 성경의 우위성이라는 맥락 안에서 그렇게 했다. 반면 슐라이어마허는 인간인 우리가 하나님에 대한 체험을 어떻게 이해하는가 하는 인류학적 접근에서 시작한다. 아마도 그는 다른 식으로는 할 수 없었을 것이다. 그가 염두에 두어야 할 대상은, 성경이나 기독교 전통을 인간 지식의 권위 있는 원천으로 환영하거나 받아들이지 않는 이들이었기 때문이다.

그럼에도 불구하고 나는 슐라이어마허가 종교적인 체험으로 시작함으로써, 하나님과 함께하는 의미 있는 삶을 찾는 모든 세대의 확신을 자기도 모르는 사이에 해치지 않았는지 의심할 수밖에 없다. 20세기의 칼 바르트도 다른 많은 이들의 의견을 따라, 슐라이어마허는 하나님의 실재, 위엄, 은혜를 희생시켜 신학을 인간의 능력 아래로 가져다 놓았다고 생각했다. 바르트의 비판은 주목할 만하다. 그럼에도 불구하고 바르트는 "확고한 성령 중심 신학"을 이끌어내는 전거로 삼는다면 슐라이어마허 신학이 "완전히 무용한 것은 아니다"라고 말하며,[69] 슐라이어마허에 대한 동경어린 감사의 마음을 갖고 있었다.

우리 시대 오순절주의의 폭발적인 증가는 이런 희망이 부분적으로 성취된 것이라고 볼 수 있을 것이다. 그것의 핵심은 확실히 체험이며, 성령의 사역에 깊이 의존되어 있다. 지금은 추가적인 요소가 필요한데, 그것은 우리가 다양한 장소에서 보기 시작한 것이다. 바로 성령 체험을 조화시킬 수 있는 충분히 엄격한 신학이다.

은혜로우신 하나님, 우리는 어떻게 우리의 세상에 성실하게 참여하는 동시에 다른 사람들이 설득력 있다고 여길 만한 용어들을 사용할 수 있을까요? 슐라이어마허는 계몽주의의 이상과 근대성의 출현에 대해 다루었습니다. 우리는 포스트모더니티에 직면해 있습니다. 체험은 분명 이 포스트모던 친구들에게 중요합니다. 하지만 체험에 대한 그들의 생각은 너무 불안정하고 개별적으로 느껴집니다. 신앙의 배가 닻을 내리고 정박할 곳은 어디입니까?

당신은 우리가 우리 스스로 이에 대해 생각하기를 원하십니다. 그렇지 않습니까? 네, 우리는 우리 수준에서 최선을 다하겠습니다. 하지만 주님, 우리 곁에 오셔서 우리의 생각을 인도해 주소서. 아멘.

여섯 번째 길

행동 그리고 관상

…예수께서 어떤 마을에 들어가셨다. 마르다라고 하는 여자가
예수를 자기 집으로 모셔 들였다. 이 여자에게 마리아라고 하는 동생이 있었는데,
마리아는 주의 발 곁에 앉아서 말씀을 듣고 있었다. 그러나 마르다는
여러 가지 접대하는 일로 분주하였다. 그래서 마르다가 예수께 와서 말하였다.
"주님, 내 동생이 나 혼자 일하게 두는 것을 아무렇지 않게 생각하십니까?
가서 거들어 주라고 내 동생에게 말씀해 주십시오." 그러나 주께서는
마르다에게 대답하셨다. "마르다야, 마르다야,…마리아는 좋은 몫을 택하였다.…"
_누가복음 10:38-42(표준새번역)

"저를 만나고 싶으시면, 정원으로 오셔야 합니다." 처음으로 베네딕트회의 영성을 깊이 있게 접하게 된 것은 내가 대학원에 다닐 때였다. 베네딕트에 대한 글을 읽었었고, 그가 쓴 「규칙」(Rule)도 훑어본 터라, 수도원 운동의 발전에서 그가 차지하는 위치를 알고는 있었다. 하지만 그를 진지하게 연구한 적은 없었다. 그러다가 현상학과 토마스 아퀴나스 연구로 박사 과정을 밟고 있던 때 비낭스 수도원장(Father Winance)을 만나게 되었다. 그는 벨기에에서 온 베네딕트회 수사였는데 캘리포니아 고원 사막에 있는 발레르모(Vallermo) 수도원에서 살고 있었다. 그는 화요일에는 가르치는 일을 했지만 금요일에는 근무 시간을 지켰는데, 바로 정원에서 그 시간을 보냈다. 누구든 자신이 읽은 내용에 대해 그와 토론을 하려면 먼저 미사에 참석한 후 공동 식사를 하고 기도를 해야 했다. 그 다음에야 정원으로 내보내져 대화를 나눌 수 있었다.

바로 그러한 대화를 통해 나는 베네딕트 사상의 범위와 영향력을 조금씩 이해할 수 있었다. 관상하는 가운데 행동하는 삶을 살아내고자 했던 그의 결의는 나를 사로잡았다. 그가 영향을 받은 저자들[특히 「스승의 규칙」(The Rule of the Master)과 카시안(Cassian)] 그리고 그의 영향을 받은 저자들[그레고리우스 대제(Gregory the Great)]은 천 년 동안 수도원 운동을 인도했고 오늘날에도 여전히 우리를 인도해 줄 수 있는 영성을 연마했다. 비낭스 원장이 강조한 것처럼, 베네딕트를 이해하려면 그리고 행동과 관상의 삶을 이해하려면 카시안부터 연구해야 한다.

존 카시안
John Cassian

행동의 삶과 관상의 삶 사이의 균형 잡기

> 우선은 실천적인, 즉 행동하는 지식이 있는데,
> 그 지식은 도덕적 행위를 교정하고 악을 제거하는 것으로 완성된다.
> 두 번째로는 이론적인 지식이 있는데, 이 지식은
> 신성한 것들을 관상하고 성경의 가장 거룩한 의미를 이해하는 데에 있다.
> _「회담집」(Conferences)

존 카시안(360-435)은 행동의 삶과 관상의 삶 사이에서 균형을 잡는 데 주의를 기울이도록 수사들을 지도한 사람으로 알려져 있다. 그는 오늘날 루마니아에 해당하는 지역에서 태어났다. 성인기 초기에 그는 성지 순례를 떠났고 그곳에서 예루살렘 근처에 있는 수도원에 들어갔다가 이집트로 이민을 가서 폰티쿠스의 에바그리우스(Evagrius of Ponticus, 두 번째 길을 보라)의 영향을 크게 받았다. 399년에 에바그리우스가 사망하자 카시안은 곧 이집트를 떠나 콘스탄티노플로 돌아왔다. 그는 존 크리소스토무스가 제안한 직위를 받아들였지만 결국에는 남쪽 골 지방으로 이민을 가서 사막 수도원 운동을 서구 유럽에 소개했다. 나중에는 베네딕트가 그의 영향을 크게 받게 되는데, 「성 베네딕트의 규칙」(Rule of St. Benedict)은 「스승의 규칙」에 나오는 내용뿐만 아니라 카시안의 사상도 많이 담아내고 있다. 수도원 생활의 질서는 어떻게 잡아야 하는지, 우리가 지도자에게 기대해야 하는 성품은 무엇인지에 대한 내용도 거기에 들어 있다. 카시안이 정확하게 언제 죽었는지는 분명하지 않지만, 432년 이후로는 그에 대한 기록이 없는 것으로 보아 학자들은 그가 대략 435년경에 사망한 것으로 추정하고 있다.

비록 카시안이 언제나 수사의 삶을 평신도의 삶보다 높이 사기는 했지만, 그는 그 두 가지 접근법 사이에 존재하는 긴장을 이해하고 있었으며, 그 둘 사이의 균형을 이루면서도 놀라운 관용을 보여 준다. 카시안의 「회담집」은 영성 지도의 맥락에서 쓰인 것인데, 영성 지도란 성숙한 인도자가 젊은 견습생의 영적 여정을 지도해 주는 것이다. 이 책 전체가 하나님과 함께하는 우리의 삶과 관련된 큰 이슈들에 대해 분별을 가르치고 지침을 주는 일련의 대화로 이루어져 있다. 카시안의 가장 도발적인 사상 중 하나가 「회담집」에 나오는 유명한 문장에 잘 나타나 있다. "우선은 실천적인, 즉 행동하는 지식이 있는데, 그 지식은 도덕적 행위를 교정하고 악을 제거하는 것으로 완성된다. 두 번째로는 이론적인 지식이 있는데, 이 지식은 신성한 것들을 관상하고 성경의 가장 거룩한 의미를 이해하는 데에 있다."[1]

균형 잡기

이 유명한 인용문은 영성의 길이 갖는 성격을 정의해 준다. 즉 현세는 단순히 행동 아니면 관상이 아니라, 그 둘 사이에 존재하는 균형을 찾는 것이다. 태초부터 그리스도의 추종자들은 이러한 균형을 찾고자 애써 왔다. 비록 에바그리우스가 카시안의 사고에 미친 영향은 부인할 수 없지만, 카시안은 어떻게 행동하는 삶이 관상 기도로 나아가게 하는지, 그리고 어떻게 관상 기도가 우리의 생각, 성찰, 행동의 통합적 중심이 되는지를 더 철저하게 파고들어 발전시킨다.

이러한 이해의 방식은, 균형 잡힌 영적 삶이란 '나아가는 것'과 '들어오는 것'임을 안다. 그것은 오직 하나님 안에만 있는 행동의 삶과 관상의 쉼의 시작이다. 우리는 마음과 지성과 영혼과 힘을 다해 하나님을 사랑하고, 우리 자신처럼 우리 이웃을 사랑하라는 명령을 받았다. 이러한 명령에 따르려면 기도의 삶도 필요하지만 이 세상에 참여하는 일도 해야 한다. 그레고리우스 대제가 적절하게 잘 표현한 말을 빌자면, 행동의 삶과 관상의 삶은 서로 대립되는 것이 아니라 동전의 양면 같은 것이다.[2]

이와 같은 관계는 간단해 보이지만, 교회가 언제나 그러한 생각을 환영하거나 수용한 것은 아니다. 430년에 서구 교회의 가장 위대한 지성이 영원한 안식에 들어갔다. 아우구스티누스의 죽음과 함께 한 세대가 끝이 났고, 그 때는 마침 새로운 시기이자 재난의 시기가 시작되던 때였다. 그 후로 백 년 동안 로마 제국은 세계 문명의 쓰레기 더미 속으로 추락했다. 그리고 아우구스티누스의 죽음 이후 머지않아 찾아온 존 카시안의 때 이른 죽음으로 당시의 또 다른 위대한 영적 지성이 사라지게 되었다.

아우구스티누스와 카시안은 처음에는 친구였지만, 나중에는 적이자 신학적 견해를 달리하는 원수가 되었고 결국 화해하지 못한 채 생을 마감했다. 두 사람 사이의 커다란 긴장은, 카시안이 그리스도를 닮으려면 그리스도인의 책임이 필요하다고, 한 치도 물러서지 않고 강조했기 때문에 일어났다. 고대에 이와 같은 긴장이 있었다는 사실은 오늘날 이해하기가 좀 힘들다. 중요하지만 비본질적인, 예정과 자유의지의 교리에 기초한 이 갈등을 놓고 아우구스티누스와 카시안은 좀처럼 공통분모를 찾지 못했다. 아우구스티누스는 오직 하나님만이 주도적으로 구원하신다고 보았다. 반면에 카시안은 하나님과 함께하는 우리의 삶이 그렇게 단순하지만은 않다고 보았다. 물론 주도권은 언제나 하나님이 갖고 계시지만 그와 같은 주도성에는 언제나 인간의 반응이 필요한 것이다. 어쨌거나 모든 일에 하나님이 주도권을 갖고 계심을 보여 주는 동시에 하나님의 활동에 우리가 어떻게 사랑으로 반응해야 하는지도 보여 주는 것이 바로 성경이 아니던가.

예수님은 하나님을 사랑하고 우리의 이웃을 사랑하라는 명령으로 모든 율법과 선지자의 강령을 요약하신다(마 22:37-40). 우리가 이웃을 사랑함으로써 하나님을 사랑하는 법을 배우면, 하나님을 사랑하라는 명령의 의미가 더 깊어지고 풍요로워지는 것을 곧 알게 된다. 그러나 만약 모든 주도권과 책임이 하나님께 있다면, 반응해야 하는 우리의 의무는 과연 무엇이란 말인가? 그리고 만약 우리가 자신에게 아주 약간의 책임이라도 부과한다면, 그것은 행위에 따른 의를 강조해 결국 은혜와 기독교 신앙에 대한 우리의 이해를 왜곡하는 것인가? 아우구스티누스는 그렇다고 생각했고,

카시안은 그렇지 않다고 믿었다.

카시안은 하나님과 직접 일대일로 만나는 것이 그리스도인의 삶의 궁극적인 목표라고 생각했다. "모든 기술과 모든 훈련은 특정 목적을 가지고 있다. 즉 자기만의 목표를 갖고 있는 것이다."[3] 카시안은 이 목표를 이렇게 정의한다. "철저하게 순결한 눈으로 신을 바라보는 일은 가능하다. 그러나 비천하고 세속적인 생각과 행동을 넘어서는 사람들, 그리고 하나님과 함께 고독의 높은 산으로 물러가는 사람들만 그렇게 할 수 있다."[4]

이러한 목표에 어떻게 도달하는가? 카시안은 구체적이고 직접적으로 설명한다. "모든 종류의 지식은 적절한 연쇄, 즉 논리적인 질서를 갖고 있다."[5] 따라서 궁극적인 목표에 도달하기 위해서는 반드시 이 적절한 질서를 따라야만 한다. 첫째, 우리는 행동의 삶에서 두 단계를 터득해야 한다. 우선은 자신이 지은 죄의 성질을 알고 그로 인한 고통의 치유책을 아는 것이 출발점이다. 그 다음에는 미덕의 질서를 분별하고 그것을 완성시키는 가운데 우리의 영을 형성한다. 마지막으로, 행동의 삶을 터득하고 나면 관상의 삶을 연마할 수 있게 된다. 그러나 행동의 삶을 질서대로 이행하지 않으면 관상의 삶을 유지하기는커녕 그 삶으로 들어가지도 못한다는 사실 또한 알아야 한다. 관상은 행동보다 높은 차원으로 올라가서 신성한 것을 의식하고 거룩한 의미를 깨닫게 해준다.[6] 아래에 나오는 도표가 카시안의 사상을 개관해 줄 것이다.

표 6.1. 행동의 삶과 관상의 삶 사이의 질서 잡기

실재의 단계	지식의 종류	분별의 기능	영혼의 활동	성경	세 가지 부인	영혼의 욕구	신학적 미덕	인생의 목표
가장 높음	이론적·관상적 지식	하나님을 사랑하고 이웃을 사랑함	하나님을 사랑하고 이웃을 사랑함	아가서	정신이 모든 세속적 염려를 초월함	완성	사랑	하나님과 대면하라
중간	미덕으로 이끄는 행동	악을 미워함, 미덕을 사랑함	미덕을 사랑함	전도서	모든 피조물의 덧없음	천국을 갈망함	소망	미덕을 터득하라
가장 낮음	행위, 악을 뿌리 뽑음	욕망 이성 자애	악을 미워함	잠언	이 세상의 부를 멸시함	지옥을 두려워함	믿음	악을 피하라

342 영성을 살다

행동의 삶의 가장 낮은 차원이자 첫 번째 단계에서 우리는 악을 뿌리 뽑기 위해 노력한다. 바로 이 때 우리는 에바그리우스가 말한 여덟 가지 치명적 생각(탐식, 육욕, 탐욕이 가장 낮은 단계에 영향을 미치고, 분노, 슬픔, 낙담이 중간 단계에 영향을 미치고, 허영과 교만이 가장 높은 단계에 영향을 미친다)에 직면하게 된다.[7] 이 단계에서는 욕구가 우리를 지배하게 된다. 여기에서 욕구는 하나님의 주도적 행동에 신실하게 반응하고자 하는 욕구다. 악을 미워하려고 노력하는 이 때에 우리의 생각을 지도해 주는 성경은, 인간의 지혜를 깊이 이해하는 잠언이다. 올바른 반응을 인지하는 정신 상태가 되면 우리는 이 세상의 부를 포기하게 된다. 이것은 다음 단계로 올라갈 수 있게 해주는 첫 번째 단계인 형성의 단계다. 여기에서 우리 영혼의 동기가 되는 감정은 지옥에 대한 두려움이고, 하나님에 대한 우리의 첫 반응은 믿음이다. 또 그 결과로 얻는 것은 악을 파괴하는 삶이다.

행동의 중간 단계는 미덕을 완전히 연마하게 해준다. 여기에서 우리를 인도하는 기능은 이성인데, 삶의 모든 측면을 사용하는 올바른 방법을 깨닫게 해준다. 이성은 이어서 분별을 계발해 주며 이 때 우리 영혼의 가장 중요한 활동은 미덕의 수련이다. 이 단계에서 우리는 전도서의 지도를 받게 되는데, 전도서는 해 아래에 있는 모든 것이 덧없음을 인정하는 책이다. 모든 피조물의 무상함과 덧없음을 깨닫고, 우리 영혼은 천국을 갈망하게 된다. 이 단계에서 가장 중요한 신학적 미덕은 소망이며, 인생의 목표는 여덟 가지의 거룩한 미덕을 온전히 실행하는 것이다.

마지막으로, 가장 높은 단계의 전형적인 특징은 관상적·이론적 지식이다. 이 단계에서 가장 중요한 분별의 기능은 자애다. 영혼의 가장 중요한 활동은 마음과 영혼과 지성과 힘을 다해 하나님을 사랑하고 우리 자신처럼 우리 이웃을 사랑하는 것이다. 아가서를 제대로 이해하면 이 단계에 필요한 지도를 받을 수 있으며, 우리가 관상을 통해 하나님과 연합될 수 있도록 우리의 정신은 세속적 집착을 포기한다. 이 모든 것을 인도하는 것은 완성에 도달하고자 하는 영혼의 욕구이며, 여기에서 완성이란 방해받지 않고 오직 하나님만을 묵상하는 상태를 말한다. 여기에서 가장 중요한 신학적 미덕은 사랑이며, 그 결과로 얻는 삶은 성경의 약속대로 하나님과 얼굴과 얼굴을 맞대고 보는 것이다.

이 전체 계획에는 카시안이 개념화한 영성 생활이 잘 나타나 있다.[8]

분별의 역할

카시안의 체계에서 가장 중요한 것은 분별이다. 그는 분별을 모든 미덕의 어머니로 본다.[9] 카시안은 대화를 통해 자신의 생각을 표현하는데, 「회담집」에서도 계속 그 방법을 사용하고 있다. 모든 진리는 대화를 통해 그 모습을 드러낸다. 「회담집」에 나오는 대화는 대수도원장 모세(Abbot Moses)와 나눈 대화다.

이 대화를 통해 우리는 진정한 분별을 배우게 되며, 초대 교부들이 어떻게 분별을 정의했는지, 제대로 분별하지 못할 경우 어떤 일들이 일어났는지, 하나님과 동행하는 우리 자신의 삶에서 분별은 어떤 장점과 가치를 가지는지를 배우게 된다. 분별은 우리가 마귀의 덫에 걸리지 않고 계속해서 하나님께로 갈 수 있게 해주는 미덕이다. 분별은 몸의 등불이며, 삶의 안내자이며, 건강한 판단의 근원이다. 분별은 또한 인간사에 대해 그리고 하나님에 대해 지혜로운 결정을 내리는 법을 가르쳐 준다. 제대로 분별하지 않으면 우리는 하나님과 함께하는 삶에서 가장 높은 단계로 올라가지 못한다. 이러한 현실을 설명하기 위해 카시안은 몇 가지 부정적인 예들을 골라서 보여 준다.

우선 그는 히어로(Hero)라는 이름을 가진 수사의 끔찍한 이야기를 사용한다. 히어로는 거룩한 공동체의 가르침을 무시한다. 그는 훈련도 열심히 했고 착실했지만, 장로회의 조언을 무시하고 망상에 빠져 하나님이 자신을 보호해 줄 거라 믿고 깊은 우물로 뛰어든다. 물이 없는 깊은 우물 바닥에서 그의 부서진 몸을 끌어올리며 수사들은 한때 전설과도 같았던 이 수사의 죽음에 대해 많은 생각을 한다.

카시안은 다소 극단적인 이 이야기에 이어 좀더 그럴듯한 이야기를 들려 준다. 한 사람은 분별할 줄 알고 다른 한 사람은 분별할 줄 모르는 두 형제의 이야기다. 세 번째로 등장하는 어떤 사람이 마귀에게 속아서 자신의 아들을 희생제물로 바치겠다고 제안한다. 마지막 순간에 그는 적시에 개입한 몇몇 형제들 덕분에 생각을 돌이키게 된다. 모든 미덕의 어머니이자 수호자 그리고 안내자인 분별은, 올바른 일을 올바른 때에 올바른 이유에서 올바른 방법으로 할 수 있도록 우리를 도와주는 유일한 미덕이다. 그러나 영적 성숙으로 인한 분별력과 영적 성향(영적 성숙의 핵심은 영적 성향을 연마하는 것이다)을 가진 사람은 많지 않다.

    대수도원장 모세는 이렇게 말한다. "참으로 겸손해야 제대로 분별할 수 있다." 어떠한 경우든, 겸손은 하나님이 기뻐하시는 영적 성향을 연마하게 해준다. 겸손한 사람은 자신보다 앞서 분별의 영성을 갖고 살았던 사람들의 집단적 지혜를 듣고 받아들인다. 우리는 나이가 많다고 해서 무조건 그 사람의 말을 듣는 것이 아니라, 성령의 인도를 받아 하나님과 동행했던 신뢰받는 친구들의 말을 듣는다.

    이 지점에서 카시안이 강조하는 내용은 참으로 놀랍다. 그는, 하나님이 우리를 직접 부르시는 경우는 거의 없다는 사실을 깨닫도록 도와준다. 대신에 하나님은 간접적인 방법을 통해 일하신다. 그렇기 때문에 우리는 하나님을 찾는 법을 배워야 한다. 그는 사무엘과 엘리의 아름다운 예를 사용해서 자신의 요점을 설명한다. 하나님은 사무엘에게 직접 오실 수 있었지만 그 대신에 사무엘이 하나님을 찾는 법을 배우기를 원하셨다. 그 결과 사무엘은 엘리의 도움을 받아 하나님의 주도성과 그것에 대한 적절한 반응을 이해했다.

    카시안의 회담 가운데 또 하나는, 이 세상으로부터 돌아서서 하나님과 함께하는 삶의 더 높은 차원으로 올라가는 것에 초점을 맞추고 있다. 이것은 참으로 놀라운 원칙인데, 은혜로 얻는 구원과 성장은 우리가 계획할 수 없지만, 우리를 파멸시키고자 위협하는 마귀와 치명적 생각들의 영향을 제한하는 노력은 할 수 있음을 보여 준다.

「회담집」 전반에서 영적 경험의 역할은 매우 중요하다. 카시안은 자신이 경험하지 못한 것은 가르치거나 이해할 수 없다고 반복해서 강조한다.[10] 성실하게 가르치려면 우리는 영적으로 성장해야만 한다.

기도의 역할

기도는 하나님에 대해 배우는 또 다른 중요한 통로다.[11] 자신의 스승 에바그리우스처럼 카시안은 우리가 다른 데 정신을 빼앗기면 하나님과 방해받지 않는 대화를 누릴 수 없다고 강조한다. 그렇다면 우리는 무엇에 정신을 빼앗기는가? 단 하나의 유혹이 아니라 다섯 가지 요소가 우리를 미혹한다. 몸에 대한 염려, 우리의 정신을 침입하는 세속적 생각, 분노, 참된 겸손의 부족, 그리고 부적절한 때에 떠오르는 과거의 기억들이다.

기도하는 능력은 인생의 진전에 따라 발전한다. 카시안은 자신의 독특하고 정직한 관찰로 기도가 어떻게 우리 영혼의 순결 상태에 따라 달라지는지를 설명한다. 그는 기도의 네 가지 지배적인 유형을 정의하고, 우리가 정확하게 어떻게 기도해야 하는지 그리고 기도에 대한 우리의 기대가 무엇이어야 하는지를 보여 주는 주기도문을 자세히 다룸으로써 이 회담을 마무리하고 있다.

네 가지 기도의 유형은 탄원, 간구, 중보, 감사다. 기본적으로 탄원과 간구는 가장 낮은 단계의 기도이며 중보는 중간 단계, 감사는 가장 높은 단계로서, 그 단계에서는 세속적 염려에서 벗어나 하나님의 관점에서 이 세상과 우리 인생을 바라보게 된다.[12] 주기도문은 우리 영혼이 하나님께로 올라가는 일곱 단계의 구성을 보여 준다.

주기도문의 일곱 단계

- 하나님을 인지함
- 우리가 하나님 나라 안에 존재한다는 것을 인지함
- 하나님의 뜻이 모든 것을 다스린다는 것을 앎
- 하나님이 우리의 모든 필요를 채워 주신다는 것을 앎
- 하나님이 용서하시는 것처럼 용서하는 것을 배움
- 유혹을 극복함
- 하나님의 나라와 권능과 의가 우리를 악에서 구해 준다는 것을 인지함[13]

기도는 우리의 영혼을 형성하는 데 중요한 역할을 한다.[14] 앞에서도 지적한 것처럼, 그리스도인의 궁극적 목표는 하나님과 직접 대면하는 것이다. 하나님과 직접 대면하려면 방해받지 않고 하나님에게만 집중할 수 있는 완성의 상태에 우리 영혼이 도달해야만 한다. 그러나 카시안이 제시하는 가장 높은 형태의 기도에는 애를 써서 올라가야 한다. 기도를 잘 하게 되고 궁극적 정상에 도달하게 되는 과정에서 그 시작은 소박하다. 그는 그 과정을 아이가 글자를 터득하는 방식에 비유한다. 우선 우리는 각각의 글자로 따로 배운다. 그 다음 그것이 알파벳에서 차지하는 위치를 보게 된다. 그리고 나서 문법의 규칙을 배우게 된다. 그 다음에 우리는 읽는

법을 배운다. 마지막으로 우리는 쓰기를 배움으로써 글자를 완전히 터득하게 된다. 믿음과 영적 상승의 문법도 이와 같다.

물론 핵심은 마음의 순결이다. 하나님 안에서 자라가는 우리의 성장에는 자기 부인과 자기 훈련이 필요하다. 또한 하나님이 우리를 위해 놓아 주신 길도 따라야 한다. 카시안은 "모든 사람이 그 길을 신실하게 추구하면 완성에 도달할 가능성이 있다"고 강조하고 있다.[15] 완성의 길은 하나님에 대한 완전한 사랑에서 끝이 난다.

궁극적으로 카시안은 여덟 가지 치명적 생각을 뿌리 뽑고, 여덟 가지 거룩한 미덕을 연마하고, 행동과 관상 사이에 균형을 잡는 데 관심이 있다. 우리가 그 길에서 벗어나지 않으려면 언제나 겸손과 자애가 있어야 한다. 마찬가지로, 우리의 지성을 분별 있게 사용함으로 우리가 추구해야만 하는 사항들을 정리해서 사용할 필요가 있다. 우리의 몸과 영혼 모두를 위해서 말이다.

영적 지식을 얻음

카시안의 작업에서 마지막 부분은 영적 지식의 서로 다른 양상들에, 그리고 우리가 하나님께로 올라가는 일을 어떻게 완수하느냐에 초점이 맞춰져 있다. 영적 지식에 대한 그의 회담은 매우 중요하다. 여기에서 우리는 성경에 대한 카시안의 관점을 볼 수 있고, 하나님과 함께하는 우리의 삶을 설명하기 위해 그가 사용한 신학적 틀도 이해하게 된다. 카시안은 지식의 논리적 연쇄는 언제든지 찾을 수 있다고 생각했고,[16] 악을 뿌리 뽑는 행동의 삶의 가장 낮은 단계에서 출발해서, 미덕을 연마하는 행동의 삶의 중간

혹은 두 번째 단계를 지나, 우리가 하나님을 이해하게 되는 가장 높은 단계의 이론적 혹은 관상적 지식에 이르기까지 우리를 이끌고 간다.

성경에서 파생된 모든 지식은 성경이 갖는 네 가지 의미의 적절한 순서를 따라 발전한다.[17] **역사**란 단순히 우리보다 앞서 일어난 일들에 대한 지식이며 그 사건들의 중요성을 이해하는 것이다. **풍유**란 역사의 사건으로부터 하나님의 목적을 전해 주는 더 깊은 의미를 분별하는 것이다. **천상적/종말론적 의미**(anagogy)는 천국의 비밀을 드러내 주며, **도덕적 의미**(tropology)는 성경의 가르침을 우리 자신의 삶에 적용하게 해주고 거룩한 삶의 원칙과 지침을 이끌어낸다.[18]

성경에 대한 지식은 하나님과 함께하는 삶을 더 깊어지게 한다. 카시안은, 성경, 신앙 공동체, 우리보다 앞서 간 경건한 신자들의 지도, 그리고 겸손한 성품이 없으면 영적 지식을 얻을 수 없다고 보았다. 궁극적으로 카시안은 성경이 갖는 다양한 단계의 의미, 전통의 중요성, 이성의 올바른 사용, 그리고 영적 경험의 가치를 진지하게 받아들이는 신학적 접근을 처음 시도했다. 이러한 신학은 그 후 몇 세기 동안 더 크게 확장되지만, 카시안은 하나님과 함께하는 삶을 이해하도록 돕는 가운데 이와 같은 다양한 신학적 원천을 조화시킨 최초의 사람 중 하나였다.

반추하고 반응하기

내가 생각하기에 존 카시안은 고대 작가들 중에서 매우 현대적인 사람에 속한다. 왜냐하면 영성 생활에 대한 그의 통찰이 바로 행동의 세계에서 출발하기 때문이다. 사람들은 인생의 대부분을 행동의 세계에서 보낸다. 물론 그는 거기에서만 머무르지 않지만, 그의 출발점은 거기다.

카시안의 출발점은 근본적이고 기본적이다. 오로지 실제 인생의 굴곡진 체험을 통해서만 우리는 악과 미덕을 진정으로 이해할 수 있고, 그 둘 사이의 차이를 진정으로 알 수 있다. 악이 행해지는 것을 볼 때 우리는 그것이 얼마나 실제적인지를 알게 된다. 그리고 그것이 본질상 얼마나 파괴적인지를 보게 된다.

몇 년 전에 철학자들이 콜로라도 주 아스펜(Aspen)에 있는 휴양지에 모여 악의 문제를 논하는 대회를 가졌다. 자신들의 학술 논문을 발표하면서 그들은 정말로 악이라는 것이 있는지를 결정하는 것이 매우 어려운 문제임을 곧 알게 되었다. 만약 그러한 모임을 로스앤젤레스나 홍콩 중심가 혹은 다른 세계 주요 도시들의 중심가에서 했더라면 더 성공적인 토의 결과가 나오지 않았을까 하는 생각이 든다. 잘 모르지만, 한번 그런 생각을 해 보게 된다.

악. 죄. 우리가 그것을 무엇이라고 부르건, 그것은 정말로 나쁜 것이다. 인간을 파멸시키고 모든 삶의 현장을 파괴한다. 그것은 죽음을 부른다. 역으로 미덕은 진정 선한 것이다. 이 두 가지 실재가 가정과 직장의 참으로 고통스런 상황에서 실현되는 것을 볼 때 우리는 악을 피하고 미덕을 추구하는 것이 생명의 길임을, 경험을 통해 이해하게 된다.

그래서 카시안은 우리가 지금 서 있는 행동의 세계에서 출발한다. 그러나 그것이 전부는 아니다. 그는 우리를 행동의 세계에서 관상의 세계로 데려간다. 여기에서 놀라운 점은, 특히 그가 속했던 사회를 고려할 때 더욱 놀라운 점은, 그가 우리를 관상의 세계로 데려가면서도 행동을 저버리지 않는다는 사실이다. 그렇게 하는 대신 카시안은 우리를 그 둘 사이의 섬세한 균형 한 가운데에 데려다 놓는다.

우리에게는 행동과 관상 둘 다가 필요하다고 카시안은 말한다. 왜 그런가? 예수님이 요약해 놓으신 모든 율법과 선지자가 그것을 요구하기 때문이다. 하나님을 사랑하고 이웃을 사랑하라. 관상이 없이는 하나님을 온전히 사랑할 수 없다. 행동이 없이는 우리의 이웃을 온전히 사랑할 수 없다. 따라서 우리는 그 둘 사이의 균형 가운데서 산다. 참으로 간단하지만⋯참으로 심오하다.

이러한 행동과 관상 사이의 균형은 오늘날 우리에게도 꼭 필요한 것이다. 현대인들은 지나치게 행동 쪽으로 치우쳐 있다. 행하고, 행하고, 또 행한다. 우리의 삶은 행위에 의해 정의된다. 정말이지 우리의 행동은 우리를 죽일 수도 있다. 그렇기 때문에 카시안의 말을 듣는 것이 꼭 필요하다. 카시안은 행동을 저버리라고 요구하지 않으면서 우리를 다른 세계로 초대하고 있다. 잠잠함과 관상의 세계로 말이다. 여기에서 우리는 균형을 잡으며 올바르게 사는 데 필요한 분별을 발견하게 된다.

카시안에게서 내가 가장 흥미를 느끼는 부분이 바로 이 분별의 지점이다. 그가 분별을 "모든 미덕의 어머니"라고 부른 것을 기억할 것이다. 지나온 세월 동안 내가 가장 자주 그리고 가장 지속적으로 드린 기도는 분별력을 키워달라는 것이었다. 어느 정도의 수준에 달했건 나는 언제나 그것보다 더 많은 분별력을 원했다. 당신에게도 같은 갈망이 있을 것이다. 존 카시안이 그 옛날에 했던 말이, 사그라지지 않는 우리 마음의 갈망에 들려 줄 수 있는 가장 현대적인 말은 아닐까?

카시안의 통찰을 우리의 일상적 경험으로 끌어올 수 있는 방안들을 생각해 보면 도움이 될 것 같다. 나는 우리가 서 있는 바로 그 자리에서 시작할 것을 제안한다. 우리가 하는 일에서, 우리가 속한 가족에서, 가사 노동과 직장 일과 가정사의 책임 같은 평범한 일들 가운데서 말이다. 물론 이러한 임무들을 저버리라는 것이 아니다. 그 대신 우리는 관상하며 그 일을 수행할 수 있다. 이 말은 우리가 잘 듣고 집중하는 가운데 우리의 일상적 일과를 수행한다는 뜻이다. 인도와 분별을 구하는 속삭임의 기도는 언제나 우리의 일상적 임무와 병행이 가능하다. "주님, 어떻게 하면 기도하는 마음으로 일할 수 있는지 가르쳐 주십시오", "우리 가족이 처한 상황에서 제가 택할 수 있는 새롭고도 창의적인 길을 보여 주십시오", "사랑과 돌봄과 축복의 새로운 문을 제게 열어 주십시오", "악의 실체를 제대로 보게 도와주시고 의의 선함을 보여 주십시오" 등의 기도를 할 수 있다.

그 외에도 자신이 처한 현실을 평가해 본다는 목표로 하루 정도 시간을 갖는 것이 유익할 수 있다. 그 날은 예닐곱 시간 동안 혼자 조용한 시간을 보내는 것이다. 그 시간에 우리는 무엇보다도 분별력을 더 키워 달라고 구할 수 있다. "그냥 내버려 두어도 되는데 내가 지금 하고 있는 일은 무엇인가?", "아이들과 함께 보내는 시간이 생명으로 더 풍성해질 수 있는 방법이 있는가?", "주님, 당신으로부터 오는 비전과 희망을 가지고 나의 직업을 대할 수 있게 도와주십시오", "내 직업에서 생명을 주는 일은 무엇이며 죽음을 가져오는 일은 무엇인가?" 이제 여러분도 감이 잡힐 것이다.

균형과 분별. 앞으로 여러 해 동안 우리가 정말로 지향하며 노력해야 할 것들이다. 이 일에 있어서 카시안보다 더 좋은 스승은 없다.

제자: 사랑하는 주 예수님, 참으로 분별이 "모든 미덕의 어머니"라면, 저는 정말로 그것을 열심히 추구하고 싶습니다. 하지만 어디에서 시작해야 합니까? 어떻게 시작해야 합니까?

예수님: 내 사랑하는 자녀야, 지금 네가 있는 그곳에서 시작하는 것이 중요하다. 네 자녀와 네 이웃과 날마다 네가 함께 일하는 사람들에서부터 시작해라. 들어라, 그들이 하는 말을 정말로 잘 들어라. 보아라, 정말로 그들의 눈을 들여다보아라. 분별은 사랑으로 관심을 갖는 것에서부터 시작된다. 때가 되면 그러한 관심이 마음의 연민으로 자랄 것이다.

제자: 맞습니다, 주님. 사랑으로 관심을 갖는 것과 마음의 연민이 지닌

가치를 저도 알겠습니다.…하지만 제가 정말로 마음의 연민을 이해하는지 잘 모르겠습니다. 게다가 이러한 것들이 어떻게 분별로 이어지는지 아직도 모르겠습니다.

예수님: 의욕에 찬 내 아이야, 처음부터 차근차근 하자. 첫 번째 단계는 분별이 아니라 사랑이다. 따라서 아무것도 요구하지 않고 아무것도 얻어내지 않으면서 네 주변의 사람들과 함께 있는 법을 배워라. 그냥 그들과 함께 있어라. 그냥 함께 있는 것을 즐겨라. 그들이 네게 무엇을 줄 수 있어서가 아니라 그들의 존재 자체를 즐겨라. 그들이 흥미로워하는 일들에 너도 관심을 가져라. 네 주변에 있는 사람들이 각자 갖고 있는 가치는 무한하다. 각 사람이 갖고 있는 그 위대한 가치를 발견해라, 내 아이야. 취향이나 사회적 관습의 피상성을 넘어서라. 그러한 것들은 사람의 영혼을 감추는 경향이 있다. 그들의 영혼을 볼 수 있을 때까지 그들과 함께 있어라. 일단 네가 그들의 영혼을 보고 나면, 정말로 그 영혼을 보고 나면, 네게 있는 보물에 너는 깜짝 놀랄 것이다. 이것이 너를 마음의 연민으로 이끌 것이다. 때가 되면 이러한 것들이 너로 하여금 사람 안에 있는 정신을 보게 해줄 것이며, 일단 네가 그 사람의 움직이는 정신을 보고 나면 분별의 과정이 시작될 것이다. 그러나 앞서 가지는 말아라. 사랑에서부터 시작해라.

제자: 그렇게 하겠습니다. 감사합니다. 아멘.

누르시아의 베네딕트
Benedict of Nursia

규칙에 따라 사는 법 배우기

> 내 아들아, 주님의 가르침을 잘 들어라.…그리고 그것을 성실하게 실천하여라.…
> 네가 선한 일을 시작할 때마다 너는 반드시 주님께 그것을 완성시켜 달라고
> 간절하게 기도해야 한다.…이처럼 강한 자도 무엇인가 갈망할 것이 있고
> 약한 자는 도망갈 필요가 없도록 모든 일을 처리해야 한다.
> _「성 베네딕트의 규칙」(The Rule of St. Benedict)

카시안이 생애를 마감한 시점과 십자군 전쟁이 시작된 시점 사이의 시기에, 몇몇 중요한 사회적·문화적 변화가 있었다. 신성 로마 제국의 거의 모든 주요 분야에서 반감과 혼란이 심하게 일고 있었다. 고대 사회의 구조가 해체되면서 첫 5세기 동안의 신학적 가정도 무너지기 시작했다. 이러한 변화가 여세를 몰아가자 핵심 사상가들이 등장해서 새로운 신앙 공동체를 지도해 줄 수 있는 사상과 관습을 발전시켰다. 그 창시자들 중에 우두머리가 되는 사람이 바로 누르시아의 베네딕트(480-547)였다.

베네딕트는 로마에서 북쪽으로 약 113킬로미터 정도 떨어져 있는 누르시아에서 태어났다. 그는 젊었을 때 로마로 보내졌지만 그곳의 부패상을 보고는 정나미가 떨어졌다. 카시안과 이집트 수도

원 운동의 영향을 받은 베네딕트는 그가 남쪽 유럽에서 설립을 도운 수도원들에 사막의 관습을 많이 도입했다. 그의 수도원들은 세밀한 계획 하에 세워졌고 그 수도원들만의 독특한 관습으로 유명했다. 그러한 관습 중 하나가 특정 인원수만큼의 수사를 두기로 한 것인데, 열두 명의 수사가 한 공동체를 형성했고 열세 번째 되는 수사가 수도원 지도자 혹은 원장으로 섬겼다. 수도원장은 예수님의 성품을 드러내느냐에 근거해 선발되었다. 이 수도원들은 갈수록 늘어났고 규모도 커졌으며 베네딕트는 수많은 공동체와 하나의 완전한 규칙을 남기고 세상을 떠났다.[19]

베네딕트의 「규칙」

생전에 베네딕트가 쓴 「규칙」은 수도원 문헌에 가장 큰 공헌을 한 책으로 여겨졌다. 700년 무렵에는 서른 가지의 규칙이 추가로 쓰였는데 모두가 베네딕트의 「규칙」을 모방한 것이었다. 오늘날 학자들은 「성 베네딕트의 규칙」이, 그것보다 좀더 오래된 「스승의 규칙」(Rule of the Master)에 기초한 것으로 보고 있다. 베네딕트의 「규칙」은 이 앞선 작업의 전반적인 틀을 가지고 있으면서 첫 일곱 장은 거의 똑같다.

규칙1에서 베네딕트의 관심은 '공동생활 수도자'(cenobites), 혹은 공동체 생활을 하는 수사를 가장 높은 이상으로 격상시키는 것인데, 30년 후에 그레고리우스 대제가 그 사상을 그대로 이어받았다. 베네딕트는 공동체로 사는 삶이 성장과 변화를 일으키는 최상의 환경임을 증명해 보인다. '은둔생활 수도자'(Anchorites), 즉 혼자 사는 수사도 좋지만, 궁극적으로 은둔의 영성은 인간관계의 복잡성에 직면하지 못하게 하고 하나님과 함께하는 우리의 삶을 진전시키는 데에도 방해가 된다. 그렇게 해서 베네딕트는 우리의 진전을 안내해 줄 핵심 자원을 밝혀 내기에 이른다.

영생의 발견

베네딕트는 우선 영성 생활의 궁극적 목적은 영원한 생명이라고 밝히는 데서 출발한다. 그렇다면 이 위대한 목표에 도달하기 위해 우리는 어떻게 우리의 삶을 정리해야 하는가? 베네딕트는 그 길을 제시하고 있다. 바로 기도, 노동, 연구, 쉼의 생활을 공동체라는 안정된 환경 속에서 겸손하게 실천하는 것이다. 공동체는 하나님과 함께하는 삶이 진전하는 데 필요한 기반과 안정성을 제공해 주기 때문에 중요하다. 우리가 깨어나 하나님과 함께하는 삶을 접하게 될 때, 우리의 영적인 감각이 되살아나게 된다. 그러나 이렇게 깨어난 후에는 반드시 영성 생활의 원천이 이끄는 과정을 따라야만 한다. 그 과정은 몇 가지 핵심적인 방식으로 발전된다.

성경. 하나님의 말씀은 모든 이해의 기준이며 다른 모든 종교적 통찰의 근원을 대체한다. 베네딕트는 어떻게 성경을 읽어야 지혜와 깨달음을 얻는지를 이해하도록 도와준다. 우리는 렉티오 디비나라는 고대의 관습을 사용해 성경을 읽는 법을 배움으로써 신중함을 연마할 수 있게 된다. 이 관습은 우리 주변의 외적 환경은 어떻게 이해해야 하는지, 우리 자신의 내적 생각과 감정은 어떻게 직관할 수 있는지, 하나님과 함께하는 우리의 삶에 대한 통합적 이해는 어떻게 발전시켜야 하는지를 보여 주는 방법이다.

성인들과 영적 대가들의 글. 베네딕트는 카시안의 「회담집」에 특별히 주의를 기울이며 모든 수도원에서 그것을 규칙적으로 읽을 것을 요구한다. 그의 의도는, 카시안이 어떻게 성인들의 지혜를 자기 것으로 받아들였는지를 보여 줌으로써 우리의 영적 삶에서 본이 되고자 하는 것이다.

우리의 영성 생활. 우리가 자신의 깊은 동기, 자연스럽게 떠오르는 생각 그리고 감정적 반응에 주의를 기울이면 많은 것을 배울 수 있다고 베네딕트는 생각했다. 이와 같은 개인의 정신 역동을 살펴봄으로써 우리는 하나님의 깊은 움직임에 주의를 기울이게 된다. 바로 여기에서 우리는 그리스도를 모방하는 법을 배우게 된다.

공동체를 통해 다른 사람들과 적극적으로 교류하는 것. 다른 사람과 함께 살면서 생기는 긴장은 하나님과 함께하는 우리 삶에도 그대로 드러난다. 사실 베네딕트는 공동체가 본질적으로 우리를 강제로라도 성장시키고 변화시키는 경향을 가지고 있기 때문에 공동체가 영성 생활의 가장 높은 표현이라고 생각했다. 관계 가운데 있음으로써 우리는 삶을 성례전적으로 바라보는 법을 배우게 되고, 삶의 모든 가닥이 함께 엮여 하나님의 거룩한 태피스트리를 만들어 내는 것을 보게 된다.

규칙. 「규칙」을 연구함으로써, 그것을 소리내어 읽는 것을 들음으로써, 그리고 그 내용을 파고듦으로써 우리는 그 목적에 대해 반사적으로 반응하게 된다. 그것은 인간의 영혼을 질식시키려는 것이 아니라 자유롭게 하려는 것이다. 내가 처음으로 성 베네딕트의「규칙」을 읽었을 때, 그 심오한 요약이 그것의 단순성과 결합되어 있는 것에 감동을 받았다. 꾸준히 그것을 접하면 그 내용 자체가 하나님의 살아 있는 지혜의 근원이 되어 우리를 하나님과 함께하는 삶으로 날마다 인도해 준다.

「규칙」에서 베네딕트는 선한 일이라는 수단을 이해하고 적용하라고 요청한다. 그 72개의 수단들은 하나님에 대한 완전한 사랑과 이웃에 대한 균형 잡힌 사랑을 발전시켜 준다. 그 수단들은 우리가 어떻게 예수님의 삶과 정신을 말과 생각과 행동을 통해 나타내야 하는지를 다루는 것으로 끝을 맺는다.[20] 베네딕트가 제시한 규칙의 요점은 우리에게 덕과 악의 목록을 제시하려는 것이 아니라, 우리가 그리스도와 같아지려면 그분을 따라 형성되어야 하는 우리의 성품이 무엇인지를 상기시키려는 것이다. 각각의 수단은 하나님과 함께하는 우리 삶의 특정 요소들을 생각나게 해준다.

겸손을 연마함

베네딕트는 또한 우리로 하나님의 임재 가운데 있게 해주는 겸손의 열두 단계를 제시한다. 첫째, 우리는 언제나 하나님을 두려워함으로써 겸손을 연마해야 하고 이러한 자세를 순종의 정신으로 표현해야 한다. 하나님을 따르는 법을 배우려면 순종이 반드시 필요하다. 순종을 통해 우리는 성스러운 사랑과 섬김에 복종하게 된다.

두 번째 단계의 겸손은, 우리 자신의 뜻이 아니라 주님의 뜻을 따르는 것이다. 하나님과 함께하는 삶에 있어 가장 큰 도전은 자기 중심적인 성향, 즉 삶을 오직 우리 자신의 관점에서만 보고 그렇게 살겠다는 고집이다. 두 번째 단계의 목적은 자기 중심성에서 벗어나 하나님이 보시는 것처럼 이 세상과 우리 인생을 바라보는 것이다.

세 번째 단계의 겸손은, 다른 사람들로부터 교훈을 얻는 능력을 키우는 것이다. 특히 우리는 윗사람에게 복종함으로써 순종을 배워야 한다. 성공의 가장 중요한 지표 중 하나는 다른 사람들의 권위를 받아들이는 능력이다. 그렇게 하지 못하는 것 혹은 그것을 거부하는 것은 성경적인 삶을 방해하는 가장 큰 걸림돌 중 하나다.

네 번째 단계의 겸손은 인내함으로 윗사람의 지시를 받아들이는 것이다. 인생의 여러 상황에서 인내함으로써 우리는 한결같은 성품을 계발할 수 있다. 우리가 원하는 대로 인생이 흘러가는 일은 드물다.

다섯 번째 단계의 겸손은, 예로부터 성령의 인도를 따르는 신뢰받는 친구상이라고 할 수 있는 수도원장에게 숨김없이 모든 것을 이야기하는 것이다. 수도원장은 수사들의 영성 지도자이며 또한 그들의 상사이기도 하다. 수도원장에게 숨김없이 다 말함으로써 우리는 스스로에게 책임을 부과하게 되고 자신의 태도와 행동에 책임을 지는 법을 배우게 된다. 이야기를 부분적으로만 들려주면 자신에게 책임이 있다는 생각을 하기 힘들다.

여섯 번째 단계의 겸손은, 모든 것에 만족하는 법을 배우고 모든 사람을 자기 자신보다 낫게 여기는 것이다. 모든 상황에 만족한다는 것은 인생에서 일어나는 모든 일을 기꺼이 받아들인다는 뜻이다. 그러나 그것은 때로 나쁜 상황을 고치지 못하게 하는, 의도하지 않은 결과를 낳을 수도 있다. 신중함은, 견딜 수 없는 상황을 고쳐야 하는 때는 언제이며 있는 그대로에 만족해야 하는 때는 언제인지를 결정하도록 도와준다.

일곱 번째 단계의 겸손은, 언제나 자기 자신을 다른 사람보다 낮게 여기는 것이다. 어떤 의미에서 이 가르침은 우리가 스스로를 낮추면 다른 사람들이 우리를 높일 것이라는 생각을 지지한다. 이러한 연습은 공동체의 더 큰 목적 안에서 다른 사람들이 우리의 역할을 깨닫도록 도와주는 상황에 처했을 때 가장 잘 이루어진다.

여덟 번째 단계의 겸손은, 수도원의 공동 규칙이 허용하는 일 혹은 선배 수사들이 허용하는 일만 하는 것이다. 서열은 명확하다. 그 누구도 자신의 온당한 자리를 넘어서지 못한다.

아홉 번째 단계의 겸손은, 누가 말을 걸 때에만 말을 하는 것이다. 이 훈련은 우리 자신의 가치가 자기 자신에게 있는 것이 아니라 공동체에 있다는 것을 깨닫게 하기 위한 것이다. 이 훈련에서 기대되는 것은, 우리의 말이 사려 깊고 진실해지는 것이며, 그 말이 성찰에 근거해서 올바른 순서와 질서에 따라 전달되는 것이다.

열 번째 단계의 겸손은, 웃음을 피하는 것이다. 이 지침과 관련해서 「규칙」은 성경을 너무도 문자적으로 해석한 나머지 도리어 과장하는 것처럼 보인다. 마치 기쁨을 억압하라는 제안으로 들리기까지 하는 것이다. 그러나 베네딕트는 우리가 경솔한 행동을 하지 않는 것에 더 관심이 있다. 만족을 나타내는 웃음은 하나님과의 깊은 관계에서 나온다. 조롱에서 나오는 웃음은 공동체를 파괴한다.

열한 번째 단계의 겸손은, 수사에게 조리 있는 말과 친절한 어조로 온유하게 이야기하도록 가르친다. 이와 같은 지침은 인간의 말이 사람을 세울 수도 있고 무너뜨릴 수도 있음을 강조한다. 말은 우리의 가장 고귀한 이상과 가장 파괴적인 동기를 모두 전달할 수 있는 단 하나의 가장 중요한 도구다.

열두 번째 단계의 겸손은, 다른 사람들 앞에서든 하나님 앞에서든 언제나 겸손의 자세를 증명해 보이는 것이다. 각 단계의 겸손을 따라 올라갈수록 우리의 영은 더 정화되어 본능적이고 즉각적으로 겸손의 반응을 보이기에 이를 것이다. 이 열두 단계들은 공동체의 가장 높은 이상을 나타내고 그리스도의 영에 대한 가장 깊은 이해를 나타내는 마음 상태에 도달하게 해준다.

지도자의 핵심적 자질

이러한 속성들은 좋은 것이지만, 이러한 성장과 발전을 가능하게 해주는 것은 무엇인가? 바로 지도력이다. 공동체 안에서 어떤 가치가 표현되고 수용되는지를 근본적으로 결정하는 것은 공동체의 지도자다. 그렇다면 우리는 어떻게 신앙 공동체의 지도자인 수도원장을 택해야 하는가? 「규칙」의 매우 흥미로운 항목 중 하나에서 베네딕트는 지도력의 성질과 책임에 대해 탁월한 통찰을 제시한다. 그 외에 「규칙」의 곳곳에서 그는 수도원장을 택하는 데 기준이 되는 자질과 성품들을 나열하는데, 그것은 또한 수도원장이든 주요 기업의 사장이든 심지어는 지역 비영리 기관의 지도자든, 모든 지도자의 자리를 위한 기준이 되어야 마땅하다. 그것을 대략적으로 제시하면 다음과 같다.

- 수도원장은 수도원에서 그리스도의 자리를 차지하므로 자신의 말보다는 행실로 선함과 거룩함을 드러내야 하고, 겉과 속이 다르지 않은 신실한 사람의 모범이 되어야 한다.[21]
- 수도원장은 의사결정시 수사들의 위원회를 소집해 그들의 의견을 들어야 한다.[22]
- 수도원장은 하나님 앞에서 자신의 태도를 설명할 수 있어야 한다.
- 수도원장은 하나님의 율법을 잘 알고 있다.
- 수도원장은 금주하고 금욕한다.
- 수도원장은 정의보다는 자비를 더 좋아한다.
- 수도원장은 죄를 미워하지만 형제들은 사랑한다.
- 수도원장은 징계할 때조차도 신중하다.
- 수도원장은 자신의 연약함과 결점을 언제나 자각한다.
- 수도원장은 자신의 판단에 따라 각 형제 안에 있는 악을 근절하고 특별한 필요가 있을 때는 각 형제에게 지도를 해준다.
- 수도원장은 두려움의 대상이 되기보다는 사랑받기 위해 노력한다.
- 수도원장은 폭력적이거나, 안달하거나, 고집스럽거나, 질투하거나, 쉽게 의심하지 않는다.
- 수도원장은 매사에 신중하고 사려 깊다.
- 수도원장은 신중하고 공정하여 강한 자도 노력할 것이 있게 하고 약한 자는 경계할 것이 없게 한다.
- 수도원장은 매사에 「규칙」의 내용을 지켜서 영원한 보상을 받을 수

있게 한다.[23]

지도력의 성공 가능성을 이보다 더 잘 제시하는 목록은 없다. 베네딕트의 「규칙」을 읽으면 오늘날의 모든 리더십 책들이 도움을 받을 것이다.

이 각각의 자질들은 수도원장이 영적 지혜와 신중함을 확실히 연마하게 하기 위함이다. 하지만 왜 수도원장에게 이런 자질들이 필요한 것일까? 베네딕트는 자신이 도덕성을 법제화할 수 없고 미래를 통제할 수도 없다는 것을 본능적으로 깨달았다. 그 결과 규칙 자체가 그 누구도 미래에 일어날 모든 상황을 예측할 수 없다는 인식을 담고 있다. 그렇기 때문에 지혜, 신중함 그리고 통찰을 갖춘 지도자가 필요한 것이다.

「규칙」을 따름으로써 우리는 안정적인 공동체를 세울 수 있다. 다양한 은사와 재능을 가진 서로 다른 개인들이 지도자가 될 수 있는 환경을 제공해 주는 것은 바로 이러한 공동체다. 신중함이라는 영적 은사를 연마함으로써 그리고 그러한 은사를 발휘할 가능성이 가장 큰 자질들을 밝혀냄으로써, 베네딕트는 기독교 역사를 통틀어 가장 지속적인 영적 전통 중 하나를 제공해 주었다.

■ ■ ■

반추하고 반응하기

처음 「성 베네딕트의 규칙」을 접했을 때 나는 좀 의아했다. 어떻게 이렇게 얇은 책이(이 글을 쓰면서 내가 처음으로 샀던 그 책을 손에 쥐어 보니, 너덜너덜해진 밝은 빨간색 표지가 거의 떨어질 지경이다) 기독교 신앙에 그토록 큰 혁명을 가져올 수 있었을까? 나는 한동안 그것이 궁금했다. 어쨌거나 그 책이 수도원 공동체를 위해 처음으로 기록된 규칙이라는 것은 사실이지만, 그 지침들은 너무도 간단하고, 실제적이고, 평범하다. 대단한 신학적 패러다임의 전환이라고 할 것이 하나도 없다. 거창한 철학적 명제도 없다. 그저 어떻게 하면 함께 잘 살 수 있는가에 대한 상식적인 지침일 뿐이다.

그러나 나는 이해하게 되었다. 베네딕트가 살던 시대에는 딱히 책임질 일도 없고, 진정한 안정성도 없이, 그리고 진정한 영적 버팀목도 없이 여기저기를 떠돌아다니는 수사들이 많았다. 심지어 그러한 수사들을 일컫는 이름까지 있었는데, 특히 두 부류의 수사들에 대한 명칭이 눈에 띈다. 첫 번째 부류의 떠도는 수사들은 '사라바이트들'(sarabaites)이라고 불렸다. 베네딕트는 그들을 "가장 혐오스런 부류의 수사들이다. 자신들을 인도해 줄 경험이 없고, '금이 용광로에서 단련되듯'(잠 27:21) 자신들을 시험해 줄 규칙도 없다"라고 말했다.[24] 두 번째 부류의 수사들은 '지로바구들'(gyrovagues)로 알려져 있었는데, 베네딕트에 의하면 그들은 "이곳에서 저곳으로 떠돌며 여러 수도원에서 사흘 혹은 나흘씩 손님으로 머물며 평생을 보낸다. 언제나 이동하는 그들은 결코 정착하지 않으며 자신의 뜻과 천한 욕구의 노예다."[25]

조직과 책임이 필요하다고 생각한 베네딕트는, 열두 명의 수사들로 이루어져 있고 열세 번째가 수사가 지도자가 되어 그들이 함께 사는 동안 감독하고 사랑의 책임을 지게 하는 작은 공동체 구조를 세우기 시작했다. 나아가서 그는 이 수사들에게 한 곳에 머무는 훈련이 필요함을 보고 정착의 서약을 하게 했다.

그 외에도 더 있다. 그들은 그리스도인의 길에 대한 지도가 절실하게 필요했고, 따라서 베네딕트는 '주님의 일을 위한 학교'를 세웠다. 그들에게는 신중하게 기도하면서 읽고 성찰하는 연습이 필요했고, 따라서 베네딕트는 렉티오 디비나를 중심으로 학습 프로그램을 짰다. 그리고 결국에는 그가 승리했다. 제멋대로 떠돌아다니던 훈련받지 못한 수사들이 모여들었고 그들은 그룹을 이루어 양육과 돌봄의 책임을 지며 서로 사귀었다.

이러한 승리가 쉽지 않았음을 이해하길 바란다. 자신을 수도원장으로 세운 베네딕트가 처음으로 모은 고집 센 수사들은 그를 독살하려고까지 했다! 그러나 궁극적으로는 그가 세운 공동체 기반의 수사 조직(cenobites, 공동생활을 하는 수사)이 천 년이 넘게 종교적인 단체 생활의 주된 구조가 되었다. 사실 알고 보면 참으로 놀라운 이야기다. 그렇기 때문에 베네딕트의 「규칙」이 기독교 신앙에 그토록 큰 혁명을 가져온 것이다.

오늘날 우리도 베네딕트가 직면했던 것과 비슷한 문제를 갖고 있다. 현대의 수많은 예언자들이 진지한 책임이나 훈련 없이 활동하고 있다. 그들은 어떤 도시로 와서 자신들의 '예언'을 전달하고는 그 지역을 떠나 버린다. 그러면 남아 있는 그 지역의 그리스도인 지도자들은 종종 파괴적인 내용이 담긴 그들의 선언으로 인해 생긴 결과들을 해결해야 한다. 어떤 사람들은 심지어 자신들이 예언을 하는 대상을 만나지도 않고 전파를 통해서 '예언'을 내보낸다.

오해하지 말길 바란다. 신앙 공동체 안에서 예언이 타당한, 심지어 필요한 자리가 있다. 그러나 그 예언이 영적으로 성과가 있으려면 신앙 공동체의 규율과 구조가 필요하다. 어쩌면 우리에게는 현대인을 위해 다시 쓴 베네딕트의 「규칙」이 필요한지도 모른다!

베네딕트가 제시한 열두 단계의 겸손은 (어떤 번역들은 그것을 "겸손으로 들어가는 열두 단계"로 표현한다) 실제적인 효과가 상당히 크다. 겸손에 이르려 노력하는 것으로는 겸손에 이를 수 없음을 우리는 안다. 그런 식으로는 되지 않는다. 만약 그것이 가능하다면 우리는 모두 자신의 겸손에 대한 자부심이 대단할 것이다! 하지만 그것을 알기에 또 한편으로는 많은 사람들은 마음의 겸손에 이르기 위해 우리가 할 수 있는 일이 아무것도 없다고 생각하기에 이르렀다. 자기 중심주의와 오만이라는 현대의 전염병은 아무것도 하지 않는 것이 어떤 실패를 가져오는지 증명해 주고 있다.

이 때 베네딕트가 나타나서, 사실은 우리가 해야 하는 것이 있음을 일깨워 준다. 그러나 우리가 해야 하는 그것은 간접적으로 겸손을 추구한다. 그의 열두 단계를 우리가 잘 연구해 보면 모두 어떠한 형태로건 섬김의 훈련을 취하고 있음을 알게 된다. 첫 두 단계는 하나님을 섬기는 것에 초점을 맞추고 있고, 나머지 열 단계는 서로를 섬기는 것에 주의를 기울이고 있다. 하나님을 섬기라. 서로를 섬기라. 이렇게 섬김에 지속적으로 주의를 기울임으로써 겸손의 은혜가 우리 마음과 영혼에 자리잡게 되는 것이다. 자기 자신과 자신의 자리에 더 이상 집착하지 않을 때 우리는 편안하게, 서로 섬기고 사랑으로 섬기는 공동체 안으로 들어가게 된다. 지혜로운 사도 바울이 우리에게 조언한다. "형제를 사랑하여 서로 우애하고 존경하기를 서로 먼저 하며"(롬 12:10).

주님, 이 섬김의 삶이 얼마나 간단한지요. 그리고 그것을 살아내기 위해 우리가 얼마나 서로를 필요로 하는지요. 주님, 오늘 우리가 섬길 수 있는 누군가에게로 우리를 인도해 주십시오. 아멘.

그레고리우스 대제
Gregory the Great

관상하며 행동의 삶 살기

> 나의 불행한 지적인 영혼은 스스로 산만해져 버린 상처를 안고서, 그 당시의 수도원에서는 어떠했는지를 기억한다.…그 때는 오직 하늘의 것만 생각했는데…이제 그 영적인 쉼의 아름다움은 끝이 났고, 주교이기 때문에 세속적 인간과 그들의 일을 접해야 하는 내 임무가 내 영혼을 세속적 활동들로 더럽혀 놓았다.
> _「에스겔 설교」(Sermons on Ezekiel)

그레고리우스 대제를 접했을 때 나는 드디어 나의 곤경을 이해하는 사람을 만났음을 깨달았다. 1996년에 리처드 포스터와 나는 처음으로 이 자료를 함께 가르치기 위해 준비하고 있었다. 나의 일과가 "세속적 인간과 그들의 일"로 가득 차 있는 상황에서 어떻게 기도와 관상의 삶을 계발할 수 있는지 거의 20년 동안을 고민해 온 터였다. 그레고리우스 대제를 만남으로써 비로소 나는 나 자신이 될 수 있었다. 관상하며 행동의 삶을 살 수 있게 된 것이다. 참으로 감사한 일이다.

그레고리우스(540-604)는 로마 원로원 아버지와 귀족 어머니 사이에서 태어났다. 그는 자신의 지위 덕분에 가장 높은 특권을 누렸고 최고의 교육을 받았다. 고대 로마의 학제로는 마지막으로 훈련을 받은 위대한 교회 지도자 중 한 사람인 그레고리우스는 자신의 천재성과 탁월한 교육이 결합되어 교회 지도자로서 보기 드문 수준의 자질을 갖출 수 있었다.

573년에 그레고리우스는 로마의 장관이 되어 교회의 모든 일에 대해 지배 당국과 조정을 해야 했다. 이 일을 하면서 그는 영적으로 크게 뉘우쳤고 그래서 자신의 전 재산을 팔아 일곱 개의 수도원을 세웠다. 그 수도원들은 몇 세기 동안 번창했다. 하나님에 대한 사랑과 헌신이 깊어지면서 그의 영향력도 커져 지중해 지역 전체로 뻗어 나갔다. 콘스탄티노플에서는 황제가 그의 뛰어난 재능에 대한 소문을 듣고 종교 지도자들을 설득해서 그레고리우스를 자신의 도시로 데려오게 했다. 그곳에서 그레고리우스는 7년을 일했다.

왜 그는 그레고리우스 '대제'인가

585년에 그레고리우스는 로마로 돌아가서 교황 펠라기우스 2세를 보좌한다. 그의 걸출함은 계속해서 부각되었고, 590년에 펠라기우스가 갑자기 전염병으로 사망하자 그레고리우스는 곧바로 그의 후계자로 선출되었다. 604년에 사망할 때까지 그레고리우스는 로마의 주교이자 서방교회의 우두머리로 계속해서 일했으며, 교회 역사상 가장 위대한 교황 중 하나로 이름을 남겼다. 그는 교황으로 있는 동안 속세의 영역, 영적 영역 할 것 없이 거의 모든 분야에서 유례없는 성과를 내었고 그러한 성과가 그를 더 두드러지게 했다. 그는 점령 군대와의 협상으로 경계표 조약을 맺었고, 수도원의 역할과 영향력을 강화하고 확대했으며, 전 세계로 선교사를 보냈다.

하나님과 함께하는 우리의 삶을 이해하는 일에 그레고리우스가 기여한 부분도 마찬가지로 강력하다. 교회 안에서 자신의 권력을 다지는 동시에 그는 카시안, 베네딕트 그리고 아우구스티누스를 종합했다. 그들의 글을 읽으면서 그는 상대적으로 조용하고 영향력이 별로 없어 편안하게 쉬면서 살 수 있었던 자신의 과거를 종종 회상했다. 주교이기 때문에 해결해야 하는 산더미 같은 인간의 문제 앞에 허둥대지 않을 때가 하나님을 묵상하기 쉬웠다고 그는 그리워하듯 말했다. 그러나 비록 더 한가로운 삶과 단순한 시간을 간절히 원하기는 했어도 그는 교황이 되라는 하나님의 부르심을 온전히 받아들였고, 최상의 삶은 하나님을 관상하면서도 동시에 목적있는 활동에 참여하는 것이라는 무한한 확신을 강하게 드러냈다.

그레고리우스를 이해하려면 그가 그리스도인의 삶에서 거치게 되는 모든 단계를 유익한 것으로 보았음을 기억해야 한다. 그는 자신의 글에서 관상의 삶이 행동의 삶보다 우월하다고 강조하지만, 그렇다고 해서 관상에만 머무르지는 않는다. 관상의 삶을 능가하는 것이 바로 행동과 관상 사이의 역동적인 상호작용이기 때문이다. 다음의 표는 그의 생각을 간략하게 보여 준다.

표 6.2 행동의 삶과 관상의 삶 사이의 질서 잡기

삶의 성격	그리스도인의 활동	성장의 근원	신학적 덕	긴장의 근원	준비해야 할 일	성장의 역할	가장 좋은 삶의 표현
신비적 상승							방해받지 않고 하나님을 묵상함
행동과 관상의 삶	하나님과 이웃에 대한 완전한 사랑	그리스도	사랑	둘 사이의 동요	자기를 넘어서서 하나님을 만나라	천성적·도덕적	주교, 지도자, 설교가
관상의 삶	하나님에 대한 사랑	내적 스승인 성령은 일곱 가지 은사를 만들어 내신다	소망	마음의 내적 상태	묵상할 것을 음미하라	풍유적	수사
행동의 삶	이웃에 대한 사랑	네 가지 주요 미덕	믿음	몸의 외적 행동	자아로 하여금 자아를 성찰하게 하라	역사적	일반 평신도

374 영성을 살다

그레고리우스가 행동과 관상에 대해 직접적으로 이야기한 적은 거의 없기 때문에 우리는 잔존하는 책과 여기저기 흩어져 있는 설교를 포함한 여러 자료로부터 그의 사상을 추론해 내야 한다.[26] 그레고리우스는 먼저 무엇이 관상인지를 분명하게 정의한다. 관상이란 오직 하나님만을 전적으로 바라보는 것이다.[27] 하늘의 것에 주의를 고정시키는 것이다. 그러나 이생에서는 순전한 관상을 유지할 수가 없다. 잠시 그것을 누릴 수는 있지만 언제나 우리의 인간적 상태로 돌아와야 한다. 그레고리우스는 이러한 경향을 메뚜기에 비유한다. 메뚜기는 잠시 동안은 높이 뛰어오를 수 있지만 결국에는 땅으로 다시 내려올 수밖에 없다.[28]

도표에서 보듯이, 영성 생활은 아래에서 위로 움직이지만 좌에서 우로도 움직인다. 행동의 삶에서 시작해 앞으로 올 삶을 얼핏 보는 것으로 마무리 짓는 이 도표에서 우리는, 하나님을 영원히 관상하는 안식에 도달할 때까지 계속해서 하나님을 향해 앞으로 나아가는 이 운동이, 앞의 단계를 흡수하며 다음 단계로 넘어가는 구체적인 과정을 보게 된다.

1단계: 행동의 삶

행동의 삶은 구체적인 섬김의 행동으로 나타나는 이웃에 대한 사랑에서부터 출발한다. 문맹자에게 글자를 가르치든, 배고픈 자에게 먹을 것을 주든, 벗은 자에게 입을 것을 주든, 모든 자비의 행동은 하나님과 함께하는 우리 삶의 출발점이다.

성장의 근원은 미덕의 계발이다. 네 가지 기본적인 덕은 신중,

정의, 절제, 인내다. 이 네 가지가 함께 모여 기본적인 인간의 성품을 형성한다. 각각의 미덕은 나머지 세 가지 미덕이 역동적으로 살아 있기 위해 반드시 있어야 하는 것들이다. 다시 말해 그 어느 미덕도 다른 나머지 미덕을 다 갖지 않고서는 소유할 수가 없다. 네 가지가 이처럼 상호 연관되어 있기 때문에 미덕은 시간이 지나면서 서서히 우리 안에서 자라난다. 이러한 미덕은 정신의 힘을 제어해 하나님께 제대로 주의를 기울이게 해준다.

신학적 미덕(믿음·소망·사랑)의 경우, 1단계에서 계발되는 미덕은 믿음이다. 믿음은 히브리서 기자가 정의하는 것처럼(히 11:1) 바라는 것들의 실상이며, 보지 못하는 것들에 대한 증거다. 그것은 삶과 믿음의 비합리적인 영역을 인정하는 것이 아니라, 우리의 기독교 신앙이 이성의 올바른 사용에 그리고 인간 본성의 모든 영역을 통합한 것에 기초하고 있음을 인정하는 것이다.

이 시점에서 우리 삶의 에너지가 초점을 맞추는 것은 몸의 외적 행동이다. 우리를 앞으로 나아가게 해주는 영적인 일에는 자기 성찰과 자기 인식의 훈련, 성경 읽기, 겸손, 신중함의 연마 등이 있다. 우리의 훈련이 지속적으로 효력이 있으려면, 자신이 누구인지를 이해하고, 다른 사람과 관계를 맺을 때 자신이 어떻게 행동하는지를 이해하는 것이 반드시 필요하다.

행동의 삶은 하나님과 함께하는 삶을 시작하는 사람들이 사는 삶이다. 시간이 지나면서 성숙해짐에 따라 행동의 삶을 넘어설 수 있게 되지만, 앞으로 보게 되는 것처럼 결코 그 삶에서 자유로워지지는 않는다. 그러나 이 단계의 미덕을 연마하면 우리의 정신과 주의력을 통제해서 모든 외부의 방해로부터 벗어날 수 있게 된다.

2단계: 관상의 삶

두 번째 단계는 관상의 삶이다. 여기에서 우리는 성찰의 상태로 들어가 내면을 향하기 시작한다. 이웃에 대한 사랑에서 출발한 우리는 이제 성령을 스승으로 삼아 모든 세속적 사랑의 근원이신 하나님을 사랑하는 법을 배우는 것에 초점을 맞추게 된다. 외부의 세계에서 내부로 관심을 돌림으로써 우리는 무엇이 우리에게 동기를 부여해 주는지, 무엇이 우리를 하나님께로 이끌어 주는지, 무엇이 우리를 자신의 가장 깊은 갈망에서 멀어지게 하는지를 깨닫기 시작한다. 소망이라는 신학적 미덕이 이 단계에서 계발된다.

그레고리우스는 관상을 "오직 하나님에게만 주의를 기울이는 것"이라고 정의한다. 이때가 바로 우리의 영혼이 다시 일깨워지는 것을 느끼고 하나님을 인식하는 법을 배우기 시작하는 때다. 우리가 하나님을 갈망하도록 성령께서 우리를 촉구하신다.[29]

네 가지 기본적 미덕을 계발하고 나면 성령께서 우리에게 일곱 가지 은혜의 선물을 주신다. 바로 지혜, 이해, 충고, 인내, 지식, 경건, 경외함이다.[30] 이러한 은혜의 선물은 미덕의 삶을 파괴하는 충동을 극복할 수 있게 한다. 그 선물들은 우리의 시선을 내면으로 돌리고 감각적 인식을 가라앉힌다. 외부의 삶에서 오는 방해와 싸우도록 우리를 도와주는 은혜의 선물들은 아래와 같다.

- 지혜는 어리석음과 싸운다.
- 이해는 무관심과 싸운다.
- 충고는 경솔함과 싸운다.
- 용기와 인내는 두려움과 싸운다.
- 지식은 무지와 싸운다.
- 경건은 마음의 굳음과 싸운다.
- 경외함은 교만과 싸운다.

관상은 우리가 특정한 마음 상태와 실존에 가능한 길게 머물 수 있게 해준다. 비록 그러한 마음 상태가 무한정 지속될 수는 없음을 알지만 말이다. 그레고리우스는 오직 세심한 훈련에 의해서만 관상이 가능함을 인정한다. 우리는 저절로 관상의 상태에 들어갈 수 없다. 우리는 감각을 가라앉히고 모든 정신적 이미지를 비우는 법을 배워야 한다.[31] "보거나, 듣거나, 냄새를 맡거나, 몸으로 만지거나, 맛을 보는 것에서 떠오르는 그 어떠한 모습이든 물리치고 짓밟아라. 마치 이러한 감각들이 없는 것처럼 내면을 추구하기 위해 그렇게 하라."[32]

이 내용을 다루는 같은 부분에서 그레고리우스는 성경에 대한 자기 나름의 날카로운 관찰들도 제시한다. 우선 그는 성경의 핵심적이고 최우선적인 역할이 '측량용 갈대' 같은 것이라고 규정한다. 왜냐하면 성경은 우리 삶의 모든 행위를 측정해서 우리가 어떤 진보를 이루는지를 보여 주기 때문이다. 또한 하나님은 성경을 통해 우리에게 행동의 삶과 관상의 삶 모두를 가르쳐 주시기 때문이다.[33] 성경은 우리가 이해해야 하는, 보이지 않는 진리로 들어가게 해주는 문이다. 이 세상의 잔인한 열기로부터 신자들을 보호해 주는 녹음 짙은 숲이며, 어린 양이 걸어갈 수도 있고 코끼리가 헤엄칠 수도 있는 강이다.

그는 우리에게 어떻게 행동의 삶과 관상의 삶이 성경에서 계속 쌍을 이루며 나타나는지를 보여 준다. 우선 마르다와 마리아의 이야기를 들려 주면서 그레고리우스는 이렇게 쓰고 있다. "이 두 여성은 두 가지 삶의 방식을 나타낸다. '주께서 대답하여 이르시되, 마르다야, 마르다야, 네가 많은 일로 염려하고 근심하나, 몇 가지만 하든지 혹은 한 가지만이라도 족하니라. 마리아는 이 좋은 편을 택하였으니 빼앗기지 아니하리라 하시니'(눅 10:41-42). 마르다의 역할을 비난하는 것이 아님을 주목하기 바란다. 마리아의 역할을 칭찬하심으로써 마르다의 역할 또한 선한 것임을 드러내고 있다."[34]

그레고리우스는 창세기 29장의 레아와 라헬의 예를 들면서 이러한 가르침을 확장시킨다. 레아는 행동의 삶을 대변하고 라헬은 관상의 삶을 대변한다. "복된 야곱은 참으로 라헬을 원했지만 그날 밤에는 레아를 받아들였다. 왜냐하면 주님을 바라는 사람은 누구나 관상의 삶을 원하고 영원한 천국의 고요함을 추구하지만, 처음에는 반드시 밤이라는 현재의 삶에서 자신이 할 수 있는 일을 하면서, 땀 흘려 수고해야 한다. 즉 나중에 라헬의 품에 안겨 쉬기 위해서는 먼저 레아를 받아들어야 한다."[35]

이 예화를 설명하면서 그레고리우스는 행동의 삶과 관상의 삶의 상호 의존성을 확장시킨다. 그는 이렇게 말한다. "행동의 삶에서 관상의 삶으로 나아가도록 노력하는 것이 수순인 것처럼, 영혼은 또한 종종 관상의 삶에서 행동의 삶으로 되돌아가기도 한다는 것을 이해해야 한다. 관상의 삶이 정신을 부추겼기 때문에 더 완벽하게 행동의 삶을 살아내기 위해서다." 더 나아가 그레고리우스는 야곱이 라헬을 품었다가도 여전히 레아를 사랑하기 위해 돌아오는 것처럼 우리도 관상의 삶과 행동의 삶을 드나든다고 강조한다. 왜냐하면 "[관상의 삶에서] 비록 그 시작을 보았을지라도 선한 행실의 부지런한 삶을 완전히 저버려서는 안 되기 때문이다."[36]

그레고리우스는 자신의 요점을 설명하기 위해 몇 가지 본문을 더 사용하는데, 마지막 본문은 야곱이 하나님의 천사와 씨름하는 모습을 그린 창세기 28장에서 가져온다.

> 관상의 삶에는 많은 정신적 씨름이 있다. 하늘의 영역으로 관상의 삶이 올라갈 때, 영적인 일에 영혼을 뻗칠 때, 육체적으로 볼 수 있는 모든 것을 초월하려 할 때, 늘리기 위해 좁아질 때 그러한 씨름이 있다. 이러한 씨름은 복된 야곱이 천사와 씨름한 이야기를 들려 주는 거룩한 내러티브에 잘 묘사되어 있다. 야곱은 부모에게로 돌아가는 길에 천사를 만나 매우 힘겹게 씨름을 했다. 따라서 천사는 하나님을 대변하며, 그 천사와 싸우는 야곱은 관상의 자리에 있는 모든 완전한 사람의 영혼을 상징한다.[37]

그레고리우스는 신비적인 관상의 절정에 도달하자마자 인간 존재의 현실적 지평으로 돌아온다. 관상의 삶에서 최상의 표현은 수도원 운동이기 때문에, 그리고 그레고리우스 자신이 모든 사람을 위한 영성 생활을 이해하기를 원했기 때문에, 그는 관상을 그리스도인의 삶의 궁극적 이상으로 제시하는 데서 멈출 수가 없었다. 우리의 세속적 사고와 인간적 필요는 언제나 우리를 세속적 존재의 자리로 다시 데려온다. 그러면서 우리는 인생이란 행동과 관상 사이의 끊임없는 진자 운동이라는, 더 깊은 실재를 깨닫게 된다. 비록 관상이 행동보다 높지만 행동의 삶은 언제나 우리를 관상에서 끌어내고 또한 그 관상은 우리를 행동에서 끌어낸다. 이 두 가지는 서로 대립되는 것이 아니라 동반자다.

3단계: 관상하며 사는 행동의 삶

따라서 세 번째이자 가장 높은 단계는 행동의 삶과 관상의 삶이 상호 의존적으로 작용하는 상태다. 이 단계에서는 날마다 양극을 경험하는 변증법 속에서 살게 된다.

- 사랑/지식
- 빛/어둠
- 소리/침묵
- 외면/내면
- 기쁨/두려움
- 행동/관상

우리가 하나님과 이웃에게 완전한 사랑을 표현하게 되는 것이 바로 이 단계다. 사랑이라는 신학적 미덕이 여기에서 가장 완전하게 표현된다. 그리스도는 우리의 내면과 외부 세계 사이에서 완벽한 균형을 잡으시면서 묵상의 연결 고리가 되신다. 최초의 행동하는 관상가로서 아담은 신의 질서에서 자신의 자리를 잃어버렸지만, 그리스도는 그 자리를 회복시키신다.[38] 그레고리우스에게 있어서 관상은 언제나 그리스도가 중심이다. 그리스도를 통하지 않고서는 하나님께로 돌아갈 길이 없다. "하나님은 우리 안에 있는 벽이다. 그러나 우리 밖에 있는 벽은 신인(神人, 그리스도를 일컬음―역주)이다."[39]

가장 높은 미덕은 사랑이다. 행동의 삶과 관상의 삶 사이의 창조적인 긴장을 통해 우리는 관상의 차원에서만 볼 때는 볼 수 없던 것을 보게 되는, 훨씬 더 높은 차원으로 올라가게 된다. 그러나 이 길을 갈 수 있는 사람은 많지 않다. 그레고리우스는 매우 분명하게 말한다. "많은 사람이 행동의 삶을 살 수 있지만 관상의 삶은 아주 적은 사람만이 살 수 있다."[40] 이 가장 높은 단계에 가서야 우리는 하나님을 향한 사랑의 높이와 넓이를 이해하게 된다. "이웃에 대한 우리의 사랑이 넓을수록 하나님에 대한 우리의 사랑이 높아진다"[41]고 그레고리우스는 역설한다.

마지막으로 그레고리우스에 의하면 이러한 삶의 가장 높은 소명은 평범한 평신도가 되는 것이나 심지어는 수사가 되는 것도 아니고, 기도와 헌신의 삶을 이끌면서 지역 교회와 세계 교회의 일을 감독하는 주교나 설교가가 되는 것이다. 하나님을 사랑하고 이웃을 사랑해야 하는 책임은 이 단계에서 가장 완전하게 표현된다.

"성육신하신 우리의 구속자께서 오셔서 두 가지 삶을 다 보여 주셨을 때 그분은 자기 안에 그것을 연합시키셨다"라고 그레고리우스는 쓰고 있다. "하나님께만 관상의 헌신을 하도록 부름 받음과 동시에, 특히 설교와 목회적 권고를 통해, 이웃에 대한 행동의 사랑을 보여 주도록 부름 받은 설교가에게서 실현되는 이 혼합의 삶이 가장 높은 등급을 차지한다."[42]

메뚜기 그리고 하나님과 함께하는 우리 삶

그레고리우스는 욥기 39:20에서 흥미로운 유추를 해 내는 것으로 글을 마무리 짓는다. 그는 우리의 영성 생활의 성격을 설명하기 위해 메뚜기 이미지를 사용한다. "메뚜기의 뛰는 동작은, 자선이라는 견고한 실천과, 비록 짧지만 대담하게 관상의 높은 경지로 잠시 뛰어오르는 동작 사이를 오가는 모습을 보여 준다."[43] 이 말은 하나님께로 올라가고자 하는 우리의 노력이, 행동의 지평을 꾸준히 가다가 관상의 지평으로는 아주 짧게 비상하는 모습일 때가 많다는 뜻이다.

이 모든 것을 통해 그레고리우스는 영성 생활에 대한 이해 중에서 가장 오래도록 지속되는 이해를 제공해 준다. 그의 통찰은 하나님의 사랑을 추구하는 인간으로서 우리 삶의 곤경을 너무도 잘 포착하기 때문에 지금도 여전히 유효하다. 우리가 아주 짧은 순간 앞으로 올 생을 맛본다 해도 결코 이생의 짐과 걱정으로부터 자유롭지는 못하기 때문이다.

반추하고 반응하기

그레고리우스 대제는 오늘날 우리가 모델로 삼을 수 있는 참으로 대단한 인물이다. 관상의 길이 기독교적 삶의 최고선은 아니라는 사실을 그가 6세기에 그토록 분명하게 볼 수 있었다는 점은 참으로 놀랍다. 그는 행동과 관상의 역동적 상호작용이 관상의 삶을 능가한다는 것을 알았다.

그레고리우스는 행동만의 단계, 관상만의 단계 그리고 행동과 관상이 서로 혼합되어 있는 단계 모두를 가치 있게 여겼지만, 세 번째 단계가 가장 가치 있다고 보았다. 행동의 삶에서 우리는 이웃을 사랑하는 법을 배운다. 그리고 그렇게 함으로써 네 가지 주요 미덕인 신중함, 정의, 절제, 인내가 우리의 인격 안에 자리 잡게 된다. 이것은 결코 사소한 일이 아니다. 오직 의도적인 노력에 의해서만 이루어질 수 있는 일이다. 매우 행동적인 삶을 살지만 주요 미덕이 아니라 분노, 빈정댐, 조작 그리고 보복이라는 주요 악이 계발되는 사람들 사이에 있게 될 가능성도 충분히 있다. 따라서 심지어 행동의 삶에서도 우리는 하나님께 의존하면서 성령의 능력으로 다른 사람들을 바라보고 다른 사람들에게 반응해야 한다는 교훈을 얻게 된다.

그레고리우스는 관상의 삶을 "오직 하나님에게만 주의를 기울이는 것"이라고 본다. 정신 없이 분주하게 사는 현대의 쟁탈전으로부터 돌아서서 저 높은 곳에 계신 하나님만을 바라볼 수 있는 길을 찾는 것은 우리에게 정말로 유익한 일이 아닐 수 없다. 여기에서 그레고리우스는 지혜, 이해, 충고, 인내, 지식, 경건, 그리고 경외함의 은혜가 계발된다고 말한다. 다시 한 번 말하지만 이것은 커다란 소득이며, 오직 의도적인 노력에 의해서만 얻을 수 있다. 관상의 삶을 경험하려고 노력하지만 우리 마음에서 윙윙대는 소음 때문에 깊은 혼란에 빠지기가 얼마나 쉬운지 우리는 잘 안다. 내면의 소음을 잠재우고 아무런 방해도 받지 않는 그 중심을 향하기 위해서는 하나님의 평화가 우리에게 필요하다.

그러나 그레고리우스의 경우 인생의 가장 높은 단계는, 우리가 이 세상의 삶과 기도의 삶 사이의 역동적인 상호작용을 경험할 때에만 도달할 수 있다. 그때에 사랑의 미덕이 완성된다. 그러나 자동적으로 그렇게 되는 것은 아니다. 의도적인 노력이 필요하다. 시간이 지나면서 우리는 일상 생활의 혼란과 바쁨 속에서도 하나님 안에서 쉬는 법을 배우게 되고 경험하게 된다. 쉼이라는 일을 배우게 되는 것이다.

우리는 두 단계에서 동시에 사는 법을 배우게 된다. 한 단계에서는 하루의 일상적 임무를 수행한다. 그러나 그보다 더 깊은 단계에서는 지혜의 내적 지시와 속삭임을 따라 살아간다. 우리는 어느 곳에 있든, 누구와 함께 있든, 그리고 무엇을 하고 있든, 빛 가운데서 걷는 법을 배우게 된다.

물론 우리는 일하고 있다. 그러나 우리는 쉼을 일하고 있다. 히브리서 기자는 하나님의 백성에게 안식이 있다고 말한다. 우리는 그 신성한 안식으로 들어가고 있는 것이다.

그레고리우스와 그의 충고에서 예외로 삼고 싶은 것이 딱 하나 있다. 그는 이와 같은 행동과 관상의 가장 높은 단계를 교회의 삶을 감독하는 주교와 사제들에게서 찾는다. 그들이 그러한 단계에 도달해 있기를 나는 확실히 바란다. 그러나 나는 또한 인생의 모든 길과 직업에서도 그러한 단계의 삶을 찾을 수 있기를 바란다. 그레고리우스 시대로부터 한참이 지나면 마르틴 루터가 등장해서 우리에게 모든 신자의 제사장 됨에 대해 말할 것이다. 루터의 이 말은 단지 "밭 가는 남자와 소젖 짜는 여자"도 사제의 일을 할 수 있다는 뜻이 아니라, 밭 가는 남자는 그 밭 가는 행위에서, 소젖 짜는 여자는 그 젖 짜는 행위에서 사제의 일을 하고 있다는 뜻이다.

태평양 북서쪽 지역에서 페인트칠을 하는 친구가 하나 있다. 그는 내게 자신이 "페인트칠 하면서 기도한다"고 말한다. 나는 그의 말을 믿는다. 그의 삶이 분명 그리스도를 많이 닮아 있기 때문이다. 나의 어머니인 마리 템퍼런스 포스터(Marie Temperance Foster)도 또 한 명의 예다. 어머니는 학교 선생, 피아노 교사 그리고 가정주부로서 평범한 삶을 살았다. 복합 경화증을 앓았던 어머니는 짧은 인생을 사는 동안 갈수록 장애가 심해지셨다. 하지만 나는 어머니만큼 경건하고 영적인 분을 만난 적이 없다. 그 외에도 수많은 사업가, 컴퓨터 프로그래머, 노동자들이 그러함을 나는 안다.

행동과 관상의 교차에 대한 그레고리우스의 고귀한 기독론에 나는 감사한다. 행동의 삶을 관상하며 사는 법을 예수님보다 더 잘 이해하는 사람은 없다. 언제나 군중에 둘러싸여 계셨고, 언제나 인간의 가장 절실한 필요를 돌보셨던 예수님은 오직 아버지께서 보신 것만을 보았고, 아버지께서 말씀하신 것만을 말씀하셨고, 아버지께서 행하신 일만 하셨다. 예수님은 우리 삶의 모든 동사들을 활용하시는 신의 패러다임이시다.

오, 주님, 우리가 메뚜기 같다는 것이 참으로 맞습니다. 이따금씩 우리는 풀 높이 위로 뛰어올라 거기에 있는 것을 얼핏 봅니다. 그러나 이내 우리는 무성한 풀밭 사이로 내려오고 맙니다. 이것이 바로 우리가 사는 방식입니다. 그러나 우리는 불평하지 않습니다. 다만 주님, 우리가 당신과 함께 인생의 더 큰 그림을 볼 필요가 있을 때에, 우리가 높이 뛰어오를 수 있도록 도와주십시오. 아멘.

일곱 번째 길

영적 상승

우리 주, 곧 구주 예수 그리스도의 은혜와 그를 아는 지식에서 자라가라.
_베드로후서 3:18

이제 거의 막바지에 이르렀다. 하지만 사실 이것은 완전히 새로운 시작이다. 모든 이의 내면에는 하나님의 길을 알고 또 보고자 하는 갈망이 있다. 자율성과 독립성을 그렇게 쫓아다니면서도 우리는 질서를 갈구한다. 그렇다면 어디에서 시작해야 하는가? 어떻게 진전을 이룰 수 있는가? 또 어디에서 끝날 것인가? 그리고 과연 우리는 만족할 것인가?

시간을 뛰어넘는 영적 상승으로 가는 세 겹의 방식이 있다. 우리가 지금까지 살펴본 각각의 길은 이 영원한 접근법의 영향을 반영한다. 모든 길은, 알고 성장하고자 하는 이 영적인 갈망을 구체적으로 표현한 것이다.

교회사 밑을 파 보면 이와 같은 세 겹의 방식을 보여 주는 좋은 예들이 나올 것이다. 그 세 겹의 방식이란, 마음을 순결하게 한 결과로 생기는, 깊은 내적인 변화(정화), 지성의 계몽(조명), 영혼의 완성(연합)이다. 위(僞)디오니시우스(Pseudo-Dionysius)에서부터 출발하겠다(이 이름에 대해서는 잠시 후에 설명하겠다). 그는 영성 생활을 영적 상승이라고 생각했던 핵심 인물이며, 우리가 어떻게 출발해서 성장하고, 또 궁극적으로는 어떻게 하나님과 완벽한 연합을 경험하는지를 깊이 이해했다.

우선 저자의 이름은 역사 속에서 잊혀졌지만 그의 책은 잊혀지지 않고 남아 있는, 한 저자를 살펴봄으로써 위(僞)디오니시우스를 연구해 보고자 한다. 「무지의 구름」(The Cloud of Unknowing)은, 존 웨슬리에서부터 토머스 머튼에 이르기까지 많은 사상가들의 마음을 사로잡은 책인데, 어떻게 우리가 하나님을 향해 올라갈 수 있는지에 대해 이 책이 취하는 흥미로운 입장을 살펴볼 것이다.

그 다음에는 위(僞)디오니시우스의 체계를 받아들이면서 그것을 「내면의 성」(The Interior Castle)에서 아주 정교하고 아름답게 표현해 낸 아빌라의 테레사(Teresa of Avila)를 살펴볼 것이다. 우리가 영성 생활에서 어떻게 앞으로 진전할 수 있는지를 분명하게 제시해 주는 데에는 아마도 테레사가 최고의 스승일 것이다.

마지막으로 우리는 십자가의 요한과 그의 "영혼의 어두운 밤"을 살펴볼 것이다. 요한과 함께 세 단계의 영적 상승을 경험해 가면서 우리는 그가 감각과 열정이라는 자연적 능력을 넘어서, 심지어는 기억과 지성과 의지의 기능까지도 넘어서 우리를 인도하고 있음을 발견하게 될 것이다. 그렇게 "어두운 밤"을 지나고 나면, 우리는 자기 자신을 넘어서서 하나님과 그분의 큰 사랑을 발견하게 될 것이다.

위(僞)디오니시우스
Pseudo-Dionysius

세 겹의 방식을 통해 하나님 사랑하기

> 모세는 먼저 정결케 되고, 그 다음에 조명을 받으며,
> 그 후에 무지의 구름 가운데서 하나님과의 연합으로 들어간다.
> _「신비 신학」(Mystical Theology)

그 소식은 학계를 뒤흔들어 놓았다. 수백 년 동안, 사도 바울이 회심시킨 유명한 아레오파구스의 재판관 디오니시우스(행 17:34)는 기독교 영성의 역사에서 가장 유명하고 영향력 있는 네 권의 책을 쓴 저자로 알려져 있었다. 그러나 1895년에 그 허구가 드러났다. 학자들은 532년에 신비롭게 등장한 문서들이 플로티누스(Plotinus), 프로클루스(Proclus), 그리고 신플라톤주의의 전통 전체에 크게 빚지고 있음을 성공적으로 증명해 내었다.[1] 아퀴나스는 그와 같은 연결성이 있을 가능성을 넌지시 비추었고, 루터는 직접적으로 영향을 받았다고 주장했다. 심지어 에라스무스도 부인할 수 없는 유사성을 발견했지만, 결정적인 증거를 제시할 수 있는 사람은 아무도 없었다. 1895년까지는 말이다.

학계에 또 한 차례 일어난 이 소동이 가라앉으면서 위(僞)디오니시우스는 이 신비로운 작가의 필명으로 굳혀졌다. 이 스캔들에도 불구하고 모든 사람이, 이 책들이 하나님과 동행하는 것에 대해 많은 사람에게 좋은 영향을 미쳤다는 사실에 동의했다. 그들은 지혜롭게도 이 핵심 저서들이 다시 이목을 끌고 유명해지게 만들었고 오늘날까지도 그 유명세는 계속된다.

오늘날 위(僞)디오니시우스(대략 500년경)의 저서는 하나님과 함께하는 우리의 삶을 어떻게 시작하고, 이해하고, 성장시켜야 하는지를 가장 명확하게 말해 주는 저서 중 하나로 남아 있다.[2] 정화, 조명, 그리고 연합. 하나님께로 올라가는 우리의 길을 인도해 주는 세 겹의 방식이다. 그의 주요 주제를 이해하기 위해서는 그의 주요 저작 네 편을 살펴보아야 한다.[3]

네 가지 주요 저서

「신성한 이름들」(*The Divine Names*)이 그 중에서 가장 긴 저서다. 강렬한 열세 개의 장에서 그는 '긍정 신학'(cataphatic theology)의 성격을 정의한다. 긍정 신학이란 성육신의 신학인데, 어떻게 하나님이 창조 질서 안에 있는 모든 것을 사용하셔서 자신의 존재를 우리에게 매개하시는지를 보여 주는 신학이다. 이 말은 우리의 영성 생활의 모든 부분이 중요하다는 뜻이다. 교회에의 참여, 하나님에 대한 개인적 체험, 공동의 훈련, 자연 속에서 우리가 하나님의 손길을 보는 방식, 기독교 교리에 대한 이해, 심지어는 언어와 그것이 형성되는 방식도 하나님과 함께하는 우리의 삶을 이해하는 데 도움을 주는 도구가 된다.

「신성한 이름들」은 현대적인 교훈을 주는 고대 문서다. 삶에서 우리가 하는 모든 일은 우리를 하나님께로 가까이 가게 하거나 아니면 하나님으로부터 멀어지게 하거나, 둘 중 하나다. 중립적인 활동이란 없다. 위(僞)디오니시우스는 하나님이 어떻게 우리가 이해할 수 있는 방식으로 자신이 누구이신지를 우리에게 알리시는지 설명해 준다. 그러나 결국에는 또 새로운 생각이 일깨워진다. 모든 세대의 모든 사람으로부터 배운 것을 다 수집한다 하더라도 하나님에 대해 우리가 알아야 할 모든 것을 다 알 수는 없다. 이와 같은 인식에서 그는 두 번째 작품인 「신비 신학」을 쓰게 된다.

「신비 신학」은 간결하고 명확하다. 우리가 아무리 이해한다 해도 다 이해할 수 없는 분이 하나님이시라는 것을 깨닫도록 도와주는 책이다. 여기에서 위(僞)디오니시우스는 '부정 신학'(apophatic theology)을 설명한다. 즉 하나님은 무엇이 아니라는 것을 통해 하나님을 정의한다. 이것 또한 모호한 개념이지만, 심오한 영향을 미친다. 인간 지식의 한계를 깨닫게 해주기 때문이다.

부정 신학은 이해하기가 좀 어렵다. 만약 하나님을 무엇이 아니라는 것을 통해 알게 된다면, 그것이 적절한 지식인지는 어떻게 확신할 수 있단 말인가? 알고자 하는 인간의 의욕은 인간이 알 수 있는 것의 한계로 우리를 이끌고 간다. 그리고 인간 지식의 한계에 도달하게 되면 두 가지 반응 중 하나를 보이게 된다. 자신의 한계를 인식하고 계시에 대한 인식을 키우거나, 아니면 더 이상 알 것이 없다고 말하고 하나님과 함께하는 더 깊은 삶을 추구하기를 그만두는 것이다.

디오니시우스는 이어서 어떻게 '신비 신학'이 우리에게 하나님과 함께하는 삶을 가르쳐 주는지를 설명한다. "내 초기의 책들에서는 나의 논거가 가장 높은 범주에서 가장 낮은 범주로 내려가는 방향으로 진행되었다. 그러나 이제 나의 논거는 아래에 있는 것에서 초월적인 것으로 올라간다. 그리고 더 올라갈수록 언어는 더욱 더듬거린다"라고 그는 쓰고 있다.[4] 나중에 그는 이렇게 덧붙인다. "모든 인식 가능한 것의 최고 대의는 인식 가능하지가 않다."[5] 그렇기 때문에 하나님을 믿는 사람이 하나님을 완전하게 설명하는 것은 불가능하다. 왜 모든 것이 지금 같은 방식으로 작동하는지에 대한 설명조차도 우리는 다 이해하지 못한다. 이것은 책임 회피나 사고의 게으름이 아니다. 단지 하나님은 우리가 알 수 있는 그 어떤 것보다도 더 크신 분이라는 사실에 대한 인정일 뿐이다.

디오니시우스는 세 겹의 방식 중에서 초기의 단계들을 자신의 마지막 두 책에서 밝히고 있다. 「하늘의 위계」(*The Celestial Hierarchy*)에서 그는 상승의 각 범주를 정의한다. 바로 여기에서 디오니시우스는 '위계'라는 용어를 사용하고 (사실 이 단어는 그가 만들어 낸 것이다) 지난 여러 세대 동안 우리를 인도해 온 세 가지 단계를 설명한다. 바로 정화, 조명, 연합이다. 이 단계들은 우리를 다시 하나님께로 데려가 준다. 이 세 단계를 거치고 나면 우리는 인간 운명의 궁극적 목적에 도달하게 될 것이다.

디오니시우스의 작업의 요점은 그 누구도 하나님과 순식간에 관계를 맺지는 못한다는 사실을 우리에게 가르치는 것이다. 우리는 하나님과 관계를 맺으며 산다는 것이 무엇을 의미하는지 배우는 과정을 반드시 거쳐야 한다. 이 과정은 우리가 처음으로 하나님을 깨닫게 되는 회심의 순간에 시작된다. 그리고 그 순간부터 세 겹의 길을 따라가게 된다. 첫 번째 단계인 정화는 방향을 잘못 잡은 우리의 욕구를 통제해서 우리에게 도덕적 미덕을 연마하게 해준다. 불행히도 많은 경우 사람들은 이것을 마지막 단계로 본다. 너무도 많은 경우 우리는 하나님과의 궁극적 연합을 도덕적 경건으로 대체해 버린다. 다시 말해서, 대부분의 사람들이 도덕적 삶이 영적 삶의 핵심이자 본질이라고 믿어 버리는 것이다.

이것은 불행한 결말이다. 기독교가 도덕적 종교인 것은 사실이지만, 도덕적 성취가 하나님의 궁극적 의도는 아니다. 오히려 우리에게 주어진 운명은 하나님과 계속해서 상호작용하며 생명을 얻는 것이다. 도덕적 미덕이 필요하기는 하지만 그것만으로는 이 생을 살아갈 수가 없다.

여기에서 「하늘의 위계」는 하늘과 땅을 매개하는 고리를 제공해 준다. 고대 세계에서는 태양계의 아홉 행성이 하늘의 성격을 보여 주는 것이라고 믿었다. 천국의 가장 높은 단계로 올라가기 위해서는 아홉 가지의 서로 다른 단계들을 지나가야 한다고 사람들은 생각했다. 디오니시우스도 같은 생각을 가졌는데, 창조 질서의 모든 영역이 우리를 하나님께로 이끌어 준다는 사실을 이해하도록 도와주는, 아홉 개의 천사 합창단을 언급하는 부분에서 그와 같은 생각을 엿볼 수 있다. 디오니시우스는 궁극적으로는 알 수 없는 하나님이 어떻게 인간의 모든 배움의 요소를 통해 자신을 알려 주시는지를 이해시키고자 거듭 애를 쓴다.

다음과 같은 창의적인 도표를 만들어 보면 배움의 복합적인 단계들을 이해하는 데 도움이 될 것이다. 우리는 종종 진리가 일차원적이라 생각하고, 신중한 사고나 성찰의 도움 없이도 쉽게 진리를 알 수 있다고 생각한다. 그러나 시간이 지나면서 우리는 모든 상황은 겉으로 보는 것만으로는 알 수 없음을 알게 되고, 사람과 상황은 복합적인 단계의 의미를 가지고 있으며, 따라서 더 깊은 통찰을 요구한다는 사실을 인정하게 된다. 일단 이 진리를 깨닫고 나면 우리는 성장하고 발전할 수 있다.

「교회의 위계」(The Ecclesiastical Hierarchy)에서도 디오니시우스는 같은 패턴을 따른다. 오늘날처럼 교회가 없는 세대, 특정한 신앙 공동체에 속하지 않고도 영성 생활이 성장할 수 있다고 참으로 많은 사람들이 믿는 시대에, 그의 주장은 충격적이기까지 하다. 예를 들어, 그는 우리가 교회와 그 구조 그리고 그 전례의 덕택으로 하나님을 이해하는 틀을 갖게 된다고 선언한다. 말 그대로 그는 교회가 하나님을 아는 방식을 결정한다고 생각한다.

만약에 그가 옳다면 어떻게 되겠는가? 정말로 신앙 공동체가 우리에게 가르쳐 주는 방식대로만 하나님에 대해 안다면 어떻게 되겠는가? 참으로 놀라운 생각이다. 그의 논제를 좀더 고찰해 보면 그의 생각을 이해하는 데 도움이 될 것이다.

표 7.1. 위(僞)디오니시우스가 말하는 교회의 위계

단계	직위	행해지는 성례전	성례전의 목적	결과
최상	주교	기름부음 받음	수사	연합
중간	사제	성만찬	세례 신자	조명
최저	부제	세례	예비 신자	정화

디오니시우스의 도표를 보면 가장 낮은 단계에서는 부제들이 새로운 신자들을 믿음의 길로 들어서게 하는 의식들을 행한다. 고대 사회에서는 그리스도인이 되려면 오늘날보다 훨씬 더 긴 과정이 필요했다. 단순히 인식이 변했다고 해서 혹은 지적인 상승을 이루었다고 해서 그리스도인이 되는 것은 아니었다. 그리스도인이 되려면 그렇게 되겠다는 의지를 공적으로 표명해야 했는데, 그렇게 해야 '예비 신자'로 분류가 될 수 있었다. 그러한 공적 표명과 함께 최대 2년까지 지속되는 과정이 시작되었고 그 과정의 목표는 세례였다. 세례는 신자가 하나님과 동행하기로 준비하면서 도덕적으로 교정되었고 과거를 씻어버렸음을 암시하는 사건이었다. 원한다면 이것을 정화라고 불러도 상관없다.

예비 신자가 된다는 것은 마치 기술자가 되고 싶다고 말하는 것과 같다. 자신의 궁극적 운명에 도달하게 해주는 인생의 방향이나 길을 구체적으로 진술하는 것이다. 그러나 선언 자체만으로는 기술자가 되지 못한다. 그것은 그 과정의 시작일 뿐이다. 마찬가지로 예비 신자가 된다고 해서 우리가 성숙한 그리스도인이 되는 것이 아니다. 그 과정을 시작해 줄 뿐이다.

이 위계의 첫 번째 단계는 정화 혹은 정결인데, 부제들이 이것을 인도한다. 고대 사회에서는 모든 사람에게 지정된 역할이 있었으며, 그들의 삶에는 질서와 과정이 있었다. 오늘날처럼 관계가 인생의 많은 부분을 차지하는 시대에는, 잘 보살펴 주는 장로나 사랑하는 친구가 부제라고 할 수 있을 것이다. 즉 하나님을 인식하게 해주고 하나님과 함께하는 삶을 시작할 수 있도록 도와주는 사람 말이다. 20세기의 주요 운동 중 하나로 '관계 신학'이라는 것이 있다. 이 운동은 하나님과 우리의 근본적인 관계를 타인과의 관계에 적용하는 데 기초를 두고 있다.

위계의 다음 단계는 조명인데, 이것은 사제들이 인도한다. 우리가 그 시대에 살았다면, 그래서 그리스도 안에서 신앙을 고백하고 예비 신자로서 우리의 시간을 성공적으로 잘 보냈다면, 우리는 세례를 통해 교회의 일원이 되도록 허락받았을 것이다. 일단 세례를 받고 나면 우리는 첫 영성체를 받을 준비를 하는 정교한 과정을 밟기 시작할 것이다. 성체성사는 우리가 그리스도를 받아들였음을 보여 주고 교회와 우리의 관계를 굳혀 주는 역할을 했다. 교회의 삶으로 들어가지 않으면서 그리스도와의 관계 안으로 들어갈 수 있다는 개념은 생각조차 할 수 없었다. 하나님의 백성으로서 그 삶에 참여해야만 우리의 정신은 하나님께로 고양되고, 우리의 이해는 조명을 받게 된다.

이 시기는, 모든 영적인 행동과 과정은 매개자를 거쳐야만 한다고 믿었던 시대임을 우리는 기억해야 한다. 하나님에 대한 직접적이고 즉각적인 지식은, 자신의 삶 전체를 기도에 헌신한 신비가들만이 얻을 수 있는 것이라고 사람들은 믿었다. 비록 우리 시대에는 이와 같은 생각이 이해가 안 되고 시대에 뒤떨어진 것처럼 보일지 모르지만, 모든 영적인 통로를 즉각적으로 사용할 수 있다는 생각 때문에 깊은 앎의 기회를 놓치는 경우가 종종 있다는 사실을 상기시켜 준다. 우리가 알아야 하는 모든 것을 순식간에 흡수할 수 있는 방법은 없다. 우리의 정신이 정보와 개념을 마치 디지털 처리기처럼 다룬다고 믿고 싶을지 모르지만, 사실 정신이나 도덕성이 계발되려면 시간이 걸린다. 우리는 갈수록 우리가 생각하고 행동하는 것에 더 가까워진다.

디오니시우스가 말하는 위계의 가장 높은 단계에서는 주교가 우리를 하나님과 연합시키고자 노력한다. 디오니시우스는 이 단계를 수사들에게 국한시켰다. 그리고 오늘날에는 이 단계가 거의 완전히 무시되고 있다. 궁극적으로 디오니시우스는 하나님께로 돌아가려면 반드시 교회의 삶에 참여해야 한다는 사실을 깨닫기를 원한다. 우리에게는 교회의 가르침과 전례와 삶의 양식이 필요하다. 우리에게는 그 공동체가 필요하다. 그 언어가 필요하다. 그 상징이 필요하다. 하나님이 자신을 증언하라고 만드신 단 하나의 기관으로서 교회는 지속적으로 존재해야 한다.

모든 공동체는 궁극적으로 자신이 소중하게 여기는 것을 만들어 낸다. 하나님과의 친밀함을 소중하게 여기는 공동체에 속해 있다면 그 공동체는 하나님과의 친밀함으로 이끌어 주는 이해의 단계에 도달할 것이다. 그러한 점에 있어서는 모세가 우리의 모범이 된다. 출애굽기 19장과 20장의 이야기를 빌어서 디오니시우스는 모세가 시내 산에서 하나님을 만난 사건을 우리의 원형적 체험으로 사용한다. 산에서 모세가 하나님의 현존 안으로 들어간 모습이 우리 자신의 궁극적 운명이기도 하다. 우리가 자기 자신의 시내 산으로 올라가기로 결심한다면, 우리도 하나님과의 심오한 관계를 기대할 수 있다. 그러나 그것은 위대하지만 여전히 불완전하다. 우리가 하나님을 아무리 잘 안다 하더라도 하나님은 궁극적으로 우리의 모든 이해를 초월해 계시기 때문이다.[6] 디오니시우스의 사상 도표에 그 내용을 개괄적으로 요약해 놓았다.

고대의 지혜로부터 배우기

왜 번거롭게 이러한 고대의 지혜에까지 우리가 신경써야 한단 말인가? 우리에게 디오니시우스가 필요한 이유는 그가 오늘날에는 잘 듣지 못하는 방식으로 우리 자신에 대해 이야기해 주기 때문이다. 그는 기독교 공동체의 인도와 지지 없이는 하나님과 함께하는 더 깊은 삶으로 성장할 수 없다고, 간결하고 분명하게 말한다. 예배를 통해 더 깊이 연결되지 않는다면 하나님과 함께하는 우리의 삶은 성장할 수 없다. 궁극적으로 디오니시우스는 의도적으로 우리의 삶을 다른 사람들과 조화시키지 않으면 하나님과 함께하는 우리의 삶이 성장할 수 없음을 가르쳐 주고 있다.

많은 종교 지도자들이 주는 불행한 메시지는 영성 생활을 개인적 추구로 보는 것이다. 그들은 하나님과 함께하는 삶을 엄격하게 개인적인 일로 보고 다른 사람들의 역할에 대해서는 대수롭지 않게 생각한다. 그러나 단체에 따라서 그들이 전하는 기독교적 삶의 본질과 의미는 각각 다르다. 어떤 단체들은 잘 해 내고, 어떤 단체들은 그렇지 못하다. 그리고 그것은 우리가 어느 정도로 기독교적 성숙을 실현해 내느냐에 따라 겉으로 드러나게 되어 있다.

반추하고 반응하기

나는 디오니시우스의 개념이 정말로 도움이 된다고 생각한다. 우선, 그는 우리에게 하나님을 아는 지식을 긍정적으로 접근하는 개념과 부정적으로 접근하는 개념, 둘 다를 제시해 준다. 그리고 실제로 우리에게는 두 가지 모두 필요하다. 그 단어들이 생소하게 들리는 것은 사실이지만 그 개념만큼은 분명하다.

긍정 신학에서는 하나님이 어떻게 자신의 존재를 이 물리적 세계를 통해 우리에게 중재해 주시는지를 이해하게 된다. 창조계에 있는 모든 것—느릅나무와 크리스마스로즈, 벌새와 사슴, 해와 달과 별, 빵과 포도주 등—은 물리적 세계 이면에 있는 그리고 그것 너머에 있는 삶으로 다가가게 해준다. 우리가 그토록 잘 알고 있는 이 물리적인 세계를 사용하셔서 우리가 잘 알지 못하는 그리고 절박하게 경험할 필요가 있는 실재들로 우리를 이끄시는 하나님은 참으로 친절하시다.

반면에 부정 신학에서는 하나님과 함께하는 삶에서 엄청난 한계들에 직면함을 배우게 된다. 하나님은 우리를 훨씬 초월해 계시다. 우리는 전체의 극히 일부분만을 알 수 있을 뿐이다. 우리는 결

표 7.2. 디오니시우스의 사상

단계	판단의 기능	영적 실재의 단계	앎의 종류	영적 통찰의 종류	신학	핵심 텍스트	결과
최상	이지	하나님	직관	영적 비전	부정의 신비, 신학	「신비 신학」	하나님과의 완전한 연합
중간	지성	천사	해석 중심	영적 앎	긍정	「신성한 이름들」	조명
최저	감각	교회	지각과 개념	영적 경험	상징	「하늘의 위계」와 「교회의 위계」	정화

코 그분을 다 알 수 없고, 그러한 사실을 우리는 인정해야만 한다.

긍정 신학에서는 하나님이 우리 가까이에 계신다. 혹은 우리가 쓰는 말로 "내재하신다." 부정 신학에서는 하나님이 우리 너머에 계신다. 혹은 우리가 쓰는 말로 "초월하신다." 하나님과 함께하는 경험적 삶은 두 가지 면 모두를 갖고 있고, 그 삶을 명확하게 이해하는 데에는 두 가지 모두가 반드시 필요하다. 이 문제를 그토록 분명하게 그리고 잘 이해할 수 있게 설명해 준 것에 대해서 우리는 디오니시우스에게 감사할 따름이다.

또 한 가지 내가 반가워하는 것은 디오니시우스가 이 세상에 던진 단어, 즉 '위계'라는 단어다. 오늘날 같은 평등주의적 사고방식에서 그것은 우리가 딱히 좋아할 만한 개념이 아니라는 것을 나도 안다. 하지만 우리는 디오니시우스가 이 단어를 철저하게 긍정적인 방식으로 사용하고 있음을 이해해야 한다. 그는 이 우주에 바른 질서가 있다고 분명하게 말한다. 우리 세계에서는 자리가 중요하다고 강조하는 것이다. 예를 들어, 우리가 난민들을 "자리를 잃은 사람들"(displaced persons)이라고 부를 때 우리는 그들이 자신의 집을 두고 떠나야만 했던 사람들이라는 것 이상의 의미를 담아서 말하는 것이다. 그들의 뿌리가 다 뽑혔고, 인간으로서 그들의 정체성에 대한 의식 전체가 무너졌음을 의미하는 것이다.

오늘날 많은 사람들이 자리의 개념 자체를 거절하는 이유는 그 자리가 자신들을 억압했다고 생각하기 때문이다. 물론 억압의 자리는 거절해야 한다. 억압은 이 우주의 바른 질서가 심각하게 방향을 잃고 있음을 보여 주기 때문이다. 그러나 우리에게 '자리가 없을' 수는 없다. 우리가 유한한 인간인 한, 우리에게는 삶의 자리, 역할, 기능이 필요하다. 자리가 없는 인간은 오늘날 가장 비참한 사람들 중 하나다.

히브리 사회에서는 노인, 고아, 과부, 한시적 체류자 등을 위한 적당한 자리가 있었다. 신약성경은 교회를 자리들의 묶음으로 묘사하고 있다. 성령의 은사는 그리스도의 몸에서 여러 지체들이 차지하는 자리를 설명하는 하나의 방식이다. 사도, 선지자, 전도자, 목사와 교사, 그리고 성령의 다른 모든 은사들을 위한 올바른 자리가-올바른 기능, 올바른 역할이-있는 것이다. 그래서 나는 디오니시우스가 자리에 대해 잘 생각해 보게 도와준다는 점이 기쁘다. 그러한 생각은 왜 우리가 혼자서는 예수님의 제자로서 살 수 없는지를 이해하도록 도와준다. 우리가 부름 받은 바로 그 사람이 되려면 우리에게는 신앙 공동체가 필요하다. 그리고 그 공동체 안에는 우리 모두를 위한 자리가-올바른 기능 혹은 역할이-있다.

물론 이번 장에서 우리가 생각해 보고자 하는 핵심 내용은 영적 상승으로 가는 세 겹의 길, 즉 정화·조명, 연합이다. 앞으로 이러한 가르침을 준 다른 대표적 인물들도 함께 살펴보면서 이 세 겹의 진전 중에서 나머지 것들에 대한 작업도 하게 될 텐데, 일단 현재로서는 그 세 가지 중에서 두 번째 것인 조명에 대해 잠시 생각해 보고자 한다.

조명은 아주 간단히 말해서, 하나님을 아는 실제적인 지식이 자라가는 것을 뜻한다. 그것을 통해 우리는 지성을 다해 하나님을 사랑하는 법을 배워 나간다. 그렇게 때문에 사제가 영적 상승의 이 두 번째 단계를 감독하는 것이다. 여기에서의 생각은, 말하자면 목사/사제가 하나님에 대한 경험적 지식을 우리에게 전달해 준다는 것이다. 예를 들어, 우리는 주의 깊게 그리고 기도하며 설교를 듣는다. 왜냐하면 설교를 통해 우리의 삶에 도움이 되는, 하나님에 대한 지식을 얻기를 바라기 때문이다. 성체를 받을 때는 또 다른 방식으로 하나님에 대한 지식을 얻는다. 성경을 공부할 때면—혹은 6세기의 상황이라면, 글자를 모를 경우 목사/사제로부터 암송할 본문을 받는다—하나님에 대한 지식이 우리의 생각 속에서 자라난다. 매우 간단한다. 또 그렇기 때문에 반드시 필요하다.

점진적인 상승의 이 세 가지 양상은 서로 협력해서 작용하기 때문에 그 중에서 두 번째 것에만 이렇게 초점을 맞추는 것은 다소 인위적이다. 하지만 그렇다 해도 우리는 조명을 지금이라도 경험할 수 있다. 특히 긍정의 길을 통해서, 즉 감각과 지성의 물리적 세계를 통해서 그것이 우리에게 주어질 때 말이다. 예를 들어, 우리는 하루 정도 시간을 내어 창조 질서를 관찰할 수 있다. 정말로 관찰하는 것이다. 아니면 하루 정도 시간을 내어 예레미야서나 로마서에 푹 빠져들 수도 있다. 정말로 빠져드는 것이다. 아니면 성경의 한 구절을 택해 하루 종일 그 구절을 머리속에 가득 채울 수도 있다. 정말로 채우는 것이다. 이러한 간단한 실천들, 그리고 그와 비슷한 다른 많은 실천들이 바로 우리의 지성을 다해 하나님을 사랑하는 것의 시작이다.

처음 되신 하나님, 그리고 나중 되신 하나님,

하나의 실체이신 하나님, 세 위격이신 하나님,

당신 앞에 겸손하게 나와 엎드립니다. 우리가 살고 있는 세상은 당신과 관계를 맺는 손쉬운 방법들을 가르쳐 주려고 합니다. 우리는 즉각적인 관계, 즉각적인 기도 응답, 즉각적인 성장, 즉각적인 영적 성숙을 기대하라고 배웁니다.

오, 참으로 자비로우신 하나님, 우리의 죄를 용서해 주십시오. 우리의 조급함을 용서해 주십시오. 우리의 교만을 용서해 주십시오. 우리의 성급함을 용서해 주십시오. 오, 주님, 용서해 주십시오.

한 번에 한 걸음씩 나아가는 법을 우리에게 가르쳐 주십시오. 당신의 생명 가운데로 조금씩 자라가는 것에 만족하도록 가르쳐 주십시오. 응답받지 못한 기도에서 겸손을 가르쳐 주십시오. 성부, 성자, 그리고 성령의 이름으로 기도합니다. 아멘.

무지의 구름

갈망하는 사랑의 날카로운 창

> 이곳에서 할 수 있는 만큼 하나님을 경험하거나 보기라도 하려면,
> 그것은 언제나 이 '무지의 구름' 가운데서, 이 어두움 가운데서여야 한다.
> _「무지의 구름」

14세기는 종교적·사회적 불만이 들끓기 시작한 시대다. 프랑스와 백년 전쟁(1337-1453)을 시작한 영국은 정치적·문화적 삶이 완전히 붕괴되는 것을 경험했다. 흑사병이 영국을 휩쓸고 지나가면서 사회적 분열은 더 심해졌다. 흑사병은 1348년에 처음 영국을 강타했고 1361년에 다시 한 번 휩쓸고 가면서 전체 인구의 삼분의 일에서 절반 정도를 죽였다. 중세 제도가 무너지면서 가난한 노동자들은 처음에는 순전히 생존하기 위해, 그리고 나중에는 집단 협상으로 자신들의 이익을 보호하기 위해 결집했다.

이와 같은 재난이 걷잡을 수 없이 일어난 시기였기에 14세기에 기독교 역사상 가장 훌륭한 영성 문학들이 양산된 것은 그다지 놀랄 일이 아니다. 「무지의 구름」의 저자를 비롯해서 다른 세 명의 저명한 저자들이 고전으로 길이 남을 작품들을 집필했다. 리처드 롤(Richard Rolle), 월터 힐튼(Walter Hilton) 그리고 노리치의 줄리언(Julian of Norwich)이 바로 그들이다. 신앙의 외피가 벗겨지던 시대에 이 저자들은 하나님과 함께하는 우리의 삶을 매력적이고 도발적으로 안내해 주었다.

「무지의 구름」의 저자가 누구인지는 여전히 해결되지 않은 문제로 남아 있는데, 여러 추측들이 있다. 그 책에는 같은 시기에 쓰인 월터 힐튼의 훌륭한 글과 비슷한 부분들이 많이 있다. 왜 저자가 익명을 선호했는지는 알려져 있지 않다. 그토록 널리 읽히리라고는 꿈도 꾸지 못해서였을 수도 있다. 좀더 그럴듯한 추측으로는, 교회의 허락 없이 글을 쓴 것을 사람들이 알게 되면 생명의 위협을 받을 수도 있었던 여성이 썼기 때문일 수도 있다. 물론 당시의 많은 경건한 신자들은, 오늘날 우리 사회가 유명세를 소중하게 여기는 것처럼 익명성을 소중하게 여겼다. 언젠가는 그 저자가 밝혀질 수도 있지만, 현재로서는 저자와 상관없이 그 책이 주는 위대한 메시지와 하나님과 함께하는 더 깊은 삶으로의 초대에 집중하는 수밖에 없다.

갈망하는 사랑의 날카로운 창

「무지의 구름」은 다음의 도표로 요약이 될 수 있다.

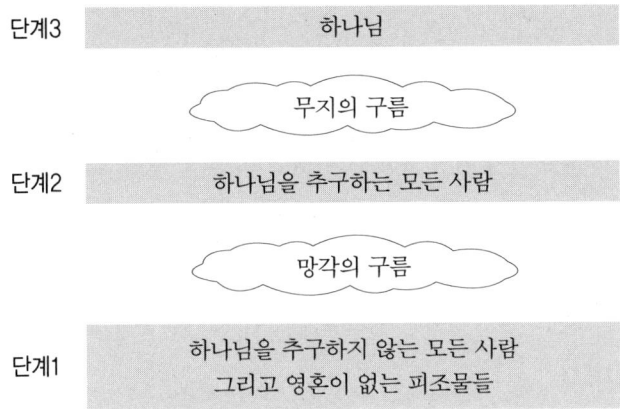

단계1과 단계2 사이, 그리고 단계2와 단계3 사이에는 두 가지 중요한 실재가 있다. 바로 '망각의 구름'과 '무지의 구름'이다. '망각의 구름'은 이전에 살았던 죄된 삶의 세력으로부터 우리를 보호해 준다. 단계2로 들어가게 되면 하나님을 전혀 알지 못한 채 살았던 삶을 뒤로 하고 하나님의 능력 안에서 사는 법을 배우게 된다.

마찬가지 방식으로 '무지의 구름'은, 온전히 헌신된 그리스도의 추종자로 사는 우리의 삶과, 하나님과 영원히 사는 우리의 궁극적 운명 사이에 놓여 있다. 이 구름은 우리가 더 이상 원하지 않는 삶에 대한 기억들을 차단하는 대신에, 하나님의 현존 안으로 우리를 밀어 넣는다. 그것은 마치 "갈망하는 사랑의 날카로운 창"이 하늘을 향해 던져지는 것처럼, 우리의 삶이 오직 하나님에게서만 비롯되는 영원한 능력 안으로 끌려들어 가는 것이다.

'무지의 구름'은 이해의 결여, 지식의 상실을 의미한다.⁷ 우리에게 지식이 부족함을 우리의 지성이 이해하게 도와주고, 또한 이 구름은 우리의 지성으로가 아니라 우리의 마음과, 갈망하는 사랑의 날카로운 창으로 뚫게 될 것임을 이해하게 도와준다. 이 구름은 지성의 작용을 잠시 멈추고 모든 것을 합리적으로 증명해 내고자 하는 우리의 강박을 중단할 때에만 뚫을 수 있다. 우리가 직면하는 가장 큰 유혹은 하나님을 사랑하는 법을 배우는 것보다 자신의 지적인 위용을 자랑하는 데 더 많은 시간을 보내는 것이다. 우리의 지성과 교만이 서로 힘을 합치면 하나님과 함께하는 삶에 가장 큰 장애가 된다.

행동 그리고 관상

「무지의 구름」은 흥미로운 문제를 제기한다. 그리스도인의 삶에서 최상의 표현은 무엇인가? 그레고리우스 대제는 행동의 삶과 관상의 삶이 함께 있는 것이 하나님과 함께하는 삶에서 최상의 표현이라는 설득력 있는 주장을 했다. 반면에 「무지의 구름」의 저자는 경건한 삶에서 최고의 표현은 기도와 관상에 헌신하는 것이라는 고대의 가르침으로 돌아간다.

「무지의 구름」이 펼치는 주장은 다음과 같다. 1단계에서는 흔히들 생각하는 것처럼 행동의 삶이 하나님과 함께하는 우리 삶의 가장 낮은 표현으로 등장한다. 이 단계에서 우리는, 도덕적 미덕은 연마하고 도덕적 악은 짓밟는다. 이 단계는 또한 이웃 사랑과 관련된 일을 하고, 하나님에 대해 더 깊이 생각하고 사랑하는 단계다.[8] 그러나 이 단계에서는 하나님에 대해 어떤 식으로든 지속되는 지식을 갖지는 못한다.

2단계는 저자가 "행동의 삶의 좀더 높은 부분과 관상의 삶의 좀더 낮은 부분"으로 정의하는 단계다. 이 단계에서 어떤 일들이 일어나는지, 저자는 꽤 구체적으로 이야기한다. 좋은 영적 묵상 그리고 그리스도와 떨어져 있을 때 우리의 영적 상태에 대한 진지한 고찰은 우리를 하나님과 함께하는 삶에 더 깊이 들어가게 해준다. 이 단계에서는 하나님에 대한 온전한 지식을 얻게 되지는 않지만, 상당한 진전을 이루게 된다. 이 시기는 과도기로서, 아직은 영성 생활을 위해 외부의 도움에 의존하고 있긴 하지만, 갈수록 기도가 더 중요해지고 예배를 위한 외부의 도움은 이전만큼 도움이 되지 않는, 더 깊은 자리로 나아가는 시기다.

여러 가지 면에서 「무지의 구름」은 오늘날의 모습을 잘 보여준다. 사람들은 하나님과 동행하는 데 있어서 각자 서로 다른 자리에 서 있고 따라서 자신의 성장을 촉진시키기 위해 서로 다른 예배와 연구의 형식을 필요로 한다. 그 어떠한 사람도 똑같은 속도로 혹은 똑같은 방식으로 성숙해지지 않는다. 하지만 자신에게 도움이 되는 예배 형식으로 몰려드는 경향이 있는 것은 사실이다. 그렇게 되면 우리는 영적 여정에서 서로 비슷한 자리에 서 있는 다른 사람들과 한 그룹으로 모이게 된다. 그러나 궁극적으로는 거기에서 멈추어서는 안 된다.

가장 높은 단계인 관상의 삶은, 전적으로 하나님의 현존 가운데서 사는 방법을 배우는 단계다. 여기에서도 어두움은 있지만 그것은 부재의 어두움이 아니라 불완전한 앎의 어두움이다. 우리는 사랑에 의해 그 '구름' 안으로 들어가게 되고 오직 하나님만 바라봄으로써 그 자리에 머물게 된다. 오직 하나님에게만 집중하기 위해 우리는 다른 모든 자극의 근원—감각적 근원, 지적 근원, 반성적 근원—을 차단하게 된다. 이 단계에서는 생각이나 방해 없이 하나님의 현존 가운데 머물기 위해 심지어 하나님에 대한 우리의 생각조차도 넘어서게 된다.

물론 이생에서 이와 같은 높은 단계의 집중을 오랫동안 유지할 수 있는 사람은 없다. 그럴 수 있는 기회가 가장 많고 방해가 가장 적은 고귀한 수사들조차도 그러한 삶을 지속할 수 없었다. 그러나 우리의 부름은 기회를 회피하는 것이 아니라 자신의 한계를 인정하는 것이다. 우리의 목표는 존재의 핵심에서부터 하나님과 굳게 결합하는 것이다. 더 높은 차원의 삶을 애써 잡으려는 우리의 노력이 충분하지 않다고 해서, 평화와 만족을 갈망하는 우리가 언제나 다시 하나님께로 돌아가게 된다는 사실 자체가 무효가 되는 것은 아니다.

그레고리우스처럼 이 저자도 누가복음 10장에 나오는 마리아와 마르다의 놀라운 이야기를 빌려 온다. 마르다는 행동의 삶을 보여 주는 예가 되고, 마리아는 관상의 삶—오직 하나님에게만 집중하는 것—을 보여 주는 예가 된다. 그 둘은 서로를 이해할 수 없다. 마리아는 사랑의 충격파를 내보내는 모든 관상가들을 대변한다. 그는 영성의 삶에 너무도 몰입한 나머지 다른 사람들을 기쁘게 하는 것에 대해서는 별 이해도 없고, 그러고자 하는 열망은 더욱더 없다. 반대로 마르다는 의미 있는 활동에 참여하지만 하나님의 깊이를 알고 체험할 만큼 충분히 오랫동안 멈추지는 못하는 모

든 행동가들을 대변한다.⁹⁾

호기심을 일깨움

누구나 자신이 죽게 될 것이라는 사실을, 언젠가는 깨닫게 되는 시점이 있다. 그 순간에 도달하면, 이생이 전부인지, 만약에 다른 것이 더 있다면 그것을 어떻게 준비해야 하는지에 대한 호기심이 일게 된다. 그러다가 하나님의 존재 유무에 대한 우리의 의문을 해결하고 그분을 믿게 되면, 인생에서 유일하게 지속되는 힘은 하나님을 따르고 하나님을 닮으려는 것밖에 없음을 깨닫게 된다. 이러한 깨달음은 빠르게 혹은 순식간에 일어나지 않고, 올바른 생각과 훈련에 참여함으로써 점진적으로 숙성된다.

이 길에 들어서게 되면 우리는 자기 인생에서 하나님의 사랑을 드러내지 못했거나 강력하게 하나님의 현존을 체험하지 못했던 때를 돌아보게 된다. 그러면서 우리는 그 목표에 도달하는 것을 방해하는 것은 무엇인지, 특히 자신에게서 비롯되는 해로운 생각과 태도는 무엇인지 고민하게 된다. 그렇게 되면 일곱 가지 치명적인 죄에 대해, 그리고 그것이 어떻게 하나님의 사랑을 즐거워할 기회들을 망치는지에 대해 생각해 보지 않을 수 없다. 「무지의 구름」에서 저자는 일곱 가지 치명적인 죄를 아주 구체적으로 다루고, 그것이 어떻게 일어나는지 그리고 어떻게 그것을 뿌리 뽑을 수 있는지를 보여 준다. 우리 자신을 이해하도록 도와주는 그의 설명은 다음과 같다.

분노 혹은 화는 우리의 욕구가 좌절되었을 때에 일어난다. 어떤 목표나 욕구가 해결되지 않았을 때 자신의 반응을 통제하지 못하면 분노가 일어난다. 화는 자신이 원하는 대로 자신의 세계를 통제할 수 없다는 사실의 표현 방식이다.

시기는 신앙 공동체에 가장 만연한 죄 중 하나다. 교회들 사이에 그리고 교단 안에 그 죄가 있는 경우가 종종 있다. 개인적 차원에서 시기는, 하나님이 우리에게 주신 선물을 받아들이지 못하고 그것에 대한 이해가 깊어지지도 않고 잘 표현되지도 못함을 보여 준다. 그 결과 우리는 다른 사람들이 하나님으로부터 받은 선물도 수용하지 못하게 된다.

나태는 인생에 지친 것, 그리고 육체적·영적 일에 대한 반감이다. 이것은 다른 말로 하면 게으름이다. 성경은 우리 모두가 일해야 한다고 분명하게 말한다. 우리는 일을 통해 타락한 세상의 회복에 동참한다. 하나님은 우리가 일을 통해 의미를 찾는다고도 말씀하신다. 우리는 일을 통해 다른 사람들과 관계를 맺고, 일을 통해 의미 있는 기여를 한다.

교만은 타고난 능력이나 지적인 재능을 터무니없이 즐기는 데서 비롯된다. 인생의 위대한 발견 중 하나는, 자신이 특정 분야에 얼마나 재능이 있건, 자신과 동일한, 심지어는 더 많은 재능을 가진 사람이 있음을 깨닫는 것이다. 그 사실을 깨닫는 것이 진정한 겸손의 첫 단계이고, 하나님이 우리에게 주신 선물을 제대로 수용하는 첫 단계다.

탐심 혹은 욕심은 우리가 어느 정도의 부를 누리건 간에 우리의 소유는 단지 우리를 도와주는 도구에 불과하다는 것을 배우지 못했기 때문에 생긴다. 소유는 인생의 이유가 아니라 도구다. 서구에서는 탐심이 끊임없는 문제가 되었고, 단지 부자들의 경우만 그런 것도 아니다. 가난한 자들도 부가 차지하는 마땅한 자리를 배워야 한다.

탐식은 인생의 만족이 하나님이 아닌 다른 근원에서 올 수도 있다고 믿도록 우리를 유혹한다.

정욕은 전형적으로 제어되지 않은 성적 행위로 표출된다. 역사적으로 기독교는 성을 반대한다는 비난을 받아 왔다. 그러나 기독교 신앙은 결코 성을 반대한 적이 없으며, 다만 결혼의 언약 밖에서 이루어지는 성을 반대했을 뿐이다. 기독교적 가르침의 전통 전체가, 제어되지 않은 성이 우리의 삶을 파괴한다는 사실을 인정하고 있다. 성 관계를 가질 정도의 친밀한 관계를 아무런 지속적인 헌신 없이 여러 파트너와 맺으면, 육체적·영적·감정적으로 자기 자신을 유지할 수가 없게 된다.

이 일곱 가지 죄에서 우리가 배워야 하는 주된 요점은 그 가운데 어떠한 죄든 우리가 지속적으로 짓게 되면 우리의 영혼이 파괴된다는 것이다.[10] 하지만 그토록 강한 세력을 우리가 어떻게 극복한단 말인가?

'수련'을 배움

「무지의 구름」의 저자는, 치명적 죄악들을 뿌리 뽑을 수 있는 유일한 길은 '수련'을 계속하는 것이라고 보았다. 이 용어는 스스로를 채찍질하는 고대의 관습을 떠오르게 할 수도 있지만, 「무지의 구름」에서 말하는 것은 그것이 아니다. 수련은 육체적 활동이 아니라 하나님에게만 주의를 기울이고자 하는 정신적인 노력이다. 심층 연구에 따르면 육체적인 운동은 심장에 좋고, 순환계를 튼튼하게 해주며, 우리의 정신을 맑게 해준다고 한다. 마찬가지로 영적인 운동은 악을 파괴하고, 덕을 연마하는 데에 도움이 된다.

악을 극복하게 해주는 미덕을 계발하기 위해서는 경계가 분명한 길을 따르려고 의도적으로 노력해야 한다. 「무지의 구름」에 의하면 미덕이란, 하나님을 목적으로 하고, 오직 하나님에게만 초점을 맞추는, 질서 있는 그리고 통제된 애정이다.[11] 가장 중요한 최고의 미덕은 겸손이다. 겸손은 자신의 실제 모습을 이해하고 다른 사람들이 우리를 어떻게 받아들이는지를 인식하는 것이다.

이것은 쉬운 일이 아니다. 사실, 거의 불가능해 보인다. 우리는 종종 자신의 태도는 정당화하고 다른 사람들의 의도는 의문시하기 때문에, 자신의 강점과 한계를 인식하기가 힘들다. 「무지의 구름」은 우리에게, 진정한 겸손은 오직 우리가 두 가지 실재 중 하나를 인식할 때에만 계발된다고 말한다. 즉 자기 자신의 어리석음을 깨닫거나, 아니면 하나님으로부터 사랑받는다는 것이 얼마나 믿을 수 없을 정도로 놀라운 일인지를 깨닫거나, 둘 중 하나를 인식해야 한다. 내 경우, 나 자신의 어리석음은 확실히 경험했지만, 하나님으로부터 사랑받는다는 의식은 생겼다가도 금세 사라지고 만다. 하지만 그 짧은 순간의 의식을 통해 나는 다음의 사실을 알게 되었다.

하나님의 사랑을 진정으로 알고 나면 인생의 그 어떤 것도 문제가 되지 않았다. 내가 일을 잘 하고 있는가 하는 것도 궁금하지 않았다. 어떤 기회를 놓치지 않을까 하는 생각도 들지 않았다. 내 은행 잔고도 궁금하지 않았다. 심지어 내 아내와 자녀들이 어떤지도 궁금하지 않았다. 오직 하나님만 인식했다. 그분에 대한 인식으로 가득 차서 인생에서 정말로 중요한 것은 사랑이라는 것을 알 수 있었다. 하나님에 대한 사랑. 내 가족에 대한 사랑. 다른 사람에 대한 사랑. 인생에 대한 사랑. 이 사랑이 무지의 구름을 두드리는 것이다. 이 사랑이 우리의 생각과 경험을 넘어서, 우리 자신을 더 온전하게 알게 해주고 하나님을 더 진실하게 알게 해주는 것이다.

결국 무지의 구름을 계속 추구하게 되면 우리는 과거의 생각과 경험이 거치적거린다는 것을 알게 된다. 몇몇 기억들은 고귀하지만 또 어떤 것들은 그렇지 못하다. 어쨌거나 두 가지 종류의 기억 모두가 우리를 방해한다. 이 방해를 넘어서기 위해서는 망각의 구름 위에서 살아야만 한다. 그래야 오로지 하나님에게만 주의를 기울일 수 있고, 그럼으로써 다른 어떤 곳에서도 찾을 수 없는 인생의 안정감을 경험하게 된다. 정말로 살 수 있게 되는 것이다. 친구와 사역에 자신을 바칠 수 있게 된다. 심지어 한때는 귀찮아했던 가치 있는 일들에 지속적으로 관심을 가질 수 있게 된다. 그러나 이것을 가능하게 하는 안정성은 하나님의 빛나는 사랑이 우리를 끌어당길 수 있을 정도로 하나님 가까이에서 살 때 얻을 수 있다.

하나님과 함께하는 삶으로 가는 단계

「무지의 구름」은 우리가 그러한 삶을 원한다면 일곱 가지 단계를 반드시 밟아야 한다고 가르친다.[12] 먼저 죄를 고백한다. 한 걸음씩 앞으로 나아갈 때마다 우리는 과거를 인정해야 한다. 과거에 머물기 위해서가 아니라, 우리가 하나님으로부터 떨어져서 살았던 시간들과 우리가 다른 사람들에게 끼쳤던 해를 인정하는 것이다.

둘째, 겸손을 계발한다. 오직 하나님에게만 주의를 기울이고자 노력한다. 그러려면 집중해야 한다. 이것은 정말로 힘든 일이며, 특히 감각적인 자극이 날마다 끝도 없이 쏟아지는 오늘날의 문화 속에서는 더욱더 힘들다. 그러나 겸손을 연마하는 일과 하나님에게 집중하는 능력은 영적인 반사작용을 일으켜 시간이 지날수록 자신의 상황에 대해 예수님과 같은 정신으로 반응하기가 더 쉬워진다.

셋째, 권위를 가진 사람들에게 복종한다. 인생의 분명한 사실 중 하나는 많은 사람들이 반항 때문에 중요한 기회를 놓친다는 것이다. 권위에 복종하는 훈련은, 어떤 사람이 좋은 고용인이 될 것인지를 결정하는 가장 중요한 요소 중 하나라는 것을 나는 알게 되었다. 하나님에게 복종하는 것을 배우고 나면 권위를 가진 사람에게 좋든 싫든 복종하는 법도 배우게 된다.

네 번째, 망각의 구름으로 모든 생각과 충동을 덮는다. 이러한 개념은 매우 흥미로운 개념 중 하나인데, 과거의 것은 과거의 것으로 두어야 할 필요가 있음을 보여 주기 때문이다. 물론 치매에 걸리지 않는 한 그렇게 완벽하게 잊어버릴 수는 없다. 그러나 과거가 미치는 영향력을 뒤로 하는 것은 가능하다. 하나님에게 초점을 맞출수록 과거에 희생당하는 느낌이 덜하다는 것이 나의 생각이다. 과거의 끔찍한 경험을 넘어서지 못하는 사람은 계속해서 고통 가운데 살게 된다. 그들은 자신을 회복시키는 하나님의 사랑을 받아들이지 못한다. 믿음이 부족해서가 아니라 그들이 당한 고통이 너무 크기 때문에 그것을 넘어서지 못하는 것이다. 망각의 구름이라는 개념은 그런 사람들에게 도움이 될 수 있다.

다섯 번째, 하나님 안에서 성장하기 위해 독서, 성찰, 기도라는 영성 훈련을 사용하는 법을 배운다. 시간이 지나면서 나는 날마다 독서를 하지 않으면 고갈되는 느낌을 받는다는 것을 깨달았다. 모든 사람이 그런 것 같지는 않지만, 나의 경우는 그렇다. 일반적인 경우 대부분의 에너지는 내가 무엇을 해야 할지를 결정하고 그것을 못하게 하는 문제들을 해결하는 데 쓰인다. 나의 기도 생활은 종종 내가 성경에서 읽은 것, 내가 좋아하는 주제들에 대해 읽은 것, 그리고 나의 개인 생활과 직업 생활에서 일어나는 일들의 조합이다. 이 세 가지 영역을 통해 내 인생을 더 깊이 이해하게 되고, 하나님과 동행하는 일에 더 깊이 헌신하게 된다. 나는 이러한 요소들을 기분 전환이 아닌, 영적 상승을 완성시켜 주는 묵상과 성찰의 보완으로 경험한다.

여섯 번째로, 자신의 의지와 욕망을 하나님의 의지와 욕망에 맞추는 법을 배운다. 하지만 그러한 일이 일어나고 있다고 어떻게 확신하는가? 인생을 살면서 나는 내 인생의 운명뿐 아니라 가족의 운명도 결정해야 할 때가 있었다. 그것은 언제나 힘든 경험이었지만, 그 때마다 내게 도움이 된 이정표들이 있었다. 오래 전에 나는 인생의 결정과 관련해 다음의 질문들을 던지는 법을 배웠다.

- 성경과 일치하는가?
- 도덕적으로 선한가?
- 나를 가장 사랑하고 가장 잘 아는 사람들이 그것을 옳은 일이라고 생각하는가?
- 내가 보기에도 옳은 일 같은가?
- 내가 그것을 해야만 한다는 부담이 갈수록 커지는가?
- 그것을 해 낼 수 있는 힘과 헌신된 자세가 있는가?

나중에 나는 이러한 원칙들이 의사 결정에 대한 다른 글들의 내용과도 비슷하다는 것을 발견하게 되었지만,[13] 내게 있어서 중요한 것은, 하나님은 다양한 근원을 통해 자신의 뜻을 우리에게 알리신다는 사실을 깨달은 것이었다. 그리고 하나님의 뜻을 이해하는 바로 그 시점에 우리는 하나님께로 더 나아갈 수 있게 된다.

일곱 번째, 쉬는 법, 특히 하나님의 현존 가운데서 쉬는 법을 배우게 된다. 이것은 내가 가장 어려워하는 부분이다. 내 나이가 되면 주변의 모든 것이 내게, 존재하려 하지 말고 행하라고 말한다. 하지만 나는 더 많은 시간을 기도하는 데 쓰고, 가족과 함께 보내는 데 쓰고, '생산적인' 일과는 상관 없는 일들을 하는 데 쓰고 싶은 욕구가 갈수록 커진다. 내가 받는 최고의 위로는, 엿새는 노동하고 하루는 안식할 것을 주장하는 성경의 가르침이다. 주말을 주말답게 보내지 않으면 그 다음 주에 직장에서 덜 생산적이 된다는 것을 경험을 통해 알게 되었다. 쉼이 없으면 우리는 점차 자신을 지탱할 수 없게 된다. 끝도 없는 일의 압박에 시달리면 우리는 당연히 대가를 치르게 된다. 서서히.

그렇기 때문에 「무지의 구름」은 우리에게 수련을 실천해야 한다고 반복해서 말해 준다. 수련을 통해 우리는 오직 하나님께만 주의를 집중하게 된다. 이것이야말로 죄의 성향을 뿌리 뽑을 수 있는 유일한 길이다. 저자는 이 원칙을 그리스도에게서 가져오는데, 그리스도는 마리아와 마르다에게, 다른 무엇보다도 하나님을 사랑하고 예배하는 것, 그 한 가지만이 필요하다고 말씀하셨다(눅 10:42).[14]

하나님과 하나가 되기 위해서는 진실하고 깊이 있는 영혼으로 살아야 한다.[15] 우리는 감각에 의한 방해를 거절하는 법을 배우게 된다. 나아가서 우리는 자신의 생각을 정렬함으로 하나님에 대해서 올바르게 생각할 수 있기 위해 분별한다. 궁극적으로, 우리의 육체와 정신 모두가, 우리가 하나님을 필요로 하지만 그 필요를 스스로는 충족시킬 수 없다는 사실을 깨닫게 한다. 핵심은, 헌신의 정신으로 우리 자신을 유지시키는 것이다. 그렇게 하면 우리 인생의 모든 에너지가 우리를 향한 하나님의 뜻과 열망에 맞춰지게 된다. 우리 영혼에 하나님의 사랑과 현존을 확증해 주시는 성령의 내적 증거를 통해, 우리는 우리 자신이 하나님의 뜻 안에 있음을 알 수 있다.

■ ■ ■

반추하고 반응하기

나는 언제나 「무지의 구름」에 대한 애증을 갖고 있었다. 물론

이 책은 매우 높은 수준의 관상 기도에 대한 책이다. 이 책은 우리에게 지식을 통해서가 아니라 사랑을 통해 하나님을 추구하도록 초대한다. "교만 때문에 지식은 종종 당신을 속일 수 있다. 그러나 이 부드럽고 사랑스런 애정은 당신을 속이지 않을 것이다. 지식은 자만을 키우는 경향이 있지만, 사랑은 세워 준다. 지식은 노동이지만, 사랑은 쉽이다."[16]

「무지의 구름」에 나오는 사랑의 언어는 참으로 호소력이 있다. 특히 포스트모던 감수성을 가지고 있는 사람들에게는 더욱 그렇다. "사랑의 망치로 무지의 구름을 두드려라",[17] "맹목적 사랑의 동요로 당신의 마음을 고양시켜라",[18] "사랑의 화살로 무지의 구름을 뚫어라",[19] "무지의 어두운 구름을 두드리는 이 사랑의 자그마한 맹목적 충동 안에 겸손이 미묘하게 그러나 완벽하게 담겨 있다."[20] 하나님의 전염성 강한 사랑을 이만큼 발산하는 책은 드물다.

그러나 한편으로는 하나님에 대한 지식이나 이해라면 무조건 알레르기 반응을 보이는 저자의 태도 때문에 나는 잠시 멈칫하게 된다. 하나님에 대해 우리가 모든 것을 다 알 수는 없지만, 그래도 무엇인가는 알아야 하는 것 아닌가. 사랑은 그저 진공 상태에서 꽃피울 수 있는 것이 아니지 않은가.

하지만 「무지의 구름」을 당혹스런 반지성주의로 보고 제쳐 놓으려 하는 그 순간에 수련의 개념이 등장한다. 지성과 마음과 애정을 훈련시켜 하나님에게 주의를 기울이게 한다는 개념 말이다. 「무지의 구름」에서 우리는 이런 구절을 보게 된다. "이 수련의 핵심은 하나님을 향해 단순히 직접 손을 내미는 것 이상도 이하도 아니다."[20] 그러니 나의 혼란을 이해할 것이다.

「무지의 구름」이 수련을 강조하는 이유는, 우리가 실제로 어떻게 일곱 가지 치명적 죄에서 벗어나 일곱 가지 거룩한 미덕을 연마하느냐에 대한 관심 때문이다. 바로 여기에서 우리는 「무지의 구름」이 가진 지혜를 발견하게 된다. 대부분의 현대 독자들은 이 부분을 지루하고 고리타분하게 여기겠지만, 그것은 오늘날 우리가 마음의 정결이라는 것을 진지하게 받아들이지 않기 때문이다. 우리는 「무지의 구름」에 나오는 사랑의 언어에 매혹되지만, 이러한 온갖 교화는 좀 심해 보인다. 그런 생각은 우리의 영적 성장을 오히려 방해하는 것 아닌가.

물론 여기에서 저자는 세 겹의 방식 가운데 첫 번째 단계, 즉 정화의 작업에 대해 이야기하는 것이다. 뿌리 깊은 죄의 습관을 해결하는 것은 참으로 중요한 일이다. 그리고 뿌리 깊은 미덕의 습관을 연마하는 것도 중요하다. 이렇게 마음과 정신과 영혼을 양쪽에서 정화하지 않으면 우리는 결코 사랑의 신비로운 길로 들어설 수 없다. 그래서 나는 「무지의 구름」의 이 중간 부분에 지속적으로 관심을 가질 것을 촉구한다. 우리가 종종 갈구하는, 행복감에 날뛰는 황홀경은 부족할지 모르지만, 도덕적 삶을 위한 건실한 안내인 것만은 확실하다. 오늘날 절실하게 필요한 것이 바로 이 하나님을 향한 훈련된 주의력이다.

그러나 사실 수련의 노력은 순전히 하나님을 향한 우리의 사랑에서 자연스럽게 흘러나오는 것이다. 따라서 실제로는 이 두 가지 경험, 즉 수련을 통해 얻는 하나님을 향한 훈련된 주의력, 그리고 갈망하는 사랑의 짧은 창으로 무지의 구름을 뚫는 것이 하나의 실체로 흘러 들어가는 것을 발견하게 된다. 저자는 "이 수련에서 하나님은 자기 자신으로서 완전하게 사랑을 받으신다"[22]는 사실을 깨닫게 해준다.

그렇다면 우리는 어떻게 「무지의 구름」이 우리에게 권하고 있는 순수한 사랑의 삶에 확실하게 다가갈 수 있을까? 내 생각에는 첫 단계이자 가장 기본적인 단계인 정화에서 출발하는 것이 가장 좋을 것 같다. 지성의 정화, 마음의 정화, 영혼의 정화. 하지만 사랑을 통해, 그리고 사랑을 위해 그것을 행하는 것이다. 그렇게 할 때 하나님의 현존의 빛 가운데 우리의 삶을 붙들 수 있다. 모든 행동, 모든 생각, 모든 불완전함이 하나님의 사랑의 빛 가운데로 나오는 것이다. 우리는 사랑에 둘러싸여 있고 사랑으로 세례를 받는다. 또 용서와 수용과 긍정을 경험한다. 그렇게 우리는 망각의 구름을 넘어서게 된다. 그리고 그렇게 될 때 우리도, 하나님의 때에, 갈망하는 사랑의 짧은 창을 무지의 구름을 향해 날릴 수 있을 것이다.

오, 신비와 사랑의 하나님, 우리는 정말로 당신을 더 온전하게 사랑하기를 원하고 「무지의 구름」의 '수련'이 그러한 목적에 도달하는 데 필요하다는 생각이 듭니다. 오직 당신께만 언제나 주의를 집중하기를, 언제나 하나님을 향한 질서 있고 통제된 애정을 갖기를, 언제나 북극성을 가리키는 침처럼 우리의 마음과 지성과 영혼이 언제나 성령을 향해 움직이기를 원합니다.

오, 주님, 우리가 당신이 생각하시는 대로 생각하는 연습을 더 잘하게 도와주십시오. 아멘.

아빌라의 테레사
Teresa of Avila

그리스도의 저택으로 들어가다

> 우리의 영혼을, 다이아몬드나
> 아주 투명한 수정으로만 만들어진,
> 방이 많이 있는 성과 같다고 생각하라.
> _「내면의 성」

16세기는 기독교 역사상 가장 사건이 많았던 시기 중 하나다. 재난의 국면에 처하지 않은 분야가 없었다. 유럽 사회의 단결이 해체되고 있었다. 로마 가톨릭 교회의 오랜 쇠퇴는 종교 개혁으로 치닫고 있었고, 유럽 전역에서 수도원들이 문을 닫고 있었다. 결코 상상하지도 못했던 정치적 동맹이 형성되었고, 세계 문학에서 가장 심오한 산문과 시가 이 시기에 등장했다. 완전히 새로운 경제 산업이 생겨났고, 사회적 제국은 전체적으로 붕괴되었다. 유럽을 휩쓸고 있던 이러한 긴장은 교회 안에서도 나타났다.

루터, 칼뱅, 츠빙글리가 사회 하층민의 마음을 사로잡으면서 종교적인 억압에서 해방되기를 원하는 많은 사람들의 갈망에 의미와 방향을 부여했다. 로욜라의 이그나티우스는 근대 기독교 역사에서 가장 뜻깊은 시도들이 더러 일어나는 것을 목격했다. 이처럼 서로 대항하는 세력들은 비옥한 모판이 되어 영성 생활의 새롭고 신선한 싹들을 키워 냈다.

결국에는, 대항하던 세력들이 서로의 차이를 해결하고 모든 나라가 새로운 종교적 동맹을 이루었다. 스웨덴과 노르웨이는 개신교 국가가 되었고, 영국은 성공회를 국교로 삼은 반면, 프랑스와 스페인은 철저하게 로마 가톨릭 국가로 남았다. 이와 같은 소란 중에 테레사 데 세페다 이 아우마다(Teresa de Cepeda y Ahumada)가 1515년에 태어났다. 루터가 종교 개혁을 일으키기 불과 2년 전이었다. 그녀는 훗날 아빌라의 테레사로서, 세 겹의 길을 세계 무대에 등장시키고 자신의 종교적 천재성을 나타낸 후 1582년에 사망했다.

테레사의 작업은 세 권의 핵심 저서를 보면 가장 잘 이해할 수 있다. 그녀가 쓴 「성 테레사의 삶」(*Life of St. Teresa*)은, 아우구스티누스의 「고백록」과 머튼의 「칠층산」 사이의 시기에 쓰인 가장 뛰어난 영적 자서전으로 여겨지고 있다. 그녀의 두 번째 책, 「완덕의 길」(*The Way of Perfection*)은 공동체 안에서의 기도 생활을 다루고 있으며, 어떻게 하면 가장 높은 단계의 영적 삶의 상태―하나님과의 연합 혹은 완전한 친교의 삶―에서 살아갈 수 있는지를 자세히 설명하고 있다. 그녀의 마지막 책인 「내면의 성」은 영성 생활을 위한 지도를 그려 준다.[39] 하나님과 함께하는 삶의 성격과 운명을 설명하는 보기 드문 능력 때문에 이 책은 특히나 중요하다.

테레사의 천재성

테레사의 글이 갖는 천재성은 영적 여정의 서로 다른 국면들을 개념화하는 능력에서 나타난다. 그녀의 작업들은 하나님과 함께 하는 삶의 일곱 가지 서로 다른 '거주지'를 정의하고 있다. 테레사가 지적하는 것처럼 이 여정의 궁극적 목표는 하나님과의 영적 친밀성이다.[24]

「내면의 성」은 성의 유비를 사용해 디오니시우스가 말한 세 겹의 순서를 따르고 있는데,[25] 예수 그리스도와의 지속적인 친밀함을 경험하기 위해 우리는 영혼에 있는 내면의 방으로 들어간다고 말한다. 첫 번째부터 세 번째 거주지는 정화 혹은 정결의 요소에 초점을 맞춘다. 네 번째 거주지는 조명으로 초점을 옮긴다. 다섯 번째부터 일곱 번째 거주지는 하나님과의 연합과 완전한 교제에 초점을 맞춘다. 테레사에게 있어서 이 연합은 지성의 문제가 아니라, 하나님의 사랑에 헌신된 삶의 문제다. 각각의 저택 혹은 거주지를 지나면서 전진해 나갈 때 그 중단 없는 여세에 힘입어 우리의 영혼이 그리스도와 연합하게 된다.

첫 번째 거주지: 들어가기

테레사는 우선 모든 인간의 영혼이 아름답다는 사실과 가능성을 갖고 있다는 사실에 초점을 맞춘다. 우리 모두의 운명은 하나님과 영원히 함께 사는 것이다. 노력을 통해 우리는 그러한 삶으로 들어갈 수 있고, 우리가 원한다면 상당히 큰 진전을 이룰 수 있다. "영혼의 엄청난 아름다움과 놀라운 능력에 비교될 수 있는 것은 아무것도 없다"고 테레사는 쓰고 있다. "우리의 지성이 아무리 예리하다 하더라도 하나님을 이해할 수 없는 것처럼, 그 사실도 이해하기가 힘들다."[26]

이 삶으로 들어가면서 우리는 위엄으로 빛나는 하나님의 초청과 우리의 영광스런 기회를 보기 시작한다. "이 성에 많은 거주지들이 있다고 생각해 보자. 어떤 방들은 위에 있고, 어떤 방들은 밑에 있고, 또 어떤 방들은 옆에 있는데, 그 한가운데에는 하나님과 영혼 사이의 매우 은밀한 교류가 이루어지는 주요 거주지가 있다."[27] 이 중앙의 방에 도달하기 위해서는 기도를 통해 이 대단한 모험의 문을 열고 성 안으로 들어가야 한다. 사실 하나님과 함께하는 우리의 삶이 더 깊어지는 각각의 단계는 서로 다른 종류의 기도를 요구한다.

그러나 중요한 점은, 우선 들어가기로 결정하는 것이다. 이 세상을 뒤로 한다는 것은 하나님과 함께하는 삶을 받아들이기로 선택한다는 것이다. 외부의 일에 몰두하는 것에서 돌아선다는 뜻이다. 나중에 가서는 외적 삶이 차지하는 온당한 자리를 보게 되겠지만, 일단 지금은 그것이 하나님과 함께하는 삶에 걸림돌이 된다.

테레사는 이러한 관점을 우리가 이해하기를 바랐다. 테레사의 관찰에 의하면, "너무 병들어 있고, 외적인 일을 하는 것에 너무 익숙해 있어서, 치료책이 없는 영혼들이 있다. 그들은 이 성을 둘러싸고 있는 벽 안에 있는 벌레와 해충을 해결하는 일에 너무도 익숙해진 나머지, 그들 자신이 그것과 거의 비슷해져 버렸다."[28]

첫 번째 거주지에서 우리는 하나님에게 우리의 영혼을 의탁한다. 우리가 그분의 형상을 따라 지어졌음을 깨닫고, 우리의 타락한 본성을 회복해야 함을 깨닫는다. 이러한 깨달음은 우리가 이 세상의 방식대로 행복과 만족을 추구하는 일에서 돌아서서 하나님에게서 그것을 찾으려고 노력할 것을 요구한다. 그 첫 단계로서 우리는 미덕을 연마한다.

불행히도 성으로 들어서는 모든 사람이 하나님과 함께하는 자신의 여정을 계속해 나가는 것은 아니다. 많은 사람들이 그 여정을 시작하지만 마치는 사람은 드물다. 테레사는 그 이유를 알려준다. "한 달 동안 그들은 때로 기도하겠지만, 그들의 생각은 평상시 그들이 몰두하는 일들로 가득할 것이다. 그러한 일들에 너무도 끌린 나머지 그들은 제대로 앞으로 나아갈 수가 없다."[29] 그러나 인내하는 사람들은 두 번째 거주지로 이끌릴 만큼 충분히 하나님의 현존을 경험한다.

두 번째 거주지: 계속 가기

두 번째 거주지로 들어가는 길은 인내를 통해서 온다. 영적 여정을 시작한 후에도 우리는 여전히 이 세상이 우리가 추구하는 만족을 줄 것이라고 믿는 유혹에 빠질 수가 있다. 그럴 경우 우리는 마치 돌밭에 떨어져서 싹은 빨리 나지만 뿌리를 제대로 내리지 못해 시드는 씨앗과도 같다(마 13장).

두 번째 거주지에서는 하나님의 은혜를 경험하게 해주는 외부의 도움이, 이 세상의 방식과 방해들을 거절할 수 있는 힘을 키워준다. 설교, 다른 그리스도인과 나누는 건설적인 대화, 영성 훈련,

그리고 말로 하는 기도 등은 우리의 결심을 굳게 해주고 삶의 기초를 하나님에게 두도록 도와주는 몇 가지 예들에 불과하다. 이러한 도움들은 하나님에 대한 생각으로 우리의 정신을 가득 채워 주고, 우리가 하나님에게 순종하고 하나님을 따르게 도와준다.

두 번째 거주지에 머물려면 결단이 필요하다. 올바른 길을 분별했으니 이제는 그 길을 계속 가기로 결심해야 하는 것이다. 그때 우리의 본능적 기능들이 우리 안에서 싸운다. 이성은 이생의 즐거움이 우리의 영원할 갈망을 만족시켜 줄 것이라고 우리를 설득한다. 따라서 영성 생활에서 앞으로 그리고 위로 전진하겠다는 우리의 선택을 굳건하게 붙잡아야만 한다.

두 번째 거주지에서 우리가 겪게 되는 이 과정을 지날 때 도움이 되는 방법은 기억, 지성, 의지라는 우리의 본능적 기능들이 갖는 강점과 한계들을 모두 인식하는 것이다. 기억은, 영적인 삶을 살았던 과거의 위대한 성인들을 기억하도록 도와주고, 이 삶이 우리가 바라는 대로 결말을 맺을 것이라는 확신을 준다. 우리의 의지는, 우리가 사랑을 경험하는 대로 사랑을 하도록 동기를 부여하고, 성인(聖人)들과의 교제 안으로 들어가면서 우리는 그들과의 교제를 즐기기로 선택한다. 마지막으로 우리의 지성은, 이보다 더 바람직한 목적지를 찾지 못할 것이라는 사실을 이해하게 도와준다. 이러한 이해는 우리가 위를 향해 가는 길이 하나님과의 친밀함을 지속시켜 줄 것이라는 확신을 준다. 바로 이 지점에서 우리는 인생에서 가장 큰 목표가 우리의 뜻을 하나님의 뜻에 완전하게 일치시키는 것이라는 결론을 내리게 된다.[30)]

세 번째 거주지: 존경을 배움

세 번째 거주지로 들어가게 되면 우리는 하나님을 두려워하고 존경하는 법을 배우게 된다. 바로 이 지점에서 우리는 하나님에 대한 순종의 행위로서 이웃 사랑을 실천하게 된다.

테레사는 우리가 가벼운 죄에서도 결코 자유롭지 못하다는 사실을 잊지 않는다. 우리의 생각 속에 일어나서 일상적인 혼란을 야기하는 그런 죄들 말이다. 그러나 테레사는 그 죄가 휘두르는 권력에서 벗어날 수 있다고 믿는다. 세 번째 거주지는 바로 그런 과정이 시작되는 자리다. 우리는 이 세상의 것들을 버리는 것으로는 충분하지 않음을 깨닫기 시작한다. 우리는 겸손해져야 한다. 진정한 겸손은 하나님을 향한 우리의 욕구가 얼마나 강렬한지를, 그러나 우리의 목표는 얼마나 멀며, 또한 얼마나 자주 우리가 거기에 도달하지 못하는지를 깨달을 때 생긴다.[31]

겸손은 또한 다른 사람과 관계를 맺으면서 생기기도 한다. 겸손의 핵심은 하나님이 우리에게 주신 모든 선물에도 불구하고 우리에게 여전히 부족한 것이 있음을 인정하는 것이다. 그러면 우리는 하나님이 다른 사람들에게 주신 선물을 알아볼 수 있게 된다. 겸손은 우리 자신의 한계를 인정하는 것이다.

네 번째 거주지: 사랑의 위엄

정화에서 조명으로 가면서 우리는 관상 기도로 들어가게 되고 하나님의 사랑을 더 깊이 경험하게 되는데, 그러면서 우리는 하나님을 새롭게 인식하게 된다. 바로 이 시점에서 하나님은 우리의 영적 여정 안으로 위엄 있게 등장하신다. 하나님의 권능이 사랑의 위엄으로 우리를 압도하면서 하나님에 대한 우리의 갈망과 욕구는 자연히 물러나게 된다.

우리는 하나님을 즐겁게 해드리기를 원한다. 우리의 삶을 지배해 온 외적인 훈련들은 이제 기도와 헌신의 내적인 훈련들에 자리를 내어 준다. 테레사는 바로 이 시점에서 우리가 더 이상 장황한 이유들을 필요로 하지 않게 된다고 생각했다. 이제 우리는 믿을 만한 충분한 이유를 찾은 것이다. 이제 우리는 자신이 발견하는 대로 하나님의 진리들을 받아들이고 그리스도의 길에 대해 더 깊은 이해를 얻기 시작한다.

하나님을 추구하면서 우리는 실제적이고 심오한 방식으로 하나님의 현존을 경험하기 시작한다. 하나님에 대한 우리의 영적 경험들은 이제 전적으로 다른 질서를 따르게 된다. 그것은 마치 끝도 없이 깊은 우물을 가득 채우는 복류(伏流)와도 같다.

테레사는 이 지점에서 아주 놀라운 유비를 하나 제시한다. 우리의 영적 경험은 정교한 훈련과 부지런한 노력이라는 수도관을 통해 하나님으로부터 오거나, 아니면 오직 하나님만이 직접 공급해 주시는 우리 안에 있는 깊은 영적 저수지로부터 오거나, 둘 중 하나다. 어떠한 식으로 오든 하나님의 영원한 시내로부터 물은 계속 흐른다. 수도관(노력)을 통해 오는 물이건 저수지(오직 하나님)로부터 오는 물이건, 그 물은 우리가 영적 여정을 지속할 수 있도록 도와준다.

그렇다면 우리는 어떻게 이 생수를 얻을 수 있을까? 앞에서 언급한 것처럼, 우선 진정한 겸손을 연마하고, 받을 자격이 없음에도 불구하고 하나님이 우리를 위해 해주신 모든 일을 인식하는 것에서부터 출발한다. 그 다음에는 자신의 감각과 기능을 통해 얻는 지식의 차원을 넘어선다. 이것은 쉽지 않다. 감각의 능력을 넘어서는 것이 거의 불가능할 정도로 우리는 자신의 감각을 믿는 것에 익숙하기 때문이다. 예배가 우리를 '충족시켜 주기' 때문에 예배를 즐기는 경우가 얼마나 많은지 한번 생각해 보라. 그러니까 무엇인가가 우리의 감각을 자극했는데 그것이 즐거웠다는 뜻이다. 이것은 바로 영적 아마추어라는 표시다.

하지만 자신의 타고난 기능을 의존하지 않기란 매우 어렵다. 기억, 지성, 의지를 신뢰하는 경향이 너무도 크기 때문에 그것에 의존하지 않는다는 것은 상상하기 힘들다. 그러나 하나님과 함께하는 우리의 삶에 진전이 있으려면 우리는 그 능력을 벗어 던져야만 한다. 사실 우리의 감각과 기능은 하나님을 온전히 사랑하지 못하게 하는 습관들을 만들어 냈다. 하나님과 함께하는 더 깊은 삶으로 나아가려면 이런 습관을 반드시 버려야 한다.

다행히도 하나님은 그러한 우리의 성향을 책망하지 않으신다. 하나님은 계속해서 우리를 초대하시고 가까이 이끄신다. 기도를 통해 우리는 하나님의 현존을 새롭고도 심오하게 경험하기 시작한다. 하나님과 함께하는 삶이 깊어지면서 우리는 자신이 타고난 재능의 올바른 용도를 알아보게 된다. 하나님이 어떤 식으로 일하시는지 알아보기 시작하는 것이다.

하나님이 우리 영혼에 하시는 일은 쉽고 가볍다(마 11:28-30). 그 일은 우리를 더 큰 이해로 이끌기 위한 것이다. 그 일은 우리의 지성을 활용하기는 하지만 동시에 지성의 타고난 한계를 인식하고 그것을 넘어선다. 궁극적으로 하나님은 우리 자신의 능력을 넘어서서 자신의 사랑스런 품 안으로 우리를 이끄신다.[32]

다섯 번째 거주지: 연합의 기도

이 시점에서 중요한 변화가 일어난다. 다섯 번째 거주지에서 우리는 타고난 감각과 기능을 넘어서서 우리의 영적 이해에 의존하게 된다. 이 단계에서는 더 이상 인간적 이해가 불가능하다고 테레사는 강조한다.[33] 하나님에 대한 직관이 하나님에 대한 합리적 사고의 한계를 뛰어 넘게 되는 영역으로 들어서게 된다. 파스칼이, "마음은 나름의 이성을 가지고 있는데, 이성은 그것을 알 수 없다"고 말한 바로 그 영역으로 들어가게 되는 것이다.

여기에서 우리는 하나님과의 연합을 처음으로 잠시 분명하게 이해하게 되지만 그것을 말로는 표현하지 못한다. 그러나 기도와 관상의 더 깊은 삶으로 들어가며 하나님과 더 친밀해지는 경험을 하게 되는 것은 사실이다. 또 그 경험은 이웃에 대한 더 깊은 사랑으로 표현된다. 우리의 타고난 기능―기억, 지성, 의지―은 그 어느 것도 더 이상 실효성을 갖지 못한다.[34] 우리는 하나님과의 연합이 이 세상의 그 어느 것도 줄 수 없는 만족을 우리에게 준다는 사실을 인식하게 된다.

하지만 우리가 더 깊은 곳으로 들어와 있음을 어떻게 확신할 수 있을까? 그러한 확신은 하나님이 성령의 내적 증거를 주시기 때문에 가능하다. 자신의 타고난 감각과 기능을 넘어서게 되면 우리의 내적 앎의 능력이 하나님과 함께하는 우리의 삶을 조명해 준다. 테레사는 우리가 어떻게 회상의 기도와 침묵의 기도를 넘어서서 연합의 기도로 들어가게 되는지를 보여 준다. 연합의 기도를 통해 우리는 하나님과 영원히 결합하고픈 갈망을 키우게 된다. 테레사는 누에의 삶에 빗대어 자신의 요점을 설명한다.

우리의 영혼은 신앙 공동체의 모든 선한 일을 통해 성장한다. 고백, 좋은 책 읽기, 도전적인 설교 듣기, 그리고 우리보다 앞서 간 위대한 성인들의 삶 관찰하기 등을 통해 성장한다. 그러나 누에처럼, 우리의 영혼은 거기에 머물 운명이 아니다. 누에가 나비로 변해야 하는 것처럼, 우리의 영혼 역시 하나님과 연합하기 위해서 변화한다. 이와 같은 변태가 일어나면서 우리의 영적 여정은 마지막으로 힘껏 고치를 벗어날 준비를 한다.

여섯 번째 거주지: 내적인 음성을 들음

그 다음에 우리는 궁극적 목표가 하나님과의 지속적인 교제라는 사실을 인식한다. 하나님의 사랑에 깊이 감동받은 나머지 우리는 그분의 현존 가운데 있지 않으면 내적인 고통을 느끼게 된다. 우리는 완벽한 연합을 갈망하지만 아직은 그것을 유지시키지 못한다. 테레사는 자신이 그 자리에 도달하기까지 40년이 걸렸음을 시인한다.[35]

여섯 번째 거주지에서 우리의 영혼은 내적인 음성을 듣게 된다. 우리에게 직접 이야기하시는 그리스도의 음성을 인식하게 되는 것이다. 그때 우리가 듣는 내용은 그리스도께서 일곱 번째 거주지에서 우리를 부르시는 소리인데, 계속해서 자신을 향해 오라고, 그래서 온전히 자신을 받아들이라고 우리를 격려하는 소리다.[36]

이제 우리는 테레사가 "사랑의 고통"[37]이라고 부른 갈망을 경험하기 시작한다. 그리스도의 음성을 듣고 이 고통을 경험하면서 우리는 또한 길을 잃을 위험에 처하게 되기도 한다. 그렇다면 우리는 어떻게 하나님으로부터 오는 것과 그렇지 않은 것을 구분하는가? 이 부분은 테레사의 글 중에서 가장 흥미로운 부분이기도 한데, 테레사는 우리가 어떻게 하나님의 음성을 마귀의 음성이나 우리의 상상력에서 오는 음성과 구분해 내는지에 대해 분명한 지침을 주고 있다.[38]

하나님으로부터 오는 인도는 우리의 일상 언어와는 매우 다른 말을 통해 주어진다고 테레사는 말한다. 하나님으로부터 오는 인도는 우리를 위로하고 공동체를 회복시킨다. 그것은 쉽게 사라지지 않으며, 우리는 갈수록 거기에 더 많은 관심을 갖게 된다. 하나님으로부터 오는 인도에는 확신과 평화 그리고 내적인 즐거움도 함께 따라온다. 또한 의미심장한 돌파구를 마련해 주며, 신선하고 새로운 통찰을 준다. 성령의 인도를 받는, 신뢰받는 친구들이 그 인도를 확인해 주고, 그 인도와 관련해서 우리의 생각은 오로지 하나님에게만 머물러 있다.[39]

궁극적으로는, 더 높은 영적인 황홀경을 경험할 때 우리는 그 인도가 하나님으로부터 비롯되는 것임을 안다.[40] 대부분의 경우 영적 경험을 하려면 시간이 걸리지만, 우리는 간혹 순간적인 희열을 경험할 때가 있다. 이때가 바로 하나님이 우리에게 직접 오시는 때이며, 그러한 경험은 인간의 생각이나 표현을 초월한다. 그리고 이러한 순간적인 희열의 경험은 우리가 받는 영적인 인도를 확인해 준다.

하나님으로부터 오는 인도의 마지막 결과는 몇 가지 심오한 방식으로 표현된다. 첫째, 우리는 세상의 그 어떤 것도 더 이상 영원한 의미나 가치가 있는 것으로 보지 않는다. 그 다음에는, 자기 자신에 대한 지식이 일정 수준에 달하면서 진정한 겸손에 이르게 된다. 특히 우리처럼 비천한 피조물이 그토록 위대하신 하나님의 관심을 받는다는 사실을 염두에 두게 된다. 마지막으로 우리는 하나님의 진정한 위엄을 볼 수 있게 되고 거기에 압도당한다.

일곱 번째 거주지: 완전한 평화

마지막으로 우리는 하나님과의 완전한 연합에 들어가게 된다. 우리는 완전한 변화를 겪게 되고 궁극적 평화의 상태를 경험하게 된다. 아파테이아를 강조한 앞 세대의 신비가들을 반영하면서 테레사는 완전한 평화란 모든 생각, 열망, 행동의 올바른 질서라고 본다. 이것은 죽음에 임박해서야 도달할 수 있는 드문 경지다. 이 지점에 도달하면 우리는 모든 노력으로부터 완전히 풀려나는 것을 경험하게 된다. 우리의 모든 기능, 모든 감각, 모든 열정이 만족된다. 테레사는 자기 자신도 이러한 상태를 단 한 번, 네 시간 동안 경험했을 뿐이라고 말하는데, 그토록 짧은 순간을 맛보았지만 그 후로 결코 사라지지 않는 지속적인 갈망이 생겼다고 한다.

일곱 번째 거주지는 또한 우리가 그리스도와 영구적인 관계 속으로 들어가는 자리이기도 하다. 우리의 헌신은 이제 돌이킬 수 없다. 우리의 영혼은 결코 되돌릴 수 없는 그리스도와의 영적인 결혼을 경험한다. 주께서 우리 영혼의 중심을 방문하신다.[41] 우리는 자신의 존재 전체가 그리스도께 연결되었다는 것을 인식하게 되고, 그리스도께서 거하시는 우리 영혼의 중심에서는 빛나는 광선이 뻗어나간다. 우리 안에 계신 그리스도는 너무도 강력한 힘이어서 모든 감각과 기능이 압도당한다. 빛나는 광선은 우리의 존재 전체에 매우 다른 빛을 비추어 준다. 바로 이 시점에서 우리는 다른 단계에서는 결코 누리지 못하는 목적의 안정성과 미덕의 불변성에 도달하게 된다.[42] 이러한 새로운 깨달음은 그리스도와 기독교적 삶에 대한 확신을 다지는 데 도움이 된다.

비록 이 일곱 단계의 거주지는 끈질긴 과정과 오랜 영적 성장을 요구하지만, 테레사는 결코 그러한 삶이 하나님의 백성과는 별개로 일어나는 것이라고 보지 않는다. 우리가 하나님과 이웃 모두를 사랑하면, 행동의 삶과 관상의 삶 사이에 균형을 이뤄야 한다는 인식을 갖게 된다. 결국 마리아와 마르다는 함께 가야 하는 것이다. 이와 같이, 우리가 누리는 그리스도와의 연합은 일상적 생활의 본질에 우리의 초점을 맞추어 준다.

반추하고 반응하기

테레사는 대단한 여성이었고, 그녀의 책,「내면의 성」은 더 대단하다. 이 책은 기독교 전통에서 기도에 대해 쓴 최초의 책이며, 테레사가 "두 번째 회심"의 경험이라고 부른 사건에서부터 비롯된 책이다.

테레사는 20년 동안 신실하게 하나님의 부르심을 따라 살았다. 그러나 그 시기는 영적인 메마름의 시기였다. 마음의 사하라 사막이라고 불러도 좋을 것이다. 그러던 어느 날 교회 안으로 들어가면서 그녀는 축하 행사를 준비하기 위해 수녀원에 들여 온 예수님 상을 보게 된다. 그 상은 십자가 처형 때문에 생긴 상처로 뒤덮인 예수님을 묘사하고 있었다. 그 상을 바라보던 테레사는 영혼의 가장 깊은 곳에서 무엇인가 움직이는 것을 느꼈다. 그녀는 예수님이 얼마나 많은 고통을 당하셨는지, 그리고 그분의 사랑에 대해 자신이 얼마나 감사할 줄 몰랐는지를 생각하며 예수님의 발 앞에 무너지듯 주저앉을 수밖에 없었다. 그녀는 그 상의 발치에 앉아서 다시는 그리스도의 기분을 상하게 하지 않을 힘을 달라고 간구했다.

이 두 번째 회심에는 극적인 결과가 뒤따랐다. 하나님의 절대적인 거룩함과 대면하고 난 후에 테레사는 하나님과 멀어졌다는 느낌에서 오는 깊고도 지속적인 고통을 경험하기 시작한 것이다. 테레사는 너무도 심오하게 하나님의 거룩함을 경험한 나머지, 자신이 더 거룩해지는 데에, 더 예수님과 같아지는 데에, 하나님의 마음으로 더 가까이 가는 데에 자신의 모든 존재를 조금도 남김없이 다 바쳤다. 「내면의 성」은 궁극적으로 "왕이 사는 성"의 가장 안쪽으로 더 깊이 들어가는 경험을 자전적으로 묘사한 책이 되었다.

「내면의 성」은 영혼을 수정이나 다이아몬드 성으로 묘사하는 등 정말로 은유를, 사실은 확장된 은유를 풍성하게 사용하고 있다. 하나님과의 교제를 그토록 흥분되게, 또 에로틱하게 묘사한 것으로는 이 책에 필적할 만한 것이 거의 없다. 영혼은 주께서 기뻐하시는 낙원이다. 몸은 성의 바깥쪽 벽이다. 자신에 대한 지식은 그 성 안에 있는 방이다. 마지막 거주지에서 우리는 하나님과 우리 자신의 영적 친밀함의 궁극적 도착지인 연합에 도달하게 된다. 여기에서 테레사는 마치 불가피한 것처럼, 결혼의 은유를 취한다. 점잖은 가정을 꾸리는 결혼이 아니다. 이 결혼은 사랑하는 사람 사이의 열정적인 결합이다. "하나님이 자신을 위하여 온전히 그 영혼을 취하시는, 마치 내 것이고 내 배우자인 것처럼 대하시는" 결합이다.[43]

「내면의 성」에 대해서 나는 세 가지 뛰어난 가치를 언급하고 싶다. 첫째, 이 책은 인간의 영혼이 갖는 찬란함과 고귀함과 거대함에 진정으로 감사하게 해준다. 테레사는 우리에게 "당신의 영혼을 거대하고, 널찍하고, 풍성한 것으로 상상해 보라"고 촉구한다. 영혼을 사소한 것으로 취급하는 오늘날의 추세를 교정해 주는, 얼마나 신선한 관점인가. 오늘날 우리는 너무도 쉽게 인격을 소비자로, 심지어는 소모품으로 축소시킨다. 인간의 엄청난 가치를 인식한 테레사의 말을 듣는 편이 훨씬 더 나을 것이다. "영혼의 장엄한 아름다움과 그 놀라운 능력에 비교될 만한 것을 나는 하나도 찾을 수가 없다."[44] 분명, 테레사의 관점이 하나님의 평가에 훨씬 더 가깝다.

둘째, 테레사는 영성 생활에서 앞으로 진전하는 모습을, 내가 아는 그 누구보다도 분명하게 잘 보여 준다고 생각한다. 게다가 그러한 노력을 하는 중에 나타나기 쉬운 치명적인 율법주의에 빠지지 않는다. 디오니시우스가 제시한 세 겹의 설계를 활용하면서 테레사는 하나님의 용서가 주는 정화시키는 불과 하나님의 지혜가 주는 조명하는 은혜를 지나서, 하나님의 헤아릴 수 없는 사랑이 주는 완전케 하는 연합으로 들어가도록, 우리를 조심스럽게 그리고 아름답게 초대한다. 그 여정은 숨이 막힐 정도다.

마지막으로 연합에 대한 테레사의 설명은 다른 어디에 설명된 것 못지않게 훌륭하다. 이것은 결코 사소한 재주가 아니다. 테레사는 인간의 언어만을 사용한다. 그런데 인간의 언어는, 언어를 초월하는 경험적 실재를 요약해서 비슷하게 표현해 낼 수 있을 뿐이다. 게다가 그녀는 대부분의 사람들이 오직 먼발치에서만 볼 수 있는 하나님 안에서의 삶을 우리에게 설명해 주려고 노력하는 것이다.

그녀가 성공적으로 그것을 해 내는 이유는, 은유를 하나씩 쌓아 가면서 복합적으로 사용하기 때문이라고 생각한다. 그런 식으로 그녀는 우리가 이해할 수 있는 범위 내에 있는 무엇인가를 던져 주어서 그것을 디딤돌 삼아 우리가 이해하지 못하는 것을 파악할 수 있게 도와준다. 예를 하나 들어 보면 이렇다. "연합은 마치

두 개의 양초가 결합되어서 거기에서 나오는 불꽃이 단 하나 뿐인, 혹은 심지와 불꽃과 양초가 모두 하나인 것과 같다고…할 수 있을 것이다. 그러나 그 후에는 두 양초가 서로 쉽게 분리되어서 다시 두 개의 양초가 되는 것이다."[45] 「내면의 성」에서 우리에게 연합의 풍경을 설명해 주려고 하는 테레사의 노력은 헛되지 않다. 비록 우리가 그 풍경을 단지 외국인으로서 그리고 일시적 체류자로서 방문할지라도 말이다.

솔직히 말해서 나는 테레사가 「내면의 성」에서 설명하고 있는 경험으로 들어가는 실제적인 방법을 여러분에게 어떻게 제시해야 할지 잘 모르겠다. 많은 경우 나는 중심으로 들어가지 못하고 위쪽과 아래쪽에 있는 측면 복도를 배회하고 있는 것 같은 느낌이다. 테레사는 또한 "아름다운 정원과 분수와 미로 등은 참으로 사랑스러워서, 자신의 형상과 모양을 따라 영혼을 만드신 위대하신 하나님을 한없이 찬양하고픈 마음"에 대해서도 이야기한다.[46] 어쩌면 나는 그곳에 있는지도 모르겠다. 태양과 하늘, 나무와 꽃들을 즐거워하면서 말이다.

어쩌면 내가 해줄 수 있는 최고의 안내는 여러분도 직접 이 책을 읽어 보라고 촉구하는 것인지도 모르겠다. 먼저 처음부터 끝까지 멈추지 않고 읽을 수 있는, 그래서 전체적인 안목을 갖고 기본 주제들을 포착할 수 있는, 여유로운 주말을 택해 보길 바란다. 그렇게 한 번 읽고 나면 그 다음 한 해 정도를 핵심 본문과 문장들을 곰곰이 생각해 보면서 묵상하는 데 보낼 수 있을 것이다. 언제나 "그분께서" 테레사에게 그렇게 하셨던 것처럼, 당신도 당신이 실제로 살 준비가 되어 있는 삶으로 인도해 달라고 구하라. 이 일을 성실하게 그리고 조용하게 해 낸다면, 당신의 성이 하나님의 사랑으로 빛나기 시작하는 것을 보게 될 것이라고 나는 확신한다.

테레사는 하나님을 사랑하고 영혼을 사랑하는 사람이었다. 테레사의 책갈피라고 종종 불리는 구절로 끝을 맺는 것이 좋을 것 같다. 테레사가 죽을 당시에 사용했던 기도서 안에 끼워져 있었기 때문에 얻은 이름이다. 한번 들어 보길 바란다.

그 어떤 것도 당신을 방해하게 하지 말라.
그 어떤 것도 당신을 놀라게 하지 말라.
모든 것은 지나가지만,
하나님은 변치 않으신다.
인내하면 모든 것을 얻을 것이다.
하나님이 네 마음에 계시면 부족할 것이 없다.
오직 하나님이면 족하다.[47]

주 예수님, 테레사는 기도의 삶을 참으로 잘 인도해 주는 지혜로운 안내자입니다. 오늘날 참으로 많은 사람들이 기도를 완전히 사소한 것으로 만들어 버리기에, 혹은 기도를 영혼을 죽이는 기계적인 활동으로 바꾸어 버리기에, 우리에게는 참으로 지혜로운 안내자가 필요합니다. 현대 문화의 피상성을 넘어선 사람이 우리에게는 정말로 필요합니다. 테레사가 그러한 사람인 것에 감사합니다.

주님, 많은 사람들이 자신이 겨우 기도의 시작 단계에 와 있다고 느낍니다. 첫 번째 혹은 두 번째 정도의 방이라고 할 수 있을지 모르겠습니다.

어떤 사람들은 심지어 자신이 여전히 현관 문 앞에 서 있다고까지 생각합니다! 주님, 도와주십시오. 우리를 부드럽게 이끌어 주십시오. 당신과 대화하는 삶으로 들어가는 것이 얼마나 좋은 일인지 보게 해주십시오. 테레사의 삶과 글이 영감의 근원이 되게 해주십시오. 단지 영감이 아니라 생명을 주는 행동이 되게 해주십시오. 테레사는 분명 기도의 삶의 지도자입니다. 주님, 그녀의 지도를 받도록 우리를 가르쳐 주십시오. 아멘.

십자가의 요한

어두운 밤을 밝히다

> 이 어두운 밤은 하나님이 우리 영혼 안으로 흘러 들어와,
> 자연적이건 영적이건, 영혼의 습관적 무지와 결함을 정화하는 것이다.
> 어두운 밤은 영혼을 정화하고 조명함으로써
> 사랑을 통해 하나님과 연합하도록 영혼을 준비시킨다.
> _「어두운 밤」(The Dark Night)

훗날 십자가의 요한으로 알려진, 작고 굶주린 후안 데 예페스(Juan De Yepes, 1542-1591)는 힘겨운 어린 시절을 보냈다. 스페인의 폰티베로스(Fontiveros)에 있던 그의 집은 간소하고 빈궁했다. 그의 친족들은 두루두루 부자였지만 그 부가 그의 아버지에게는 미치지 못했다. 게다가 그 아버지는 후안이 세 살 때 돌아가시는 바람에 그의 가족은 빈곤할 수밖에 없었다. 다행히도 후안은 똑똑한 아이였다.

십대가 되었을 때 그는 예수회에서 교육을 받기 시작했다. 1568년에 아빌라의 테레사가 남자들에게도 카르멜 파를 전파하기 위해 그에게 카르멜 파에 들어올 것을 권했기 때문이다. 그로서는 절호의 기회였다. 그는 그 제안을 받아들였고, 작은 체구에도 불구하고 큰 영향을 미쳤다. 나중에 그는 테레사를 가장 열심히 지지하는 사람이 되었고 그녀의 가장 막역한 친구가 되었다. 오늘날까지도 그는 테레사의 작업을 탁월하게 잘 해석한 사람으로 기억되고 있다.

비록 두 사람의 나이차는 컸지만(27살의 차이가 있었다), 영적인 일에 있어서 나이란 별 의미가 없다. 요한의 보기 드문 능력과 뛰어난 필력은 테레사의 글을 종교계의 무대에 등장시키는 데 기여했다. 그의 수고는 널리 알려졌고 교회의 여러 분파들은 칭송의 반응과 분노의 반응을 모두 보여 주었다. 훗날 그는 다양하고 지속적인 논쟁의 초점이 되었고, 23년간 성실하게 일한 그는 1591년에 고문으로 사망했다.

어두운 밤

요한의 중심 저작 세 가지는 「가르멜의 산길」(*The Ascent of Mount Carmel*), 「사랑의 살아 있는 불꽃」(*The Living Flame of Love*), 그리고 「어두운 밤」이다.[48] 「가르멜의 산길」과 「사랑의 살아 있는 불꽃」 모두 하나님과의 완전한 연합의 상태에 도달하기 위해 우리가 극복해야만 하는 시련을 기록하고 있다. 이 하나님과의 완전한 연합은, 하나님을 경험하거나 이해할 수 있는 우리의 능력을 넘어서는 일이다. 그러나 「어두운 밤」은 그 과정을 가장 구체적으로 제시하고 있다. 영성 생활을 온전히 살려면 우리가 직면하는 궁극적인 도전들을 '어떻게' 이해해야 하는지를 가르쳐 주기 때문이다.

「어두운 밤」을 읽기 전에는 요한의 이 문구가, 하나님의 부재를 가장 강렬하게 경험하는 것을 암시하는 표현이라고 늘 생각했다. 그러나 이 책은 하나님의 부재에 대해서만 이야기하는 것이 아니다. 우리의 무지, 즉 하나님에 대한 지식의 부재에 대해서도 이야기한다. 「어두운 밤」은 우리 스스로의 힘으로는 하나님을 알기가 얼마나 힘든지를 잘 조명해 준다. 그분을 알기 위해서는 "우리의 기능, 열정, 감각적 욕구와 애정을 없애 버리고 가라앉혀야 한다."[49]

우리의 기능, 열정, 욕구를 넘어서기

요한은 인간으로서 우리의 본성을 크게 본질적인 기능, 지배적인 열정, 감각적인 욕구로 이해한다. 본질적인 기능이란 기억, 지성, 의지다. 우리의 지배적인 열정은 기쁨, 희망, 두려움, 슬픔이다. 우리의 감각적 욕구란 맛보고, 만지고, 보고, 듣고, 냄새 맡을 수 있는 우리의 오감을 일컫는다. 기능과 열정과 감각, 이 세 가지는 우리의 생각과 경험을 의미 있는 전체로 정리할 수 있는, 우리의 타고난 능력을 구성한다. 요한은 의미의 구조를 세우고 이 구조가 어떻게 만들어지는지를 이해하는 것이 중요하다고 본다. 그러한 이해는, 우리의 모든 타고난 능력에도 불구하고 어두운 밤이 그 능력 너머의 완전히 새로운 영적 이해의 지평으로 우리를 데려다 놓는다는 것을 깨달을 때, 특히 더 중요해진다.

「어두운 밤」은 우리가 결국 자신의 자연적 한계에 부딪힐 수밖에 없음을 상정한다. 그렇게 될 때 성령의 빛이 우리를 완전히 다른 차원으로 이끌고 갈 것이다. 요한은 우리의 의지가 신성해지는 것에 대해 이야기한다. 우리가 신적인 사랑의 표현으로 하나님과 연합될 때 우리는 자신의 본성적 힘을 넘어서서 성령의 힘과 순결을 만나게 된다.

그렇다면 우리는 어떻게 어두운 밤을 이해해야 하는가? 어두운 밤은 지식의 결핍과 경험의 부재를 모두 경험하는 것이다. 첫째, 하나님의 지혜는 우리가 이해하기에는 너무 벅차다. 둘째, 우리의 영혼은 참으로 부정하기 때문에 우리는 하나님의 빛의 찬란한 광선을 먼저 어두움으로 경험하게 된다. 왜냐하면 우리의 영혼이 너무도 오염되어 있어서 그러한 빛을 하나도 반사해 내지 못하기 때문이다.[50]

또한 하나님으로부터 나오는 그리스도의 빛은 우리의 타고난 이해 능력을 너무도 크게 벗어나 있기 때문에 우리는 혼란에 빠지게 된다. 이 혼란은 그러한 경험을 수용하고 이해할 수 있는 범주를 계발하지 못한 결과다. 그 결과는 고통, 아픔, 불편함이다.[51] 이 모든 사건과 연관된 불편한 경험은 감당하기 힘든 고통으로 이어진다. 또 이해하지 못하는 자신의 무능에 대한 깨달음은 극에 달하게 된다. 그 때 우리는 자신의 자연적·도덕적·영적 능력의 안쓰러운 연약함과 마주치게 된다.[52]

요한은 이어서 관상의 신성한 광선이 어떻게 영혼에 압도적인 빛을 비추는지를 보여 준다. 그 빛이 이성에서 나오는 자연적 빛을 어둡게 만들기 때문에, 우리의 자연적 빛 자체가 어두워지고 결국에는 없어져 버린다. 그러한 상태에서 우리는 단지 무지할 뿐만 아니라 비어 있기도 하다. 그러나 이러한 정화는 반드시 필요하다.[53] 그것이 없으면 우리는 새로운 단계의 영적 이해로 옮겨갔을 때 오는 모든 풍성한 영적 기쁨의 만족을 경험하지 못하기 때문이다.

우리가 비어 있다고 느끼는 이유는 어두운 밤이 행복을 경험하는 모든 자연적 수단을 치워 버렸기 때문이다. 더 이상 우리의 타고난 가능에는 의존할 수 없는 것이다. 그러나 또 한 가지 어려운 점은 우리가 아직은 오로지 하나님에게서만 오는 내적인 만족을 경험하지 못했다는 사실이다. 우리는 이중의 평화가 필요함을 인식해야만 한다.

정제하는 불이 되는 하나님의 빛

요한이 말하는 이중의 평화란, 우리에게 감각적 평화와 영적 평화가 모두 필요하다는 뜻이다. 이러한 평화는 오직 정제하는 불이 되는 하나님의 빛을 통해서만 얻을 수 있다. 그 빛의 광선은 불이 나무토막을 태워 버리는 것과 같은 방식으로 우리에게 작용한다. 그 광선은 영혼을 변화시키기 전에 먼저 모든 불순한 성질들을 정화해 버린다. 이러한 변화의 과정은 새까매지고 어두워지는 단계를 지날 수밖에 없는데, 그것은 영혼의 추함이 태워지는 과정이다.[54]

이 과정에서 우리가 이해해야 하는 중요한 것들이 몇 가지 있다. 첫째, 영혼은 이 정화를 통해서만 변화되기 때문에 우리는 반드시 그 과정에 굴복해야만 한다. 둘째, 어두운 밤에서 비롯되는 고통의 경험은 하나님에게서 오는 것이 아니라 우리 자신의 부족과 불완전에서 오는 것이다. 셋째, 이 과정을 통해 우리의 죄가 파괴될 것이다. 넷째, 불은 파괴하는 측면이 있기 때문에 우리 눈에는 불의 정화 효과가 제대로 보이지 않는다. 다섯째, 이처럼 태워 버리는 불은 외적인 불완전 그리고 하나님과 대립되는 내적인 성향 모두를 파괴한다. 여섯째, 이 모든 정화 과정 중에 우리는 인내해야만 한다. 우리의 비참밖에는 보이지 않기 때문이다. 마지막으로, 우리는 내적인 정화와 외적인 정화의 차이를 인식해서, 정화되고 조명되는 것은 무엇이며 아직 도움을 더 받아야 하는 것은 무엇인지를 알아야 한다.[55]

궁극적으로 이 세 겹의 상승에서 각각의 단계를 완성해야만 우리는 하나님에게로 올라가는 길을 계속해서 걸을 수가 있다. 다시 말해서, 정화의 단계에서는 정화, 조명 그리고 정화의 완성을 경험해야만 다음 단계인 정화로 옮겨갈 수가 있다. 마지막 단계인 연합의 단계로 올라가기 위해서는 조명의 단계에서도 마찬가지의 과정이 필요하다. 조명의 단계에서는 우리의 옛 인식을 정화하고, 새 인식을 조명하고, 하나님과 연합함으로써 실재를 정확하게 보게 된다. 이 세상에 대한 하나님의 관점을 공유하게 되는 것이다. 첫 두 단계에서 이러한 발전의 과정을 거친 후에야 비로소 우리는 하나님과의 최종적 연합으로 올라갈 수가 있다.

영성 생활의 리듬

요한은 영성 생활의 리듬을 인식하는 법을 우리에게 가르쳐 준다. 하나님과 함께하는 삶은 감각과 영의 능동적 통찰과 수동적 통찰 사이를 오간다. 수동적인 밤 동안에는 현존의 부재가 곧 하나님의 상실을 의미하는 것이 아니라, 우리의 자연적 기능은 넘어섰지만 우리의 영적 능력은 아직 계발되지 않은 과도기에 있는 것일 뿐이다. 이 시기는 많은 사람들이 하나님과 함께하는 삶에서 더 깊이 들어가기를 멈추는, 매우 결정적인 변이의 지점이다. 무지의 벽에 부딪힐 때 인내하면서 하나님과의 관계에서 새로운 영역을 발견하기보다는 아예 그만둬 버리는 것이다.

고대 사회에서는 영성 생활의 궁극적 목표를 아파테이아로 정의했다. 즉 우리의 모든 생각, 열망, 야망이 완벽하게 규제되는 상태다. 요한은 우리가 열정 없이 살아야 한다고 말하는 것은 아니지만, 인생에서 우리가 경험하는 유일한 기쁨과 행복은 인간 본성의 모든 양상이 제대로 길을 잡을 때에만 얻을 수 있다는 사실을 우리가 알기 바랐다. 우리의 욕구와 열정이 제대로 길을 잡으면, 올바른 생각과 올바른 성향이 궁극적으로 우리를 하나님에게로 이끌 것이다. 이 일은 빨리 일어나지도 않고 우연히 일어나지도 않는다. 그러나 우리가 인내하면 더 높고 더 완전한 차원에서 하나님의 현존을 실감하게 될 것이다.

■ ■ ■

반추하고 반응하기

십자가의 요한의 키가 얼마나 작았는지를 아는 순간, 나는 그를 좋아하게 되었다. 그의 키는 150센티미터도 되지 않았다. 아빌라의 테레사가 처음 요한을 만났을 때 그녀는 이렇게 외쳤다. "방금 전에 반쪽짜리 수사를 만났어요!" 물론 그녀는 자신이 영적 거인을 만났다는 것도 알았다.

나는 또한 요한이 매우 재미있는 사람이었다는 사실도 마음에 든다. 그는 위대한 이야기꾼이었고 사람들과 대화하는 것을 매우 좋아했다. 사람들과 말을 타고 갈 때면 요한이 흥겨운 이야기로 모두를 즐겁게 해주었다고 한다. 그는 피크닉을 좋아했고 수사들을 위해 주말 소풍을 마련하기도 했다고 한다.

그리고 나는 요한이 사람들에게서 불안의 짐을 덜어 주었던 방식도 좋아한다. 사람들이 죄책감과 억압적인 신앙을 가득 안고 그에게 고해를 하러 오면 그는 친절하게 그들을 하나님의 사랑과 돌봄과 수용으로 이끌어 주었다. 요한은 사람들의 '지나친 죄책감의 병'을 고칠 수 있었다고 한다. 그래서 나는 십자가의 요한에게 큰 매력과 흥미를 느낀다.

이 책의 목적상 우리는 요한이 정화, 조명, 연합이라는 세 겹의 구조를 어떻게 발전시켰는지에 초점을 맞추고 있다. 그의 책,「어두운 밤」(그리고 그의 다른 저작들)의 핵심에는 요한이 스페인의 톨레도 감옥에 갇혔을 때 쓴 시들이 있다. 그는 너비 2미터, 길이 3미터의 감방에서 9개월을 보냈다. 펜도 종이도 없었기 때문에 그는 오로지 머리속으로만 이 시들을 지었고 전부 다 기억해 두었다.

요한이 수행한 작업의 핵심은 이제는 유명해진 그의 문구인 "영혼의 어두운 밤"에 표현되어 있다. 이 문구의 핵심은 그가 가르친 초연함이다. 스페인어로는 '나다'(nada, 아무것도 없다는 뜻이다―역주)이다. 이 사상은 하나님 외에는 아무것도 중요하지 않다는 것이다. 우리는 하나님 앞에서 철저하게 단순해지고 벌거벗기 위해 모든 애착과 얽힘을 제거한다. 심지어 이런저런 종류의 신비적 체험에도 집착해서는 안 된다. '나다!'

요한의 시는 번역된 상태로도 매우 매력적이다. 한번 들어 보길 바란다.

어느 어두운 밤,
사랑의 긴박한 갈망에 불타서
—아, 그 순전한 은혜여!—
나는 눈에 띄지 않게 밖으로 나갔다.
집안은 이제 모두 잠들었으므로….[56]

"집안이 모두 잠들었다"는 이 이미지는 인간의 감각—기능, 열정, 감각적 욕구—이 잠들었음을 언급하는 것이다. 우리가 정말로 하나님에게만 집중하려면 인간이 주도하는 모든 활동이 멈추어야 함을 요한은 우리에게 가르치고 있다. 우리가 행동하고 반응하는 모든 정상적인 방식들도 멈추어야 한다. 요한이 「가르멜의 산길」에서 말하는 것처럼, "무(無), 무, 무, 심지어 그 산에서도 무였다." '나다!' 그가 쓴 또 다른 시의 일부를 들어 보라.

오, 사랑의 살아 있는 불꽃이
내 영혼에 부드럽게 상처를 입히네,
가운데 깊숙이! 이제

당신이 더 이상 억압적이지 않으니,

이제 다 태워 버리소서! 당신 뜻이 그러하다면,

이 달콤한 만남의 베일을 찢어 버리소서!

오, 달콤한 뜸이여,

오, 사랑스런 상처여!

오, 부드러운 손이여! 오, 부드러운 손길에

영원한 생명의 맛이 나고

모든 빚을 다 갚아 주네!

죽임으로써 당신은 죽음을 생명으로 바꾸어 놓았습니다.[57]

물론 "사랑의 불꽃"은 성령의 정화 사역이다. 그리고 이 정화는 마음에 상처를 남긴다는 사실에 주목하라. "오, 달콤한 뜸이여,/ 오, 사랑스런 상처여!" 마음의 순결은 참으로 그 표시를 남긴다.

십자가의 요한이 말하는 '연합'의 재료는 꽤 감동적이다. 「사랑의 살아 있는 불꽃」에 나오는 이 글을 한번 음미해 보라. "오, 자기 안에 하나님의 안식과 휴식을 영원히 경험하는 이 영혼은 얼마나 행복한가. 오, 그 영혼이, 아주 작은 흠이나 소음으로도 사랑하는 이가 거하는 자신의 마음이 방해받거나 어지럽혀지지 않기 위해, 세상으로부터 물러나서, 일로부터 벗어나서, 거대한 평온 가운데 사는 것은 얼마나 맞춤한 일인가."[58] 혹은 「어두운 밤」에 나오는 이 구절을 한번 음미해 보라. "오직 영혼에 연합되고 있는 하나님의 사랑만이 사랑의 열기, 힘, 기질, 열정을 나누어 줄 수 있다."[59]

나의 어두운 밤이었다고도 할 수 있는 한 시기를 간략하게 이야기하면 여러분이 십자가의 요한을 이해하는 데 도움이 될 수도 있겠다. 모든 외적인 기준에 의하면 일은 잘 풀리고 있었다. 출판사들은 내게 책을 쓸 것을 권했고, 강의 요청도 넘치도록 많이 들어왔다. 그러나 일련의 사건을 통해 하나님은 내가 공적인 활동에서 물러나기를 원하신다고 확신하게 되었다. 이러한 조처는 어떤 사람들이 보기에 직업 면에서나 집필 면에서나 자살 행위였다. 그러나 그것은 내 손보다도 더 큰 손에 내가 의탁해야 하는 문제였다. 나는 '콜 야훼'(kol Yahweh)가, 즉 주님의 음성이 "가만히 있어라!"라고 말하는 것을 들었다. 그래서 나는 그렇게 했다.

나는 모든 강의를 멈추었고 모든 글쓰기를 그만두었다. 그러고는 가만히 숨죽인 채 숨어서 기다렸다. 하나님이 내게 가르쳐 주실 중요한 것들이 있었다는 사실은 분명하다. 내 영혼의 지하 방으로까지 깊이 내려가는 그런 문제들. 오랫동안 가만히 주의를 기울여야 하는 그런 문제들. 인간의 찬사와 비판의 요란함으로 방해를 받는 동안에는 배울 수 없는 그런 것들….

그 과정이 시작되었을 당시에는 다시 글을 쓰거나 강의를 하게 될지조차 알 수가 없었다. 그렇게 되지 못할 거라고 생각이 기운 편이었다. 결과적으로 그런 공적인 생활로부터의 금식은 약 18개월 동안 계속되었다.

나는 침묵 가운데 기다렸다. 그리고 하나님도 침묵하셨다. 나는 시편 기자가 던진 질문을 똑같이 던졌다. "여호와여,…주의 얼굴을 나에게서 어느 때까지 숨기시겠나이까?"(시 13:1). 내가 받은 응답은? 아무것도 없었다. 갑작스런 계시도 없었다. 날카로운 통찰도 없었다. 영적인 희열도 없었다. 심지어 부드러운 확신도 없었다. 아무것도 없었다. 아무것도. '나다.'

마치 모든 느낌, 모든 감정, 모든 인간의 반응이 동면 상태에 들어간 것 같았다. 나는 모든 외적이고 내적인 결과에 의존하는 것에서 벗어나고 있었다. 나는 나를 둘러싸고 있는 이 세상의 모든 분주함과 자기 선전과 피상적인 의욕에 대해 죽었다. 대신 오직 하나님만을 의존하는 것을 배우고 있었다. 한 좋은 친구가 표현한 대로였다. "자네는 주님 안에서 '납작 엎드리는 법'을 배우는 중이군." 정말 그랬다.

이러한 침묵의 훈련은 18개월 후에 공적인 장으로 다시 나갈 때가 되었다는 부드러운 확신과 함께 드디어, 간단하게 끝이 났다. 어두운 밤이 끝난 것이다.

이것이 단 한 번 일어났던 일임을 여러분이 아는 것이 중요하다. 그 전이나 그 후로도 나는 그와 비슷한 인도를 한 번도 느낀 적이 없다. 하나님은 반복적 실행에는 관심이 없으신가 보다.

오, 어둠과 빛의 하나님, 당신은 그 길에 빛을 비춰 주신다고 약속하셨습니다. 지금 우리가 보는 것은 철저한 어둠뿐입니다. 하지만 우리는 믿습니다. 당신의 때에, 당신의 방식으로 우리의 어둠을 당신의 영광스런 빛으로 바꾸어 주십시오. 아멘.

나오는 말

> 하나님이여, 사슴이 시냇물을 찾기에 갈급함 같이
> 내 영혼이 주를 찾기에 갈급하나이다.
> 내 영혼이 하나님 곧 살아 계시는 하나님을 갈망하나니….
> _시편 42:1-2

오늘날 우리가 사는 세계는 일상 생활의 가혹한 현실 속에서도 효과가 있는 것으로 입증된 영적 성장의 신학을 간절히 바라고 있다. 슬프게도 많은 사람들이 인격 형성의 성장 가능성을 포기해 버렸다. 뜻은 좋았던 수많은 사람들이 교회 일을 하면서 탈진해 버렸고, 그러한 일이 자신들의 삶을 실질적으로 바꾸지 못했음을 발견하게 되었다. 그들은 교회 일이라는 무거운 짐을 들기 시작했을 때처럼 여전히 자신들이 조급하고 자기 중심적이고 두려움으로 가득하다는 것을 알게 되었다. 어쩌면 더 그렇게 됐는지도 모른다.

또 어떤 사람들은 여러 가지 사회사업 프로젝트에 투신했다. 다른 사람을 도우며 느끼는 보람이 어느 정도 있기는 하지만, 그들은 곧 자신들의 모든 초인적인 노력에도 불구하고 내적인 삶에는 별 흔적을 남기지 않았다는 사실을 깨닫게 된다. 실제로 내적으로는 훨씬 더 안 좋은 상태가 된 적이 많았다. 좌절하고 화나고 씁쓸해하는 것이다.

또 어떤 사람들은 영적 성장을 허용하지 않는 실용적인 신학을 갖고 있다. 오히려 그것을 나쁘게 보기도 한다. 은혜로 구원받고 난 후에 이들은 그러한 신학에 마비가 되었다. 영성 생활에서 진전을 보이고자 하는 모든 시도는 그들에게 행위-의를 연상시킨다.

그들이 신학을 좋아한다면 그러한 모든 노력을 반(半)펠라기우스주의와 흡사한 것으로, 혹은 그것보다 더 심한 것으로 보고 경계할 것이다. 그들이 따르는 전례는, 그들이 말과 생각과 행동으로 날마다 죄를 짓는다고 말해 준다. 그렇기 때문에 그들은 그것이 죽을 때까지 안고 가야 하는 운명이라고 결론내린다. 죄와 반항의 세상으로부터 해방되는 길은 오직 천국에 가는 것밖에 없다. 따라서 뜻은 좋은 이 사람들은 해마다 변함없이 교회를 찾아오지만, 하나님과 함께하는 삶에서 진전을 이루는 것이 무엇인지는 깨닫지 못한다.

마지막으로, 우리 모두에게 어떤 식으로든 영향을 미치는 문화적 질병이 있다. 나는 우리가 역기능의 정상성에 얼마나 완벽하게 익숙해졌는지를 말하는 것이다. 스캔들과 깨어진 인생들과 온갖 종류의 폭력들을 지속적으로 보도하는 미디어 앞에서 우리는 하품 이상의 반응을 하기가 힘들다. 우리는 더 이상의 기대를 하지 않게 되었다. 심지어는 종교 지도자들에 대해서조차도 말이다. 어쩌면 특히나 종교 지도자들에 대해서는 기대를 하지 않는지도 모른다. 이와 같은 전반적인 인생의 역기능이 우리 문화에 너무도 만연한 나머지, 영적인 진전에 대해 분명한 시각을 갖기가 거의 불가능해졌다. 빛나는 거룩의 모범이 오늘날에는 참으로 드문 것이다.

역사를 뚫고 들려오는 메아리

그러나 훨씬 더 풍성하고 깊고 온전한 삶에 대해 우리에게 말해 주는 허다한 무리의 증인들이 역사를 뚫고 들려 주는 메아리가 있다. 다양한 인생 행로에서 그리고 다양한 인간적 상황 속에서 그들은 "성령 안에 있는 의와 평강과 희락"(롬 14:17)의 삶을 발견했다.

그들은 그리스도를 닮아가는, 실제적이고 견고하고 실질적인 변화가 가능함을 발견했다. 그들은 깜짝 놀랄 정도의 인격 형성을 보여 주는 증인들이다. 그들은 자기 중심적인 열정이, 사심 없음과 마음의 겸손에 자리를 내어 주는 것을 보면서 스스로도 놀랐다. 분노와 증오와 사악함이 사랑과 연민과 보편적 선의로 대체되었다. 이것은 전부 마음의 깊은 내면적 작업이지 표면적인 쇼가 아니다. 내적인 삶이 새롭고 아름다운 무엇인가로 빚어지고 만들어졌다. 물론 이것은 하루아침에 일어난 일이 아니다. 이 거대한 무리의 증인들은 하나같이 굴곡과 우회와 반전에 대해 이야기한다. 그러나 그들은 또한 참된 진전에 대해서도 말한다.

이 책에서 우리가 기록한 모든 남자와 여자들은 심오한 방식들을 통해 하나님과 함께하는 이 깊은 인격 형성의 삶으로 들어갔다. 어떤 사람들은 다른 사람들보다 더 온전하게 형성되었을지도 모르지만, 모두가 영혼의 내면에서부터 실질적으로 변화되었다. 모두가 사랑과 희락과 화평과 인내와 자비와 양선과 충성과 온유와 절제가 흘러 넘치는 삶을 경험했다(갈 5:22-23을 보라). 모두가 자기만의 개성을 가진 사람들이었고 모두가 매우 다른 각도에서 영성 생활을 접했다. 이 책에서 우리는 이러한 다양한 각도를 '기독교적 헌신의 길'로 설명했다.

그 중에서 우리는 일곱 가지 길을 논의했다.

- 하나님을 향한 질서 있는 사랑으로서의 영성 생활
- 여정으로서의 영성 생활
- 타락으로 인해 잃어버린 하나님에 대한 지식 회복으로서의 영성 생활
- 예수 그리스도와의 친밀한 관계로서의 영성 생활
- 질서 있는 하나님 체험으로의 영성 생활
- 행동과 관상으로서의 영성 생활
- 영적 상승으로서의 영성 생활

이 '길들'은 물론 서로 배타적인 것이 아니다. 그 어떤 한 길도 그것은 '옳고' 나머지는 '틀린' 것이 아니다. 실제로 이 길은 서로 중첩되고 얽히고 뒤섞인다. 마찬가지로 우리도 인생의 여러 계절에 따라 이 길 혹은 저 길에 와 있음을 발견하게 될 것이다.

마음의 참 고향에 대한 갈망

따라서 보시다시피, 우리가 어떤 길에 서 있든, 어떤 단계의 영적 발전에 와 있든, 우리의 지식과 재능이 어느 정도이든, 그것은 사실 중요하지가 않다. 오직 한 가지만이 하나님과 함께하는 삶의 전진에 꼭 필요하다. 그 한 가지는 바로 우리의 마음과 혼과 뜻과 힘을 다해 이 삶을 "갈망하는 것", 그것뿐이다. 시편 42:1은 이와 같은 마음의 '갈망'을 표현하기 위해 강력한 이미지를 환기시키고 있다. 사슴이 흐르는 시냇물을 갈망하는 이미지를 제시하는 것이다. 이 이미지가 바로 헐떡거리고 목말라하며 하나님을 갈망하는 우리 영혼의 아이콘이라고 시편 기자는 말하고 있다.

여기에서 말하는 갈망은, 말하자면 스키 타러 가고 싶다거나 초콜릿 아이스크림이 먹고 싶다는 그런 식의 갈망이 아니다. 절대로 그렇지 않다. 이 갈망은 우리 존재의 핵심으로까지 깊이 내려가는 갈망이다. 이 갈망은 우리의 모든 감정과 욕구와 희망을 그러모아 하나님을 향한 단 하나의 위대한 동경으로 표출하는 갈망이다. 사실 이 갈망은 우리 마음이 자신의 참 고향을 찾도록 하나님이 심어 놓으신 갈망이다. 이 갈망은 우리가 이 책의 제목을 「하나님을 향한 갈망」이라고 붙였을 때 여러분에게 전달하고자 했던 갈망이다. 하나님이 만드신 이 갈망이 소음과 서두름과 군중을 넘어서 우리를 향해 외친다. 조용히, 끈질기게, 우리가 가장 소중하게 여기는 것들을 생각나게 해준다. 사랑스럽게, 긴급하게, 평화와 온전함과 긍정으로 우리를 부른다.

오, 친구여, 이와 같은 삶을 갈망하는가? 그런가? 완전한 마음의 순결을 바라는, 불타는 열망이 있는가? "마음이 청결한 자는 하나님을 볼 것"이라고 성경은 말한다(마 5:8). 게다가 우리가 하나님을 보게 되면 우리는 영혼이 가진 온 힘을 다해 마음의 순결을 간절히 원하게 된다. 하나님으로 흠뻑·젖은 삶에 대한 불타는 비전을 가질 수만 있다면! 천국의 사냥개가 찾고, 재촉하고, 강요하는 것을 실제로 경험할 수만 있다면! 토머스 켈리(Thomas Kelly)가 말한 "생명의 진짜 통밀 빵"을 드디어 먹을 때까지 우리를 놓지 않는 끈덕진 참된 갈망을 가질 수만 있다면! 사슴이 흐르는 시냇물을 갈구하듯 우리의 영혼은 하나님을, 살아 계신 하나님을 갈망한다.

당신이 갈망하는 것이 바로 이것인가? 내가 갈망하는 것이 바로 이것인가? 그렇다면 집으로, 우리가 원래 속한 집으로, 우리가 원래 살도록 창조된 그 집으로 오라고 하는 초대를 받아들이라. "내게로 오라"고, 살아 계신 그리스도는 말씀하신다. "수고하고 무거운 짐 진 자들아, 다 내게로 오라. 내가 너희를 쉬게 하리라. 나는 마음이 온유하고 겸손하니 나의 멍에를 메고 내게 배우라. 그러면 너희 마음이 쉼을 얻으리니, 이는 내 멍에는 쉽고 내 짐은 가벼움이라 하시니라"(마 11:28-30).

부록1

하나님과 함께하는 삶에 기독교 이전의 영성이 미친 영향

> "알지 못하는 신에게."
> 그런즉 너희가 알지도 못하고 위하는 그것을 내가 너희에게 알게 하리라.
> _성 바울, 사도행전 17:23

> 플라톤을 읽으면 그는 기독교 이전의 모든 철학자들 중에서 분명하게 히브리 성경에 나오는 성부와 성자를 제시하는 사람으로 보인다. 그리고 그의 글에는 확실히 삼위일체가 암시되어 있다고 나는 생각한다.
> _알렉산드리아의 클레멘트(Clement of Alexandria)

예수님이 태어나시기 오래 전부터 영원에 대한 갈망을 표출한 몇몇 사상적 갈래들이 있었는데, 그러한 갈래들은 "알지 못하는" 신에 대한 통찰을 주었다. 그러한 사상의 저자들은 하나님을 좀더 완전하게 이해하는 데 도움을 주었다. 기독교 이전의, 그리고 기독교 이외의 종교를 어떻게 받아들여야 하는지에 대해 우리가 언제나 확실하게 아는 것은 아니다. 그러나 성경 자체가 성경 이외의 글과 사람들도 하나님을 아는 지식에 기여한다고 가르친다. 바울은 때가 찼을 때 하나님이 자신의 아들을 보내셨다고 쓰고 있다 (갈 4:4). 성경은 예수님이 오시기 전에는 유대인과 비그리스도인들이 하나님에 대한 우리의 지식과 이해에 중요한 역할을 했다고 단언하고 있다. 페르시아 왕 고레스(대하 36장), 아닥사스다 왕(느 2장)

그리고 모압 여인 룻(룻 4장)은 이러한 점을 분명하게 보여 주는 단 세 가지 예에 불과하다. 네 번째 예이자 주목할 만한 예는 바울이 아테네인들을 칭찬하는 사도행전 17장에 나온다. 그는 아테네인들이 하나님을 부분적으로 발견했다고 칭찬한다.

이와 같은 여러 갈래의 사상은 한데 모아져 하나님에 대한 다양한 인상들을 만들어 내었지만, 그 어느 것도 유대인 역사의 주요 시기와 그리스 철학의 황금기보다 더 강력하게 이러한 목적에 기여한 것은 없다.

마찬가지로 기독교 공동체는 초기 시절에, 고급한 그리스 문화의 올바르고 타당한 용도에 대해, 하나님의 진리에 대한 일반 계시를 제공해 주는 데 있어 그리스 시인과 철학자가 갖는 정당성에 대해, 그리고 기독교 교리를 확립하고 구성하고 가르치는 데 있어 비기독교 문학의 역할에 대해, 큰 논쟁을 벌였다. 초기 신학자들은 그리스 사상을 구석구석 훑어보면서 기독교적 이해에 적절한 것이 무엇인지를 분별하고자 했다. 이 시기에는 세 가지 핵심적인 인생 철학이 초기 기독교 사상에 영향을 미쳤고, 오늘날까지도 일정한 역할을 하고 있다. 그 세 가지는 다음과 같다. (1) 가장 광범위하게 신봉되었던 철학인 스토아 철학, (2) 매우 영성화된 형태의 플라톤주의, 그리고 (3) 아리스토텔레스의 기독교화 된 철학.

섭리의 역할과 이성의 올바른 사용: 스토아 철학의 영향

스토아 철학은 초기 기독교 사상에 어마어마한 영향을 미쳤는데, 주로 두 가지 방향에서 영향을 미쳤다. 바로 섭리에 대한 관점과 이성이 정념과 감정을 훈련시킨다는 것을 강조한 관점이다. 이러한 영향은 현재까지도 계속되고 있으며 이러한 영향의 성격을 알고 나면 오늘날 우리의 삶에도 도움이 될 것이다.

초대 그리스도인 이전에 유대인들은 역사의 과정에서 하나님이 하시는 적극적인 역할, 심지어는 다른 민족의 역사에서도 하시는 역할을 강조함으로써, 하나님의 섭리를 역설했다. 그들은 하나님이 자기 민족의 어려운 시기에 개입하시는 것과 자기 민족이 신실하지 못할 때 심판하시는 것까지 포함해서, 신실하게 약속을 이행하시는 분임을 찬양했다.

그러나 스토아 철학자들은 섭리를 그런 식으로 생각하지 않았다. 그들이 생각하는 하나님의 섭리는, 이 우주의 놀라운 질서 속에, 모든 것이 서로 그토록 잘 들어맞는 이 우주의 방식에 분명하게 나타나 있는 것이었다. 이 우주는 전체적인 면에서나 개별적인 면에서나 선하다. 합리적이고 내재적인 단 하나의 원칙이 이 우주를 다스리고 있으며, 그 원칙이 모든 것에 활력을 불어넣고 방향을 지시한다. 이 원칙은 식물의 경우는 유기체로, 동물의 경우는 욕구로, 사람의 경우는 이성으로 나타난다. 그렇기 때문에 인간이 잘 살 수 있는 가능성은 인간 자신의 손에 달려 있다. 이 질서 잡힌 우주가 우리의 거주지이기 때문에 우리는 그 법칙의 지배를 받아야 한다. 도덕, 인간의 법칙, 그리고 관습은 기록되지 않은 자연의 법칙을 따라야 한다. 섭리에 대한 이와 같은 관점은, 역사의 과정에 개입해서, 우리에게 벌을 주거나 우리를 구원하시는 하나님이라는 유대교적 관점과는 달리, 우리가 잘 사는 데 필요한 모든 것을 하나님이 이미 제공해 주셨다고 본다. 그럼에도 불구하고 유대교 역시 나름대로 이 우주가 선하고 질서 잡혀 있다고 보았기 때문에 그리스도인 신학자들은 히브리적 관점의 역사로 하나님의 섭리에 대한 스토아 철학의 이해를 보완할 수 있었다.

스토아 철학의 경우 이성이 지배하는 삶이란, 우리가 이성을 사용해서 정념과 감정을 통제해야함을 의미했다. 이성의 인도를 받으면 우리는 자신의 진정한 본성을 깨닫고 열정의 지배로부터 자유로워진다. 그렇지 않으면, 즉 이성이 우리를 다스리게 하지 않으면, 우리는 열정의 노예가 되어서, 우리의 부를 파괴하고, 사회적 지위를 부식시키고, 심지어 우리의 생명까지도 가져가는 끔찍한 사건들을 해결할 수 없게 된다. 우리가 감정의 세력으로부터 자유로워지면 우리는 아파테이아라는 이상적인 상태에 도달할 수 있게 된다. 이 상태는 모든 생각, 열망, 행동이 제대로 질서를 잡는 존재의 상태다. 따라서 "이상적인" 현자는 모든 외적인 실재들에 철저하게 무관심하며, 동기를 부여하는 힘인 애정으로부터 완전히 자유로워진다.

초기의 사막 교부들은 스토아주의의 아파테이아라는 개념에 자극을 받아 기독교 영성의 금욕적 관습들을 만들어 냈다. 이집트 광야로 나간 수사들은 자신들이 하나님께 전적으로 헌신되어 있음을 증명하려면 예수님과 똑같은 방식으로 마귀를 거절해야 한다고 믿었다. 그들이 남긴 가장 풍성한 유산 중 하나는, 열정 혹은 여덟 가지 치명적 생각(탐식, 탐심, 탐욕, 자기 연민, 분노, 게으름, 허영, 교만)을 통제하기 위해서는, 예수님이 받았던 시험과 유혹에 우리를 직접 연결시켜 주는 시험과 유혹의 길을 따라야 한다는 가르침이다.

이 수사들에 의하면, 일단 우리가 회심하고 나면, 예수님이 세례를 받으신 후에 광야에서 유혹을 받으신 것처럼, 우리도 그러한 치명적인 생각들로부터 공격을 받는다. 파괴적인 욕구와 정념이 우리를 통제하려 든다. 그리고 하나님의 일을 방해해서 예수님이 우리에게 가르쳐 주신 대로 이웃이나 하나님을 사랑하지 못하게 만든다.

예를 들어, 탐욕이라는 치명적 생각에 대해 폰티쿠스의 에바그리우스는 이렇게 말했다.

> 물질을 필요로 하는 우리로서는 긴 노년, 즉 미래의 어느 시점엔가는 수작업도 하지 못하게 된다는 사실, 반드시 닥칠 기근, 우리가 걸리게 될 병, 가난의 고통, 다른 사람들에게 삶의 필수품을 받는 데서 오는 커다란 수치심, 그리고 그 외에 많은 것들에 대해 생각하게 된다. 그렇기 때문에 도움을 필요로 하는 다른 사람들에게 나누어 주도록 우리를 부추기는 힘, 우리 안에서 일하시는 성령이 자비로우시기 때문에 우리 안에 자발적으로 일어나는 그 힘이, 그러한 두려움 때문에 방해를 받고 심지어 질식해 죽게 된다.[1]

정념을 통제하는 일반적인 목적이 스토아 철학과 비슷할 뿐만 아니라 수사들은 심지어 스토아 철학의 용어인 아파테이아라는 단어까지 사용해서 자신들의 목표를 설명했다. 그러나 (아주 중요한

'그러나'이다) 수사들이 스토아 철학의 영향을 얼마나 받았든지, 그들에게는 매우 다른 목적이 있었다. 독립적이고 자율적이 되고자 했던 스토아 철학자들과는 달리, 수사들은 하나님을 따르기 위해 열정의 세력으로부터 벗어나기를 원했다. 그들의 경우 아파테이아라는 목표는 무정해지기 위해 추구한 목표가 아니라, 예수님이 자신의 추종자들에게 약속하신 복, 즉 마음의 순결을 얻어 자유롭게 방해받지 않고 사랑할 수 있기 위해 추구한 목표였다. 사실 자율성이라고 하는 스토아 철학의 목표는 그리스도인들이 보기에 교만이라는 치명적인 생각이었다.

하나님이 가장 사랑하신 기독교 이전의 철학자: 플라톤의 영향

두 번째로 중요한 기독교 이전의 영향은 바로 플라톤이다. 플라톤은 초기 그리스도인들에게, 하나님과 함께하는 우리 삶에 대한 가장 큰 두 가지 도전은 잘못 자리 잡은 욕망과 무질서한 사랑이라고 설명해 주었다. 매우 영성화된 플라톤주의는, 스토아 철학과 마찬가지로 초기 그리스도인들이 적대자들에 맞서서 스스로를 방어하기 위해 사용했던 사상이다. 이 신플라톤주의는 오늘날까지도 영향을 미치고 있다.

초대 그리스도인들은 플라톤이 여러 가지 면에서 자신들과 같은 견해를 가지고 있다고 말했다. 그는 예수님처럼 물질세계를 궁극적 실재의 중심으로 보지 않고 영원한 영역을 강조했다. 플라톤에게 있어서 그 영원한 영역은 궁극적 사상의 영역이었다. 그는 예수님처럼 이 세상이, 우리 자신보다 더 위대하고 우리의 이해를 초월하는 어떤 권세자의 작품이라고 생각했고, 이 세상은 우리의 고향도 아니고 우리의 궁극적 운명도 아니라고 강조했다. 플라톤은 유대인과 초대 그리스도인들처럼, 타락의 이야기도 갖고 있었다. 비록 그가 여러 가지 정도를 벗어난 생각들을 갖고 있기는 했지만(예를 들어, 영혼이 윤회한다는 믿음이나, 죽으면 영혼이 다른 육체로 이동한다는 생각, 그리고 결혼이 아니라 공동 생활을 강조한 것 등), 기독교 신학과 영성은 플라톤의 가장 강력한 몇몇 통찰들을 전유해서 사용했다.

플라톤이 수행한 작업의 핵심은, 우리가 언제나 욕망하지만 언제나 올바르게 욕망하지는 않는다는 것이다. 그렇다면 어떻게 해야 우리의 욕망이 올바로 만족되고 그럼으로써 우리 인생의 의미와 운명이 성취될 수 있는가? 예를 들어 「향연」(*The Symposium*)에서는 사랑이 영적인 힘으로서, 하늘과 땅 사이를 매개하는 고리가 된다. 사랑은 욕망을 일구어 낸다. 그 욕망은 지식을 갈망한다. 그럼으로써 이해로 이끈다. 그러나 잘못 자리 잡은 욕망 때문에 무질서해진 사랑은 지식과 이해를 파괴한다.

이러한 개념이 오늘날 우리에게 얼마나 중요한지, 여러분도 금세 알 수 있을 것이다. 잘못 자리 잡은 욕망 때문에 무질서해진 사랑은 인간의 영혼을 파멸시킨다. 우리는 먹을 음식과 입을 옷을 욕망한다. 우리는 성적 만족을 욕망한다. 우리는 공동체의 질적 향상에 자기만의 기여를 할 수 있기 위해 자신의 재능과 능력을 발휘하기를 욕망한다. 그러나 이러한 욕망들이 무질서해지면 우리는 잘못된 방식으로 그 욕망들을 충족시키려 든다. 원래의 의도에서 벗어난 욕망을 잘못 만족시키면, 인생의 의미와 목적을 만들어 내는 습관과 패턴에서 벗어나게 된다.

물론 욕망 자체는 악하지 않다. 적절한 욕망이 부적절하게 만족될 때 그것은 악이 된다. 그 결과는 파멸당한 영혼이다.

이러한 사상은 초기 기독교 영성에 막대한 영향을 미쳤다. 그 사상은 잘못 자리 잡은 욕망과 무질서한 사랑이, 하나님과 함께하는 우리 삶에 가장 큰 두 가지 도전이라는 것을 보여 준다. 플라톤의 「향연」의 핵심적 사상은, 사랑이 초월적 선을 갈망하는 더 깊은 욕망으로 우리를 이끄는 영이라는 것이다. 그리스도인의 경우, 사랑이 무너지면 하나님을 알고 섬기는 우리의 능력도 무너지게 된다.

또 다른 작업인 「파이드루스」(Phaedrus)에서는 이 주제가 더 확장된다. 몇몇 핵심 본문에서 플라톤은 영혼의 성격, 이성과 욕망 사이의 경쟁, 이성의 역할과 지혜와 통찰의 점진적 전개 등 향후 기독교 사상의 특징으로 자리 잡게 되는 주제들을 제시한다.

이성의 올바른 사용은 「파이드루스」에서 최고의 원칙이다.[2] 정신의 더 고상한 요소들은 우리를 인생의 가장 고귀한 상태로 인도한다. 그 상태에서는 영속성, 행복, 만족이, 쇠락케 하는 악의 무게를 극복하게 된다. 선함의 능력으로 악을 이기게 되면 우리는 자제력, 내적 평화, 그리고 지속적 만족을 얻게 된다. 그렇게 되면 우리는 욕망을 올바르게 만족시킬 수 있다.

「파이드루스」에 나오는 가장 유명한 구절 중 하나에서 플라톤은 말 두 마리와 전차 모는 한 사람의 유비를 사용해서 인간의 영혼에 대한 자신의 설명을 확장시킨다.[3] 여기에서 플라톤은 영성 생활에서 이성이 하는 역할을 보여 준다. 영성 생활에서 우리는 하나님에게 제대로 주의를 기울이기 위해 지성을 어떻게 적절하게 훈련시켜야 하는지를 배운다. 이때 이성은 하나님의 존재도, 지적 미덕의 신뢰성도 증명하지 못한다. 이성이 증명할 수 있는 것은 인간의 특정한 행동이 어떻게 인간의 욕망을 적절하게 혹은 부적절하게 만족시키느냐는 것이다.

「파이드루스」는 어떻게 '의지'(흰 말)와 '욕망'(검은 말)이 '이성'(전차 모는 사람)을 통해 억제될 수 있는지를 설명하고자 한다. 물론 그 함의는 이성이 최고이며, 이해력이 있다면 이성은 의지와 욕망을 인도해서 적절한 목적에 도달하게 할 수 있다는 것이다. 인간의 생명을 담고 있는 그릇으로서 전차는, 인간의 세 가지 힘 모두가 적절하게 조화를 이룰 때에만 자신의 목적에 도달할 수 있다.

마지막으로 「국가」(The Republic)에서 플라톤은 인간의 삶의 목표와 운명을 다루고 있다. 이 책에서 모든 것을 통합하는 핵심적인 주제는 '동굴의 비유'에 나타나는데, 이 비유에서는 인간의 변화 역동을 극적인 구호로 보고 있다. 이 이야기는 생각 없는 노예가 끝도 없고 의미도 없는 활동을 해야 하는 끔찍한 상태에서 살아가는 상황에서 출발한다. 모든 사람이 이러한 노예의 정신에 굴복하고 사는데, 어떤 대담한 한 사람이 생각을 하기 시작하고, 그러면서 그림자 이면에 있는 실재가 무엇인지를 밝혀 내기로 결심한다. 이러한 생각은 욕망을 불러일으키고, 이어서 그 욕망은 행동을 낳는다. 그 결과 그는 알고자 하는 욕망 때문에 동굴에서 생각 없는 존재로 살아가는 것을 그만두고 모든 실재의 궁극적 본성을 이해하려고 노력하게 된다. [이것이 바로 C. S. 루이스가 자신의 책, 「은의자」(The Silver Chair, 시공사 역간)에서 사용하는 이미지다.]

중요한 것은, 그리고 후대의 기독교 사상에 특히나 유용한 것은, 돌아섬 혹은 회심에서 시작되는 관점의 변화가 여기에서 강조되고 있다는 사실이다. 이러한 돌아섬의 과정이 진행되면서 지식과 이해는 더 깊어진다. 이것은 즉석에서 얻는 지식이 아니라, 점진적으로 깊어지는 지식이며 그러한 지식은 심오한 통찰을 얻게 해준다.[4)]

기독교 영성에서 플라톤의 사상이 갖는 의미는 세 가지 극적인 형태로 나타난다. 첫째, 돌아섬 혹은 회심의 사상은 기독교의 중추가 되는 사상이다. 이 사상과, 또 그 누구도 힘겨운 과정을 거치지 않고서는 하나님에 대한 온전한 지식을 얻지 못한다는 가르침은 서로 쌍을 이루어 수도원 영성의 전형적인 특징이 되었다. 플라톤의 두 번째 기여는, 이미 계몽된 사람이 이전의 상태로 돌아가서 다른 사람들로 하여금 그림자로부터 돌아서서 초월적 선의 실재와 만나도록 돕는 일이 얼마나 어려운지를 강조한 점이다. 일단 한 개인이 신적인 통찰과 조명의 경지에 올라서고 나면 다시 돌아가서 다른 사람들의 여정도 도와야 하는데, 그러한 의무는 엄격한 훈련과 기독교적 헌신을 통해서만 지켜질 수 있음을 초기 그리스도인들은 일찌감치 깨달았다. 마지막으로 영혼에 대한 플라톤의 관점은, 인간의 영혼이 갖고 있는 능력을 기억, 지성, 의지로 보는 관점에 영향을 미쳤다. 플라톤의 이 세 가지 기여는 이후의 서구 기독교 영성을 여러 세기동안 지배했다.

질서를 부여하는 습관과 지혜의 힘: 아리스토텔레스의 영향

플라톤 이후의 사상가들은 그가 처음으로 소개한 핵심 주제들을 확장시켰다. 그의 위대한 학생인 아리스토텔레스의 글을 보면 고삐 풀린 욕망의 무질서 대신에 질서를 부여하는 습관과 지혜의 힘이 등장한다. 플라톤을 제외하고는, 기독교 사상에 아리스토텔레스보다 더 큰 영향을 미친 비그리스도인은 없었다. 특히나 중요한 점은 아리스토텔레스가 습관을 강조했다는 사실인데, 그는 습관이 연마되는 방식, 미덕의 계발에서 습관이 하는 핵심적인 역할, 그리고 지혜를 얻는 데 있어서 미덕이 하는 역할을 강조했다.[5]

아리스토텔레스에게 영성 생활의 목표는 '부동의 동자'(unmoved mover)에 대한 영원한 관상이다. 이 목표에 도달하기 위해서는 반드시 미덕을 연마해야 한다. 미덕은 쉽게 얻을 수 있는 것이 아니지만, 두 개의 단계를 거치면서 상승한다. 첫째, 도덕적 품위는 우리의 육체적 욕구를 지도해 그것이 올바른 방식으로 만족되게 한다. 그렇게 우리의 육체적 욕망을 만족시키고 나면 우리는 더 높은 수준에 있는 정신적 활동에 집중할 수 있게 된다. 습관과 미덕은 인간 성품의 두 가지 요소다. 우리의 욕망이 만족되지 않고 도덕적 미덕이 계발되지 않으면, 생각하는 능력과 지적 미덕을 계발할 수 없다. 지적 미덕의 토대는 도덕적 미덕이 육체의 욕망을 통제하고 올바른 통로를 통해 그 욕망을 만족시키는 것이다. 더 나아가 미덕은 우리의 삶이 제 기능을 발휘하기 위해 우리가 의지할 수 있는 좋은 습관으로도 이해된다.

비록 아리스토텔레스가 미친 영향은 토마스 아퀴나스가 등장하는 13세기가 되어서야 온전히 드러나게 되지만, 지혜와 습관에 대한 그의 가르침과 그것이 초기 기독교 영성에 미친 영향은 어마어마하다. 습관은 인간의 삶에 질서를 잡아 줌으로써 인간의 본질적 욕망을 만족시키고자 한다. 좋은 습관이 없다면 인간의 갈망을 인간의 삶의 목표와 운명에 부합되게 만족시킬 수가 없다. 습관은 우리의 일차적 본성만큼이나 강력한 이차적 본성이 되어서, 잘못 자리 잡은 욕망의 혼란을 제어하는 데 도움을 준다. 만약 건전한 도덕적 습관을 발전시키지 않는다면, 우리는 지혜를 연마하고 우리를 하나님에게로 이끌어 주는 지적인 습관들을 발전시킬 수 없다.

하나님에게로 이끄는 지혜롭고 올바른 생각들을 발전시키는 이 두 번째 양상은 우리의 습관이 얼마나 강력한지를 측정하는 척도가 된다. 하나님에게 집중하는 인간의 정신적 능력은 잠잠히 있을 수 있는 인간의 능력과 직접 연결되어 있다. 우리의 열정이 잠잠히 있지 않는다면 우리는 혼란에 빠지게 되고, 하나님에게 집중하는 우리의 능력도 혼란에 빠지게 된다.

아리스토텔레스는 자신보다 앞선 플라톤처럼 엄청난 양의 글을 썼고, 그의 글들은 서구 문명에 긴 그림자를 드리우고 있다. 습관의 지위를 높여 주고 지적 미덕을 연마하기 위해 도덕적 미덕을 발전시켜야 하는 필요성을 강조한 그의 역할은, 기독교 영성에 지속적인 기여를 하는 토대가 되었다.

단 하나의 고정된 지점을 향한 탐색: 성경

초기 그리스 철학의 몇몇 갈래의 영향을 받은 것에 덧붙여서 초대 그리스도인들은 자신들의 유대교 유산에 크게 의지했다. 특히나 큰 영향을 미친 것은 히브리 성경이었는데, 히브리 성경은 공동체를 형성하고 공동체에 권위를 가지는 텍스트로서 핵심적인 역할을 했다. 이와 같은 발전은 초기 그리스도인들에게 절대적으로 필요한 것이었고, 오늘날 우리에게도 마찬가지다.

땅과 첫 성전을 잃은 후 유대인들은 개인과 공동체가 어떻게 하나님을 찾을 수 있는지에 대해 절실하게 의문을 던졌다. 여러 가지 발전 경로를 통해 유대인들과 초대 그리스도인들은, 특정 장소나 시간을 벗어나서도 하나님을 체험할 수 있다는 놀라운 통찰을 얻게 되었다.[6]

고정된 시간과 특정한 장소에서 초점이 벗어나자 유대인들과 초대 그리스도인들은, 하나님에 대한 자신들의 이해와 경험을 안내해 줄 수 있는 고정된 하나의 지점으로서 성경 본문과 그 본문에 대한 자신들의 해석에 초점을 맞추었다. 이러한 맥락에서 하나님의 뜻을 전달하는 성경은 매우 중요한 자리를 차지하게 된다. 그 결과 초대 그리스도인들은 성경의 권위를 받아들였고 기록된 본문에 숨겨져 있는 더 깊은 영적인 의미를 포착했다.

예수님 당시의 유대교 신비 사상은, 고대 유대교의 가르침과 플라톤의 관상적 이상 모두와 일치하는 주제들을 확장시킨다. 그 사상에는 다음과 같은 것들이 포함되어 있다. 한 분이신 초월적인 하나님, 섭리에 의해 지배되는 우주, 규명할 수 있는 도덕적 질서,

모든 생명의 궁극적 토대는 이생을 초월해 있다는 생각, 그리고 살면서 우리가 하는 일상적 경험들은 우리의 존재를 초월하는 궁극적 실재의 영향을 받는다는 생각 등이다.[7]

이러한 맥락에서 유대교의 석의는, 기록된 하나님의 말씀이 하나님의 완전한 뜻을 계시한다고 가르친다. 따라서 성경은 하나님과 함께하는 삶으로 우리를 각성시키는 매우 중요한 역할을 한다. 마찬가지로 이러한 맥락에서 플라톤과 그리스의 관상적 전통이 가지고 있던 부분적이고 불완전한 이해는 더 큰 중요성을 지니게 된다. 기록된 성경이 그리스 철학과 결합해서 모든 진리와 가치의 통합적 중심을 형성하게 되기 때문이다.

초기 단계에서 이와 같은 결합을 완벽하게 구현해 낸 사람은 바로 필로(Philo, B.C. 20-A.D. 50)다. 그는 알렉산드리아 출신의 유대인으로서 그리스의 관상적 이상과 히브리 성경의 유일신 신앙을 종합했다. 필로는 플라톤이 규명한 실재의 단계들을 사용하면서도 자기만의 독특한 이해를 소개했는데, 우리가 하나님을 추구하는 과정은 육체, 지성, 영혼의 단계를 지나면서 전진한다고 주장했다. 예를 들어, 그는 성경을 풍유적으로 더 깊이 읽을 것을 강조하면서, 하나님을 알고 경험하는 데 언어 형태가 어떻게 도움이 되는지를 이해하게 해준다. 그러나 필로에게 있어서 가장 큰 결함이자 초대 그리스도인들이 대항하고자 애썼던 결함은, 하나님과 함께하는 삶을 이루어 가고 양육하는 환경으로서 안정적인 공동체의 중요성을 충분히 인식하지 못한 점이다.[8]

유다의 몰락: 첫 성전의 붕괴와 성경의 지위 상승

초기 기독교 영성의 발전에서 성경이 한 역할은 중요하고 전설적이기까지 하다. 바벨론 유수기(B.C. 6세기) 이후 유대인의 자의식은 두 가지 중요한 변화를 겪었다. 첫째, 성전의 상실로 유대인들은 하나님과 만날 수 있는 다른 길을 찾을 수밖에 없었다. 그리고 이러한 상실에 이어서 성경의 정확한 해석이 강조되기 시작했다. 이러한 두 가지 변화 때문에 예수님을 따랐던 가장 초기의 추종자들은 오늘날까지도 지속되는 우선 순위들을 제시하게 되었다. 이 우선 순위들 중에서도 가장 핵심이 되는 것은, 성경이 모든 신자들을 형성해 주고 그들에 대해 권위를 가진다는 것이다. 성경을 읽으면서 하나님의 성령으로부터 인도를 구할 때 신자는 성경의 더 깊은 의미를 (성경의 천상적인 혹은 풍유적인 의미를) 분명하게 이해하게 된다.[9]

핵심이자 통합하는 힘으로서의 예수님

유대교 신앙과 그리스 철학이 충돌하는 이러한 모판에서 예수님은 모든 기독교 영성의 핵심이자 그것을 통합하는 힘이 되신다. 그리스도인이 된다는 것 그리고 하나님에 대한 친밀한 지식을 얻는다는 것의 중심은 예수님의 생애와 사역이다. 신약성경에 등장하는 증인들의 진정성을 침해하려는 일부의 노력에도 불구하고, 그리스도의 생애에 대한 기록(복음서)과 그 사건들에 대한 해석(서신서)은, 신자들이 영성 생활에서 자신의 성장 정도를 측정하는 기준이 되었다. 이 첫 공동체들은 예수 그리스도에 대한 살아 있는 증언을 중심으로 형성되었고, 그 공동체들은 이후의 모든 세대에 예수님의 현존을 효과적으로 전했다.

예수님의 생애는, 이 세상에 살면서 하나님에 대한 사랑을 완성한 최고의 모범이다. 기독교 공동체를 통해 예수님이 하시는 일은, 모든 세대의 그리스도인들이 하나님과 함께하는 삶으로 들어오게 하는 것이다. 우리는 그러한 삶을 갈망하고 추구한다. 신앙 공동체에 지속적으로 참여할 때 우리는, 예수님의 생애와 동일시함으로써 그리고 하나님이 의도하시는 완전한 사랑과 거룩함을 우리 삶에 구현함으로써, 영성 생활의 진전을 경험하게 된다.

직접적인 영향: 베드로, 바울, 요한

예수님의 첫 제자들이 기록한 증언을 통해 사람들은 더욱더 예수님의 삶에 초점을 맞추게 된다. 초기 신약성경 저작들에서 베드로, 바울, 요한은 그리스도의 생애의 의미를 초대 그리스도인들에게 해석해 주기 시작했다. 초대 그리스도인들은 그리스도의 생애를 모범 삼아 자신들의 삶을 살아가고자 했고, 그들의 그러한 삶에서 하나님과 함께하는 삶에 대한 아주 초기의 모습과 개념이 형성되었다. 초대 그리스도인들은 교회의 관심사와 성례전을 결합시켜서 향후 12세기 동안 기독교 영성을 지배하게 될 성경 해석을 실천했다.

이러한 맥락에서 보자면 성경 읽기의 목표는, 원래의 신약성경 저자들이 담아낸 그리스도의 의식을 재창조하는 것이 된다. 성경을 읽고 묵상하고 기도함으로써, 그리고 이 활동의 기초를 예배하는 공동체라고 하는 더 큰 맥락에 둠으로써, 신자들은 예수 그리스도의 삶과 사역을 이해하게 되고 이러한 이해를 자신들의 삶에서 전유하게 된다. 따라서 기독교 영성의 목표는 기록된 말씀 안에 현존하시고 활동하시는 하나님을 찾는 것이다.

공관복음(마태, 마가, 누가)이 보여 주는 예수님의 삶 이외에, 기독교 영성의 형성과 힘에 중요한 역할을 하는 것이 신약성경에 두 군데 더 있다. 바로 바울과 요한의 저작들인데, 두 사람 모두 하나님과 우리의 신비로운 연합에 대한 기독교적 이해를 구성하는 역할을 한다.

바울의 글 전체가 관상을 강조하고 있으며, 관상이 하나님의 형상을 우리 안에 완성시켜 주는 방식을 강조하고 있다(행 9장: 고전 12:12: 고후 3:17-18: 12:1-6). 이러한 완성의 핵심에는 우리의 삶을 예수 그리스도와 아주 밀접하게 동일시해서 우리 자신이 그리스도와 같아지게 한다는 목표가 있다. 이러한 과정을 부연하기 위해 바울은 "그리스도 안에서"라는 문구를 164번이나 사용하고 있으며, 그럼으로써 그리스도를 닮으려면 우리의 삶이 그리스도와 연합해야한다는 사실을 중점적으로 강조하고 있다.[10]

사도 요한은 바울의 관점을 연장시키면서 예수님을 모든 인생의 계몽자로서 중심에 두는데, 우리가 그리스도 안에서 살 때 어떻게 그러한 새로운 단계의 이해에 도달하게 되는지를 보여 준다. 자신의 글 전체에서 요한은 예수 그리스도 안에서 갖는 우리의 정체성이 어떻게 하나님과의 즉각적인 정체성으로 이어지는지를 계속해서 보여 주고 있다. 이러한 맥락에서 볼 때 그리스도인의 삶의 목표는 단순히 그리스도의 행동을 모방하는 것이 아니라 인간의 모든 갈망을 채워 주는 하나님과의 연합 의식을 계발하는 것이 된다.

이처럼 초기 기독교의 영성 형성에 영향을 미친 사람들을 되돌아 볼 때, 우리는 이어지는 세대에서 어떻게 기독교적 삶이 시작되고 발전하며 궁극적인 의미에 도달하게 되는지를 이해할 수 있게 된다. 또한 기독교적 헌신의 매 단계에서 우리가 필요로 하는 지속적인 도움이 무엇인지를 바르게 판단하는 데에도 도움이 된다.

1세기 말에서 4세기, 즉 콘스탄티누스가 로마 제국을 정복하면서 사건들이 극적으로 전개되던 시기 사이에, 그리스도인들은 문명의 역사에서 가장 악독했던 것으로 기억되는 박해 가운데서 열 차례의 박해를 견뎌 냈다.[1] 비록 이와 같은 박해가 성행하다가 가라앉기는 했지만, 그것은 기독교 공동체와 로마 제국에 지울 수 없는 자국을 남겼다. 그 중에서 특별히 기억할 만한 결과는, 열정적인 추종자들을 모집해서 그들이 그리스도의 길을 가게 하는 것과 동시에 하나님과 함께하는 삶이 가지는 상관성과 현실성을 보여 주어야 할 필요가 생겼다는 것이다.

부록 2

여성 그리스도인과 영성

여성과 남성의 영적 삶에는 공통점과 차이점 모두가 있는 것으로 보인다. 때로 영성은, 형식을 갖춘 신학적 성찰보다 앞서서 경험하는 하나님과의 일차적인 체험을 의미하는 것으로 이해되기도 한다. 불과 얼마 전까지만 해도 대부분의 여성들은 교육을 받을 수가 없었다. 교육을 받은 여성들은 주로 부자나 귀족 출신이었으며, 그러한 가정에서는 재능 있는 아내와 딸들을 가르치기 위해 가정교사를 고용했다. 이러한 여성들은 놀라운 기여를 했지만, 많은 경우 자신들의 생각을 제대로 표현할 수 있는 지적인 준비도 되어 있지 않았고, 자신들의 성과물이 기꺼이 받아들여질 수 있는 사회적인 지위도 없었다. 그 결과 글을 쓸 수 있는 그들의 권위는, 공식적인 교육을 통해 얻은 지위나 교회로부터 허가를 받는 정상적인 과정에서 나오지 않고, 자신들이 했던 영적 체험의 진정성에서 나왔다.

우리가 살펴보게 될 많은 여성들은 교회의 역사가들에게 잘 알려진 사람들이다. 1900년 동안의 교회사에 속한 여성들은 거의 대부분 다섯 번째 길, 즉 하나님에 대한 우리의 경험의 바른 질서 잡기에 가장 잘 들어맞는다. 그들은 달리 방도가 없었다. 일곱 가지 길 전체에 골고루 기여한 그들의 업적을 보기 시작한 것은 아주 최근에 불과하다. 아래의 목록은 그러한 여성들을 빠짐없이 다 포함시키기보다는, 하나님과 함께한 자신들의 삶을 설득력 있게 증언한 많은 여성들에 대해 전반적으로 감을 잡게 하려는 의도에서 작성된 것이다. 각각의 경우 우리는 이 선하고 거룩한 여성들이 보여 준 독특한 신앙의 표현을 강조하고자 노력했다. 그들은 오늘날에도 우리의 길에 빛을 비추어 주며 하나님과 함께하는 우리의 삶을 안내해 준다.

성 포티니(Saint Photini, 50년경)

우물가에 있었던 사마리아 여인 포티니는 요한복음 4:5-42에서 예수님이 주시는 물을 받은 여인으로 처음 등장한다. 오순절에 포티니는 다섯 자매와 자신의 두 아들과 함께 세례를 받았다. 그는 예수님이 동료들과 함께 로마로 가라고 지시하는 꿈을 꾸고는 선교사의 삶을 살기 시작했다. 로마에서 그는 매우 담대하게 그리스도를 전파한 바람에 상당한 소란을 불러일으켰다. 그의 담대한 발언은 지나치게 주목을 받았고, 그 결과 네로가 자신을 수소문하고 있다는 소식을 들었으나 그는 대담하게도 아들과 함께 먼저 네로를 찾아갔다. 포티니는 네로에게 말했다. "그리스도를 믿도록 당신을 가르치러 왔습니다." 네로는 포티니에게 그들이 모두 그 나사렛 사람을 위해 죽기로 합의했느냐고 물었고, 포티니는 자신들은 기쁘게 죽을 것이라고 담대하게 말했다. 그는 아들들과 함께 매질을 당하고 감옥에 갇혔다. 나중에 그들은 다시 네로 앞으로 불려 왔고 네로는 그들을 부와 많은 금으로 유혹했다. 네로는 자신의 딸 돔니나(Domnina)와 딸의 여자 노예들을 시켜서 포티니와 그의 아들들이 부를 위해 신앙을 버리도록 설득했다.

그러나 포티니는 돔니나와 그의 일백 여자 노예들에게 기독교 교의를 가르치고 그들 모두에게 세례를 주었다. 그러자 네로의 딸은 포티니와 그 아들들을 유혹하려 했던 금을 팔아서 그 돈을 가난한 자들에게 나누어 주라고 명령했다. 네로는 격노했고 그들 모두를 화형에 처하라고 명령했다. 전설에 의하면 불로도 그들을 해할 수 없었고 독으로도 그들을 해할 수 없었다고 한다. 성 포티니를 제외한 모든 사람이 참수형을 당했다. 포티니의 죽음에 대한 기록은 없다. 그러나 그가 '생수'를 마셨기 때문에 감옥에서 찬송을 부르고 하나님을 찬미한 것으로 알려져 있다.

헬리오폴리스의 성 유도키아(Saint Eudokia of Heliopolis, 107년 사망)

헬리오폴리스의 유도키아는 그리스도의 신실한 추종자가 된 사마리아 여인이다. 금욕적인 수녀로서 그는 레바논의 바알베크(Baalbeck) 근처에 있는 자신의 수도원을 찾아온 많은 사람들 도왔다. 그의 영향으로 많은 사람들이 기독교로 개종했기 때문에 그는 당국의 주목을 받았고 그 결과 107년에 참수형을 당했다.

성 타티아나(Saint Tatiana, 200년경)

가족의 재산에 무관심했던 타티아나는 기도와 선한 행실을 포함해서 영성 생활을 무척 좋아하게 되었다. 그는 병든 자를 돌보고, 감옥을 방문하고, 가난한 자를 도왔다. 로마의 혹정 아래서 그는 사자밥이 되도록 콜로세움 경기장에 던져졌다. 그러나 그는 사자를 쓰다듬으며 달랬고 사자는 그를 내버려 두었다. 그래서 그는 다시 고문을 받고 참수형을 당했다.

로마의 여집사, 크세니아(Xenia, Deaconess of Rome, 220년경)

로마의 여집사였던 크세니아는 비록 로마 원로원의 딸이었지만 금욕주의자로 살기로 결심하고 처녀들의 공동체를 이끌었다. 그는 영성 생활, 자선, 겸손, 미덕으로 유명했다. 전설에 의하면 그는 종종 서서 기도하고 금식하며 여러 낮과 밤을 보냈다고 한다. 그가 죽었을 때 별들이 화관 모양을 이루며 그의 수도원 위에 나타났는데, 태양보다도 더 밝게 빛났다고 한다.

이집트의 성 마리아(Saint Mary of Egypt, 344-421년경)

이집트의 성 마리아는 17년 동안 창녀로 살다가 성 십자가 고양 축제(Feast of the Exaltation of the Holy Cross) 때 예루살렘에 가게 되었다. 십자가가 달려 있는 교회에 이르렀을 때 그는 그 안으로 들어갈 수가 없었다. 어떤 힘이 그를 밀어내고 있었기 때문이다. 교회 마당에서 그는 허랑방탕하게 살았던 자신의 삶이 수치스러워 견딜 수가 없었다. 회개의 기도를 드린 후에야 마리아는 교회 안으로 들어갈 수 있었고, 거기에서 그는 자신의 진로에 대한 인도를 구하며 다시 기도했다. 어떤 음성이 그에게 이 세상에 등을 돌리고 요단강을 건너라고 말해 주었다. 전설에 의하면 그는 사막에서 혼자 살면서 기도와 감사에 전념했다고 한다. 그에게 성례전을 베풀었던 사제들은 그가 자신들을 영접하기 위해 요단강을 건넜는데 발이 젖지 않았다고 주장했다. 마리아의 미덕과 헌신에 대한 다른 많은 이야기들이 전설로 전해지고 있다. 그는 또한 창녀들이 신앙을 가지면 어떤 상황에 처하게 되는지를 가장 잘 보여 주는 예이기도 하다. 그들은 남편이 없고 가족으로부터도 버림받았기 때문에 갈 곳이 없었고, 그래서 공동체를 필요로 했다. 그 결과 그들은 하나님과 함께하는 삶을 추구하면서 육체적인 필요도 채울 수 있는, 수녀원 비슷한 공동체를 세우는 것이 가장 좋다는 것을 알게 되었다.

빙엔의 성 힐데가르트(Saint Hildegard of Bingen, 1098-1179)

빙엔의 힐데가르트는 천재적인 여성이었으며 일부에서는 독일 신비주의의 부흥을 촉발시킨 사람으로 여겨지고 있다. 그는 어렸을 때부터 환상을 보았다는 말을 했고 일곱 살에 베네딕트회에 보내졌다. 힐데가르트는 집안에서 열 번째 자녀로 태어났기 때문에 그의 가족은 그것을 십일조로 여겼다. 힐데가르트가 서른여덟 살이 되었을 때는 이미 수도원의 대수녀원장이 되어 있었다.

힐데가르트는 의학 및 과학 논문, 시, 음악, 희곡을 썼으며, 자신의 환상을 명쾌하게 하기 위해 그림도 그렸다. 베네딕트회의 보호 아래 그는 지적인 성장과 발전을 할 수 있었다. 그의 환상과 글 일부는 권력의 자리에 있는 사람들을 비판하는 것이었고, 그는 그들을 두려워하지 않았다. 그 후 성숙해지고 자신감이 커지면서 그는 자신이 하나님을 대변하는 역할을 한다고 보았고, 구원의 과정에서 자신의 역할은 주변 사람들과 공유하면서 그들의 영적 상승을 강화시키는 것이라고 생각했다. 그는 자신의 환상을 결코 자기만을 위한 것이라고 생각하지 않았고, 아주 멀리 있는 사람들에게까지도 전해야 하는 선물처럼 여겼다. 자신의 글에서 그는 아주 자세하게 자신의 환상을 묘사했고 그 의미에 대한 평을 달았다. 때로 그 환상에는 천사들이 부르는 노래도 들어 있었다. 그는 자신의 환상에는 여러 겹의 의미가 있다고 설명했는데, (성경 해석처럼) 문자적·도덕적·풍유적·유비적 의미가 있어서 성경의 네 겹의 의미를 연상시킨다고 했다.

힐데가르트가 쓴 글 중에는 다음의 세 권의 책이 있다. 「스키비아스」(Scivias), 「인생의 공적에 대한 책」(The Book of Life's Merits) 그리고 「신적인 일들에 대한 책」(The Book of Divine Works)이다.

쉬나우의 성 엘리자베스(Saint Elisabeth of Schonau, 1129-1165년경)

쉬나우의 엘리자베스는 12살 때 베네딕트회에 들어갔다. 어려서부터 그는 「성 베네딕트의 규칙」을 따랐고 당시에는 당연하게 여겨졌던 고행을 실천했다. 스무 살 무렵 그는 여러 가지 종류의 황홀경과 환상을 경험했다. 그러한 일들은 일요일이나 성일 혹은 성자들의 삶에 대한 글을 읽고 난 후에 일어나는 듯했다. 때로 엘리자베스는 성경의 다른 장면들뿐만 아니라 그리스도의 수난, 부활, 승천이 재현되는 것을 보기도 했다. 그는 윗사람들의 지시에 따라서 자신이 보고 들은 것을 쓰기 시작했다. 그러한 글들이 발전해서 '환상'에 대한 세 권의 책이 탄생했는데, 첫 번째 책은 단순했고 나머지 두 권은 신학적 용어들도 가미가 되었다. 아마도 사제이자 자신의 오빠였던 에그버트(Egbert)와 협력해서 썼기 때문일 것이다.

"리베르 피아룸 데이"(*Liber viarum Dei*)라는 글에서 엘리자베스는 목회자를 포함해서 모든 계급의 사람들을 향해 말한다. 그는, 지도자로서 성실하지 못한 사제들을 향해, 가난의 서약을 가볍게 여기는 일부 수사들의 세속성에 대해, 평신도의 악함에 대해, 그리고 교회에 대한 책임을 제대로 이행하지 않는 주교들에 대해, 선지자적인 위협을 가한다. 그는 때로 과장된 것처럼 보이기도 하는 다른 계시들도 글로 남겼다. 교회는 한 번도 그의 글을 조사하거나 판단하지 않았으며, 비록 그의 이름 앞에 성인이라는 표현이 종종 붙기는 하지만 시성된 적은 없다.

놀라운 크리스티나(Christina the Astonishing, 1150-1224)

중세의 기록에 대해서는 의혹을 갖는 사람들이 많고, 특히 신비적인 현상과 대단한 금욕의 행위들에 대해서는 더욱더 의심하지만, 놀라운 크리스티나는 여전히 하나님과 함께하는 더 깊은 삶을 추구한 사람의 좋은 모범이다. 크리스티나의 전기를 쓴 캉탱프레의 토마스(Thomas of Cantimpre)는 크리스티나가 천국을 방문하고 나서, 죄의 용서를 받고 형벌을 면해야 한다는 것을 보여 주는 살아 있는 모범이 되기 위해 이 세상으로 돌아왔다고 주장했다. 동시에 그는 이미 부활해서 하나님을 계속해서 보는 즐거움을 누리는 사람으로 묘사가 되고 있다.

당시에는 흔한 관습이었기 때문에 크리스티나는 일반적인 참회의 행위를 했는데, 극단의 금욕주의(예를 들어, 음식 없이 지내는 것)와 믿기 힘든 과도한 행위들(예를 들어, 겨울에 며칠간 강에 들어가 서 있는 것), 그리고 다른 특이한 육체적인 도전들을 행했다. 그 어떤 일을 하더라도 그의 육체는 전혀 상하지 않았다. 금욕적인 행위와 더불어 그는 공중 부양을 하고, 놀라운 화음으로 천국의 노래를 부르고, 예언을 할 수 있었다는 주장이 있다.

아시시의 클레어(Clare of Assisi, 1193-1253)

죽은 지 2년 후에 클레어는 거룩한 삶과 폭넓은 영향력을 인정받아 교황 알렉산더 4세에 의해 (1255년에) 시성되었다. 1193년에 다섯 명의 자녀 중 셋째로 태어난 클레어는 비교적 부유하고 종교에도 관심이 많은 가정에서 자랐다. 그의 유년 시절에 대한 기록은 충분하지가 않지만, 1212년 3월 18일에 클레어는 아시시의 주교로부터 '종려나무 가지'를 받았다고 한다. 이것은 그가 기독교적 삶으로 들어섰고 순교에 의한 죽음에 이르기까지 그리스도를 따르기로 헌신했음을 상징하는 것이었다.

그의 인생은 여러 각도에서 볼 수 있지만, 그 중에서도 두드러지는 것은 그의 네 가지 기여다. 첫째, 그는 종교적인 삶을 위한 규칙 혹은 규율을 쓴 최초의 여성이었다. 그러나 그는 프란체스코와는 달리, 이 세상과 물리적으로 완전히 분리될 것을 강조했다. 그 결과 그는 영성 생활의 수단으로서 (프란체스코처럼) 참회를 강조한 것이 아니라, 철저한 가난을 강조했다. 마지막으로 그는 성화를 이루는 데 있어 종교 공동체의 역할을 강조했다.

비록 그가 글로 남긴 것은 많지 않지만[한 개의 규율집과 프라하의 복된 아네스(Blessed Agnes of Prague)에게 쓴 네 통의 편지가 전부다], 프란체스코 수도회의 영성에 대한 이해와 하나님과 함께하는 우리 삶에 대한 이해를 크게 향상시킨 놀라운 지성으로 기억되고 있다.

메히트힐트 폰 마게부르크(Mechthild von Magdeburg, 1207-1282)

메히트힐트 폰 막데부르크는 신비가이자 사회 비평가 그리고 예언자였다. 당시에는 여성이 그러한 재능을 가지고 있으면 이단이라고 보았다. 이 독일 여성은 예절 바른 가정 교육을 받았다. 열두 살부터 그는 종교적 환상을 보았다. 스물세 살에 집을 떠난 그는 베긴회(어떠한 인간의 권위 하에 있지 않은 평신도 종교 단체)에 들어갔고 나중에야 시토회(Cistercian) 수녀원에 들어갔다. 그가 속했던 베긴회는 가난, 순결, 기도, 몇몇 금욕적 실천들을 통해 복음에 부합하는 완벽한 삶을 살고자 노력했다. 그들이 가장 주력한 일은 사회 사업이었다.

번역된 그의 책, 「신성의 흐르는 빛」(The Flowing Light of the Godhead)은 내용이 정확하지 않을지도 모른다. 왜냐하면 중세 북부 독일어 방언으로 썼기 때문이다. 훗날 18세기의 학자들은 메히트힐트를 '낭만주의자'로 분류했다. 낭만주의는 계몽주의가 인간의 삶에서 풍성함과 다양함을 가져가 버렸다고 생각하는 운동의 일부다. 이러한 신비가들은 의심의 대상이었는데, 하나님과 인류를 연결시켜 주는 고리로서 교회가 반드시 필요하다는 교리에 반대하는 것처럼 보였기 때문이다. 물론 신비주의는 그 성격상 전능자를 직접 체험하고 직접 보고자 노력한다. 어떤 사람들은 그가 종교개혁의 선구자였다고 생각하기도 했다. 왜냐하면 일부 성직자의 도덕적 부패를 대담하게 비판했고 그의 일부 환상들이 교회의 쇠퇴에 대한 것이었기 때문이다.

비테르보의 로즈(Rose of Viterbo, 1233-1252)

비테르보의 로즈는 신앙의 역사 속에 있는 다른 많은 여성들처럼 깊은 영성을 지니고 있었고, 그 결과 교회와 사회가 요구하는 여성의 전통적인 역할을 따르지 않았다. 어릴 때부터 로즈는 매우 경건했고 기적을 행하는 능력을 가지고 있었다. 로즈가 가장 중요하게 초점을 맞춘 것은 기도와 설교였다. 초기에 그는 주로 바깥에서 여성들에게 설교를 하기 시작했다. 비록 설교할 자격이 있는 것은 아니었지만, 그는 십자가를 들고 이탈리아의 비테르보 거리를 걸으면서 따라오는 군중을 향해 덕스럽게 살라고 권고했다. 로즈는 또한 그들에게 풍성한 기도 생활을 하라고 촉구했고,

때로는 예언도 했다.

그는 프란체스코회의 제3회원(third-order Franciscan, 속세에 있으면서 수도회에 준하는 규칙에 따라서 사는 사람을 일컫는다 — 역주)이자 개혁가가 되었다. 그는 교회와 교리를 옹호하기는 했지만, 성직자에게 도덕적이고 거룩한 삶을 살라고 권고했다. 그가 사람들을 위해 기도하고 나면 치유가 되었다는 보고도 있으며, 특히 어떤 맹인 소녀를 위해 기도했는데 그 소녀는 시력을 회복했다. 한번은 길거리 설교 중에 그가 이교도와 논쟁을 벌이게 되었는데, 오랜 토론 끝에도 그 이교도는 신앙을 받아들이지 않았다. 절박해진 로즈는 화톳불에 자신을 던졌고 상처 하나 입지 않고 걸어 나왔다. 그것을 본 그 이교도는 신앙을 받아들이겠다고 선언했다. 그의 좋지 못한 평판과 설교 때문에 문제가 발생하기도 했으며, 사람들은 거리에서는 물론이고 여자는 아예 설교를 해서는 안 된다고 주장하면서 로즈와 그의 가족들을 도시 밖으로 쫓아냈다.

앤트워프의 하드위크(Hadewijch of Antwerp, 13세기 중반)

앤트워프의 하드위크는 네덜란드의 신비가이자 시인이었다. 귀족 가문에서 태어났고 교육을 잘 받은 그는 베긴회 수녀(자매회의 평신도 회원이라고도 한다)였다. 그가 쓴 글을 통해 조금씩 접할 수 있는 내용들을 제외하고는 그의 생애에 대해 별로 알려진 바가 없다. 그는 거룩한 신랑이신 그리스도와의 만남을 실제적이고 구체적으로 묘사한 것으로 유명했다. 무엇보다도 그는 사랑을, 황홀경과 기쁨으로 인도하는 최고의 주제로 보았다. 그는 "사랑은 정의되고 범주화되기보다는 다양한 분위기와 형식 가운데서 탐험되고 체험되어야 한다"고 주장했다.

그의 글 중에는 「편지」[Letters(Brevien)] 그리고 「스탠자로 쓴 시」(Poems in Stanzas)가 있다. 사랑에 대해 쓸 때 그는 사랑의 고급한 단계들을 묘사했는데, 끈과 사슬에서부터 빛(예를 들어, 계몽된 이성, 불 붙은 석탄, 혹은 어떻게 모든 모순된 태도들이 사랑의 광기에 불타고 소진되는지 등), 이슬(혹은 사랑의 불이 모든 것을 맹렬하게 다 태워 버리고 난 후에 남는 것), 그리고 살아 있는 샘(이것은 하나님과 지옥으로부터 끊임없이 흘러나오는 거대한 강으로서 사랑의 폭풍 가운데 길 잃은 자들의 공포를 뜻한다)으로 나아가는 단계들을 설명했다. 하드위크의 다른 글들은 자신이 본 환상을 거창하게 묘사하고 있는데, 현대의 독자들에게는 종종 꽤 이국적인 느낌을 준다.

스웨덴의 성 브리짓(Saint Bridget of Sweden, 1303-1373)

스웨덴의 유명한 성인인 브리짓은 부유하고 교양 있는 가정에서 태어났다. 그는 열세 살에 울프 구드마손(Ulf Gudmarson)과 결혼했고 두 사람은 여덟 명의 자녀를 두었다. 브리짓은 성스럽고 자비로운 삶으로 인해 전국적으로 유명했다. 브리짓의 남편은 아내와 순례 여행을 한 차례 다녀온 후 사망했다.

브리짓은 어렸을 때 영적인 환상을 보았는데 남편이 죽고 난 후에는 그런 환상을 더 자주 보기 시작했다. 그는 브리짓회라고도 불리는 성 구세주회(Order of St. Savior)를 설립했다. 그는 권위에 도전하는 것을 전혀 주저하지 않았고, 블란체 여왕(Queen Blance)에게 인생을 더 진지하게 받아들이라고 설득했다. 1350년에 그는 로마로 여행을 떠났는데, 그 여행은 당대의 도덕적 기풍을 향상시키는 자신의 사명을 이행하기 위한 목적도 있었다. 그는 자신이 받은 비전과 영감 때문에 영적인 문제들을 가지고 계속해서 교황들을 도전하고 충고할 수밖에 없었다. 브리짓은 내핍 생활을 하고 가난한 자와 병든 자를 돌보면서 로마에 몇 년간 머물렀다. 그는 친절함과 선한 일로 이탈리아에서 폭넓게 사랑받는 사람이 되었다. 또한 브리짓은 그리스도의 고난에 대한 계시의 책을 받아 적게 했다.

노리치의 줄리언(Julian of Norwich, 1342-1416)
다섯 번째 길을 보라.

시에나의 성 캐서린(Saint Catherine of Siena, 1347-1380년경)

일곱 살 때부터 시에나의 캐서린은 그리스도에 대한 환상을 보았고 그리스도께 헌신된 삶을 살기로 결심했다. 그는 성실하고 경건한 삶을 살기 시작했고, 열다섯 살이 되었을 때 결혼을 하지 않겠다고 가족들에게 선언했다. 가족과 함께 살기는 했지만 그는 하루 한 끼의 식사만 하면서 고독하고 금욕적인 삶을 살기 시작했다. 얼마 후 그는 도미니크회의 제3회원이 되었다.

캐서린은 환상을 보는 것과 금욕주의 그리고 가난하고 병든 자들을 인내하며 돌보는 일로 그 지역에서 유명했다. 그는 사람들을 하나님에게 가는 길로 인도하는 일로 하루를 보내는 경우가 많았다. 실제적인 일과 함께 그는 관상이나 황홀경에 빠지는 일 그리고 연구하는 일에 시간을 보냈다. 그가 하루 종일 기도하며 시간을 보낸다는 것과 때로 그 기도가 밤까지도 이어진다는 소문이 퍼졌다. 그는 자신을 찾아오는 사람들의 이름을 다 기억했고, 어떻게 그렇게 다 기억하느냐고 물으면 이렇게 대답했다. "하나님의 종이 헌신의 마음으로 가득하고 죄인들의 구원을 바라는 불타는 열망이 있으면, 그리고 영원하신 왕께 그녀가(자기 자신을 일컬음-역주) 기도하면, 왕은 그녀에게 정신의 눈으로 보상을 주시고 그녀는 그 눈을 가지고 자신이 기도하는 모든 사람을 보게 됩니다." 캐서린은 또한 성찬식을 하고 나면 황홀경을 경험했다. 얼굴에서 빛이 나고 환희의 말이 터져 나왔다. 플로렌스에 전염병이 창궐할 때 그는 병든 자를 돌보았고, 많은 사람들이 그의 중보 후에 치유를 받았다고 보고했다.

캐서린은 간혹 교회의 정치 문제에 연루되기도 했다. 하나님과 함께하는 삶에 대한 그의 주된 생각들은 그가 쓴 편지 외에도 영어로 번역되어 있는 「대화」(*Dialogues*)라는 책에 잘 나타나 있다.

마저리 켐프(Margery Kempe, 1373-1440)

열네 명의 자녀를 둔 어머니였던 마저리 켐프는 영국의 신비가였으며, 그의 자서전은 영국 문학을 통틀어 가장 초기에 쓰인 것 중 하나다. 단산하게 된 후에 그는 예루살렘이나 로마 같은 곳으로 일련의 순례 여행을 떠났다. 문맹이었던 그는 두 명의 서기에게 「마저리 켐프의 책」(*The Book of Margery Kempe*)을 받아 쓰게 했다. 이 책은 1940년에 현대 영어로 번역이 되었다. 이 책은 그의 영적 여정을 설명하고 있으며, 그가 경험한 종교적 황홀경-한바탕 우는 경우도 종종 있었다-도 묘사하고 있다.

문학적인 입장에서 보자면 그의 글은 자서전이기보다는 성인전으로 취급된다. 그는 자신을 성인으로 보았고 그에 맞게 자신의 삶과 비전을 설명했다. 이 책의 초점은 영적인 보고서인데, 종교적인 드라마와 예수님과 나누었던 대화의 기록, 그리고 그 외에 의문시될 수도 있는 다른 내용들이 기록되어 있다.

제노아의 성 캐서린(Saint Catherine of Genoa, 1447-1510)

제노아의 캐서린은 자신의 남편과 함께 이탈리아의 제노아에서 가난한 사람들과 함께 일하며 살았다. 그들은 상황이 안 좋을 때 재산을 잃었고 그 과정에서 캐서린은 관상적 삶으로 돌아섰다. 병원에서 일을 하던 중 남편이 사망했지만, 그는 계속해서 그 일을 했고 나중에는 그 병원의 수간호사가 되었다.

캐서린은 매우 깊은 영성을 가지고 있었기에 그의 노력과 개인적 삶은 사람들의 눈에 띄었다. 그의 글도 유명하지만 자선의 행위로 얻은 명성을 능가하지는 못한다. 가장 유명한 그의 책은 「삶과 가르침」(*Life and Teachings*) 그리고 「대화」(*Dialogues*)다. 이 책들은 하나님의 순수한 사랑에 대한 자신의 지식을 설명하고 있으며, 때로는 자아를 포기하면서까지 그 순수한 사랑을 받아들이고자 했던 노력에 대해 이야기하고 있다. 그는 이렇게 쓰고 있다. "빵 한 조각을 가져다가 먹어 보라.····그것의 실체는 당신 안으로 들어가서 몸에 영양분을 공급해 주고 나머지는 제거된다. 몸이 더 이상 필요로 하지 않기 때문이다. 몸은 빵보다 중요하다. 빵은 수단으로 창조되었지만, 영원히 우리와 함께 머무는 것은 아니다. 마찬가지로, 우리는 육체로부터 모든 악의 경향들을 제거해야 한다. 그것들은 우리 안에서 계속 살 수가 없다. 그것이 계속 살면, 우리가 죽기 때문이다"(「삶과 가르침」에서).

아빌라의 성 테레사(Saint Teresa of Avila, 1515-1582)
일곱 번째 길을 보라.

마가렛 펠 폭스(Margaret Fell Fox, 1614-1701)

마가렛 펠 폭스는 17세기 퀘이커 지도자 중에서도 가장 초기의, 그리고 가장 큰 영향을 미친 사람 중 하나였다. 원래는 토마스 펠(Thomas Fell) 판사와 결혼을 했으나 그가 사망하고(1658년) 11년이 지난 후에 퀘이커 운동의 창시자인 조지 폭스(George Fox)와 결혼했다. 조지 폭스의 사역은 마가렛을 영적으로 일깨웠다. 마가렛은 전설적인 용기, 박해에도 굴하지 않는 완강함, 그리고 심오한 그리스도인의 삶으로 가장 많이 기억되고 있다. 그는 또한 여성 설교권에 대해 가장 초기의 뛰어난 옹호 중 하나로 여겨지는 글을 썼는데, 바로 「여성의 말하기를 정당화하다」(*Women's Speaking Justified*)이다. 반대 앞에서도 그는 움츠러들지 않았고, 종교의 자유를 증진시키는 데 자신의 폭넓은 사회적 관계망을 사용했으며, 심지어 왕 앞에서 직접 자신의 용건을 이야기하기까지 했다. 그는, 주류 종교에 반대하는 종교 단체들이 모임을 갖고 자신들이 원하는 형식의 예배를 드릴 수 있는 권리를 보호하는 법률을 통과시키는 데 기여했다. 미덕과 거룩함을 보여 준 그의 삶, 그리고 누구나 하나님을 사랑하고 자신의 은사를 온전히 다 표현할 권리를 가졌다는 그의 신념은, 그가 남긴 대표적인 유산이다.

마담(쟌느-마리 부비에 드 라 모트) 귀용[Madame(Jeanne-Marie Bouvier de la Mothe) Guyon, 1648-1717]

마담 귀용은 어린 나이(16세)에 자신보다 스무 살 더 많은 남자(쟈끄 귀용, 38세)와 강제로 중매 결혼을 해야 했다. 30년 전쟁(1618-1648)이 끝나갈 무렵에 태어난 마담 귀용은 평생 동안 심하게 고통 받았는데, 그는 자주 아팠고 일찍 (28세에) 과부가 되었다. 프랑스 사회가 격변기를 지나고 있고, 로마 가톨릭 교회가 반격해 오던 시기에 대담한 종교적 실천들을 지지했던 그는 논쟁이 되는 인물이었다.

그의 책과 글은 모두, 그리스도를 직접 알 것과 하나님과 연합하기 위해 감각의 세계로부터 분리될 것을 강조하고 있다. 그는 모든 생각과 감정으로부터 자유로워지려고 애쓰면서 전적으로 그리고 완전하게 하나님에게 자기 자신을 내던지라고 요청한다. 그는 하나님과 전반성적(prereflexive) 관계를 갖고자 했는데, 그것은 위대한 신비가라면 누구나 추구하는 것이었다. 귀용은 자신이 입장을 이렇게 표현하고 있다. "내 것이었던 모든 것이 완전하게 박탈당함으로써 내외적으로 완벽하게 가난해지는 것. 나의 뜻을 주님의 뜻에 완벽하게 복종시키고 교회에도 복종하는 것."[1]

그는 또한 이성을 초월하는 기도의 삶을 옹호했다. "내가 말하는 기도는 마음에서 시작되는 기도가 아니라고 서둘러 말하고 싶습니다. 내가 말하는 기도는 마음에서 나오기는 하지만 인간의 사고로부터 방해를 받지 않는 기도입니다"라고 그는 말했다.

불행히도 그의 접근법은 균형을 잃었고 성인이 된 이후로 계속해서 반대와 심지어 박해를 받았다. 1688년에 이교 혐의로 감옥에 7개월간 갇혀 있었던 사건을 비롯한 여러 가지 상황을 통해 그는 프랑수와 페늘롱(François Fénelon)의 친구이자 대화 상대가 되었다. 그것을 계기로 마담 귀용은 정적주의 운동에 공식적으로 가담하게 되었고, 좀더 거리낌 없이 열렬하게 그 운동을 지지하게 되었다. 귀용에 대한 페늘롱의 반응은 복합적이었다. 그는 귀용의 일부 입장들의 독창성을 알아보고 인정했지만, 귀용의 전반적인 접근 방식과 다소 특이한 생각들 때문에 결국 귀용과 거리를 두게 되었다.

그의 작업들은 1704년에 네덜란드에서 출판되었다. 그의 생각은 인기를 얻었고 특히 영국과 독일의 경건주의자들이 좋아했다. 1717년에 사망한 그는 자신이 로마 가톨릭 교회의 확실한 회원이라고 생각했고 예수 그리스도의 열렬한 추종자라고 생각했다.

성 엘리자베스 안 세톤(Saint Elizabeth Ann Seton, 1774-1821)

근대 미국의 성인인 엘리자베스 안 세톤은 교육을 잘 받은, 결혼한 감독파 교회 교인이었다. 개신교도로 살았던 시절이 그의 영성 생활의 토대가 되었는데, 그는 열심히 성경을 읽었고, 전례에서 설교를 중요하게 여겼으며, 목회자에게 교리 지도를 열심히 받았다. 그러나 남편의 사망 후 그는 가톨릭 신자가 되었고 그 후로 16년을 더 살았다.

엘리자베스는 영성 생활의 모범으로서 아빌라의 테레사를 따랐다. 엘리자베스의 가장 큰 특징은 하나님에 대한 확신, 기도, 어떠한 상황에서든 기뻐함, 그리고 고통 가운데 있는 사람과 임종을 맞이한 사람에 대한 관심이었다. 하나님과의 관계에 대한 그의 갈망은 전능자에 대한 사랑과 성체성사에 대한 사랑에서 비롯되는 것이었다. 엘리자베스는 메릴랜드 볼티모어에 종교 공동체를 설립했고 여학생들을 위한 학교도 세웠다. 그 학교는 미국에 세워진 최초의 무상 가톨릭 학교였다. 그가 삶에서 겪은 세 가지 중대한 시험은, 회심에 대한 망설임, 종교 공동체의 우두머리가 된 것, 그리고 자기 딸의 죽음이었다. 그 시기 동안에 그는 결핵을 앓았지만, 계속해서 아이들과 자매들을 지도했고 두 개의 고아원과 또 하나의 학교를 세웠다. 그는 가톨릭교회가 시성한 최초의 미국인이었는데, 1975년 9월 14일에 시성되었고, 과부, 임종을 맞이한 자, 선생들의 수호 성인으로 여겨지고 있다.

엘리자베스 거니 프라이(Elizabeth Gurney Fry, 1780-1845)

엘리자베스 거니 프라이는 영국인 퀘이커 교도로서 사회적 지위가 높은 특권층 가정에서 태어났지만 성인기의 한창 때를 가난한 자와 억압당한 자를 도우며 보냈다. 그는 대가족 출신이었고

(열두 형제 중 넷째였다) 자신도 열한 명의 자녀를 낳았다. 1799년에 그는 깊은 영적 각성을 경험했고 엄격한 종교적 실천들을 받아들였다. 1813년에 스티븐 그럴렛(Stephen Grellet)의 영향 아래 그는 뉴게이트 교도소(Newgate Prison)를 방문했는데 여자와 아이들이 사는 환경을 보고 경악했다. 그래서 그들의 삶을 개선하기 위한 일들을 하기 시작했고 여자들을 노동 단위로 조직하고 아이들을 위한 학교를 세우는 일을 도왔다.

1818년에 그는 교도소 환경에 대해 하원에서 연설해 달라는 초청을 받았고, 그 이후 영어권 나라에서 사회 개혁의 상징이 되었다. 그의 이러한 노력은 다른 퀘이커 교도들에게도 도전이 되었고, 그리하여 노예제도 폐지, 미국 원주민의 권리 증진, 그리고 정신 병원의 환경 개선 등의 개혁들이 착수되었다.

한나 휘톨 스미스(Hannah Whitall Smith, 1832-1911)

필라델피아 출신의 퀘이커 교도, 한나 휘톨 스미스는 「행복한 삶을 사는 그리스도인의 비결」(*The Christian's Secret of a Happy Life*)이라는 책을 썼고, 이 책은 1870년에 출간된 이후 고전이 되었다. 퀘이커교의 단순성과 실제성의 관점에서 쓴 이 책은 더 즐겁고 보람 있는 삶을 살고 싶어하는 사람들에게 큰 격려가 되는 책이다. 스미스가 말하는 행복한 삶의 비결은 하나님의 약속을 무조건 신뢰하는 것이다. 그 신뢰를 통해 평균적인 남자와 여자는 자신들의 삶의 수준을 더 높은 단계의 정화로 끌어올릴 수 있다.

여기에서 묘사한 많은 여성들의 삶이 보여 주는 것처럼, 기독교적 섬김은 헌신된 그리스도인에게 자연스럽게 흘러 나오는 것 같다. 한나 스미스의 글은, 섬김은 종종 기쁨으로 시작해서 부담으로 끝난다는 사실을 일깨워 준다. 그러나 우리가 정말로 하나님의 뜻대로 하기를 원한다면, 그리고 그분의 뜻이 모든 신자들의 가슴 속에 새겨져 있다면, 진지한 그리스도인은 그분을 따르고 싶을 것이다. 다시 한 번 그가 조언하는 것은, 기독교적 섬김이 개인으로부터 흘러 나오려면 먼저 영적 기초가 세워져야 한다는 것이다. 따라서 한나는 그리스도를 섬기면서 완전한 기쁨을 맛보려면 우리의 뜻을 전부 그리스도께 넘기라고 촉구한다.

리지외의 성 테레즈(Saint Thérèse of Lisieux, 1873-1897)

리지외의 테레즈는 생애 내내 고통당했고 결국에는 결핵으로 사망했다. 어려서는 마리아 상이 자신을 보고 미소 짓자 순식간에 치유가 되었다고 주장했다. 테레즈는 열다섯 살에 카르멜회의 수녀가 되었다. 영성 생활이 진전되면서 그는 자신의 소명이 사랑이라고 선언했고, 그 소명은 예수님에 대한 그의 불타는 사랑을 통해 실현되었는데, 그는 지속적인 기도로 그 사랑을 표현했다. 테레즈의 표어는 "사랑은 오직 사랑에 의해서만 보상된다"였다. 그는 단순하고, 겸손하고, 신뢰하고, 기도했으며, 심지어 질병으로 고통당할 때조차도 그렇게 했다.

이 겸손한 여인은 성 테레즈의 '작은 길'로 알려진 미덕들을 실천했다. 이러한 생활 양식의 초점은 사랑과 하나님에 대한 신뢰를 삶의 중심으로 삼는 것이다. 24년을 살면서 그는 특이한 일은 하나도 하지 않았는데, 그것이 바로 이 여인의 독특한 특성이다. '현대적인' 성인으로서 그는 하나님께 헌신된, 사랑과 단순성의 삶을 보여 주는 위대한 모범이다. 건강이 악화되면서 그는 「한 영혼의 이야기」(*The Story of a Soul*)라는 자서전을 썼다. 그 책에서 그는 자신의 단순한 여정을 따르도록 사람들을 격려했다.

캐서린 부스(Catherine Booth, 1829-1890)

캐서린 부스는 사회의 악과 개인의 죄에 대해 열렬하게 반대하는 발언을 했고, 사회에서 가장 약한 자들을 변호하고 돌보았으며, 자신이 살던 시대의 사회 안에 존재하는 체계적인 악을 바로잡는 일에 영구적인 기여를 한, 경건하고 영적인 교회 여성들의 긴 역사 안에 서 있는 또 한 명의 여성이다. 캐서린은 영국 사람이었으며 기독교적 배경에서 자랐다. 그는 열두 살이 되었을 때 이미 성경을 여덟 번이나 통독했다! 열네 살이 되었을 때는 알코올 중독의 문제를 비난하는 글을 썼다.

스물세 살에 감리교 목사인 윌리엄 부스(William Booth)와 결혼했고 그와 함께 긴 사역을 시작했다. 시간이 지나면서 그들의 사역은 알코올과의 싸움에 초점이 맞추어졌고 그 결과 구세군이 설립되었다. 구세군은 처음에 영국에서 시작되어 전 세계로 뻗어나갔다. 윌리엄이 가난한 자들을 상대한 반면, 캐서린은 자신들의 일에 필요한 기금 마련을 위해 부자들을 상대했다.

캐서린 부스는 또한 페미니스트라고 불릴 수도 있다. 그는 그 단어의 의미를 제대로 실현했다. 런던에서 가난한 사람들을 위해 일하는 동안, 그는 같은 일을 하는 남자들보다 훨씬 더 적은 돈을 받으면서 장시간 동안 열악한 환경 가운데서 일하는 여성들과 아이들을 알게 되었다. 그는 구세군의 다른 사람들과 함께 고용주에게 망신을 주어서 작업 환경을 개선하게 만들고 여성들을 위해 더 나은 임금을 지불하게 만들려 했다.

캐서린은 또한 자신이 많은 사람들을 대상으로 하는 강연도 잘한다는 것을 알았다. 그의 설교는 기존 교회의 분노를 샀고 특히 그의 리더십을 부적절하게 생각했던 여성들의 분노를 샀다. 그러나 구세군에서는 그의 영향 때문에 여성들도 동등한 대우를 받았다. 그의 강연 능력과 가난한 사람들을 위한 활동은 매우 유능하고 영적인 여성이라는 명성을 그에게 안겨 주었다. 이번에도 마찬가지로, 한 경건한 여성의 영적 여정은 사회적 행동을 낳았고, 그 행동은 기독교적 자선의 증거가 되었다.

이블린 언더힐(Evelyn Underhill, 1875-1941)

이블린 언더힐은 근대의 유명한 영성 작가다. 이 탁월한 여성은 학문과 영적 통찰력을 결합시켰고 그의 글은 영성을 공부하는 사람들 사이에서 소중하게 여겨지고 있다. 대표적인 책으로는 「신비주의: 영적 의식의 성격과 계발에 대한 연구」(*Mysticism: A Study of the Nature and Development of Spiritual Consciousness*)가 있다. 이 책에서 그는 영성 생활을 인간과 하나님 사이의 심오한 영적 연애로 격상시키고 있다. 책은 두 개의 부분으로 나누어져 있다. 첫 번째 부분인 '신비적 사실'은 일곱 개의 장을 통해 신비적인 체험이라는 현상을 정의하고자 하는데, 특히 인간의 경험 전체와의 관계에서 그 체험을 정의하고자 한다. 두 번째 부분인 '신비적 길'에서는 동양과 서양의 글들을 모두 참조해서 신비적 체험과 관련된 역사적 증거에 대해 설명한다.

언더힐은 열정적으로 경건 생활을 실천했고, 따라서 자신의 경험과 통찰에서 비롯되는 글을 썼다. 많은 사람들이 영성 지도를 받기 위해 그를 찾아왔고, 그는 성공회 교인들 사이에서 리트릿 인도자로 널리 알려졌다.

시몬느 베이유(Simone Weil, 1909-1943)

프랑스의 철학자이자 사회 운동가 그리고 신비가였던 시몬느 베이유는 전통적인 기독교 신앙의 주변부에 머물렀다. 시몬느는 유대인 혈통이지만 불가지론자였던 집안에서 자랐다. 그의 아버지는 의사였다. 생애 내내 그는 두통, 축농증, 병약한 몸으로 고생했다. 시몬느는 사회적인 교류를 잘 하지 못했는데, 머리가 너무 좋았기 때문은 물론이고, 아마도 자신의 금욕적 생활 방식과 내성적인 성격 그리고 엉뚱함 때문이었을 것이다. 그는 당대의 많은 정치적 운동들에 적극적으로 가담했고, 통찰력을 가지고 그러한 운동들에 대한 글을 썼다.

1937년 봄, 아시시와 이탈리아를 방문하는 중에 그는 성 프란체스코가 기도했던 바로 그 교회에서 심오한 종교적 체험을 하게 된다. 그 체험 때문에 그는 생애 처음으로 기도를 하게 되었다. 그로부터 1년 후 그는 더 강력한 계시를 받았고 그 때 이후로 그의 글은 더 신비적이고 영적이 되었다. 비록 언제나 사회적·정치적 문제들에 초점을 맞추기는 했지만 말이다. 2차 대전 중에 그는 프랑스 레지스탕스에서 활발하게 활동했는데, 건강이 악화되어 결핵에 걸릴 정도로 열심을 내었다. 시몬느는 하나님에 대해 그리고 자신의 인생을 향한 하나님의 뜻에 대해 더 많은 것을 아는 일에 강박적으로 매달렸다. 한번은 어떤 신비적인 체험에 대해 "그리스도 자신이 내려와서 나를 데려갔다"고 주장하기까지 했다. 자신의 경험들 이후에 그는 나머지 생애를, 하나님의 뜻을 찾고 자신의 신비적 체험들이 가져오는 지적 결과들에 대해 글을 쓰는 데 보냈다고, 그의 전기 작가들은 말한다.

비록 그는 가톨릭에 끌렸지만 「하나님을 기다리다」(*Waiting for God*)에 그가 쓴 것처럼 생애의 마지막에 이를 때까지 세례받기를 거절했다. 이 책에서 그는 플라톤이 어떻게 기독교 신앙과 연관이 된다고 생각하는지 설명한다. 비록 자신은 기독교에 우선적으로 매력을 느낀다고 생각했지만, 그는 다른 종교에도 상당한 관심을 가졌다. 시몬느는 그런 다른 종교들도 더러는 하나님에게로 나갈 수 있는 길이 된다고 믿게 되었지만, 혼합주의는 철저하게 반대했다. 혼합주의는 개별 종교의 전통이 가지는 가치를 파괴할 것이라고 생각했기 때문이다.

도로시 데이(Dorothy Day, 1897-1980)

도로시 데이는 과거의 다른 많은 그리스도인들처럼 인생의 초기 시절을 다소 이교적으로 살았다. 그는 두 번의 사실혼 관계를 가졌고 한 차례 낙태를 했다. 자신의 딸 다말이 태어난 후에 그는 영적 여정과 각성을 시작했고 그 결과 로마 가톨릭 교도로서 기독교를 받아들이게 되었다. 그는 자신의 딸에게 먼저 세례를 받게 했는데, 그 이유는 다음과 같다. "내가 자주 헤맨 것처럼 내 딸도 헤매기를 원하지 않았기 때문이다. 나는 믿기를 바랐고 내 딸도 믿기를 바랐다. 그리고 만약에 교회에 속하는 것이 내 딸에게 하나님에 대한 신앙이라는 헤아릴 수 없이 귀한 은혜를 줄 수 있다면…그렇다면 내가 할 일은 내 딸이 가톨릭 신자로 세례 받게 하는 것이었다." 그러고서 자신도 서른 살에 세례를 받았다.

뉴욕시에 살면서 그는 가톨릭 노동자 운동(Catholic Worker movement)에 가담하게 되었고 그 운동은 1930년대의 혼란 속에서 중립과 평화주의의 길을 내었다. 그 운동은 뉴욕 빈민가에 있는 환대의 집으로 확장이 되었고, 이어서 공동 생활을 위한 일련의 농장으로까지 확장되었다. 2차 대전이 시작될 무렵에는 미국 전역과 십 개국에 그러한 공동체가 많이 세워져 있었다. 언젠가 도로시는 그리스도인이 아니라 공산주의자들이 가난한 자의 권리를 위해 행진하는 것을 보고 분개했다. "나는 특별 기도를 드렸다. 그 기도는 눈물과 고통의 기도가 되었다. 내가 가지고 있는 재능을 나의 동료 노동자들, 가난한 자들을 위해서 쓸 수 있는 길이 어떻게든 내게 열리게 해 달라는 기도였다."[3]

비록 데이가 사회적·경제적 권리에 대해서는 다소 진보적인 태도를 가지고 있었지만, 그는 여전히 정통에 속한 전통적인 의미의 가톨릭 도덕성과 경건성을 주장했다. 그는 1972년에 교황 요한 23세로부터 '파쳄 인 테리스'(*Pacem in Terris*, 이 땅에 평화) 상을 받았다. 1983년에는 그에 대한 성인 지위 인정 신청이 있었다.

마더 테레사(Mother Teresa, 1910-1997)

마케도니아라는 작은 나라에서 태어난 테레사는 20세기의 가장 유명한 그리스도인 여성 중 하나가 되었다. 다른 경건한 여성들과 마찬가지로 테레사는 아주 어렸을 때 하나님의 부르심을 받았다고 느꼈다. 그 부르심은 선교지로 가는 것이었다. 그는 열여덟 살에 로레토 자매회(Sisters of Loreto)에 들어갔고 스물한 살이 되었을 때는 이미 인도에 가 있었다. 그곳에서 그는 17년 동안 캘커타에 있는 성 마리아 고등학교에서 가르쳤다. 수녀원 밖에서 가난한 자와 고통받는 자를 섬겨야겠다고 생각한 그는 캘커타의 빈민가에서 일을 시작해도 된다는 허락을 받았다. 아이들을 위한 야외 학교가 그 시작이었다. 자원 봉사자들과 재정적 지원이 뒤따랐다. 마흔 살이 되었을 때 그는 자기 자신이 직접 수녀회를 시작할 수 있다는 허락을 받았고, 그 수녀회가 바로 사랑의 선교 수녀회(Missionaries of Charity)다.

그곳에 속한 수녀들은 우선 아무도 돌보지 않는 사람들을 돌보기 시작했는데, 주로 어떤 질병에 걸린 사람들이거나 에이즈 환자들이었다. 수녀회가 성장하고 전 세계로 퍼지자 그들은 '행동'에 관심이 있는 그룹과 '관상'에 관심이 있는 그룹 모두를 끌어안았다. 따라서 다양한 방식으로 하나님을 갈망하는 사람들이 그들과 함께할 수 있었다. 1990년에 이르렀을 때는 40개가 넘는 나라에 백만 명이 넘는 협력자들이 생겨났다. 마더 테레사는 1971년에 '교황 요한 23세 평화의 상'을, 그리고 1979년에 노벨 평화상을 받았다.[4]

이 유명한 여성의 인간적인 면모를 놓치지 않기 위해 덧붙이자면, 마더 테레사는 「와서 나의 빛이 되어 주오」(Come Be My Light)라는 개인 서간집에서, 자신은 수십 년 동안 영적인 메마름을 경험했고 하나님으로부터 단절된 느낌이 강했다고 밝혔다. 마더 테레사를 알았던 사람들은 그를, 하나님에게 기도하는 데 바쳐진 시간이 우리의 이웃을 효과적으로 그리고 사랑으로 섬기는 일에서 멀어지게 하지 않을 뿐만 아니라 사실은 그 섬김의 마르지 않는 근원임을 분명하게 보여 준 사람이라고 평가했다. 그가 영적 메마름의 시기를 견뎠다는 사실이 그가 거대한 영적 구렁텅이 빠졌음을 의미하는가? 십자가의 요한, 마르틴 루터, 그리고 오스왈드 챔버스도 그와 같은 영적 도전을 경험했다고 고백했다. 마더 테레사는 "어둠을 사랑하게 되었다"는 말로 그 긴 영적 메마름의 시기를 자신이 나중에는 받아들였음을 보여 주었다. 그러나 그는 결국 하나님의 은혜를 접하는 특별한 체험을 했고 그것을 통해 자기 인생의 사명을 재차 확인받은 것 같다. "말하기 전에 들어야 할 필요가 있다. 하나님은 마음이 잠잠할 때 말씀하시기 때문이다"라고 그는 말했다. 하나님과의 그러한 만남이 모든 의심과 혼란과 절망을 다 가져 갔는지는 여전히 분명하지가 않다. 분명한 것은 그가 결코 하나님을 사랑하고 인류를 섬기는 일을 멈춘 적이 없다는 사실이다.

더 읽을 것들

Armstrong, Christopher J. R. *Evelyn Underhill: An Introduction to her Life and Writings*. Grand Rapids: Eerdmans, 1975.

Bauerschmidt, Frederick Christian. *Julian of Norwich and the Mystical body Politics of Christ*. Notre Dame, Ind.: University of Notre Dame Press, 1999.

Beer, Frances. *Women and Mystical Experience in the Middle Ages*. Rochester, N. Y.: Boydell Press, 1992.

Chervin, Ronda De Sola. *Prayers of the Women Mystics*. Ann Arbor, Mich.: Servant, 1992.

Furlong, Monica. *Thérèse of Lisieux*. New York: Orbis, 1987.

Glasscoe, Marion, ed. *The Medieval Mystical Tradition in England*. Exeter Symposium IV. Suffolk: St. Edmundsbury Press, 1987.

Hindsley, Leonard P., ed. and trans. *Margaret Ebner: Major Works*. New York: Paulist, 1993.

Kelly, Ellin and Annabelle Melville, eds. *Elizabeth Seton: Selected Writings*. New York: Paulist, 1987.

Kienzle, Beverly Mayne, and Pamela J. Walker, eds. *Women Preachers and Prophets: Through Two Millennia of Chris-tianity*. Berkeley: Universtiy of California Press, 1998.

Lehmijork-Gardener, Maiju, et al., ed. and trans. *Dominican Penitent Women*. Classics of Western Spirituality. New York: Paulist, 2005.

Marshall, Sherrin. *Women in Reformation and Counter-Reformation Europe*. Bloomington: Indiana University Press, 1989.

Mazzoni, Cristina. *The Women in God's Kitchen*. New York: Continuum, 2007.

McLellan, David. *Simone Weil: Utopian Pessimist*. London: Macmillan, 1989.

McGinn, Bernard. *The Flowering of Mysticism: Men and Women in the New Mysticism-1200-1350*. Vol. 3 of The Presence of God: A History

of Western Christian Mysticism. New York: Crossroad. 1998.
Nava, Alexander. *The Mystical and Prophetic Thought of Simone Weil and Gustavo Gutiérrez: Reflections on the Mystery and Hiddenness of God.* New York: State University of New York Press, 2001.
Scott, David. *A Revolution of Love: The Meaning of Mother Teresa.* Chicago: Loyola Press, 2005.
Tobin, Frank. *Mechthild von Magdeburg: A Medieval Mystic in Modern Eyes.* Columbia, S. C.: Camden House, 1995.
Warren, Nancy Bradley. *Women of God and Arms: Female Spirituality and Political Conflict, 1380-1600.* Philadelphia: University of Pennsylvania Press, 2005.
Windeatt, Barry, ed. *English Mystics of the Middle Ages.* Surrey, U. K.: Cambridge University Press, 1994.

부록 3

동방 정교회의 기여

대부분의 사람들이 영성, 신비주의, 영적 형성의 분야에서 서구 기독교(로마 가톨릭, 성공회, 개신교)와 거기에 속한 성인들, 작가들, 신학자들, 지도자들을 더 친숙해하는 경향이 있다. 이 부록은 동방 교회인 정교회의 비옥한 전통과 위대한 지성들을 간략하게 소개하기 위해 썼다. 물론 초기 몇몇 인물들은 "분열 이전의 위대한 전통"(1054년 이전)에 속한 사람들이다. 동방의 초기 교회에는 뛰어난 신학자와 지도자들이 있었지만, 시간이 지나면서 동방 교회는 빛과 대립하는 어둠, 생명과 대립하는 죽음, 영혼과 대립하는 물질, 그리고 이성의 한계에 초점을 맞추면서 서구 교회와 더 분명하게 구분이 되었다. 또한 동방 교회는 매우 독창적이고 아름다운 이코노그래피(iconography, 도상학)의 신학을 보존했는데, 이코노그래피란 우리를 고양시키는 사물이나 예술 형태를 매개로 우리가 하나님의 현존을 경험하게 된다는 믿음이다.

예를 들어, 정교회는 이성을 통해 하나님을 아는 것의 한계를 인정한 파스칼의 견해에 동의할 것이다. 그들의 신학은 여전히 '하나님에 대해 아는 것'과 '하나님을 아는 것' 사이의 심오한 차이를 지적한다. 동방 교회는 이성에 대한 불신과 더불어 신비에 대한 경외감을 강조한다. 아리스토텔레스의 지적 유산에 매혹을 느끼고 관심을 갖는 서구 교회와는 달리 동방 교회는 신학자들이 무엇보다도 기도, 관상, 영성 훈련을 통해 먼저 하나님을 알고 하나님과의 친밀한 교제로부터 자신들의 신학을 쌓아가야 한다고 주장한다.

정교회는 또한 '여정으로서 영성 생활'(두 번째 길을 보라)에 깊이 동의한다. 그들은 우리의 구원을 여정으로 보는데, 그저 '구원받기'까지의 여정이 아니라 그리스도와 같아지는 목표를 향해 나아가는 동안 '계속해서' 구원받는 여정이라고 본다. 정교회가 영성 생활의 모든 면이 서로 연합되어 있다고 본다는 점을 지적해야 할 것이다. 교회의 전례에 참여하는 것과 신학을 분리할 수 없으며, 영성을 영적 형성과 헌신에서 분리해 낼 수 없다. 인생의 모든 면이 하나님을 위해 이행되는 성례전이다. 삼위일체 하나님의 통일성이라고 하는 정교회의 모델은 또한 기독교적 삶에 제시되는, 포괄성의 모델이기도 하다.

테베의 성 바울(Saint Paul of Thebes, 227-341년경)

테베의 바울은 어린 나이에 고아가 되었고 은자가 되어 동굴에서 90년이 넘게 살았다. 전통에 의하면 그가 쉬지 않고 기도했고 까마귀가 날라다 주는 대추야자와 빵만을 먹고 살았다고 한다. 위대한 성 안토니(St. Anthony the Great)는 환상에서 이 은자가 하나님의 위대한 종이며 자신이 그를 방문해야 한다는 음성을 들었다. 두 사람은 밤새도록 대화를 나누었고 안토니는 까마귀가 음식을 날라다 준다는 이야기를 들었다. 아침이 되자 까마귀가 두 사람이 먹을 양의 빵을 가져왔다.

바울은 안토니에게 자신이 곧 죽을 것이라는 사실을 안다며 아타나시우스에게 받은 겉옷을 가지고 돌아와서 그것을 입혀 자신을 묻어 달라고 했다. 안토니가 돌아왔을 때 그는 바울의 영혼이 천사들, 선지자들, 사도들에 둘러싸여 태양처럼 빛나는 상태로 하나님에게로 올라가는 것을 보았다. 안토니는 삽을 가져오는 것을 잊어버렸는데, 사자 두 마리가 광야에서 나타나 발톱으로 구덩이를 팠다. 그렇게 바울은 113세에 죽었다. 그는 위대한 일을 하지는 않았지만 초기의 수사들과 사막의 은자들은 그를 극단의 헌신을 한 사람의 모범으로 추앙했다.

위대한 성 안토니(Saint Anthony the Great, 251-356년경)

두 번째 길도 보라.

안토니는 '수도원 운동의 아버지'라고 불렸다. 비록 그러한 형태의 영성이 이미 팔레스타인과 이집트의 사막에서 실천이 되고 있었지만 말이다. 안토니는 이집트 사람으로, 부자 집안에 태어났다. 부모가 사망하자 그는 재산을 팔아 그 돈을 가난한 자들에게 주었고, 자신의 지위를 버린 채 또 다른 은자의 제자가 되었다. 말하자면 그는 외딴 사막 지역으로 물러나서 헌신과 기도에 전념한 초기의 금욕주의자였다.

안토니의 전기를 쓰면서 아타나시우스는 마귀가 안토니를 권태, 게으름, 공상으로 괴롭혔지만 안토니는 기도의 능력으로 그것을 극복했다고 주장했다. 또한 마귀가 안토니를 유혹하는 데 실패한 것에 너무도 화가 나서 말 그대로 그의 몸을 때리고 뱀과 야생동물의 환영을 보여 주며 그와 싸웠다고도 한다. 그러나 안토니는 경멸에 차 웃으며 하나님이 마귀가 보낼 수 있는 그 어떤 것에 대해서도 자신이 승리하게 해주셨다고 말했다.

시간이 지나면서 안토니에 대한 전설은 확대되었고 그는 자신의 설교를 싫어하는 정부로부터 협박을 받았다. 그의 명성은 콘스탄티누스 황제의 귀에까지 들어갔고 황제는 자신을 위해 기도해 달라고 안토니에게 부탁했다. 338년에 그는 알렉산드리아의 아타나시우스에게 아리우스의 이교적 가르침을 반박하도록 도와 달라는 요청을 받기도 했다. 그러나 세라피온(Serapion)과 같은 제자들이 그의 말을 전파하기는 했지만 안토니 자신은 아무런 글도 남기지 않았다. 그의 어록은 사막 교부들의 여러 어록 모음집에 포함되어 있다. 그는 자신의 시신이 숭배의 대상이 되지 않도록 자신이 묻힌 자리에 표시를 하지 말라고 부탁했다. 이렇게 그의 삶은 헌신, 겸손, 불행한 자들을 위한 돌봄, 기도에의 집중을 보여 주는 모범이 되었다.

성 파코미우스(Saint Pachomius, 298-348년경)
두 번째 길도 보라.

수도원장 파코미우스는 공동 생활을 하는 수도원의 창시자로 알려져 있다. 그는 로마 군인으로 복역하던 중 포로가 되었는데 그 때 기독교에 끌리게 되었다. 왜냐하면 그리스도인들이 포로들에게 먹을 것과 생필품을 가져다 주었기 때문이다. 비록 그가 은자로 먼저 부름을 받았지만, 그는 마카리우스(Macarius)가 만든 공동체에 대해 알게 되었다. 그 공동체의 모범을 따라서 파코미우스는 세포 단위의 모임들을 공식 조직으로 만들었다. 그와 같은 개념은 그가 처음 시작한 수도원에서 퍼져 나갔고 그가 사망할 무렵에는 약 3천 개의 수도원이 이집트 전역에 세워진 것으로 추정되고 있다. 카에사리아의 바실리우스(Basil of Caesarea)의 도움으로 수도자를 위한 공식 규칙인 「수덕」(Ascetica)이 자리를 잡았고 지금도 동방 정교회 교회는 이 규칙을 사용하고 있는데, 이것은 서구의 「성 베네딕트의 규칙」에 필적하는 규칙이다.

파코미우스는 결코 사제가 되지 않았다. 수사들과 함께 지낸 40년 동안 그는 아리우스주의에 대항해 열심히 정통 교리를 옹호했다. 거룩한 사람으로서 그의 명성은 시간의 시험을 견뎌 내고 오늘날까지도 계속되고 있다.

성 야고보, 니시비스의 주교(Saint James, bishop of Nisibis, 4세기 초)

야고보는 페르시아 제국과 로마 제국의 경계에 있는 니시비스라는 도시에서 자랐다. 그는 은자가 되어 하나님과 기도하며 대화하는 데 시간을 바쳤고, 주로 야외에서 염소 가죽 옷을 입고 살면서 언제나 금욕적인 생활을 했다. 공동체의 그리스도인들로부터 더 배우기 위해 니시비스 시로 이사했을 때 그의 엄격하고 경건한 삶은 곧 인정을 받았다. 그 시의 교회는 314년에 그를 주교로 선출했다.

야고보는 자신의 위대한 기적과 비상한 통찰의 은사로 존경을 받았다. 페르시아의 소포(Sopor)로부터 도시가 공격을 받았을 때 그가 간절하게 기도하자 파리와 모기떼가 적들을 공격해서 그들을 내쫓았다. 그는 325년에 열린 니케아 공의회에 참석한 신부 중 한 사람이었고 아리우스주의에 대항해 신앙을 옹호하기도 했다. 그의 사상은 믿음, 사랑, 금식, 영적 전투, 죽은 자의 부활에 대한 18장에 걸친 담론으로 기록되었다.

알렉산드리아의 성 아타나시우스(Saint Athanasius of Alexandria, 293-373)
두 번째 길도 보라.

기독교 신학에 있어서 아타나시우스의 중요성은 결코 과장될 수 없다. 그는 동방 정교회, 로마 가톨릭, 그리고 동방 가톨릭교회로부터 성인으로 존경받고 있으며, 루터교, 성공회 그리고 거의 모든 개신교 진영은 그를 위대한 지도자로 본다. 그는 동방 교회의 위대한 박사(Great Doctors of the Eastern Church) 네 명 가운데 한 사람으로 여겨지고 있다.

아타나시우스는 오늘날 사용하는 신약성경 27권을 처음으로 정한 사람으로 인정되고 있다. 그는 자신과 신학적으로 대립하는 사람들을 논박하는 글을 방대하게 썼는데, 그 중에는 「아리우스주의에 대항하는 연설」(Orations Against the Arians)과, 성령의 신격과 위격을 변호하는 글들[「세라피온에게 보내는 편지」(Letters to Serapion) 그리고 「성령에 대하여」(On the Holy Spirit)] 등이 있다. 가장 널리 읽힌 그의 책은 위대한 안토니의 전기인 「안토니의 삶」(Vita Antonii)인데, 동양과 서양 모두의 수사들에게 영감을 주는 책이었다.

시리아 사람 성 에브라임(Saint Ephraim the Syrian, 306-373)

에브라임은 4세기의 찬송가 작가이자 신학자였다. 그는 또한 운문으로 설교를 썼고 성경 주석도 썼다. 이러한 작업들은 어려운 시기를 지나는 교회를 지도하기 위한 실천 신학이었다. 그의 작업은 서구의 영향을 전혀 받지 않았다. 겸손하고 하나님에게 전적으로 굴복한 겸손한 사람이라는 평을 받았던 그는 회개의 중요성에 자주 초점을 맞추었다. 그는 대단한 지혜의 은사를 가지고 있었고, 그의 입에서는 은혜의 말이 흘러나왔다고 한다. 그는 니시비스의 주교 야고보의 제자였다.

예루살렘의 성 시릴(Saint Cyril of Jerusalem, 315-386년경)

예루살렘의 시릴은 로마 가톨릭교회와 동방 정교회 모두에서 성인으로 존경받고 있다. 그는 니케아 공의회에 참석했고 언제나 니케아의 교리를 철저하게 지켰다. 시릴은 23개의 교리 문답 강의를 썼는데, 자신이 감독으로 있을 때 가르친 것으로서 믿음과 실천의 주제에 대한 지침에 들어 있다. 교회 안으로 들어오는 예비 신자들을 위해 마련된 이 강의들은 방대한 양의 성경 구절을 참조하면서 성경에 기초해 작성되었다.

시릴은 자유의지를 강조했다. 그는 죄가 자유 때문에 생기기는 했지만, 자유에 반드시 죄가 따라오는 것은 아니라고 보았다. 육체는 죄의 원인이 아니라 죄의 도구일 뿐이다. 그것에 대한 그의 치료책은 회개였다.

나지안주스의 성 그레고리우스(Saint Gregory of Nazianzus, 329-389)

그레고리우스는 지식에 대한 갈망이 매우 큰 젊은이로서 이곳저곳을 떠돌아 다녔다. 그는 사막에 있는 바질 수도원에 있을 때 위대한 바실리우스의 동료 학생이자 친구였다. 그레고리우스는 많은 초기의 교부들처럼 매우 겸손했으며, 자신이 사제가 될 자격이 없다고 생각했고, 사제의 책임 때문에 자신의 신앙이 시험받는 것을 두려워했다. 그는 아리우스주의를 적극적으로 반대했다.

나중에 그는 381-389년까지 콘스탄티노플의 주교로 일했다. 그는 도시와 도시의 정치를 싫어했지만, 아리우스파를 다시 신앙으로 돌아오게 하려고 노력한 평화주의자로 알려져 있다. 그레고리우스는 삼위일체에 대한 설교로 유명했다. 그는 서구 교회로부터도 존경을 받고 있는데, 교회의 아버지이자 박사로 여겨지고 있다. (교회의 박사가 되기 위해서는 탁월한 학문뿐만 아니라 경건한 성품도 인정받아야 한다.)

닛사의 성 그레고리우스(Saint Gregory of Nyssa, 335-395년경)

두 번째 길도 보라.

그레고리우스는 결혼을 했었고 위대한 바실리우스의 형제였다. 그도 아리우스주의에 대항해서 교회를 옹호했다. 그의 글 일부가 오늘날까지도 남아 있는데, 그의 신학과 철학 모두가 깊이와 풍성함에 있어서 다른 카파도키아의 교부들을 능가하는 것으로 알려져 있다. 신비주의적인 그의 책 중 하나는 「영광에서 영광으로」(From Glory to Glory)인데 1963년에 출판이 되었다.

폰티쿠스의 에바그리우스(Evagrius of Ponticus, 345-399년경)

두 번째 길을 보라.

성 요한 크리소스토무스(Saint John Chrysostom, 347-407년경)

훗날 요한 크리소스토무스로 불리게 된 (혹은 뛰어난 연설가로서의 명성 때문에 '황금 입'으로 불리게 된) 콘스탄티노플의 요한은 열렬한 기독교 신자였던 어머니에게서 태어났다. 그는 어린 나이에 수사가 되었다. 수도원에서 몇 년을 보낸 후에 그는 다시 교회로 돌아왔는데, 처음에는 안디옥으로 가서 설교하기 시작했고 그것으로 어느 정도 명성을 얻었다. 쉰 살에 그는 부유한 도시였던 콘스탄티노플의 주교가 되었다. 고독과 가난의 삶을 살았던 요한은 그 도시의 그리스도인들이 자신들의 호화로운 삶과 복음을 결합시키는 것을 참을 수가 없었다.

우선 그는 성직자들을 개혁했다. 부유하게 사는 성직자들을 비난하고 신부들에게 금욕적으로 살도록 지시했다. 주교의 성을 장식하고 있던 호화로운 물건들이 팔려 나갔고 판매 대금은 가난한 자들을 먹이는 데 쓰였다. 그리고 복음에 합당하게 살지 않는 평신도들을 그는 호되게 야단쳤다.

권세가와 부자들이 체면 깎이는 것을 좋아하지 않는다는 것은 당연한 사실이어서 크리소스토무스도 여러 가지 정치적 음모에 휘말릴 수밖에 없었다. 그의 유일한 목적은 성경을 해설해서 평신도도 그 교훈을 온전히 이해하고 실제적으로 적용하게 하는 것이었다. 그렇기 때문에 그의 삶 전체가, 악에 대항하는 전투이자 섬김으로 부름 받은 교회의 신실함을 지키기 위한 싸움일 수밖에 없었다. 요한 크리소스토무스의 생애는 행동으로 이끄는 관상적 삶을 보여 주는 최고의 모범이다.

이집트의 위대한 성 마카리우스(Saint Macarius the Great of Egypt, 330-390년경)

일찌감치 결혼했다가 상처한 마카리우스는 초대 교회의 수사들이 흔히 살았던 삶을 살았다. 그는 교육을 잘 받았지만 여전히 기도, 금식, 회개라는 금욕적 원칙을 따랐다. 이 성인의 겸손은 어린 나이에 성직 임명 받기를 거절한 것에서 잘 나타난다. 거대한 영적 전투가 잇따르면서 마귀가 그를 공격했지만 그는 그 가운데서 마귀와 토론을 벌였다고 한다. 서른 살 정도에 그는 이집트 수도원 운동의 아버지인 위대한 안토니를 찾아 나섰고 이 선배 성인과 여러 해를 같이 살았다. 마흔 살이 되었을 때 마카리우스는 사막 수사들의 지도자가 되었다. 안토니가 죽자 마카리우스는 안토니를 위해 일하던 사람들을 그대로 물려받았으며, 또한 안토니가 가졌던 영적 능력의 '두 몫'을 받았다고 전해진다.

마카리우스는 많은 치유의 기적을 행했고, 도움과 충고를 얻고자 찾아오는 사람이 많아서 그의 고독 수행이 방해를 받기도 했다. 그의 기도를 통해 하나님은 심지어 죽은 자도 살리셨다고 한다. 하나님과의 끝도 없는 대화는 종종 그를 영적인 황홀경의 상태에 빠뜨렸다. 그러나 그의 내적 열정은 언제나 행동의 삶을 통해 전시가 되었다. 아리우스의 논쟁이 있었을 때 그는 이교도의 섬으로 유배를 갔는데, 그 섬의 주민들은 머지않아 그리스도인으로 세례를 받았다. 그의 글은 "50개의 영적 설교"(Fifty Spiritual Homilies)와 일곱 개의 "금욕적 논문"(Ascetic Treatises)에 남아 있다.

그가 자신의 가르침에서 강조하는 내용은, 그리스도인의 내적 행동이 그가 신성한 진리와 사랑을 얼마나 이해했는지를 대체로 결정한다는 것, 사람은 은혜와 성령의 은사를 통해 구원 받는다는 것, 그리고 우리는 은혜만큼이나 진리에 의해서 영생을 물려받는다는 것이었다. 마카리우스는 아흔 살에 사망했다.

로마인 성 요한 카시안(Saint John Cassian the Roman, 360-435년경)
여섯 번째 길을 보라.

알렉산드리아의 성 시릴(Saint Cyril of Alexandria, 378년경-444년경)
시릴은 로마 제국에서 교황의 지위가 가장 중요했던 시기에 알렉산드리아의 교황을 지냈다. 그는 또한 '신앙의 기둥'으로도 알려져 있다. 이 학식 있는 성인은 자신보다 앞서서 알렉산드리아의 교황을 지낸 삼촌 데오빌루스로부터 가르침을 받았다. 훗날 그는 네스토리우스의 여러 가지 문제들을 가장 중점적으로 논의한 에베소 제1차 공의회(431년)의 핵심 인물이 되었다.

시릴은, 예수님의 인성 안에 계셨던 하나님의 현존의 신비적 힘은 너무도 강력해서 예수님의 육체로부터 나머지 인류에게로 퍼져나가 신자들에게 심지어 불멸성과 변모까지도 약속하게 되었다고 보았다. 그와는 달리 네스토리우스는 예수님을 무엇보다도 신자들의 도덕적·윤리적 모범으로 보았다.

시릴은 학구적이었고 다작하는 작가였는데, 빈틈없는 사고와 정확한 해설과 대단한 추론 기술을 보여 주었다. 그의 글 중에는 요한복음, 누가복음, 그리고 모세오경에 대한 주석, 교리 신학에 대한 논문, 편지글과 설교가 있다.

성 에우티미우스(Saint Euthymius, 378-473)

에우티미오는 초기의 팔레스타인에서 수사들 사이에서 지도자로 인정받고 있었다. 그는 다른 수사들에게 수도원 공동체의 리더십 원칙들을 가르쳤고, 많은 수도원들이 그의 영향을 받아 설립되었다. 그가 가르친 내용의 대부분은 박해 때문에 이집트로 피신한 수사들에게 배운 것이었다. 수습 기간을 갖는 것과 같은 관습은 그의 가르침을 통해 전해 오는 것이다. 그가 특별히 전문성을 발휘했던 분야는 수도원을 기능적으로 조직하는 것이었는데, 그것은 훗날 이 새로운 기관들이 생존하는 데 매우 중요한 역할을 했다. 젊은 수사들에 대한 그의 개인적인 충고와 지도도 성과가 좋은 것으로 드러났는데, 많은 이들이 수도원의 주교, 원로, 그리고 원장이 되었다.

작곡가 성 로마노스(Saint Romanos the Melodist, 450년경-500년경)

로마노스는 그리스인이었는데, 시리아에서 태어났고 부모는 유대인이었다. 그는 일찌감치 부제가 되었고 지속적인 기도와 금식의 금욕적 생활방식으로 유명했다. 한번은 그가 더 나은 목소리와 찬송가를 작곡하는 재능을 위해 간절히 기도했다. 전설에 의하면 그가 환상을 보았고 곧 놀라운 목소리와 심오한 신학을 가진 찬송가를 쓸 수 있는 능력을 갖게 되었다고 한다. 로마노스는 또한 겸손하기로 유명했는데, 8천 개가 넘는 찬송가를 작곡하고 위대한 작곡가로 존경받게 된 후로도 그는 여전히 겸손했다.

시내의 성 요한 클리마쿠스(Saint John Climacus of Sinai, 525-606년경)

요한 클리마쿠스는 일찌감치 수사가 되었고 탁월한 교육을 받았으며 훗날 스콜라스티쿠스(Scholasticus)로 불렸다. 교육을 많이 받기는 했지만 그는 늘 인간의 지혜는 교만을 낳을 수 있다고 가르쳤다. 그도 다른 많은 동방 교회의 성인들과 마찬가지로 겸손했다. 요한은 은자로 여러 해를 살았고 눈물과 쉬지 않는 기도의 은사를 받았다고 전해진다. 다른 수사들이 영성 지도를 받고자 그를 찾는 경우가 많았고, 그것 때문에 그의 기도 생활은 방해를 받았다. 전설에 의하면, 그가 시내 산에 있는 수도원의 대수도원장으로 임명받을 때 많은 사람들이 선지자 모세가 잔치 식탁을 섬기는 사람들에게 지시를 내리는 것을 보았다고 한다.

그의 글 중에는 거룩하고 의로운 활동에서부터 신성한 환상까지 아우르는 여러 가지 미덕을 다루는 서른 편의 설교가 담긴 책이 있다. 「영적 상승의 사다리」(*The Ladder of Divine Ascent*)는 우리가 영성 생활에서 하나님에게로 나아갈 때에 올라가게 되는 서른 개의 계단을 규명하고 있으며, 또한 함정과 위험도 경고하고 있다. 이 책은 정교회 사람들이 매우 귀하게 여기는 책이다.

요한 모스쿠스(John Moschus, 550-619년경)

요한 모스쿠스는 예루살렘 근처에서 사는 수사였다. 그는 「영적 초원」(*Pratum Spirituale*)이라는 책을 썼는데, 거기에는 수도원 생활과 관련된 이야기와 지침들이 들어 있다. 그의 산문은 당시에 쓰인 글 중에서 가장 아름다운 것으로 인정되고 있다.

고백자 성 막시무스(Saint Maximus the Confessor, 580-662년경)

막시무스는 콘스탄티노플에서 귀족으로 태어났다. 그는 신학자이자 기독론과 금욕에 대한 책을 많이 쓴 저자로 알려져 있다. 막시무스는, 그리스도 안에는 단 하나의 의지만이 있었다고 주장하는 단일의지론라는 이교에 대항해 정통 교리를 옹호했다. 그는 그리스도가 이중의 성격(인성과 신성)을 가지고 있었고 각 성격이 자기 나름의 의지를 가지고 있었음을 주장했다. 그는 자신의 입장 때문에 오른손과 혀가 잘렸으며 유배를 갔다. 그래서 그는 진리를 말로는 전할 수가 없었다. 나중에 그의 신학은 제6차 바티칸 공의회에서 인정을 받았다. 그가 쓴 글의 상당수가 「필로칼리아」(*Philokalia*, 아름다운 것, 고귀한 것에 대한 사랑을 뜻함—역주)에 들어 있다.

다마스쿠스의 성 베드로(Saint Peter of Damascus, 7세기 말과 8세기 초)

「필로칼리아」를 보면 다마스쿠스의 베드로는, 때로는 우리의 인생을 더 유쾌하게 만드는 상황들이 하나님의 선물일 때도 있지만, 더 깊은 영성을 계발하게 하는 도전이 하나님의 선물일 때가 더 많다고 지적한다. 가난은 우리가 인내와 감사로 견딜 수 있는 선물이라고 그는 말한다. 병들었을 때 우리는 인내의 화관을 얻을 수 있으며, 연약함과 무지는 우리가 세속적인 것들에 등을 돌리고 잠잠한 채 겸손하게 살게 하려고 주어지는 것이라고 그는 말했다.

다마스쿠스의 성 요한(Saint John of Damascus, 676-749년경)

이 시리아 출신의 수사이자 장로는 다마스쿠스에서 성장했다. 그는 박식한 사람으로 알려져 있었는데, 그가 관심을 가졌고 공헌했던 영역에는 법률, 신학, 철학, 음악 등이 있다. 요한은 또한 다마스쿠스의 통치자의 행정관 노릇도 했다. 그는 성상과 관련된 요란한 논쟁에 가담했고 「거룩한 형상을 비방하는 사람들에 대항하는 변증적 논문」(*Apologetic Treatises Against Those Decrying the Holy Image*)을 썼다. 이 글은 제2차 니케아 공의회에 영향을 미쳤다. 이 논쟁의 정치에 휘말린 그는 나중에 다른 글들에 대해서도 부당하게 비난을 받았는데, 그 글들은 위작으로 알려졌다. 다마스쿠스의 칼리프(모하메드의 후계자를 일컫는 칭호로 현재는 폐지되었다-역주)는 요한이 더 이상 글을 쓰지 못하도록 그의 손을 자르라는 명령을 내렸다. 10세기의 전기 작가에 의하면 열렬한 기도 이후에 그의 손이 기적적으로 복구되었다고 한다. 그 후 요한은 여생을 예루살렘 근처에 있는 성 사바스(Saint Sabas) 수도원에서 보냈고, 거기에서 그는 계속해서 주석, 찬송가, 변증적 글들을 썼다. 「전통 신앙에 대한 정확한 해설」(*An Exact Exposition of the Orthodox Faith*)도 그 중 하나다.

위대한 성 포티우스(Saint Photius the Great, 810년경-895년경)

포티우스는 자신의 글보다 동방 교회와 서방 교회 사이에 평화를 가져오고자 노력한 일로 더 잘 알려져 있다. 그는 교회가 로마 교황의 견해에 동의하지 않는 사안에 대해 적극적으로 말했다. 그래서 그는 여러 가지 논쟁들에 휘말렸는데, 예를 들어 "그리고 성자로부터도"(filioque)라는 문구가 왜 원래의 니케아 신조에 포함되면 안 되는지를 분명하게 말한 것과, 교황의 지상권 주장, 그리고 비잔티움 지역에 있는 교회들에 대한 치리권 문제 등이 있다. 개인적인 차원에서 그는 미덕의 삶을 살았고, 지적인 재능과 더불어 정치적으로도 탁월한 재능을 인정받았다.

새 신학자 성 시므온(Saint Symeon the New Theologian, 949-1022)

새 신학자 시므온은, 전도자 요한(그리스어로는 신학자 요한으로 불렸다)과 신학자 그레고리우스라고도 불린 니자니우스(Nyzanius)의 그레고리우스와 구분하기 위해 그렇게 불린다. 동방 정교회에서 신학자라는 칭호를 받은 사람은 이 세 사람 뿐이다.

시므온은 교육을 잘 받았고 그의 가족은 그가 정치 쪽으로 진출하기를 기대했다. 그러나 스무 살 경에 그는 하나님을 찬란한 빛의 살아 있는 현존을 경험하는 황홀경의 상태에 빠지게 된다. 비록 그가 얼마 동안은 가족의 바람을 저버리지 않고 황제의 원로원이 되기는 했지만, 계속되는 신비적 체험들 때문에 공적 생활을 계속할 수가 없었다. 그는 스물일곱 살에 수사가 되었다.

자신의 글에서 그는, 사람은 하나님을 직접 경험해야 하고 그렇게 할 수 있다고 주장했다. 그는 단지 수사와 수도자들만 그러한 체험을 하도록 촉구한 것이 아니라, 이 세상의 일상적 활동에 참여하는 사람들도 그렇게 하도록 촉구했다. 그의 지도를 받던 작은 은자의 집은 제대로 된 수도원이 되었다. 거기에서 그는 자신의 신비적 체험들을 묘사한 시를 모아 「신성한 사랑의 찬송」(Hymns of Divine Love)을 썼다.

시나이의 성 그레고리우스(Saint Gregory of Sinai, 1290-1346년경)

시나이의 그레고리우스는 초기의 사막 교부들의 영성과 가르침을 따라 살았다. 생애의 마지막 25년을 그는 그리스에 있는 아토스 산(Mount Athos)에서 살았다. 그곳은 정교회 수도원 운동의 중심지다. 그는 그리스도 안에서 사는 우리의 삶에 대해서 매우 실제적인 지혜와 지침을 준다.

순전한 마음의 기도를 통해 예수 그리스도의 영을 받은 그는 주님과 신비적으로 대화하라고 가르친다. 그러나 은혜에서 비롯되는 위대함과 명예와 영광을 이해하지 못하고, 계명을 지킴으로써 영적으로 성장하고 진정한 관상에 도달하는 것에 관심을 두지 않는 우리는 부주의하게도 우리 자신을 무감각함과 어두움의 심연으로 던져 버린다.

따라서 우리는 살았으나 성령 안에서는 죽어 있고—그러나 그리스도 안에서까지 죽은 것은 아니다—영에서 나는 것은 영적이어야 한다는 확신에 따라 살지 못하고 있다. 그러나 우리가 예수 그리스도의 생명으로 세례를 받았을 때 얻은 것은 파괴된 것이 아니라 단지 묻혀 있을 뿐이다. 지혜와 은혜는 그 묻힌 것을 드러내어 공개하라고 명령한다. 하지만 어떻게 그렇게 하는가? 두 가지 방법이 우리로 하여금 그것을 실현하게 해준다.

첫째, 이 선물은 계명을 지키는 사람들에게는 공개되어 있으며, 우리가 계명을 지키는 정도에 따라서 빛과 지혜를 경험하게 된다. 둘째, 우리는 끊임없이 주 예수를 부름으로써 혹은 하나님의 현존을 지속적으로 인식함으로써 이 선물을 받을 수가 있다.

성 그레고리우스 팔라마스(Saint Gregory Palamas, 1296-1359년경)

그레고리우스 팔라마스는 데살로니키의 대주교였다. 그의 신학은 세 가지 중심적 주제를 고수한다. 바로 지식, 기도, 신적 환상이다. 그레고리우스는 하나님에 대한 자연적 지식이 있음을 인정했지만, 하나님에 '대해서' 아는 것과 실제로 하나님을 아는 것은 다르다고 했다. 이것은 오늘날까지도 정교회의 핵심 진리로 남아 있다. 그레고리우스는 수사의 기도 체험이 실제로 있다고 강력하게 옹호했다. 하나님은 우리가 알 수 없는 본질을 갖고 계시지만 알 수 있는 '에너지'도 갖고 계신다고 그는 주장했다. (이것은 유한한 존재는 말로 표현할 수 없는, 무한하고 완벽한 존재에 대한 신플라톤주의적 패러다임이라고도 불릴 수도 있다.) 따라서 팔라마스가 보기에 하나님의 은혜는 하나님의 일부이며, 그 에너지는 알 수가 있는 것이고 바로 수사들이 기도하는 중에 보는 것이었다.

그레고리우스는 하나님에 대한 지식을 증진시켜야 마땅한 철학이 오용되고 사실상 하나님이 되어 버리면 그것은 지식이 '타락한' 상태라고 했다. 그는 영혼과 육체가 인간 생활의 더 큰 체계에서는 서로 분리되어 있다는 관점을 지지하지 않았고, 영혼은 선하고 육체는 악하다는 관점도 받아들이지 않았다. 물질이 본질적으로 악할 수는 없다. 왜냐하면 그것은 하나님의 창조물이기 때문이다. 그는 죄를 제외하고는 현재의 삶에서 잘못된 것 아무것도 없다고 보았고, 심지어 죽음조차도 잘못된 것이 아니라고 보았지만, 모든 것이 악이 될 수는 있다고 보았다.

그는 신적 비전의 개념을 옹호했고 자신의 눈으로 직접 거룩한 빛을 보았다고 주장하는 사람들을 지지했다. 그는 신적 비전을 카리스마적 은사로 보기보다는 영감받은 기도의 열매로 보았다. 그는 또한, 기도를 통해 제대로 초점을 맞추고 지도를 받으면, 육신을 영의 상태에 가깝게 끌어올릴 능력이 있으며, 육신이 그 정도 단계에 도달하면 성령도 육체가 신성한 체험을 하게 해주신다고 했다. 사도 베드로와 야고보와 요한이 타볼 산에서 예수님의 변모를 지켜보았을 때 그들은 창조되지 않은 하나님의 빛을 실제로 본 것이며, 다른 사람들도 영성 훈련과 관상 기도의 도움을 받으면 창조되지 않은 하나님의 빛을 보는 선물을 받을 수 있다고 그는 주장했다. 물론 그것이 기계적으로 되는 것은 아니지만 말이다. 따라서 팔라마스의 신학은 인간성을 전인적인 관점에서 보고, 신앙을 역동적으로 보며, 그것을 성화와 변모의 영성 안에 잘 결합시키고 있다.

팔라마스의 그레고리우스가 쓴 글 일부는 「필로칼리아」에서 볼 수 있다.

성 니콜라스 카바실라스(Saint Nicholas Cabasilas, 1319-1391)

니콜라스는 비잔티움의 평신도였으며 신학, 천문학, 법률, 수사학을 잘 배운 신비가였다. 그는 시인이었고 헤시카즘(정교회의 경건주의 운동-역주)이나 고리대금업 그리고 그 외에 다른 사회적 이슈들에 대한 산문도 썼다. 니콜라스의 주요 저작에는 「신성한 전례에 대한 주석」(*Commentary on the Divine Liturgy*) 그리고 「그리스도 안에서 사는 삶」(*The Life in Christ*)이 있다. 그 글에서 우리는, 기억의 궁극적 대상이 기독교적 체험에 의해 변화되는 플라톤의 경험을 볼 수 있다. 니콜라스는 이렇게 말한다. "사람에게 인간의 본성을 능가하는 갈망, 열렬하게 바라는 갈망, 인간의 생각을 넘어서는 일을 성취할 수 있을 정도로 큰 갈망이 있다면, 그 갈망으로 인간을 괴롭게 하시는 이는 바로 신랑 되시는 예수님이다. 바로 그분이 자신의 아름다움의 광선을 사람의 눈에 비추셨다. 그 상처가 크다는 사실에서 과녁을 맞힌 화살을 이미 볼 수 있다. 그 갈망은 누가 그 상처를 입혔는지를 말해 준다"(「그리스도 안에서 사는 삶」, 2권, 15장).

클롭스크 수도원의 성 미가엘(Saint Michael of Klopsk Monastery, 1385-1453년경)

미가엘은 사람들의 칭찬을 피하기 위해 '그리스도를 위한 바보' 역할을 자처했고, 누더기 옷을 걸치는 것을 더 좋아했다. 전설에 의하면 그는 성경뿐만 아니라 성인들의 삶도 열심히 연구했다고 한다. 미가엘은 영적으로 씨름하는 수사들의 모범이 되었다. 그는 노동과 철야와 다른 사람들을 돌보는 일로 자기 육신을 지치게 했다고 한다. 비상한 통찰의 은사를 받으면서 미가엘은 부자와 권세가들을 포함해 사람들의 악을 비난했다. 그는 왕자 요한네스 3세의 탄생과 그의 정복들을 예고했다. 그는 또한 남동생의 눈을 멀게 한 일로 셰미아코 왕자(Prince Shemyako)를 비난했다.

성 미가엘의 말년에는 그가 기도한 결과 가난한 자들에게 곡물을 나누어 주었음에도 불구하고 수도원의 곡물 창고가 줄어들지 않았다. 그는 또한 자신이 죽고 묻히게 될 자리를 예언했으며, 1453년에 사망했다.

복된 그리스도를 위한 바보 그리고 모스크바의 기적 행위자 성 바실리우스 (Saint Basil the Blessed Fool-for-Christ and Wonderworker of Moscow, 1488-1557년경)

바실리우스는 폭군 황제 이반이 통치하던 시대에 태어났다. 젊었을 때 그는 로스토브에서 십자 모양을 낸 무거운 쇠사슬을 걸치고 바보 역할을 자처했다. 머리에는 커다란 쇠 모자를 썼다. 바실리우스와 함께 일하던 사람들은 특이한 사건들을 눈치채기 시작했는데, 예를 들어 한번은 그가 눈물을 흘리며 어떤 남자에게 신발이 닳는 걱정을 하지 말라고 말했다. 그 남자는 며칠 후에 죽었다.

열여섯 살에 모스크바로 거처를 옮긴 바실리우스는 뜨거운 열기 속에서든 겨울의 추위 속에서든 맨발로 거리를 걸어 다녔다. 그는 거리에서 그가 본 불의에 대해 조용히 비난하기 시작했고 차차 명성을 얻게 된다. 사람들은 그를 복된 바실리우스라고 불렀다. 맨발로 다니면서 그는 가난한 자들을 위한 자비를 설교했다. 동시에 그는 이기적인 이유에서 시혜를 베푸는 사람들에 대해서는 거칠게 말했다. 그는 선술집에서도 설교를 했고 그러한 건물의 모퉁이를 붙잡고 눈물을 흘리며 그 안에 있는 사람들을 위해 기도하는 모습이 눈에 띄기도 했다. 바실리우스는 러시아가 당한 큰 슬픔들을 예언했는데, 그 중에는 폴란드의 침공도 있었다. 예배 중에 그는 폭군 이반을 꾸짖었다고도 한다. 그 황제가 궁전을 지을 생각을 하고 있다는 것을 기도를 통해 알았기 때문이다. 바실리우스는 기도의 사람으로 알려졌고, 하나님과의 교제 그리고 연민의 마음으로도 인정을 받았다. 그의 말년에는 모스크바의 성직자와 대중 모두로부터 존경을 받았다.

거룩한 산의 성 니코데무스(Saint Nicodemos of the Holy Mountain, 1749-

1809년경)

니코데무스는 헤시카스트(hesychast, 내적 외적 평화를 구하는 은수자를 일컬음-역주) 수사였고 기도와 금욕주의에 대한 기독교 저작들의 저자다. 그는 정교회의 글들을 편집해서 「필로칼리아」에 수록한 사람으로 가장 잘 알려져 있다.

사로프의 성 세라핌(Saint Seraphim of Sarov, 1759-1833)

세라핌은 은자이자 고행 수사로 살았는데, 16년간 숲 속에 살면서 식량으로 채소를 기르고, 성경과 교부들의 글을 연구하고, 지속적으로 기도했다. 도적들에게 구타를 당해 건강이 악화되자 세라핌은 수도원의 작은 방으로 옮겨서 은자로 살았다. 그러나 그 시기 동안 그는 영성 지도, 영적 은사와 예언의 은사, 그리고 치유의 기적으로 유명해졌다. 그리하여 세라핌은 러시아의 가장 유명한 그리고 사랑받는 성인이자 지도자 중 한 사람이 되었다.

이그나티우스 브리안차니노프 주교(Bishop Ignatius Brianchaninov, 1807-1867)

브리안차니노프 주교는 주로 개인의 영성 생활과 관련된 문제에 대해서 글을 쓴 금욕주의 작가로 유명하다. 그의 대표적 작품은 「경기장」(*The Arena*)이다.

아토스 산의 성 실루안(Saint Silouan of Mount Athos, 1866-1938)

실루안은 아토스 산의 러시아인 수사였다. 그에게는 쉬지 않는 기도의 은사가 있었다고 한다. 비록 한때 그 은사가 사라진 적이 있기는 하지만 말이다. 그의 일기는 20세기의 기독교 영성에 큰 영향을 미쳤다. 알렉산더 주교가 쓴 「실루안 원로의 삶과 가르침」 (*The Life and Teachings of Elder Silouan*)에 나오는 실루안의 시를 인용해 보면 다음과 같다.

> 오, 주님, 나 자신을 위해 흘릴 눈물을 허락해 주십시오.
> 그리고 온 세상을 위해서도.
> 그리하여 나라들이 당신을 알고 당신과 함께 영원히 살게 해주십시오.
> 오, 주님, 당신의 겸손하신 성령의 은사를 우리에게 허락해 주십시오.
> 그리하여 우리가 당신의 영광을 이해하게 해주십시오.

알렉산더 슈메만(Alexander Schmemann, 1921-1983)

이 탁월한 작가이자 신학자는 뉴욕에 있는 성 블라디미르 정교회 신학교(St. Vladimir's Orthodox Theological Seminary)의 학장이었다. 그는 정말로 뛰어난 저자였다. 그의 대표작 중 하나는 「성찬식」 (*Eucharist*)인데, 그리스도인의 삶과 영성의 의미에 대한 설명으로서 성찬식을 사용하고 있다.

요한 마이엔도르프(John Meyendorff, 1926-1992)

마이엔도르프 신부는 파리에 있는 정교회 신학교(Orthodox Theological Institute)와 소르본느에서 수학했다. 뉴욕에 있는 성 블라디미르 정교회 신학교에서는 교회사와 교부학을 가르치는 교수였고, 하버드에서는 비잔티움 신학을 가르치는 강사였으며, 그 후 포드햄(Fordham) 대학교에서는 비잔티움 역사 교수를 지냈다. 그는 또한 컬럼비아 대학과 유니온 신학교에서도 다양한 지위를 거쳤다. 그가 쓴 책으로는 「그레고리우스 팔라마스」(Gregory Palamas), 「비잔티움 신학」(Byzantine Theology) 등이 있으며, 다른 신학적 저술로는 정교회에 대한 글, 정교회 신학과 비잔티움 신학에 대한 글, 그리고 정교회와 다른 그리스도인들 사이의 관계에 대한 글이 여럿 있다.

칼리스토스(디모데) 웨어, 디오클레이아의 주교[Kallistos (Timothy) Ware, Bishop of Diokleia, 1934-]

웨어 주교는 현대의 비(非)정교회 교인들에게 정교회를 설명해 주는 아마도 가장 유명한 해석자일 것이다. 그는 옥스퍼드 대학에서 가르쳤고 전례와 관련된 책들을 여러 권 번역했으며, 「필로칼리아」도 번역했다. 그는 영어권 사회가 정교회 영성을 이해하도록 하는 일에 상당한 기여를 했다. 아마도 가장 유명한 그의 저작들은 「정교회」(The Orthodox Church)와 「정교회의 길」(The Orthodox Way)일 것이다.

※리처드 포스터와 게일 비비에 대해서 더 알고 싶으신 분은 각각 www.richardjfoster.com과 www.westmont.edu를 방문하십시오. 또한 이 책에 나오는 인물들의 선별된 저작 목록을 보려면 www.ivpress.com을 방문하십시오.

주

들어가는 말

1) 이에 대해서는 Charles Taylor의 *Sources of the Self*, Lezsek Kolakowski의 *Modernity on Endless Trial*, Robert Bellah의 *Habits of the Heart*, 「미국인의 사고와 습관」(나남); *The Good Society*에서 저명한 학자들이 길게 논의하였다.

2) 이에는 Dallas Willard의 *Hearing God*, 「하나님의 음성」(IVP); *The Spirit of the Disciplines*, 「영성 훈련」(은성); *The Divine Conspiracy*, 「하나님의 모략」(복있는사람); Richard Foster의 *Celebration of Discipline*, 「영적 훈련과 성장」(생명의말씀사); *The Challenge of the Disciplined Life*, 「돈, 섹스, 권력」(두란노); *Prayer: Finding the Heart's True Home*, 「리차드 포스터의 기도」(두란노); *Streams of Living Water*, 「생수의 강」(두란노); Eugene Peterson의 *A Long Obedience in the Same Direction*, 「한 길 가는 순례자」(IVP); *Leap Over a Wall*, 「다윗, 현실에 뿌리박은 영성」(IVP); *Subversive Spirituality*와 *Christ Plays in Ten Thousand Places*, 「현실, 하나님의 세계」(IVP); Henri Nouwen의 *The Way of the Heart*, 「마음의 길」 (분도출판사); John Ortberg의 *The Life You've Always Wanted*, 「평범 이

상의 삶」(사랑플러스); Diogenes Allen의 *Three Outsiders, Christian Belief in a Postmodern World*와 *Spiritual Theology*가 포함된다.

첫 번째 길: 하나님을 향한 사랑의 질서 세우기

1) 더 자세한 사항은 Origen, *Selected Works*, trans. Rowan A. Greer (Mahweh, N. J.: Paulist, 1979)를 보라. Origen은 2,000권 이상의 책을 집필한 것으로 알려져 있지만, 대부분 파기되거나 분실되었다. 그 수에 대해서는 많은 논쟁이 있지만 어느 누구도 그가 다작의 작가임을 의심하는 사람은 아무도 없다.
2) *The Works of Philo*, trans. C. D. Yonge(Peabody, Mass.: Hendrickson, 1993)와 'Sifra', trans. Karlfried Froehlich in *Biblical Interpretation in the Early Church*(Philadelphia: Fortress, 1984)를 보라.
3) Origen, *Selected Works*, pp. 245-270.
4) 앞의 책, p. 250.
5) 앞의 책, pp. 252-254.
6) 앞의 책, p. 254.
7) 앞의 책, p. 258.
8) 민 33:9 이하를 보라.
9) Origen, *Selected Works*, pp. 261-263.
10) Plato의 *Republic*을 보라.
11) 앞의 책, pp. 231-236.
12) 앞의 책, pp. 231-232.
13) 앞의 책, pp. 233-234.
14) 예를 들어, Augustine, 'The Teacher', *Philosophy in the Middle Ages*, ed. Arthur Hyman and James J. Walsh(Indianapolis: Hackett, 1978), pp. 20-33를 보라.
15) Augustine, *Confessions*, trans. J. G. Pilkington(Peabody, Mass.: Hendrickson, 1994), pp. 45-208를 보라. 또한 Augustine의 *City of God*, trans. Marcus Dods(Peabody, Mass.: Hendrickson, 1994), pp. 1-511를 보라.
16) 이런 생각을 서술한 Augustine의 두 가지 핵심 텍스트는 *On the Holy Trinity*, trans. Arthur Haddan(Peabody, Mass.: Hendrickson, 1994), pp. 1-228와 *On Christian Doctrine*, trans. D. W. Robertson Jr. (Indianapolis:

Bobbs-Merrill, 1958)이다.
17) J. P. Moreland의 *Loving God with Our Mind*, Alister McGrath의 *Intellectuals Don't Need God and Other Modern Myths*, 「생명으로 인도하는 다리」(서로사랑)에서 다른 이들처럼, 실제로 이 둘은 함께 가는 것이다.
18) Augustine, *The Enchiridian and The First Catechism*, trans. S. D. F. Salmond, Nicene and Post-Nicene Fathers 3(Peabody, Mass.: Hendrickson, 1994), pp. 237-314.
19) Augustine, *Confessions*, bk. 8, chap. 5, trans. by R. S. Pine-Coffin (New York: Penguin, 1961).
20) 앞의 책, bk. 3, chap. 1.
21) 앞의 책, bk. 8, chap. 12.
22) 문학 작품에 나오는 인상적인 한 예는 주목할 만하다. Dante의 *Divine Comedy*에서 베르길리우스(Virgil)은 지옥과 연옥을 통과하도록 단테를 안내하는 자다. 하지만 인간 이성을 상징하는 베르길리우스는 천국에 들어가지 못한다. 그래서 단테가 천국에 들어갈 때 처음에는 베아트리체(Beatrice)와 동행한다. 그 다음 베아트리체가 아직 들어갈 준비가 되지 않은 천국의 최상위 단계에 단테가 들어갈 준비가 되었을 때 그는 하얀 수염의 노인에게 손을 내밀게 된다. 그가 바로 클레르보의 베르나르였다. 완벽한 지혜와 경건을 상징하는 베르나르는 영성 생활에서 그 시인의 최고요 최종 안내자였다.
23) Bernard of Clairvaux, *Selected Works*, trans. G. R. Evans, Classics of Western Spirituality(Mahweh, N.J.: Paulist, 1987), pp. 15-19.
24) 앞의 책, pp. 99-100.
25) 앞의 책, pp. 99-143.
26) Bernard of Clairvaux, 'On Loving God', in *Selected Works*, pp. 173-205.
27) 앞의 책, pp. 194-195.
28) 앞의 책, pp. 195-197.
29) Blaise Pascal, *The Pensées*, frag. 12, trans. Thomas Krailsheimer (New York: Penguin, 1965).
30) 앞의 책, frag. 24.
31) 앞의 책, frag. 44.
32) 앞의 책, frag. 45.

33) 앞의 책, frag. 418.
34) 앞의 책, frag. 149.
35) 앞의 책, frags. 117, 121-122.
36) 앞의 책, frags. 132-137.
37) John Steinbeck, *Cannery Row*(New York: Viking, 1945).
38) Pascal, *Pensées*, frag. 308. 얀센주의 운동은 *Augustinus*를 출판한 이프레(Ypres)의 주교 코르넬리우스 얀센(Cornelius Jansen)의 이름을 딴 것이다. 은혜와 구원을 얻기 위해서는 은혜로만 충분하다는 아우구스티누스의 이해에 초점을 맞춘 17세기 성직자들이 얀센의 사상을 대중화했다.
39) Pascal, *Pensées*, frag. 308. 여기 나오는 도표는 디오게네스 앨런(Diogenes Allen)이 정리한 것으로, 그의 허락을 얻고 실었다.
40) Blaise Pascal, *Love Aflame: Selections from the Writings of Blaise Pascal*, comp. Robert E. Coleman(Wilmore, Ky.: Asbury Theological Seminary Publications, 1974), p. 3.
41) 앞의 책, pp. 14-15.

두 번째 길: 여정으로서의 영성 생활

1) Thomas Kuhn, *The Structure of Scientific Revolutions*(Chicago: University of Chicago Press, 1966). 「과학 혁명의 구조」(까치).
2) *The Renovaré Spiritual Formation Bible*(San Francisco: HarperCollins, 2005), 특히 15부 서론과 전체 서론을 보라. 「레노바레 성경」(두란노).
3) Bernard McGinn, *The Foundations of Mysticism: Origins to the Fifth Century*(New York: Crossroad, 1993), p. 144 이하.
4) 추론하는 능력과 통찰력 있는 판단을 할 수 있는 능력을 포함하는 기능.
5) 여기 나온 순서는 에바그리우스의 순서에서 조금 바꾼 것이다. 원래 순서는 이렇다. 탐식, 음란/욕망, 탐욕/욕심, 슬픔/침울, 분노, 아케디아/게으름/무관심, 허영/질투, 교만이다. 시간이 흐르면서 후대의 저자들이 악한 생각들과 경건의 덕들이 신앙 성장의 다양한 단계들을 표현하도록 정리하면서, 에바그리우스의 순서는 조금 바뀌었다. 이 주제에 대해 좀더 현대적인 접근을 보려면, Seward Hiltner의 *The Seven Deadly Sins*와 Donald Capps의 *Life-Cycle Theory and Pastoral Care*를 보라.
6) Evagrius Ponticus, *The Praktikos and Chapters on Prayer*, trans. John Eudes Bamberger(Kalamazoo, Mich.: Cistercian, 1981), p. 17.

7) 앞의 책, p. 18.
8) 앞의 책, p. 17.
9) 앞의 책, p. 20.
10) 앞의 책.
11) 앞의 책, p. 19.
12) 앞의 책, p. 17.
13) 더 자세히 살펴보고 싶다면 *The Praktikos and Chapters on Prayer* 전체를 보라. 여덟 가지 악한 생각에 대한 에바그리우스의 기본 틀은 6-14부에 나온다. 그리고 이 악한 생각들 각각에 대한 자세한 논의와 그것들을 어떻게 다루고 그에 반응해야 할지에 대한 것은 15-56부 전체에서 찾아볼 수 있다.
14) 앞의 책, p. 25.
15) 앞의 책, sections 63-90, pp. 33-39.
16) 앞의 책, p. xxxvi.
17) Diogenes Allen, *Christian Belief in a Post-Modern World* (Louisville: Westminster/John Knox, 1989); C. C. Gillespie, *The Edge of Objectivity* (Princeton, N.J.: Princeton University Press, 1960), and Michael. Polanyi, *Personal Knowledge* (Chicago: University of Chicago Press, 1958).
18) George Herbert, *The Country Parson; The Temple*, ed. by John N. Wall Jr.(New York: Paulist, 1981). 악에 대해서는, poem 64, p. 203; poem 88, p. 232; for 덕에 대해서는, poem 43, pp. 182-183; poem 48, p. 186; poem 66, p. 206; poem 83, p. 225를 보라.
19) 앞의 책, poem 165, 'Love(III)', p. 316.
20) 앞의 책, poem 51, p. 190.
21) 앞의 책, poem 41, p. 181.
22) 앞의 책, poem 47, p. 186.
23) 앞의 책, poem 32, p. 174.
24) 앞의 책, poem 107, p. 255.
25) 앞의 책, poem 116, pp. 266-267.
26) George Herbert, *The Temple*, Classics of Western Spirituality (New York: Paulist, 1981).
27) Northrop Frye, *The Secular Scripture* (Cambridge, Mass.: Harvard University Press, 1976).

28) John Bunyan, *The Pilgrim's Progress in Modern English* (Gainesville, Fla.: Bridge-Logos, 1998), p. 211.
29) Thomas Merton, *The Seven Storey Mountain* (New York: Harcourt, 1948). *The Seven Storey Mountain*은 그가 수도원에 들어가기까지의 생애를 다룬다. *The Journals*에는 그가 갑자기 죽은 날까지 그의 생애 전체가 포함되어 있다.
30) 자료들에 따르면, 머튼은 동서양의 종교와 영성에 대한 회의 참석차 태국에 들렀다가 갑자기 고장난 선풍기 때문에 감전사했다고 한다. 1966년 「칠층산」 일본판이 출간되었을 때 그는 자신의 고전에 대해 이렇게 말했다. "오늘 이 책을 다시 쓴다면, 아마 다르게 썼을 것이다. 그랬을 거다. 하지만 이 책은 내가 아주 어렸을 때 썼고, 그 상태 그대로다. 그 이야기는 더 이상 내 것이 아니다."
31) Thomas Merton, *The Intimate Merton* (San Francisco: HarperOne, 1999), p. 23.
32) 앞의 책, p. 47.
33) 앞의 책, p. 199.
34) 앞의 책, pp. 299-302.
35) 앞의 책, p. 94.
36) 앞의 책, p. 176.
37) Thomas Merton, *Mystics and Zen Masters* (New York: Farrar, Straus & Giroux, 1967), pp. 91-112. 「신비주의와 선의 대가들」(고려원미디어).
38) Thomas Merton, *Life and Holiness* (New York: Image/Doubleday, 1963), p. 9. 「삶과 거룩함」(생활성서사).
39) Esther de Waal, *A Seven Day Journey with Thomas Merton* (Ann Arbor, Mich.: Servant, 1992), p. 26.
40) Merton, *Seven Storey Mountain*, pp. 40-41.
41) Thomas Merton, *Contemplative Prayer* (New York: Doubleday, 1971), p. 11. 「마음의 기도」(성바오로출판사).
42) De Waal, Seven Day Journey, p. 26.

세 번째 길: 타락으로 잃어버린 하나님에 대한 지식의 회복
1) *The Imitation of Christ*는 정확한 저자는 밝혀지지 않았지만, 일반적으로 Thomas à Kempis의 작품으로 여겨진다.

2) Maurice Merleau-Ponty, *Phenomenology of Perception*, trans. Colin Smith(London: Routledge, 1989).「지각의 현상학」(문학과지성사).
3) Thomas Aquinas, *Summa Theologica* 1.2.1.
4) Thomas Aquinas, *Compendium of Theology*, trans. Cyril Vollert(St. Louis: Herder, 1947), p. 208.
5) Thomas Aquinas, *Summa Theologica* 1.79.9.
6) 앞의 책, 1.12.12.
7) 앞의 책, 2-1.3.6.
8) 앞의 책, 1.1.8.
9) Thomas Aquinas, *Summa Theologica*, Q.82, pp. 1528-31.
10) 앞의 책, Q.180, pp. 1923-1933.
11) 앞의 책, 2.2.Q.83.a.1.c.
12) 앞의 책, I.Q.82.a.4.
13) John Goldingay, 'The Logic of Intercession', *Theology 101* (1998): 270.
14) Tuomo Mannermaa, *Christ Present in Faith: Luther's View of Justification* (Philadelphia: Fortress, 2005), p. 311에 인용됨.
15) A. Skevington Wood, 'Spirit and Spirituality in Martin Luther', *Evangelical Quarterly* 61, no. 4(1989): 311-333.
16) Martin Luther, *The Complete Works of Martin Luther*, (St. Louis: Concordia), 1957 CDROM, 41:114.
17) 앞의 책, 48:334.
18) 앞의 책, 40:29.
19) 앞의 책, 21:304.
20) 앞의 책, 22:303.
21) 앞의 책, 36:301.
22) 앞의 책, 26:387.
23) 앞의 책, 41:143.
24) 앞의 책, 41:144.
25) Paul Althaus, *The Theology of Martin Luther*, trans. Robert C. Schultz(Philadelphia: Fortress, 1966).
26) Mannermaa, *Christ Present in Faith*.
27) Martin Luther, *A Simple Way to Pray*(Louisville: Westminster/John Knox, 2000), p. 17.

28) Martin Luther, 'Of God's Word, XX', *Table Talk*(Philadelphia: Lutheran Publication Society, 1997).
29) 종종 루터가 "그 어린 주 예수 눌 자리 없어"(Away in a Manger)의 작사자로 여겨지기도 한다. 이는 사실이 아니지만(이것은 영국의 성탄 캐롤이다) 이 찬송의 정신과 메시지는 그에게 잘 어울린다.
30) Samuel Taylor Coleridge, accessed at <http://www.theologywebsite.com/etext/luther_hymns.shtml>.
31) John Calvin, *Institutes of the Christian Religion*(1536 edition, Grand Rapids: Eerdmans), pp. 18-19.
32) 앞의 책, p. 19.
33) 앞의 책, p. 28.
34) 앞의 책, p. 68.
35) 앞의 책, p. 69.
36) 앞의 책.

네 번째 길: 예수 그리스도와의 친밀한 관계

1) Bruce Metzger, *Lexical Aids for Students of New Testament Greek*(Grand Rapids: Baker, 1998)을 보라. Metzger는 바울이, 하나님과 함께하는 삶은 그리스도를 본받음으로써만 가능하다는 사실을 보여 주기 위해 "그리스도 안에서"라는 표현을 사용한 164번의 경우에 주목한다. 또한 Bruce Metzger, *The Text of the New Testament*(Oxford: Oxford University Press, 1968)를 보라. 「신약 원어참고서」(개혁주의신행협회), 「사본학」(CLC).
2) 세 권의 고전적인 예로는 Ernst Troeltsch, *The Social Teaching of the Christian Churches*(Louisville: Westminster/John Knox, 1992), H. Richard Niebuhr, *Christ and Culture*[San Francisco: Harper & Row, 1951, 「그리스도와 문화」(IVP)]; 그리고 Richard Fox, *Jesus in America*(San Francisco: HarperSanFrancisco, 2004)를 보라. 물론 Jaroslav의 *Pelikan's Jesus through the Centuries*(San Francisco: HarperSan-Francisco, 1985)는 이 주제에 가장 잘 초점을 맞춘 고전적인 책으로 남아 있다. Pelikan은 이 책에서 기독교 역사를 통틀어 예수님이 묘사된 방식을 열여덟 가지 유형으로 정리함으로써 예수님의 생애에 대한 변화무쌍한 통찰을 제시한다.
3) 13세기에는 여섯 가지 주요한 변화가 일어났는데, 이는 하나님과 함께하는 삶에 대한 새로운 접근법을 향해 문을 열어 주었다. 첫째, 엄청난 사람

들이 도시로 모여들면서 도시화라는 새로운 물결이 시작되었다. 둘째, 이러한 인구 이동은 전면적으로 새로운 흐름의 경제 성장과 발전의 자극제가 되었다. 그 다음 이러한 발전은 유럽 사회에 든든한 사회 기반을 조성하라는 압력을 낳았다. 사회적으로 든든한 기반을 세우고 도시로 인구가 계속 유입되면서 법적인 논쟁도 증가했다. 이는 아주 정교하고 복잡한 법률 제도와 사법 제도가 되도록 혁신과 개선을 필요로 했다. 그 다음 인구 증가는 보편적인 교육에 대한 새로운 관심과 헌신을 일으켰고, 이러한 관심은 일상어 신학에 대한 요청을 되살렸다. 그것은 대중들이 이용하고 다가가기 쉬운 신학이었다. 마지막으로 이렇게 계급이나 차별 없이 증가한 인구는 무역과 상업에 대한 관심의 증폭으로 이어졌다. 이제 곧 출현할 세계 경제의 광대한 자원을 개발하고 이해하려는 깊은 추구가 시작되었다. 13세기가 시작되었을 때 기독교가 처한 상황이 이러했다. 이런 급속한 발전과 변화로 인해 하나님과 함께하는 삶에 대한 새로운 표현이 필요해졌다.

4) Francis of Assisi, *Francis and Clare: The Complete Works*, trans. Regis J. Armstrong and Ignatius C. Brady(New York: Paulist, 1982), p. 3.
5) Bonaventure, *Life of St. Francis*, trans. Ewert Cousins(New York: Paulist, 1978), pp. 177-333를 보라.
6) Bernard McGinn, *The Flowering of Mysticism* (New York: Crossroad, 1998)을 보라.
7) Bonaventure, *Life of St. Francis*, p. 216.
8) 앞의 책, pp. 262-263.
9) Francis of Assisi, 'Later Rule' 10.8, in *Francis and Clare*, p. 144.
10) Francis of Assisi, 'The Earlier Rule' 16.1, in 앞의 책, p. 121.
11) 앞의 책, 10.8.
12) Francis of Assisi, *Francis and Clare*, p. 4.
13) 앞의 책, pp. 31-34.
14) Francis of Assisi, *The Little Flowers of St. Francis*, trans. Raphael Brown(Garden City, N.Y.: Doubleday, 1958), pp. 42-43.
15) 앞의 책, p. 68.
16) Paul Sabatier, *Life of St. Francis of Assisi*(New York: Charles Scribner's, 1894), p. 307.
17) 앞의 책, p. 83.

18) Francis of Assisi, *Francis and Clare*, p. 103.
19) 광범위한 그의 참고 도서 목록에 대해서는 Bonaventure의 13권짜리 책을 보라.
20) Bonaventure, *Life of St. Francis*, pp. 182-183.
21) Bonaventure, *The Soul's Journey to God*, trans. Ewert Cousins. (New York: Paulist, 1978). 가장 잘 알려진 책은 가장 훌륭한 기여를 한 *The Journey of the Soul to God*이다. 1259년에 처음 출판된 이 책은, 자신의 철학적인 저술들, 깊이 간직하고 있던 영적 믿음들, 인간 지식에 대한 이론들, 성 프란체스코를 향한 충심을 훌륭하게 통합해 낸 것이다.
22) Jean Leclercq, *The Love of Learning and the Desire for God* (New York: Fordham University Press, 1961)을 보라. 이는 '렉티오 디비나'의 기본 여섯 단계를 소개하는 탁월한 자료이며, 또한 하나님과 함께하는 삶에 성경을 사용하는 방식에 대한 훌륭한 안내서다.
23) 베르나르가 처음 사용한 '경험의 책'이라는 표현은 보나벤투라에 의해 대중화되었다. 본질적으로 이는 하나님에 대한 영적 경험에 강조점을 둔 초대 교회의 경향을 다시 찾은 것이다. 하나님에 대한 경험은, 제대로만 받아들여진다면 우리의 영성 생활에 확신을 주고 도움이 되는 것이다.
24) Bonaventure, *Soul's Journey to God*, p. 70.
25) 앞의 책, p. 81.
26) 앞의 책, p. 82.
27) 앞의 책, p. 84 이하.
28) 앞의 책, p. 89.
29) 앞의 책, pp. 92-93.
30) 앞의 책, pp. 94-101.
31) 앞의 책, pp. 102-109.
32) Bonaventure, *The Life of St. Francis*, pp. 179-327.
33) Bonaventure, 'Prayer of St. Bonaventure', found at External Word Television Network, <www.ewtn.com/Devotionals/prayers/Bonaventure.htm>.
34) Thomas à Kempis, *The Imitation of Christ*, trans. William C. Creasy (Macon, Ga.: Mercer University Press, 1989), p. 8.
35) 앞의 책, pp. 150-154.
36) 앞의 책, p. 21.
37) 앞의 책, p. 26.

38) 앞의 책, p. 23.
39) 앞의 책, p. 78.
40) Ignatius of Loyola, *Personal Writings*, trans. Joseph A. Munitz and Philip Endean(New York: Penguin, 1996), p. 13.
41) 앞의 책, p. 113.
42) 앞의 책, p. 139.
43) Abraham Black and William F. Prokas, *Classical Conditioning II*(New York: Appleton-Century-Crafts, 1972), pp. 422-423. 또한 Leland C. Swenson, *Theories of Learning*(Belmont, Calif.: Wadsworth, 1980), pp. 367-372를 보라.
44) Ignatius of Loyola, *Spiritual Exercises*(Boston: Daughters of St. Paul, 1978), pp. 41-59.
45) 앞의 책, pp. 61-90.
46) 앞의 책, pp. 102-114.
47) 앞의 책, pp. 115-122.
48) Ignatius of Loyola, *Personal Writings*(New York: Penguin, 1996) pp. 226-231.
49) 앞의 책, pp. 232-237.

다섯 번째 길: 하나님을 체험하는 바른 질서

1) William Ralph Inge, *Christian Mysticism*(London: Menthuen, 1899), p. 335.
2) Rufus Jones, *Studies in Mystical Religion*(New York: Macmillan, 1923), p. xv. 또한 Evelyn Underhill, *Mysticism*(New York: Image/Doubleday, 1911); Ernst Troeltsch, *The Social Teaching of the Christian Churches*, vols. 1-2, trans. Olive Wyon(London: Allen & Unwin, 1931); and *Mysticism and Religious Traditions*, ed. Stephen Katz(New York: Oxford University Press, 1983)를 보라. 구체적이고 포괄적인 접근에 대해 보려면, Truth's Bright Embrace, ed. Paul N. Anderson and Howard R. Macy(Newberg, Ore.: Barclay, 1996), pp. 137-144를 보라.
3) Julian of Norwich, *Showings*(New York: Paulist, 1978), p. xix.
4) Julian of Norwich, *Revelations of Divine Love*, trans. Elizabeth Spearing(London: Penguin, 1998).

5) 앞의 책, p. 11.
6) 앞의 책, chap. 8, p. 12.
7) 앞의 책.
8) 앞의 책, p. 13.
9) 앞의 책.
10) 앞의 책, p. 14.
11) 앞의 책.
12) 앞의 책, p. 15.
13) 앞의 책, pp. 15-18.
14) 앞의 책, pp. 18-19.
15) 앞의 책, p. 20.
16) 앞의 책.
17) 앞의 책.
18) 앞의 책, pp. 22-27.
19) 앞의 책, pp. 28-30.
20) 앞의 책, pp. 30-32.
21) 앞의 책, pp. 153-155.
22) 앞의 책, p. 36.
23) Julian of Norwich, *Showings*, p. 186.
24) 앞의 책, p. 199.
25) 앞의 책, p. 181.
26) Abba Anthony, *Vitae Patrum* 7.38 ; PL 73 : 1055C, Irenee Hausherr, *Penthos* (Rome : Pont. Institutum Orientalium Studiorum, 1944), p. 41에 인용됨.
27) Julian of Norwich, *Showings*, p. 178.
28) 앞의 책, pp. 184-186.
29) 앞의 책, p. 249.
30) 앞의 책, p. 248.
31) 앞의 책, p. 253.
32) *Enfolded in Love : Daily Readings with Julian of Norwich* (New York : Seabury, 1980), p. 15.
33) John Punshon, *Portrait in Grey : A Short History of the Quakers* (London : Quaker Home Service, 1984).
34) 앞에서 언급했듯이, 프란체스코는 이 땅에서의 예수 그리스도의 인간적

인 모범에 대한 묵상을 계발하려고 계속해서 노력했다. 프란체스코는 내면의 교사 그리스도에 대한 아우구스티누스의 이해에 대해서는 언급하지 않지만, 대신 복음서에 기록된 예수님의 생애에 초점을 맞춤으로써 그의 가르침을 확대한다.

35) Augustine of Hippo, 'The Teacher', *in Philosophy in the Middle Ages*, trans. Arthur Hyman and James J. Walsh(Indianapolis: Hackett, 1973), p. 31.
36) George Fox, *The Journal of George Fox*, ed. John L. Nickalls (Philadelphia: Religious Society of Friends, 1985), p. 69.
37) 앞의 책, pp. 1-100.
38) 앞의 책, p. 14.
39) 앞의 책, p. 40.
40) John Locke, *An Essay Concerning Human Understanding*(Garden City, N.Y.: Anchor, 1974).
41) René Descartes, *Meditations on First Philosophy*, trans. Laurence J. Lafleur(Indianapolis: Bobbs-Merrill, 1960). 「성찰」(문예출판사).
42) Fox, *Journal of George Fox*, p. 20.
43) 앞의 책, p. 35.
44) 앞의 책, p. 149.
45) 앞의 책, p. 24.
46) 앞의 책, p. 197.
47) 앞의 책, pp. 169-170.
48) Lewis Benson, *What Did George Fox Teach About Christ?*(Gloucester, U.K.: Fellowship, 1976), p. 29에 인용됨.
49) George Fox, *The Works of George Fox*, 8 vols.(New York: Isaac T. Hopper, 1831), 8:153.
50) Benson, *What Did George Fox Teach?* p. 1.
51) John Wesley, *The Works of John Wesley*, ed. Albert C. Outler (Nashville: Abingdon, 1984-).
52) Samuel Johnson, *A Dictionary of the English Language*, s.v. 'experimental.'
53) John Wesley, 'Sermons on Several Occasions', *The Works of John Wesley*, 1:106.

54) '웨슬리 신학의 4대 원리'라는 말은 1960년대에 Albert Cook Outler에 의해 처음으로 사용되었다.
55) Blaise Pascal, *Pensées*, frag. 173, trans. Thomas Krailsheimer (Middlesex, U.K.: Penguin, 1966), p. 83.
56) John Wesley, *The Works of John Wesley*(Oxford: Clarendon, 1975-1983), 2:599.
57) Robert Barclay, *Barclay's Apology*, ed. Dean Freiday(Elberson, N.J.: Sowers, 1967)를 보라.
58) John Wesley, 'The Witness of the Spirit, I-II', *The Works of John Wesley*, 1:299-313.
59) *The Journal of the Rev. John Wesley*, ed. Nehemiah Curnock (London: R. Culley, 1909-1916), entry dated August 25, 1763.
60) Friedrich Schleiermacher, *On Religion: Speeches to the Cultured Among Its Despisers*, trans. Richard Crouter(New York: Cambridge University Press, 1988).
61) 앞의 책, p. 162.
62) 앞의 책, pp. 162-188.
63) 앞의 책, pp. 189-223.
64) John Calvin, *Institutes of the Christian Religion*, trans. Henry Beveridge(Grand Rapids: Eerdmans, 1989).
65) A. Gerrish, *A Prince of the Church: Schleiermacher and the Beginnings of Modern Theology*(Philadelphia: Fortress, 1984), p. 25.

여섯 번째 길: 행동 그리고 관상

1) John Cassian, *Conferences* 14.1. Classics of Western Spirituality (Mahweh, N.J.: Paulist, 1985).
2) Gregory the Great, *Forty Gospel Homilies*(kalamazoo, MI: Cistercian Publications, 1990).
3) John Cassian, *Conferences* 1.2.
4) 같은 책, 10.6.
5) 같은 책, 14.1.
6) 같은 책, 14.2-3.
7) 행동과 관상에 대해 더 자세히 다룬 글을 보려면 Bernard McGinn and

Patricia Ferris McGinn, *Early Christian Mystics*(New York: Crossroad, 2003), pp. 59-75를 보라.
8) James Walsh, Spirituality Through the Centuries (New York: P. J. Kenedy, 1964). Bede Griffith, "John Cassian", in *Spirituality Through the Centuries*, ed. James Walsh(New York: P. J. Kenedy, 1964), pp. 25-41를 보라.
9) John Cassian, *Conferences* 2(특히 2.4). 카시안의 '분별'을 아주 잘 설명한 2차 자료를 보려면, John Levko, 'The Relationship of Prayer to Discretion and Spiritual Direction for John Cassian,' *St. Vladimir's Theological Quarterly* 40, no. 3(1996): 155-71을 보라.
10) John Cassian, *Conferences* 3.7.
11) 같은 책, 9.
12) 같은 책, 9.9.
13) 같은 책, 9.16-9.26.
14) John J. Levko, 'Prayer in a Culture of Excess', Diakonia 33.3(Bronx, N. Y.: Fordham University Press, 1966), pp. 275-282를 보라.
15) John Cassian, *Conferences* 14.6.
16) 같은 책, 14.1.
17) 같은 책, 14.8.
18) Rebecca Harden Weaver, 'Access to Scripture: Experiencing th Text', *Interpretation* 54, no. 4(1998): 367-379를 보라.
19) Gregory the Great, *Dialogue*를 보라. 그레고리우스는 가장 세밀하게 베네딕트의 전기를 기록했다. 그의 저술은 베네딕트가 했던 일과 그의 삶에 대해서 상당히 많은 것을 알려 준다.
20) 아래에 하나님에 대한 사랑과 이웃에 대한 사랑의 균형을 잡아 주는 72가지 방편들을 *The Rule of St. Benedict in English* [(Collegeville, Minn.: Liturgical Press, 1982), RB#4, pp. 26-27]에서 뽑아 나열했다.

1. 마음과 혼과 힘을 다해서 하나님을 사랑하라.
2. 자기 자신을 사랑하듯 자기 이웃을 사랑하라.
3. 살인하지 말라.
4. 간음하지 말라.
5. 도적질하지 말라.
6. 탐내지 말라.

7. 거짓 증언하지 말라.
8. 모든 사람을 존경하라.
9. 자신이 받기를 원하는 대로 남에게 해주어라.
10. 그리스도를 따르기 위해서 자신을 부인하라.
11. 육체를 다스려라.
12. 우아한 삶을 추구하지 말라.
13. 금식을 사랑하라.
14. 가난한 자를 구제하라.
15. 벗은 자에게 옷을 입히라.
16. 병든 자를 방문하라.
17. 죽은 자를 묻어 주어라.
18. 고통 받는 자를 도와주어라.
19. 슬퍼하는 자를 위로하라.
20. 이 세상의 것을 멀리하라.
21. 그리스도를 사랑하는 것을 가장 선호하라.

우리가 어떤 사람이 되어야 하는지를 다루고 있는 두 번째 부분은 22번에서 72번까지에 요약되어 있다. 대략적으로 나열하면 다음과 같다.

22. 분노에 휩싸이지 말라.
23. 복수하고픈 마음을 품지 말라.
24. 교활한 마음을 키우지 말라.
25. 거짓 평화가 아닌 진짜 평화를 이루어라.
26. 자애를 잃지 말라.
27. 욕하지 말라.
28. 마음과 입에서 언제나 진실만 말하라.
29. 악을 악으로 갚지 말라.
30. 그 누구에게도 잘못을 행하지 말고 자신에게 행해진 잘못은 인내하며 견디라.
31. 원수를 사랑하라.
32. 언제나 축복하라.
33. 정의를 위해서 박해를 감내하라.
34. 교만하지 말라.
35. 포도주를 지나치게 마시지 말라.
36. 폭식하지 말라.
37. 졸지 말라.
38. 게으르지 말라.

39. 불평하는 사람이 되지 말라.
40. 비방하는 사람이 되지 말라.
41. 하나님에게 소망을 두어라.
42. 선한 일은 모두 오직 하나님의 행위로만 돌리라.
43. 자신이 하는 악한 일을 인식하고 언제나 그것을 자기 자신에게로 돌리라.
44. 심판의 날을 두려워하라.
45. 지옥을 두려워하라.
46. 특별한 갈망으로 영원한 생명을 바라라.
47. 날마다 죽음에 직면하라.
48. 자기 인생의 행위들을 언제나 잘 감시하라.
49. 하나님이 언제나 보고 계시다는 사실을 확실히 알라.
50. 악한 생각이 마음에 떠오르는 즉시 반석이신 그리스도 위로 내치라.
51. 자신의 영성 지도자에게 자신의 생각과 실수들을 공개하라.
52. 사악한 말을 입에 담지 말라.
53. 말을 많이 하는 것을 좋아하지 말라.
54. 헛된 말이나 웃음을 자아내는 말을 하지 말라.
55. 웃는 것을 좋아하지 말고 지나치게 웃지 말라.
56. 거룩한 독서(holy reading)를 기꺼이 경청하라.
57. 자주 기도드릴 것.
58. 날마다 눈물과 탄식으로 하나님 앞에 자신의 죄를 고백하고 앞으로의 때를 위해서 그것을 고치라.
59. 육신의 욕망을 채우지 말라.
60. 주님의 그 교훈을 기억하여 비록 수도원장이 자신의 말과 다르게 행동할지라도 모든 일에 있어서 수도원장의 명령에 순종하라.
61. 자신이 거룩해지기 전에 거룩하다는 말을 들으려 하지 말라. 먼저 거룩해져라. 그래서 진정으로 거룩하다는 말을 들어라.
62. 날마다 자신의 행실을 통해 율법을 지켜라.
63. 순결을 사랑하라.
64. 그 누구도 미워하지 말라.
65. 시기심이나 질투심에 압도당하지 말라.
66. 분쟁을 좋아하지 말라.
67. 허영심으로부터 도망가라.
68. 네 선배들을 존경하라.
69. 후배들을 사랑하라.
70. 그리스도의 사랑으로 원수를 위해 기도하라.

71. 해가 지기 전에 적과 화해하라.
72. 하나님의 자비를 결코 포기하지 말라.

21) Rule 2.
22) Rule 3.
23) Rule 64, 이 위의 내용도 모두 Rule 64에 들어 있다.
24) Timothy Fry, ed., *The Rule of St. Benedict in English* (Collegeville, Minn.: Liturgical Press, 1982), p. 20
25) 같은 책, p. 21.
26) 영성 생활과 연관이 있는 특정 텍스트를 보려면 *Moralia on Job* 5.52-66; 6.55-61; 8.49-50; 10.31; 18.88-90; 23.37-43; 24.11-12; 31.99-102; *Homilies on Ezekiel* 1.3.9-14; 1.5.12-13; 2.1.16-18; 2.2.7-15; 2.5.8-29; *Pastoral Rule*, 1.5-7; 2.5, 7. *Dialogues*를 보라.
27) Gregory the Great, *Homilies on Ezekiel*, 2.2.12.
28) 같은 책, 2.2.14.
29) Gregory the Great, *Homilies on Ezekiel*, 1.3.14; *Homilies on the Gospels*, 26.12.
30) G. R. Evans, *The Thought of Gregory the Great*; Gregory the Great *Homilies on the Gospel*; cf. with *Isaiah*를 보라.
31) Gregory, *Homilies on Ezekiel*, 2.5.8.
32) 같은 책, 2.5.9.
33) Gregory the Great, *The Homilies of St. Gregory the Great on the Book of the Prophet Ezekiel* 2.2.7, trans. Theodosia Gray (Etna, Calif.: Center for Traditionalist Orthodox Studies, 1990).
34) 같은 책, 2.2.9.
35) 같은 책, 2.2.10.
36) 같은 책, 2.2.11.
37) 같은 책, 2.2.12.
38) Gregory the Great, *Moralia on Job*, 8.10.19.
39) Gregory the Great, *Homilies on Ezekiel*.
40) Gregory the Great, *Moralia on Job*, 32.3.4. 그의 다른 저작에도 참조 글과 강조점들이 계속해서 나오지만 특히 *Homilies on Ezekiel*, 2.2.7-15에 잘

나와 있다.
41) 같은 책, 32.3.4.
42) 같은 책, 28.
43) 같은 책, 39.

일곱 번째 길: 영적 상승

1) 이러한 발견에 대해 좀더 자세한 내용을 보기를 원하면, Paul Rorem, *Pseudo-Dionysius: A Commentary on the Texts and an Introduction to their Influence*(New York: Oxford University Press, 1993)를 보라.
2) *Pseudo-Dionysius: The Complete Works*, trans. Colm Luibhead. Classics of Western Spirituality(New York: Paulist, 1987). 「위 디오니시우스 전집」(은성사).
3) 현존하는 위(僞)디오니시우스의 책은 네 권이며, 열 개의 논설 혹은 편지가 남아 있다. 그는 자신의 글에서 다른 두 권의 책도 계속 언급하는데, 그 두 권은 *Symbolic Theology* 그리고 *Theological Representations*로, 유실되었거나 파기되었다.
4) James McEvoy, ed. and trans., *Mystical Theology*(Dudley, Mass.: Peeters, 2003), 3.
5) 같은 책, 4.
6) Pseudo-Dionysius, *The Divine Names and Mystical Theology*, trans. John D. Jones (Milwaukee: Marquette University Press, 1980)를 보라.
7) *The Cloud of Unknowing*(San Francisco: HarperSanFrancisco, 2001), p. 21. 원출판사는 Paulist Press, 1981이다.
8) 같은 책, p. 30.
9) 같은 책, pp. 50-56.
10) 같은 책, pp. 35-36.
11) 같은 책, pp. 38, 84.
12) 같은 책, pp. 74-75.
13) Everett Cattell, *The Spirit of Holiness*(Kansas City: Beacon Hill, 1965)를 보라.
14) 또한 같은 책, p. 56를 보라.
15) 같은 책, p. 108.
16) 'The Cloud of Unknowing', Wikipedia <http://en.wikipedia.org/

wiki/The_Cloud_of_Unknowing>에서 인용.
17) <http://frimmin.com/books/cloudunknow.php>에 인용됨.
18) 같은 곳.
19) 같은 곳.
20) *The Cloud of Unknowing*, ed. Emilie Griffin(San Francisco: HarperSanFrancisco, 1981), p. 66.
21) 같은 책.
22) 같은 책.
23) 테레사는 또한 네 번째 책도 썼다. *The Book of Foundations*인데, 잘 알려져 있지는 않다. 이 책은 영성 생활의 성격에 대해서 말해 주는 일곱 가지 격언으로 구성되어 있다.
24) Teresa of Avila, *The Interior Castle*, trans. Kieran Kavanaugh(San Francisco: HarperSanFrancisco, 2004), p. x.
25) 같은 책, p. 3.
26) 같은 책, pp. 5-6.
27) 같은 책, p. 7.
28) 같은 책, p. 10.
29) 같은 책, p. 11.
30) 같은 책, pp. 18-20.
31) 같은 책, p. 30.
32) 같은 책, pp. 42-44.
33) 같은 책, p. 50.
34) 같은 책, p. 54.
35) 같은 책, p. 72.
36) 같은 책, p. 79.
37) 같은 책, p. 83.
38) 같은 책, p. 85.
39) 같은 책, pp. 89-92.
40) 같은 책, p. 104.
41) 같은 책, p. 121.
42) 같은 책, pp. 128-129.
43) Teresa of Avila, *The Interior Castle*(Mahweh, N. J.: Paulist, 1979), p. 130.
44) 같은 책, p. 35.

45) 같은 책, p. 179.
46) 같은 책, p. 196.
47) 같은 책, pp. 132-133.
48) 요한의 네 번째 주요 저작은 *The Spiritual Canticle*인데, 이 책은 *The Living Flame of Love*의 보완이다.
49) John of the Cross, *The Dark Night*, trans. Kieran Kavanaugh (San Francisco: HarperSanFrancisco, 2004), p. 1.
50) 같은 책, p. 3.
51) 같은 책, p. 5.
52) 같은 책, p. 7.
53) 같은 책, 8장.
54) 같은 책, 10장.
55) 같은 책, p. 14.
56) John of the Cross, *Selected Writings(The Dark Night)*, ed. Kieran Kavanaugh, Classics of Western Spirituality(New York: Paulist, 1978), p. 162.
57) John of the Cross, *Selected Writings(The Living Flame of Love)*, ed. Kieran Kavanaugh, Classics of Western Spirituality (New York: Paulist, 1978), pp. 293-294.
58) 같은 책, p. 143.
59) John of the Cross, *Dark Night*, p. 208.

부록1: 하나님과 함께하는 삶에 기독교 이전의 영성이 미친 영향

1) Evagrius of Ponticus, *The Praktikos*, trans. John Eudes Bamberger (Kalamazoo, Mich.: Cistercian, 1981), chap. 9.
2) Plato, *Phaedrus* 256b. 「파이드로스」(문예출판사).
3) 같은 책, 253d.
4) 같은 책, 516a.
5) Aristotle, *Nichomachean Ethics*, trans. W. D. Ross, The Complete Works of Aristotle (Princeton, N. J.: Princeton University Press, 1984), 2: 1729-1867. 「니코마코스 윤리학」(이제이북스).
6) Michael Stone, *Scriptures, Sects and Visions: A Profile of Judaism from Ezra to Jewish Revolts*(Philadelphia: Fortress Press, 1980).

7) Louis Bouyer, *The Spirituality of the New Testament and the Fathers* (New York: Seabury, 1982), pp. 3-20.
8) *The Works of Philo*, trans. C. D. Yonge(Peabody, Mass.: Hendrickson, 1993).
9) 이 부분에 대해서 우리의 이해를 도와주는 많은 일차적 그리고 이차적 자료들이 있지만, 그 중에서도 특히 두 가지가 두드러진다. 첫째, Robert Grant and David Tracy의 탁월한 책 *A Short History of the Interpretation of the Bible*(Philadelphia: Fortress, 1984)은 이 시기를 간결하고도 명쾌하게 다루고 있다. 두 번째 자료인 *The Cambridge History of the Bible* (Cambridge: Cambridge University Press, 1970)는 Tracy가 발견한 내용들을 확장시키고 있으며, 일차적 자료들을 많이 제공해 주고 있다. 「성서해석의 역사」(대한기독교서회).
10) Bruce Metzger, *Lexical Aids for Students of New Testament Greek*(Grand Rapids: Baker, 1998); Bruce Metzger, *The Text of the New Testament* (Oxford: Oxford University Press, 1968).
11) Henry Chadwick, *The Early Church*(Middlesex, U. K.: Penguin, 1967), esp. pp. 125-159.

부록2: 여성 그리스도인과 영성

1) Madame Guyon, *An Autobiography*(Chicago: Moody, 1988)
2) Madame Guyon, *Experiencing the Depths of Jesus Christ*(Auburn, Maine: Seed Sowers, 1975), p. 4.
3) Jim Forest, *Love Is the Measure: A Biography of Dorothy Day*(Maryknoll, N. Y.: Orbis, 1994), p. 55.
4) *Noble Lectures, Peace 1971-1980*, ed. Irwin Abrams (Singapore: World Scientific, 1997).

색인

"A Mighty Fortress Is Our God" (Luther) 184
A Simple Way to Pray (Luther) 183
Abba Anthony 284
"Affliction(III)"(Herbert) 111-112
Allen Diogenes 14, 15
"Altar, The"(Herbert) 110
Anthony the Great 515-517, 519, 522-523
Apologetic Treatise Against Those Decrying the Holy Images (John of Damascus) 527
Arena, The(Brianchaninov) 535
Aristotle(아리스토텔레스)
   세계관(worldview of) 108
   아테네의 아카데미(Athens academy and) 290
   영향(influence of) 475-476, 514
   토마스 아퀴나스(Thomas Aquinas and) 151, 162, 475-476
Ascent of Mount Carmel, The(John of the Cross) 448, 455
"Ascetic Treatises"(Macarius) 523
Ascetica 517
Athanasius of Alexandria 516, 518-519
Augustine of Hippo(히포의 아우구스티누스) 41-53
   그레고리우스 대제(Gregory the Great) 373
   내면의 교사로서의 그리스도(on Christ as inward Teacher) 51, 190, 290, 294, 555
   몸과 영혼(on body and soul) 42

무질서한 사랑(on disordered love) 49
믿음의 본질(on nature of faith) 45-47
보나벤투라(Bonaventure and) 224
블레즈 파스칼(Blaise Pascal and) 67, 71
신플라톤주의(Neoplatonism and) 290
안식하지 못함(on heart's restlessness) 18
얀센주의(Jansenism and) 544
올바른 교리(on correct doctrine) 45-46
유혹(on temptation) 44-45
이성(on reason) 43-45, 52
인간 의지(on human will) 45-47, 51, 340-341
죄(on sin) 71
카시안(Cassin and) 339-340
칼뱅(Calvin and) 109
토마스 아퀴나스(Thomas Aquinas and) 151
토머스 머튼(Thomas Merton and) 137
하나님 사랑(on loving God) 41-53
하나님만으로 채울 수 있는 공간 (God-shaped vacuum and) 324
하나님에 대한 갈망(on longing for God) 23
하나님을 아는 것(on knowing God) 43-47
회심(conversion of) 49, 51
"Away in a Manger" 549

Barclay, Robert 311, 322
Barth, Karl 330
Basil of Caesarea 517
Basil the Great(위대한 바실리우스) 89, 520
Benedict of Nursia(누르시아의 베네딕트) 315, 335-337, 357-370, 558, 또한 '베네딕트 수도회' (Benedictines); 'Rule of St. Benedict'를 보라.
Bernard of Assisi 215
Bernard of Clairvaux(클레르보의 베르나르) 55-66, 169, 265, 543
Bernardone, Francesco 'Francis of Assisi'를 보라.
Beskendorf, Peter 183
Blake, William 318
Blance (Queen of Sweden) 494
Boehme, Jacob 290
Bonaventure(보나벤투라) 219-232
  글들(writings of) 221, 551
  기도(prayer of) 232
  배경(background of) 219-221
  세라핌 박사(as "Seraph Doctor") 221
  아시시의 프란체스코(Francis of Assisi and) 209, 219-223, 228, 551
  역사적 배경(historical context of) 290

영성 신학(spiritual theology of) 147
영적 성장의 단계(on stages of spiritual growth) 224-228
영적 지식(on spiritual knowledge) 221-223, 228
체험(on experience) 552
Book of Divine Works, The (Hildegard of Bingen) 488
Book of Foundation, The (Teresa of Avila) 563
Book of Life's Merits, The (Hildegard of Bingen) 488
Book of Margery Kempe, The (Kempe) 497
Book of Martyrs (Foxe) 127
Booth, Catherine 504-505
Booth, William 504
Brianchaninov, Ignatius 535
Bridget of Sweden 494-495
Bridgettines 494-495
"British Church, The" (Herbert) 113
Bunyan, John(존 번연) 123-131, 318
Byzantine Theology (Meyendorff) 537

Calvin, John(장 칼뱅) 187-200, 253, 327-329, 427
Cannery Row (Steinbeck) 72
"Canticle of the Sun" (Francis of Assisi) 217
Cassian, John 336, 337-355, 357-361, 373
Catherine of Genoa 497-498
Catherine of Siena 495-496

Celebration of Discipline (Foster) 13
Celestial Hierarchy, The (Pseudo-Dionysius) 396
Chambers, Oswald 510
Christ Present in Faith (Mannermaa) 182
Christian Faith, The (Schleiermacher) 323, 327, 329
Christian's Secret of a Happy Life, The (Smith) 502
Christina the Astonishing 489-490
"Church Music" (Herbert), 112
Clare of Assisi 490-491
Cloud of Unknowing, The (「무지의 구름」) 392, 409-426
Coleridge, Samuel Taylor 184
"Colossians 3:3" (Herbert) 118
Come Be My Light (Mother Teresa) 510
Commentary on the Divine Liturgy (Nicholas Cabasilas) 532
Commentary on the Song of Songs (Origen) 32
Conferences (Cassian) 338, 344, 347, 360
Confessions (Augustine) 41, 49, 140, 428
Constantine 482, 516
Copernicus 108
Country Parson, The (Herbert) 119
Cyril of Alexandria 523-524
Cyril of Jerusalem 519-520

Dante 134, 138, 543

Dark Night, The (John of the Cross) 448, 454, 456
Day, Dorothy 507-509
de Waal, Esther 142
Defoe, Daniel 318
Descartes, Renè 69, 294
Dialogues (Catherine of Genoa) 497
Dialogues (Catherine of Siena) 496
Dionysius(디오니시우스) 393-408
    관상(contemplation and) 158, 251
    보나벤투라(Bonaventure and) 224
    사상 요약(summary of thought of) 402
    신비 신학(on mystical theology) 395
    아빌라의 테레사(Teresa of Avila and) 429, 443
    영적 상승(divine ascent and) 391
    이름의 기원(origin of name of) 393-394
    인간의 주도성(on human initiative) 169
    자리의 중요성(importance of place and) 405
    작품(works of) 393-403, 562
    하늘의 위계와 교회의 위계(celestial and ecclesiastical hierarchy of) 396-402
Divine Comedy (Dante) 543
Divine Names, The (Pseudo-Dionysius), 394
Doctrine of Original Sin, The (Wesley) 307
Domnina (Nero's daughter) 485
Duns Scotus 146

Eckhart, Meister 137
Eli (high priest) 266, 346
Elisabeth of Schonau 488-489
Enchiridon, The (Augustine) 46
Ephraim the Syrian 519
Erasmus 393
Eucharist, The (Schmemann) 536
Eudokia of Heliopolis 485-486
Euthymius (saint) 524-525
Evagrius of Ponticus(폰티쿠스의 에바그리우스) 89-102, 337, 343, 347, 545
Exact Exposition of the Orthodox Faith, The (John of Damascus) 528

Fell, Thomas 498
Fénelon, François 500
"Fifty Spiritual Homilies" (Macarius) 523
First Catechism, The (Augustine) 46
Flowing Light of the Godhead The (Mechtild von Magdeburg) 492
Forsythe, P. T. 141
Foster, Mary Temperance 386
Foster, Richard 13, 15, 16
Fox, George(조지 폭스) 104-105, 289-301, 318, 498
Fox, Margaret Fell 498
Francis of Assisi(아시시의 프란체스코)

207-218
가르침(teaching of) 210-213
검소함(simplicity and) 216-217
겸손(on humility) 217
그리스도의 생애(life of Christ and) 555
기도(prayer and) 215-216, 218
로욜라의 이그나티우스(Ignatius of Loyola and) 246
보나벤투라(Bonaventure and) 219-221, 222, 223, 228, 551
수도원 생활(monasticism and) 147
신플라톤주의(Neoplatonism and) 290
아시시의 클레어(Clare of Assisi and) 491
전기(biography of) 203-204, 207-208, 215-217
프란체스코회(Franciscans and) 208, 212-215, 219
"Freedom of a Christian Man, The" (Luther) 180
Freud Sigmund 70
From Glory to Glory (Gregory of Nyssa) 521
"From Heaven High to Earth I Come" (Luther) 184
"From Pilgrimage to Crusade" (Merton) 137
Fry, Elizabeth Gurney 501-502

Galileo 108
Gilson, Etienne 137

Gnostikos (Evagrius) 93
Golden Legends (Jacobus, de Voragine) 246
Goldingay, John 164
Grace Abounding to the Chief of Sinners (Bunyan) 129
Gregory of Nazianzus 89, 520
Gregory of Nyssa 89, 520
Gregory of Nyzanius 528-529
Gregory of Sinai 529-530
Gregory Palamas 530-531
Gregory Palamas (Meyendorff) 537
Gudmarson, Ulf 494
Guyon, Jacques 499
Guyon, Madame (Jeanne-Marie Bouvier de la Mothe) 499-500

Hadewijch of Antwerp 493-494
Herbert, George(조지 허버트) 107-122
Hildegard of Bingen 147, 487-488
Hillel 31
Hilton, Walter 410
"Holy Scriptures (II)" (Herbert) 114-115
Homily 27 on Numbers (Origen) 32
Hopkins, Gerard Manley 230
Huxley, Aldous 137
Hymns of Divine Love (Symeon the New Theologian) 529

Ignatius of Loyola(로욜라의 이그나티우스) 238, 242, 245-257, 427

Imitation of Christ, The (Thomas à Kempis) 148, 233, 234-244, 246, 547
Inge, W. R. 265
Institutes of the Christian Religion, The (Calvin) 187, 196, 327
Interior Castle, The (Teresa of Avila) 392, 429, 441
Ioann III (prince) 533
Ivan the Terrible 533

Jacob (patriarch) 130, 379-380
Jacobus, de Voragine 246
James (apostle) 27, 531
James (saint, bishop of Nisibis) 518
James, William 328
Jansen, Cornelius 544
Jesus Through the Centuries (Pelikan) 550
"Jesus, the Very Thought of Thee" (Bernard of Clairvaux) 64
John (apostle) 204, 480, 531
John Chrysostom 521-522
John Climacus of Sinai 525-526
John Moschus 526
John of Damascus 527-528
John of the Cross(십자가의 요한) 137, 392, 447-458, 510, 564
John the Evangelist 528
Journal (Fox) 293
Journal (Wesley) 315
Journals, The (Merton) 133, 546
Journey of the Soul to God The (Bonaventure) 551

Julian of Norwich(노리치의 줄리언) 269-287, 290, 410

Karlstadt (Anabaptist leader) 175
Katherine of Bora 180
Kelly, Thomas 464
Kempe, Margery 496
Kephalia Gnostica (Evagrius) 92-93

Ladder of Divine Ascent, The (John Climacus) 526
Leah (Jacob's wife) 379-380
Lectures on Galatians (Luther) 181
Letters (Brevien) (Hadewijch of Antwerp) 494
Letters to Serapion (Athanasius) 519
Lewis, C. S. 474
Liber viarum Dei (Elisabeth of Schonau) 489
Life and Teachings (Catherine of Genoa) 497-498
Life and Teachings of Elder Silouan, The (Bishop Alexander) 536
Life in Christ, The (Nicholas Cabasilas) 533
Life of Christ, The (Ludolph of Saxony) 246
Life of St. Teresa (Teresa of Avila) 428
Living Flame of Love, The (John of the Cross) 448, 456, 564
Locke, John 294, 304
Ludolph of Saxony 246
Luther, Martin(마르틴 루터) 167-185
기도(on prayer) 179, 183

말씀과 성령이라는 두 가지 매개체(on dual agency of Word and Spirit) 172-177
모든 신자의 제사장됨(on priesthood of all believers) 386
배경(background of) 167-168, 180-183, 427, 549
십자가 신학(theology of the cross of) 172, 178, 181
영적 메마름(spiritual dryness and) 510
위-디오니시우스(Pseudo-Dionysius and) 393
이그나티우스(Ignatius and) 253
하나님의 성소가 되어 감(on becoming God's tabernacle) 173-175
회심(conversion of) 169-172

Macarius the Great of Egypt 522-523
Mamaea 38
Mannermaa, Tuomo 182
Martha (disciple) 379, 414, 423, 440
Mary (disciple) 379, 414, 423, 440
Mary (mother of Christ) 271, 272, 277, 286
Mary of Egypt (Saint) 486
Maximus the Confessor 526-527
Mechthild of Magdeburg(마그데부르크의 메히트힐트) 147, 491-492
Melchizedek 199
Merton, Thomas(토머스 머튼) 133-142, 392, 547
Metzger, Bruce 549
Meyendorff, John 536-537
Michael of Klopsk Monastery 533
Michelangelo 214
Monichikos (Evagrius) 90-93
Moses 250, 264, 402
Mother Teresa 509-510
Mystical Theology (Pseudo-Dionysius) 395
Mysticism: A Study in the Nature and Development of Spiritual Consciousness (Underhill) 505

Nero 484-485
Nicholas Cabasilas 532
Nicodemos of the Holy Mountain 534-535
Nicodemus 256

On Loving God (Bernard of Clairvaux) 57, 62-63, 65
On Prayer (Origen) 32
On Religion (Schleiermacher) 323, 328, 329
On the Holy Spirit (Athanasius) 519
Orations Against the Arians (Athanasius) 519
Origen of Alexandria(알렉산드리아의 오리게네스) 31-40, 90, 542
Orthodox Church, The (Ware) 537
Orthodox Way, The (Ware) 537
Outler, Albert "Sandy" 556

Pachomius (saint) 517
Pascal, Blaise(블레즈 파스칼) 67-77, 261, 324, 514
Paul (apostle) (바울 사도)
   권위와 체험(on authority and experience) 263
   그리스도를 본받음(on imitation of Christ) 204, 549
   그리스도의 생애(on Christ's life) 480
   다메섹 가는 길(Damascus road and) 266, 294
   디오니시우스(Dionysius and) 393
   사랑의 특성(on nature of love) 28-29
   섬김(on service) 370
   자연과 타락(on nature and the Fall) 230
   하나님을 봄(on seeing God) 263
Paul of Thebes 515
Pelagius II (pope) 372
Pelikan, Jaroslav 550
Pensées (Pascal) 68, 69, 71
Peter (apostle) 480, 531
Peter of Damascus 527
Phaedrus (Plato) 472
Philo 31, 478
Philokalia 527, 532, 535, 537
Photini (saint) 484-485
Photius the Great 528
Pilgrim's Progress, The (Bunyan) 123-131, 234
"Pilgrimage, The" (Herbert) 117-118

Plato(플라톤)
   기억(memory and) 532
   동굴의 비유(allegory of the cave by) 34
   스토아주의(Stoicism and) 469-470
   시몬느 베이유(Simone Weil and) 507
   아름다움(on beauty) 113
   아테네의 아카데미(Athens academy and) 290
   영향(influence of) 470-474
   예수(Jesus and) 470
   유대교(Judaism and) 478
   인간 본성(on human nature) 70
   잘못 자리잡은 욕망(on misplaced desire) 471
Plotinus 393
Poems in Stanzas (Hadewijch of Antwerp) 494
"Praise (III)" (Herbert) 115-116
Praktikos (Evagrius) 92
Pratum Spirituale (The Spiritual Meadow) (John Moschus) 526
Proclus 393
Pseudo-Dionysius 'Dionysius'를 보라.
Ptolemy 108

Rachel (Jacob's wife) 379-380
Republic, The (Plato) 473
Rolle, Richard 410
Romanos the Melodist 525
Rose of Viterbo 492-493
Rule of St. Benedict 337, 358-361,

364-369, 488, 517, 558-559
Rule of the Master 337-338, 358

Saint Basil the Blessed Fool-for-Christ and Wonderworker of Moscow 533-534
Samuel (priest) 266, 346
Schleiermacher, Friedrich(프리드리히 슐라이어마허) 321-331
Schmemann, Alexander 536
Scivias (Hildegard of Bingen) 488
Seraphim of Sarov 535
Serapion 516, 519
"Sermon on the Mass" (Luther) 180
Seton, Elizabeth Ann 500-501
Seven Storey Mountain, The (Merton) 133-138, 140-142, 428, 546-547
Shemyako (prince) 533
Showings (Julian of Norwich) 282-283
Silouan of Mount Athos 535-536
Silver Chair, The (C. S. Lewis) 474
Smith, Hannah Whitall 502-503
Spiritual Canticle, The (John of the Cross) 564
Spiritual Exercises, The (Ignatius) 246-256
Spiritual Meadow, The (John Moschus) 526
Steinbeck, John 72
Steps of Humility and Pride, The (Bernard of Clairvaux) 57, 65
Story of a Soul, The (Therese of Lisieux) 504
Summa Theologica (Thomas Aquinas) 149, 151, 162-164
Symbolic Theology (Pseudo-Dionysius) 562
Symeon the New Theologian 528-529
Symposium, The (Plato) 471

Tatiana (saint) 486
Teacher, The (Augustine) 190
Temple, The (Herbert) 108, 109, 110, 111, 115
Teresa of Avila(아빌라의 테레사) 392, 427-446, 448, 449, 501, 563
Theological Representations (Pseudo-Dionysius) 562
Theophilus (pope of Alexandria) 524
Thérèse of Lisieux 503-504
Thomas (apostle) 256
Thomas à Kempis(토마스 아 켐피스) 148, 233-244
Thomas Aquinas(토마스 아퀴나스) 151-165
 관상(on contemplation) 157-159
 기도(on prayer) 159-161
 마르틴 루터(Martin Luther versus) 167-168
 별명(nickname of) 162
 보나벤투라(Bonaventure and) 220
 삼위일체(Trinity and) 172
 「신학대전」(*Summa Theologica* of) 149-151, 162-164
 아리스토텔레스(Aristotle and) 475-476

영성 생활의 목표(on goal of spiritual life) 152-153
위-디오니시우스(Pseudo-Dionysius and) 393
자연적 지식과 영적 지식(on natural versus spiritual knowledge) 155-156
저술(literary corpus of) 162
학문적 신학(formal theology of) 147
헌신(on devotion) 156-157
Thomas of Cantimpre 490
Thomas, Dylan 121
True Religion, The (Augustine) 46
Twain, Mark 121

Underhill, Evelyn 505-506

Varieties of Religious Experience (James) 328
Vita Antonii (Athanasius) 519

Waiting for God (Weil) 507
Ware Kallistos (Timothy) 537
Watts, Isaac 318
Way of Perfection, The (Teresa of Avila) 428
Weil, Simone 506-507
Wesley, Charles 318
Wesley, John(존 웨슬리) 303-320, 322, 329-330, 392, 556
Wesley, Susan 318
Willard Dallas 213-214
William of Occam 146

Women's Speaking Justified (Fell) 498

Xenia, deaconess of Rome 486

Yepes, Juan de. 'John of the Cross' (십자가의 요한)을 보라.

Zinzendorf, Nicholas Ludwig von (Count) 322
Zwingli, Ulrich 427

가치의 중심을 찾아서(center of value, search for) 18-21
가톨릭(Catholicism)
    도로시 데이(Dorothy Day and) 508
    마더 테레사(Mother Teresa and) 509
    스콜라주의(scholasticism and) 168, 177-178
    엘리자베스 안 세톤(Elizabeth Ann Seton and) 501
    율법주의(legalism and) 192
    이그나티우스(Ignatius and) 253-254
    종교개혁(Reformation and) 194-195
감리교(Methodism) 315, 318
감옥에 갇힘(imprisonment) 124
감정(emotion) 231, 262, 283-285
개인주의(individualism) 37, 148
거룩(holiness) 73-74, 176, 194, 214-215, 313

검소한, 단순성(simplicity) 210, 250, 504
겸손(humility)
- 12단계(twelve degrees of) 361-364
- 교만(pride and) 98-99
- 그레고리우스의 질서(in Gregory's ordering) 376
- 그리스도를 본받음(imitation of Christ and) 235, 243
- 노력(struggle and) 527
- 「무지의 구름」(in *Cloud of Unknowing*) 418-420
- 베네딕트 영성(in Benedictine spirituality) 361-364, 369
- 분별(discernment and) 346
- 블레즈 파스칼(Blaise Pascal on) 73-74
- 시리아 사람 에브라임(Ephraim the Syrian and) 519
- 아빌라의 테레사의 거주지(Teresa of Avila's dwelling places and) 433, 439
- 아시시의 프란체스코(Francis of Assisi and) 217, 219
- 영적 성장(spiritual growth and) 349
- 클레르보의 베르나르(Bernard of Clairvaux on) 65
- 폰티쿠스의 에바그리우스(Evagrius of Ponticus on) 98-99
- 하나님에 대한 지식(knowledge of God and) 350

경건(piety)
- 그레고리우스의 은혜의 선물(Gregory's gifts of grace and) 377, 385
- 기도(prayer and) 198, 200
- 장 칼뱅(John Calvin on) 195
- 체험(experience and) 327
- 하나님과의 하나됨(versus union with God) 397

경멸(contempt) 57-58
계몽주의(Enlightenment) 328
고백(confession) 419
고통, 고난(suffering)
- 노리치의 줄리언의 환상(Julian of Norwich's visions and) 277, 278-279, 286
- 상징으로서의 십자가(cross as symbol and) 178
- 영혼의 어두운 밤(dark night of the soul and) 451
- 조지 허버트(George Herbert on) 111-112
- 「천로역정」(*in Pilgrim's Progress, The* (Bunyan)] 125
- 폭스의 일곱 요소(Fox's seven elements and) 292, 295

공동생활형제회(Brethren of the Common Life) 148, 242
공동체(community)
- 공동체로서의 교회(church as) 134, 194, 325-327
- 교회력(church year and) 114
- 그리스도를 본받음(imitation of Christ and) 212
- 도로시 데이(Dorothy Day and)

디오니시우스의 교회의 위계
  (Dionysius's ecclesiastical
  hierarchy and) 402-403
베네딕트 영성(in Benedictine
  spirituality) 360, 363-364,
  367-368
수녀원(convent as) 487
수도회의 질서(cenobitic orders
  and) 517
에바그리우스의 질서(in Evagrius's
  ordering) 97
영적 성장(spiritual growth and)
  359
오리게네스(Origen on) 37
유대인들의 생활(Jewish life and)
  477, 478
자리의 중요성(importance of
  place and) 405-406
책임(accountability and) 369
폭스의 일곱 요소(Fox's seven ele-
  ments and) 292, 296, 300
하나님에 대한 지식(knowledge
  of God and) 231, 350
공익(common good) 252-253, 256
과학과 신학(science, theology and)
  329
관계 신학(relational theology) 400
관대함(generosity) 97, 또한 '봉사
  와 자비'(service and charity)
  를 보라.
관상과 문명(civilization, contemp-
  lation and) 159
교리(doctrine) 45-46, 119

교만(pride) 65, 74, 98-99, 416, 424
교회 현관(church porch) 109
교회(church)
  감리교(Methodism and) 315
  권위(authority of) 148
  그리스도를 본받음(imitation of
    Christ and) 211
  동방 정교회(in Eastern Orthodoxy)
    514
  디오니시우스의 교회의 위계
    (Dionysius's ecclesiastical
    hierarchy and) 398-402
  모든 신자의 제사장됨(priesthood
    of all believers and) 386
  신비주의(mysticism and) 492
  신앙 공동체(as community of
    faith) 325-327
  역할(role of) 194-195
  웨슬리의 구조(Wesley's organi-
    zation of) 311
  폭스의 일곱 요소(Fox's seven ele-
    ments and) 292, 296, 300
교회력(church year) 114-116, 122
구름같이 허다한 증인들(cloud of
  witnesses) 23-24
구세군(Salvation Army) 504-505
구원(salvation)
  마르틴 루터의 십자가 신학(Martin
    Luther's theology of the cross
    and) 181
  믿음(faith and) 171
  예정 대 자유의지(election versus
    free will and) 340
  제사장이신 그리스도(Christ as

priest and) 193
필요한 지식(knowledge required for) 177
확신(assurance of) 167, 172, 276, 306, 311
권위(authority) 314, 362, 364-366, 420
그레고리우스 대제(Gregory the Great) 371-387
   공동생활 수도자(cenobites and) 358
   대제(greatness of) 372, 375
   마리아와 마르다(on Mary and Martha) 379, 414
   메뚜기 유비(locust analogy of) 383
   배경(background of) 371-373
   베네딕트(Benedict and) 335-336, 558
   에바그리우스(Evagrius and) 90
   영성 생활의 질서(ordering of spiritual life by) 374-376
   일곱 가지 은혜의 선물(on seven gifts of grace) 377, 385
   행동과 관상(on action and contemplation) 339, 374-383
그리스 철학(Greek philosophy) 466, 478
그리스도를 본받음(imitation of Christ)
   베네딕트 영성(in Benedictine spirituality) 361
   보나벤투라의 단계(Bonaventure's stages and) 227-228
   본성 대 은혜(nature versus grace and) 235, 238-242, 244
   사도들(apostles on) 204, 549
   신앙의 우선순위(priorities of faith and) 234-238
   아시시의 프란체스코(Francis of Assisi and) 203-204, 210-213
   역사적 표현(historical expressions of) 205-206
   오리게네스(Origen on) 36, 또한 '예수'(Jesus)를 보라.
근면(diligence) 99-100
글을 읽음(literacy) 146, 148
금욕주의(asceticism)
   동방 정교회(in Eastern Orthodoxy) 515-518, 526-529, 533-536
   여성과 영성(women and spirituality and) 485-487, 489-491, 495-496, 500
기도(prayer)
   감정(emotion in) 284
   균형잡힌 영성 생활(balanced spiritual life and) 339, 385
   그레고리우스 팔라마스(Gregory Palamas on) 530-531
   그리스도를 본받음(imitation of Christ and) 257
   「내면의 성」[The Interior Castle (Teresa of Avila) and] 441
   네 가지 유형(four types of) 347
   노리치의 줄리언(Julian of Norwich and) 278, 286
   동방 정교회(in Eastern Orthodoxy) 514, 533-534, 536

렉티오 디비나(lectio divina and) 229
마르틴 루터(Martin Luther on) 183
목적(purpose of) 164, 179
「무지의 구름」(in Cloud of Unknowing) 421
블레즈 파스칼(Blaise Pascal and) 80
성화(sanctification and) 198
신앙의 기둥(as pillar of faith) 114-116, 122
신앙의 내적 행동(as interior act of religion) 156
아빌라의 테레사의 거주지(Teresa of Avila's dwelling places and) 433-437
아시시의 프란체스코(Francis of Assisi and) 215-216, 218
영적 메마름(spiritual dryness and) 510
이성과 기도(reason and) 500
이성의 활동(as act of reason) 160
장 칼뱅(John Calvin on) 194, 197
정의(justice and) 160
존 웨슬리(John Wesley and) 317
존 카시안(John Cassian on) 347-349
좌절시키는 오해들(mistakes that defeat work of) 160-161, 163-164

토마스 아 켐피스(of Thomas à Kempis) 244, 또한 '주기도문'(Lord's Prayer)을 보라.
기쁨(joy) 217, 276-277, 311, 363, 503

나태(sloth) 416, 545
네스토리우스(Nestorianism) 524
누스(nous) 92, 545
니케아 공의회(Council of Nicaea) 518, 519, 527

덕, 미덕(virtues)
  감정(emotion and) 284
  그레고리우스의 질서(in Gregory's ordering) 374, 375-376
  그리스도를 본받음(imitation of Christ and) 212, 236, 243
  기본 덕과 신학적 덕(cardinal and theological) 156
  목록(list of) 95
  「무지의 구름」(in Cloud of Unknowing) 412, 425
  베네딕트 영성(in Benedictine spirituality) 361
  분별(discernment as) 352-353
  습관(habits as) 163
  신앙(religion as) 156
  신학적(theological) 156
  아리스토텔레스(Aristotle and) 475
  악한 생각(deadly thoughts and) 93-101
  정의(justice as) 156

정화(purgation and) 397
카시안의 질서(in Cassian's ordering) 341-342, 343, 349
행동의 삶(active life and) 384
도덕적 삶(moral life) 103, 105, 248, 397, 422
도시화(urbanization) 550
독신(celibacy) 180
동굴의 비유("Allegory of the Cave" (Plato)) 473
동기(motivation) 70-73
동방 정교회(Eastern Orthodoxy) 513-537
특징(distinctives of) 513-514
동방 종교(Eastern religion) 138
디보티오 모데르나(devotio moderna) 206, 242
렉티오 디비나(lectio divina) 222, 229, 359, 368, 551

로마 제국(Roman Empire) 482

마음(heart)
마음과 몸과 정신(body and mind and) 48, 74
참 고향(true home of) 463-464
청결, 순결, 정화(purity of) 212, 349, 399, 404, 425, 470
망각의 구름(cloud of forgetting) 411, 419, 420, 425
모라비아 교도(Moravians) 303, 305, 322
목회 사역(pastoral ministry) 119, 127-128

몸, 육체(body)
관상(contemplation and) 159
그레고리우스 팔라마스(Gregory Palamas on) 531
몸과 정신과 마음(mind and heart and) 48, 74
몸과 혼과 영(soul and spirit and) 35-42, 48, 174
보나벤투라의 영적 성장의 단계(Bonaventure's stages of spiritual growth and) 224-226
빵(bread and) 498
아빌라의 테레사의 거주지(Teresa of Avila's dwelling places and) 442
에바그리우스의 질서(in Evagrius's ordering) 91-92
하나님과의 하나됨(union with God and) 423
무관심(indifference) 99, 545

반대자(Dissenters) 318
방향 상실(distraction) 48
백년전쟁(Hundred Years War) 409
베네딕트 수도회(Benedictines) 290, 335-336, 357-360, 367-369, 487, 또한 'Benedict of Nursia'를 보라.
복음적(evangelicals) 208
복종(submission) 420
봉사와 자비(service and charity)
동방 정교회(in Eastern Orthodoxy) 533
베네딕트 영성(in Benedictine spirit-

uality) 370
여성과 영성(women and spirituality and) 485-486, 493-494, 501-505, 509-510
이그나티우스의 피정(Ignatian retreat and) 251
폭스의 일곱 요소(Fox's seven elements and) 296
분노(anger) 96-97, 415-416, 545
분별(discernment) 342-348, 353-355, 423, 438
분투, 씨름(struggle) 129, 134, 527
비국교도(Nonconformists) 318
비폭력(nonviolence) 137

사랑(love)
광대한(expansive) 38
그리스도인의 삶의 본질로서(as essence of Christian life) 173
무질서한(disordered) 43-44, 47, 49, 470, 471
「무지의 구름」(in Cloud of Unknowing) 424-426
받아들임(acceptance of) 497
분별(discernment and) 355
사랑을 구현하신 예수(Jesus as embodiment of) 27-28
사랑의 법(law of) 27
사랑이신 하나님의 영(Spirit of God as) 293
앤트워프의 하드위크(Hadewijch of Antwerp on) 493-494
원수에 대한(of enemy) 212
유형(types of) 27, 28-29, 63
특성(nature of) 28-29, 135
편재하는(ubiquitous) 64, 또한 '하나님에 대한 사랑'(love for God); '이웃에 대한 사랑'(love of neighbor)을 보라.
사랑의 질서(ordering of loves)
블레즈 파스칼(Blaise Pascal and) 73-77
아우구스티누스(Augustine's) 48
오리게네스(Origen and) 31-40
클레르보의 베르나르(Bernard of Clairvaux and) 62
토머스 머튼(Thomas Merton and) 135-136
필요(need for) 27
사마리아 여인(Samaritan woman) 484
사탄(Satan) 271, 275
사회 활동(social activism) 296, 301, 502, 505-509, 534
산타 크로체(Santa Croce) 213
상상(imagination) 224-225, 249-250, 256, 273
상업(commerce) 550
선한 일(good works) 361, 558-559
성(sexuality) 49
성경(Scripture)
구원(salvation and) 176
그레고리우스의 질서(in Gregory's ordering) 374, 376, 378
그리스 철학(Greek philosophy and) 478
렉티오 디비나(lectio divina and) 222, 229

마르틴 루터(Martin Luther on) 170
말씀과 성령이라는 두 가지 매개
 체(dual agency of Word and
 Spirit and) 172-177
모순(contradictions in) 308-309
「무지의 구름」(in Cloud of Un-
 knowing) 421, 422
문맥 속에서 읽기(contextual read-
 ing of) 308
문자적·풍유적 이해(literal and
 allegorical understanding of)
 221-222
번역(translation of) 182, 184
보나벤투라(Bonaventure and)
 221, 229
빙엔의 힐데가르트의 환상
 (Hildegard of Bingen's visions
 and) 488
성경 텍스트 대 영(spirit versus
 text of) 293
성경을 읽음(biblical literacy and)
 146, 148
신앙의 기둥(as pillar of faith)
 114-116, 122
아우구스티누스의 질서(in Augus-
 tine's ordering) 48
영국국교회의 세 가지 권위(in
 three-point Anglicanism) 304
영적 성장(spiritual growth and)
 179, 359-360
웨슬리 신학의 4대 원리(in Wes-
 leyan quadrilateral) 307-311,
 314, 330
유대인의 삶(Jewish life and) 476-
 479
이그나티우스의 피정(in Ignatian
 retreat) 255
조명(illumination and) 406-407
「천로역정」[in Pilgrim's Progress,
 The (Bunyan)] 126
체험(experience and) 293, 299,
 304
초대 교회(in early church) 480-
 481
카시안의 사중적 의미(Cassian's
 fourfold sense of) 350
하나님에 대한 두 가지 책(two
 books of God and) 264
하나님에 대한 지식(knowledge
 of God and) 189
성공과 행복(success, happiness and)
 87
성구세주회(St. Savior, Order of) 494
성령(Holy Spirit)
 구속과 성화(redemption and sancti-
  fication and) 170, 175-176
 구원의 확신(assurance of salvation
  and) 311
 그리스도를 본받음(imitation of
  Christ and) 210-211
 내적 증거(inward testimony of) 190
 덕의 계발(cultivation of virtue and)
  377
 말씀과 성령이라는 두 가지 매개
  체(dual agency of Word and
  Spirit and) 172-177
 사역(work of) 172-173
 성경 해석(Scripture interpretation

and) 310
신비적 체험(mystical experiences and) 265, 274-275
아빌라의 테레사의 거주지(Teresa of Avila's dwelling places and) 436
여덟 가지 치명적인 생각(eight deadly thoughts and) 468-469
영성 생활의 이중 운동(double motion of spiritual life and) 121
영혼의 어두운 밤(dark night of the soul and) 449, 456
오순절주의(Pentecostals and) 330
폭스(Fox on) 294
하나님과의 하나됨(union with God and) 423
성례전, 성만찬(sacraments)
그리스도를 본받음(imitation of Christ and) 211-212
동방 정교회(in Eastern Orthodoxy) 514
디오니시우스의 교회의 위계(Dionysius's ecclesiastical hierarchy and) 398-400
마르틴 루터(Martin Luther on) 170
신앙의 기둥(as pillar of faith) 114-116, 122
영성 생활의 완성(fullness of spiritual life and) 179
하나님을 사랑함(love of God and) 192
성실함(integrity) 296
성육신의 신학(incarnational theology) 394
성찬식, 성체성사(Eucharist) 211-212, 399, 400, 501, 536, 또한 '성례전'(sacraments)을 보라.
성화(sanctification) 170, 173-175, 176, 182, 198
세례(baptism) 399, 400, 530
세속적인 일(civic affairs) 194, 550
소망(hope) 343
소비(consumption) 74, 250
수도원 운동(monasticism)
관상의 삶(contemplative life and) 380-381
동방 정교회(in Eastern Orthodoxy) 515-518, 524-524, 528-529
수사의 유형(types of monks and) 358, 367-638
에바그리우스(Evagrius and) 89
역사(history of) 88, 146
이집트(Egyptian) 357-358
인식의 변화(shifting understanding of) 146, 또한 Rule of St. Benedict; 각각의 질서들을 보라.
순결(chastity) 99, 213
순교(martyrdom) 485-486
순례 여행(pilgrimage) 117-118, 137
순종(obedience) 361, 530
쉼(rest) 422
스스로를 의지(self-reliance) 125
스콜라주의(scholasticism) 168, 175, 177-178
스토아주의(Stoicism) 61, 466-468
습관(habit) 162-163, 248, 475-476
시(poetry) 109

시리아 그리스도인(Syriac Christianity) 205
신교 자유령[Act of Toleration (British)] 295
신비주의(mysticism)
  강조점의 변화(shifting emphasis of) 290
  교회(church and) 492
  동방 정교회(in Eastern Orthodoxy) 521, 529, 530
  여성과 영성(women and spirituality and) 270-280, 282-283, 486-487, 505-506
  역사에서(in history) 261-267, 269-270
  정의(definition of) 265-266
  하나님과의 전반성적 관계(pre-reflective relationship with God and) 499-500
  하나님의 임재(God's presence and) 281
신앙, 믿음(faith)
  결과(effects of) 193
  루터(Luther on) 170-171
  블레즈 파스칼(Blaise Pascal on) 75-76
  아우구스티누스(Augustine on) 45-47, 50
  은혜(grace and) 179
  이성과 믿음(reason and) 163
  조지 허버트(George Herbert on) 114-117
신플라톤주의(neo-Platonism) 34, 393, 470

신학(theology)
  긍정 신학(cataphatic) 394, 404, 405
  부정 신학(apophatic) 395, 404, 405
  영성 신학(spiritual) 147
  일상어 신학(vernacular) 280
  조직 신학(systematic) 38
십계명(Ten Commandments) 191-192, 195-196
십자가(cross) 178, 237, 283, 441

아가페 사랑(agapé love) 236
아담(Adam (first man)) 153-154, 382
아름다움(beauty) 112-113, 120
아리우스주의(Arianism) 517, 518, 521
아파테이아(apatheia)
  보나벤투라(Bonaventure on) 228
  불가능함(impossibility of) 231
  스토아 철학(Stoicism and) 468-469
  아빌라의 테레사의 거주지(Teresa of Avila's dwelling places and) 439
  영적인 삶의 리듬(rhythms of spiritual life and) 453
  오리게네스(Origen on) 36
  폰티쿠스의 에바그리우스(Evagrius of Ponticus on) 91, 101-102
악, 악덕(vice)
  매우 행동적인 삶(exceedingly active life and) 384
  「무지의 구름」(*in Cloud of Un-*

knowing) 412, 415-417, 425
베네딕트(Benedict on) 361, 365
아우구스티누스(Augustine on) 49
에바그리우스(Evagrius on) 104
조지 허버트(George Herbert on) 109
카시안(Cassian on) 338, 341-344, 349-354
토마스 아 켐피스(Thomas à Kempis on) 240
토마스 아퀴나스(Thomas Aquinas on) 163
악한 생각(thoughts, deadly) 93-101, 469
안식(Sabbath) 422
안페히퉁(Anfechtung) 170
얀센주의(Jansenism) 73, 79, 544
어린이 예배(children's ministry) 128
에베소 제1차 공의회(First Council of Ephesus) 524
엘림(Helim) 33
여성의 사역(women in ministry) 147, 484, 492, 498-499, 505, 또한 각 여성을 보라.
여정으로서의 영성 생활(journey, spiritual life as)
  동방 정교회(in Eastern Orthodoxy) 514
  분별(discernment and) 86-88
  아빌라의 테레사(Teresa of Avila and) 428-429
  조지 허버트(George Herbert and) 116-119
  존 번연(John Bunyan and) 126, 129-130
  토머스 머튼(Thomas Merton and) 137-139
영국국교회주의(Anglicanism) 304
영생(eternal life) 237, 359-360
영성 생활, 영적인 삶(spiritual life)
  그레고리우스의 메뚜기 유비(Gregory's locust analogy and) 383
  그레고리우스의 질서(Gregory's ordering of) 374-383
  길(paths of) 462
  루터의 영성(in Lutheran spirituality) 173-174, 179
  리듬(rhythm of) 352
  목적(goal of) 101-102, 152-153, 359, 475
  에바그리우스의 질서(Evagrius's ordering of) 91
  이중 운동(double motion of) 117-118, 121-122
  카시안의 질서(Cassian's ordering of) 341-344
  하나님에 대한 지식의 회복(as recovery of knowledge of God) 145
  흐름(flow of) 109-112, 또한 '여정으로서의 영성 생활' (journey, spiritual life as)을 보라.
영성 생활의 질서(ordering of spiritual life)
  그레고리우스 대제(Gregory the

Great's) 374-383
　에바그리우스(Evagrius's) 91, 545
　오리게네스(Origen's) 35
　조지 허버트(George Herbert and) 122
　카시안(Cassian's) 341-344
　클레르보의 베르나르(Bernard of Clairvaux's) 62
영성 형성(spiritual formation)
　동방 정교회(in Eastern Orthodoxy) 514
　모범(models for) 461
　목표 수정(changing goals of) 148
　목회 사역(pastoral ministry and) 119-120
　신앙(faith and) 171
　정의(justice and) 156
영적 경멸(spiritual demise) 57-62
영적 메마름(spiritual dryness) 510
영적 상승(divine ascent) 391, 396-404, 406-407, 526
영적 성장(spiritual growth)
　경험(experience and) 347
　그레고리우스의 질서(Gregory's ordering and) 374-383
　디오니시우스의 하늘의 위계(Dionysius's celestial hierarchy and) 396-397
　베네딕트 영성(in Benedictine spirituality) 360
　보나벤투라의 단계(Bonaventure's stages of) 224-228
　신학의 필요(need for theology of) 459-460
　예수님과 동일화됨(identification with Jesus and) 479
　웨슬리의 교회 구조(Wesley's church organization and) 311-313, 315
　카시안(Cassian on) 348-349
　폭스의 일곱 요소(Fox's seven elements and) 293-294
영적 지식(spiritual knowledge) 221-223, 228, 349-350
영성 지도(spiritual direction) 231, 338, 362
영성 훈련(spiritual disciplines) 48, 421, 434, 474, 514
예배(worship) 217, 284
예비 신자(catechesis) 399
예수(Jesus)
　교사, 선생(as Teacher) 278, 290, 294, 297-301, 555
　내면의 교사(as inward Teacher) 51-52
　내면의 빛(as Light within) 291, 294
　네스토리우스(Nestorianism and) 524
　다양한 역할에 대한 폭스의 견해(Fox on multiple roles of) 298
　동일화됨(identification with) 251-252, 479-480
　변모(transfiguration and) 532,
　선지자, 제사장, 왕(as Prophet, Priest and King) 193, 198

신비적 체험(mystical experiences and) 265, 270-271, 274-275
역사적 묘사(historical depictions of) 550
영성을 통합하는 힘(as integrating force for spirituality) 479
예수 그리스도를 통해 계시된 하나님(God revealed by) 178
이그나티우스의 피정(Ignatian retreat and) 250, 255
이중의 성격(dual nature of) 526
인격과 사역(person and work of) 190-194, 204-205
중재자(as Mediator) 179, 226, 227
친밀함(intimacy with) 203-204, 440, 549
플라톤(Plato and) 470
하나님에 대한 체험(experience of God and) 293
하나님의 사랑을 구현(as Embodiment of God's love) 27-28, 또한 '그리스도를 본받음'(imitation of Christ)을 보라.
예수회(Jesuits) 246
예정, 자유의지(election, free will versus) 340
오순절주의(Pentecostals) 313, 330
온화함(mildness) 96-97
욕구(appetites) 449
욕망, 욕구(desire)
    동굴의 비유(in "Allegory of the Cave" (Plato)) 473
    아리스토텔레스(Aristotle on) 475-476
    아파테이아(apatheia and) 231
    자연적인(natural) 152
    잘못 자리잡은(misplaced) 470, 471, 476
    카시안의 질서(Cassian's ordering and) 342, 343
욕심(greed) 97, 545
욕정, 정욕(lust)
    「무지의 구름」(in Cloud of Unknowing) 417
    아우구스티누스(Augustine on) 49
    에바그리우스의 질서(in Evagrius's ordering) 99, 545
    토머스 머튼(Thomas Merton and) 135
    파스칼의 질서(in Pascal's ordering) 74
우울(melancholy) 100, 545
유대교(Judaism) 466, 477-479
유명론(nominalism 147, 175
유혹, 시험(temptation)
    그리스도를 본받음(imitation of Christ and) 210, 236
    아우구스티누스(Augustine on) 43-45
    웨슬리의 조(Wesley's bands and) 313
    조지 허버트(George Herbert on) 117
    지성(intellect and) 411-412
    「천로역정」[in Pilgrim's Progress, The (Bunyan)] 125-127

윤리학(ethics) 35
율법(law) 190-194
율법주의(legalism) 192
은사주의(charismatics) 313
은혜(grace)
   그레고리우스의 일곱 선물(Gregory's seven gifts of) 377, 385
   루터의 발견(Luther's discovery of) 168-170
   믿음과 은혜(faith and) 179
   본성, 자연(nature and) 155, 235, 238-242, 244
   아시시의 프란체스코(Francis of Assisi on) 212
   얀센주의(Jansenism and) 544
   예정 대 자유의지(election versus free will and) 340
   율법과 은혜(law and) 190-194
   인간 주도성(versus human initiative) 169
   존 번연(John Bunyan on) 129
   토마스 아퀴나스(Thomas Aquinas on) 152
의식의 지향성(intentionality of consciousness) 152
이성(reason)
   기도(prayer and) 156, 160, 500
   동방 정교회(in Eastern Orthodoxy) 514
   마르틴 루터(Martin Luther on) 172, 177-178
   보나벤투라의 영적 성장의 단계(Bonaventure's stages of spiritual growth and) 225-226
   블레즈 파스칼(Blaise Pascal on) 68-70
   성령(Holy Spirit and) 172
   스토아주의(Stoicism and) 466-470
   아빌라의 테레사의 거주지(Teresa of Avila's dwelling places and) 432-433
   아우구스티누스(Augustine on) 42, 43-44, 50
   영국국교회의 세 가지 권위(in three-point Anglicanism) 304, 306-307
   웨슬리 신학의 4대 원리(in Wesleyan quadrilateral) 307, 310, 314
   인간 본성(human nature and) 70
   일상어 신학(vernacular theology and) 280
   존 로크(John Locke on) 294
   카시안의 질서(in Cassian's ordering) 343
   토마스 아퀴나스(Thomas Aquinas on) 155, 156, 160, 163
   플라톤(Plato on) 472
이스라엘(Israel) 32
이슬람교(Islam) 55
이웃에 대한 사랑(love of neighbor)
   그레고리우스의 질서(in Gregory's ordering) 374
   교회 생활(in church life) 194
   「무지의 구름」(*in Cloud of Unknowing*) 412
   믿음이 힘을 줌(empowerment of

faith and) 170
십계명(Ten Commandments and) 192, 195
아빌라의 테레사의 거주지(Teresa of Avila's dwelling places and) 432, 440
에바그리우스(Evagrius on) 93
예정 대 자유의지(election versus free will and) 340
카시안의 질서(in Cassian's ordering) 344
클레르보의 베르나르(Bernard of Clairvaux on) 60, 61
폭스의 일곱 요소(Fox's seven elements and) 297
하나님에 대한 사랑(love for God and) 155, 169, 352, 360, 381-382, 558-559, 또한 '사랑'(love); '이웃에 대한 사랑'(love of neighbor)을 보라.
인간 본성(human nature) 71, 79-80
인간 상황(human condition) 68
인간 의지(will, human)
  겸손(humility and) 362
  기도(prayer and) 156, 159-160
  「무지의 구름」(in Cloud of Unknowing) 421
  믿음(faith and) 179
  아빌라의 테레사의 거주지(Teresa of Avila's dwelling places and) 432
  아우구스티누스(Augustine on) 43-44, 45, 48, 51
  예정(versus election) 340

진리에 대한 갈망(desire for truth and) 154
타락(the Fall and) 154
파스칼의 질서(in Pascal's ordering) 74
플라톤(Plato on) 473, 474
인구(population) 550
인내(patience) 212, 279, 445, 527
인내(perseverance) 362, 431, 452
일기(journaling) 241
일반 계시(revelation, general)
  마르틴 루터(Martin Luther on) 169
  보나벤투라(Bonaventure on) 223
  자연의 장엄함(nature's grandeur and) 229-230
  장 칼뱅(John Calvin on) 188
  창조 세계(creation as) 114, 211
  하나님에 대한 두 가지 책(two books of God and) 264

자기 보존(self-preservation) 63
자기 중심성(egocentrism) 62-63
자기 중심성(self-centeredness) 235-236
자발적 가난(poverty, voluntary) 216
자연, 본성(nature)
  긍정 신학(cataphatic theology and) 405
  르네 데카르트(René Descartes on) 294
  본성 대 은혜(versus grace) 235, 238-241, 244
  자연의 장엄함(grandeur of) 229-

230
　타락(Fall and) 229-230, 또한 '일반 계시'(revelation, general)를 보라.
자연적인 지식과 영적인 지식(knowledge, natural versus spiritual) 153, 155-156
자제(self-control) 96-97
작품(literature) 222
재세례파들(Anabaptists) 175
전통(tradition) 304, 307, 309, 314
절망(hopelessness) 170
절제(temperance) 95
정념(passions) 154, 159, 449, 468, 470
정부(government) 159
정신(mind)
　보나벤투라의 단계(in Bonaventure's stages) 225-226
　분별(discernment and) 348-349
　아우구스티누스의 질서(in Augustine's ordering) 48
　여덟 가지 악한 생각(eight deadly thoughts and) 103
　영적 상승(divine ascent and) 391
　정신과 몸과 마음(body and heart and) 48, 74
　파스칼의 세 가지 질서(Pascal's three orders and) 261
　플라톤(Plato on) 473
　하나님과의 하나됨(union with God and) 423
정의(justice) 156, 160
정적주의(Quietists) 500

정직(honesty) 296
정화(purgation)
　디오니시우스(Dionysius and) 391, 392, 396, 400, 404
　「무지의 구름」(in *Cloud of Unknowing*) 425
　베르나르의 질서(in Bernard's ordering) 62
　아빌라의 테레사(Teresa of Avila and) 392, 429, 433
　영혼의 어두운 밤(dark night of the soul and) 451, 454, 456
　오리게네스의 질서(in Origin's ordering) 35
제6차 바티칸 공의회(Sixth Ecumenical Council) 527
조명(illumination)
　아빌라의 테레사의 거주지(Teresa of Avila's dwelling places and) 429, 433
　영적 상승(divine ascent and) 391, 396-400, 404, 406
　영혼의 어두운 밤(dark night of the soul and) 452, 454
종교개혁(Reformation) 180-181, 194-195, 427, 492
종교적 박해(persecution, religious) 295, 482, 485, 500, 527
죄(sin)
　노리치의 줄리언의 환상(Julian of Norwich's visions and) 275, 278
　분별(discernment and) 351-352
　아빌라의 테레사의 거주지(Teresa

of Avila's dwelling places and) 433
아우구스티누스(Augustine on) 71
영적 성장(spiritual growth and) 460
원인(causes of) 520
웨슬리의 조(Wesley's bands and) 312
이그나티우스의 피정(Ignatian retreat and) 249
일곱 가지 치명적 죄들 102, 415-417, 또한 '악, 악덕'(vice)을 보라.
주기도문(Lord's Prayer) 179, 198, 348
죽음(death) 415
지혜(wisdom)
　그레고리우스의 은혜의 선물(Gregory's gifts of grace and) 377, 385
　「무지의 구름」(in Cloud of Unknowing) 425
　성인들의 글(writings of saints and) 358-360, 402
　아리스토텔레스(Aristotle on) 475-476
　에바그리우스의 질서(in Evagrius's ordering) 100
　플라톤(Plato on) 472
진리(truth) 68-70, 252, 344
질병(illness) 78
질투, 시기(envy) 97-98, 213, 416, 545

찬양(hymns) 217
창조 세계(creation, as general revelation) 114, 또한 '일반 계시'(revelation, general)를 보라.
책임(accountability) 369
체험, 경험(experience)
　경건(piety and) 327
　경험주의(empiricism and) 304
　공동체 안에서(in community context) 325
　과다함(excesses of) 306
　권위(authority and) 263
　분별(discernment and) 351
　성경(Scripture and) 293, 299, 304
　영적 지식의 원천(as source of spiritual knowledge) 224, 230, 552
　웨슬리 신학의 4대 원리(in Wesleyan quadrilateral) 304-307, 310-311, 314
　유효성(validity of) 328
　일상어 신학(vernacular theology and) 280
　폭스의 일곱 요소(Fox's seven elements and) 291-292
　프리드리히 슐라이어마허(Friedrich Schleiermacher and) 322-323, 327-330
친구들(friends) 137
침묵(silence) 453
칭의, 의롭게 하심(justification) 172, 182

켈트 영성(Celtic spirituality) 137, 205
퀘이커교도(Quakers) 290, 294, 295

타당성 구조(plausibility structures) 81
타락(Fall the)
   결과(results of) 154
   자연과 타락(nature and) 229-230
   타락으로 인해 잃어버린 하나님에 대한 지식(knowledge of God lost in) 145, 159, 177
   하나님의 사랑에 반응하는 능력과 타락(capacity to respond to God's love and) 169
탐식(gluttony) 95-96, 417, 545
탐심(covetousness) 416
탕자의 비유(prodigal son, parable of) 74

페미니즘(feminism) 504-505
평안, 평화(peace)
   관상의 삶(contemplative life and) 385
   교회 갈등(church conflict and) 528
   구원의 확신(assurance of salvation and) 311
   그리스도를 본받음(imitation of Christ and) 235, 236, 243-244
   보나벤투라의 영적 성장의 단계(Bonaventure's stages of spiritual growth and) 228
   아빌라의 테레사의 거주지(Teresa of Avila's dwelling places and) 439
   영혼의 어두운 밤(dark night of the soul and) 451
   폭스의 일곱 요소(Fox's seven elements and) 297, 또한 '평화주의'(pacifism)를 보라.
평화주의(pacifism) 296, 508
포기(renunciation) 78, 342-343
포스트모더니즘(postmodernism) 77
프란체스코회(Franciscans) 208, 212-215, 291, 493
피정(retreats) 238, 247-257, 354

하나님과의 사귐(communion with God) 31-40, 148, 153-154, 또한 '하나님과의 하나됨'(union with God)을 보라.
하나님과의 하나됨(union with God)
   마담 귀용(Guyon, Madame and) 499
   아빌라의 테레사의 거주지(Teresa of Avila's dwelling places and) 429, 436-444
   영적 상승(divine ascent and) 391, 396, 399, 401, 404
   영혼의 어두운 밤(dark night of the soul and) 451, 454, 456, 또한 '하나님과의 사귐'(communion with God)을 보라.
하나님에 대한 관상(contemplation of God)
   그레고리우스의 질서(in Gregory's ordering) 377-383
   그리스 철학(Greek philosophy and)

478
그리스도 중심(as Christocentric) 382
그리스도인의 삶의 이상(as ideal for Christian life) 381, 384
동방 정교회(in Eastern Orthodoxy) 514
매일의 일상(in daily routine) 353, 385
바울의 글(in Paul's writings) 481
베네딕트 영성(Benedictine spirituality of) 335-336
아리스토텔레스(Aristotle and) 475
아빌라의 테레사의 거주지(Teresa of Avila's dwelling places and) 433, 435
악한 생각(deadly thoughts and) 91
에바그리우스의 질서(in Evagrius's ordering) 91-92
영성 형성(spiritual formation and) 148
영혼의 어두운 밤(dark night of the soul and) 451
오리게네스(Origen on) 36
이그나티우스의 피정(Ignatian retreat and) 250
카시안의 질서(Cassian's ordering and) 341-344, 349-350
토마스 아퀴나스(Thomas Aquinas on) 159
필요(need for) 255
효과(effects of) 159, 또한 '행동과 관상의 균형'(balance between action and contemplation)을 보라.
하나님에 대한 능력(capacity for God) 324
하나님에 대한 사랑(love for God)
  교회 생활(in church life) 194
  「무지의 구름」(in Cloud of Unknowing) 412
  상승(ascent to) 62-63
  순전한(pure) 93, 169, 292, 296
  십계명(Ten Commandments and) 191-192, 195
  이웃에 대한 사랑(love of neighbor and) 155, 169, 352, 360, 381-382, 558-559
  질서(ordering of) 27, 31-40, 48, 62, 73-77, 또한 '사랑'(love): '이웃에 대한 사랑'(love of neighbor)을 보라.
하나님에 대한 지식(knowledge of God)
  그레고리우스 팔라마스(Gregory Palamas on) 530-531
  보나벤투라(Bonaventure on) 221-223
  사랑(love and) 424
  아우구스티누스의 질서(in Augustine's ordering) 48
  카시안의 질서(in Cassian's ordering) 342
  칼뱅의 삼중적인 과정(in Calvin's threefold process) 188
  토마스 아퀴나스(Thomas Aquinas

on) 159
하나님을 두려워함, 경외(fear of God) 361, 377, 385, 433
하나님의 뜻, 의지(God's will) 161, 362, 421
하나님의 명령(God's commands) 170-171
하나님의 빛(God's light) 105
하나님의 사랑(God's love) 169, 175-176, 236
하나님의 선하심(God's goodness) 285
하나님의 섭리(God's providence) 125, 466-470
하나님의 이야기(God's story) 86-88
하나님의 주권(God's sovereignty) 196-197
하나님의 형상(image of God) 92-93, 188
하와(Eve (first woman)) 153
행동(action)
   그레고리우스 대제의 질서(in Gregory the Great's ordering) 374, 375-377
   카시안(Cassian on) 341-344, 351-354
   플라톤의 동굴의 비유에서[in "Allegory of th Cave"(Plato)] 473, 또한 '행동과 관상의 균형'(balance between action and contemplation)을 보라.
행동과 관상의 균형(balance between action and contemplation)
   그레고리우스 대제(Gregory the Great and) 371, 372-375, 379-387
   「무지의 구름」(in *Cloud on Unknowing*) 412-413
   베네딕트(Benedict and) 335-336
   아빌라의 테레사의 거주지(Teresa of Avila's dwelling places and) 440
   요한 크리소스토무스(John Chrysostom and) 521-522
   카시안(Cassiand and) 338-344, 352
   토머스 머튼(Thomas Merton and) 134
   하나님과 함께하는 삶의 최상의 표현(as highest expression of life with God) 412
행복(happiness) 88, 97-98, 152, 236, 451
헌신(devotion)
   경로(paths of) 462
   동방 정교회(in Eastern Orthodoxy) 514
   머튼의 일곱 가지 길(Merton's seven paths of) 135-138
   신앙의 주요한 행동(as principle act of religion) 156-157
   아시시의 프란체스코(Francis of Assisi and) 219
   장애물(obstacles to) 17-18
   필요성(necessity of) 474
   하나님과의 하나됨(union with God and) 423, 또한 '디보티오 모데르나'(devotio moderna)를

보라.
호기심(curiosity) 415
혼, 영혼(soul)
   그레고리우스 팔라마스(Gregory Palamas on) 531
   아빌라의 테레사의 거주지(Teresa of Avila's dwelling places and) 429, 437, 440, 442
   아우구스티누스의 질서(in Augustine's ordering) 48
   에바그리우스의 질서(in Evagrius's ordering) 91
   영적 상승(divine ascent and) 391
   영혼의 어두운 밤(dark night of) 392, 448-452, 454-455, 456
   잘못 자리잡은 욕망(misplaced desire and) 471
   퇴보와 진보(deterioration and progress of) 57-62
   플라톤(Plato on) 472, 475
   하나님을 향한 귀환(return to God of) 92-93
   혼과 몸과 영(body and spirit and) 35-42, 48, 174
혼합주의(syncretism) 507
환상과 꿈(visions and dreams)
   동방 정교회(in Eastern Orthodoxy) 526, 531
   블레즈 파스칼(Blaise Pascal and) 77-79
   여성과 영성(women and spirituality and) 270-280, 283-284, 484-496
   하나님의 임재(God's presence and) 281
회심(conversion)
   로욜라의 이그나티우스(of Ignatius of Loyola) 245-246
   마르틴 루터(of Martin Luther) 171-172
   사도 바울(of Paul (apostle)) 266, 294
   아빌라의 테레사(of Teresa of Avila) 441-442
   엘리자베스 안 세톤(of Elizabeth Ann Seton) 501
   이집트의 마리아(of Mary of Egypt) 486-487
   존 번연(John Bunyan and) 129
   존 웨슬리(of John Wesley) 303-304
   초대 교회(in early church) 484
   토머스 머튼(Thomas Merton and) 139
   플라톤(Plato on) 474
회의주의(skepticism) 69

옮긴이 김명희는 연세대 영어영문학과를 졸업하고 19년간 IVP 편집부 간사로 일했다. 퇴직 후 전문 번역가로 일하고 있다. 역서로는 유진 피터슨의 「자유」, 헨리 나우웬의 「아담」, 「예수와 함께 걷는 삶」, 「영성에의 길」, 「이는 내 사랑하는 자요」(이상 IVP) 등이 있다.

양혜원은 서울대 불어불문과를 졸업하고 수년간 한국 라브리 협동 간사로 일했다. 이화여대 대학원에서 여성학을 공부했으며 자유 번역가로 일했다. 이후 미국 클레어몬트 대학교에서 종교학을 공부해 박사학위를 받았다. 저서로는 「교회 언니, 여성을 말하다」, 「교회 언니의 페미니즘 수업」(이상 비아토르)이 있으며 「페미니즘 시대의 그리스도인」(IVP)을 공저했다.

영성을 살다

초판 발행_ 2009년 6월 26일
초판 4쇄_ 2019년 5월 10일

지은이_ 리처드 포스터·게일 비비
옮긴이_ 김명희·양혜원
펴낸이_ 신현기

펴낸곳_ 한국기독학생회출판부
등록번호_ 제313-2001-198호(1978.6.1)
주소_ 04031 서울 마포구 동교로 156-10
대표 전화_ (02)337-2257 팩스_ (02)337-2258
영업 전화_ (02)338-2282 팩스_ (02)080-915-1515
홈페이지_ www.ivp.co.kr 이메일_ ivp@ivp.co.kr
ISBN 978-89-328-1362-2

ⓒ 한국기독학생회출판부 2009

책값은 뒤표지에 있습니다.
무단 전재와 복제를 금합니다.